本书系下列课题的阶段性研究成果：
- 江苏省教育科学"十四五"规划重点课题"基于四能的初中数学模型建构的案例
  （编号：B/2021/02/170，主持人：刘光建 全燕）
- 江苏省教育科学"十三五"规划重点课题"初中生数学建模能力培养与评价的实
  （编号：B-b/2020/02/104，主持人：孙凯 金鹏）
- 江苏省教育科学"十四五"规划重点课题"中学全过程数学建模教学的整体规划与实施研究"
  （编号：B-b/2024/03/189，主持人：孙凯 金鹏）
- 南京市中小学教学研究第十五期课题"指向模型观念建构的初中数学项目式学习研究"
  （编号：2023NJJK15-L33，主持人：刘光建 陈强）

模型建构：
初中数学学科实践的创新

刘光建 孙凯 著

南京大学出版社

图书在版编目(CIP)数据

模型建构：初中数学学科实践的创新 / 刘光建，孙凯著. — 南京：南京大学出版社，2025.5. — ISBN 978-7-305-29271-2

Ⅰ.G633.602

中国国家版本馆CIP数据核字第2025TT1812号

出版发行	南京大学出版社
社　　址	南京市汉口路22号　　邮　编 210093
书　　名	**模型建构：初中数学学科实践的创新**
	MOXING JIANGOU：CHUZHONG SHUXUE XUEKE SHIJIAN DE CHUANGXIN
著　　者	刘光建　孙　凯
责任编辑	金春红　　　　　　编辑热线　025-83686596
照　　排	南京开卷文化传媒有限公司
印　　刷	江苏凤凰数码印务有限公司
开　　本	787 mm×1092 mm　1/16　印张 22　字数 480千
版　　次	2025年5月第1版　2025年5月第1次印刷
ISBN	978-7-305-29271-2
定　　价	87.00元

网　　址：http://www.njupco.com
官方微博：http://weibo.com/njupco
微信公众号：njupress
销售咨询：(025)83594756

* 版权所有，侵权必究
* 凡购买南大版图书，如有印装质量问题，请与所购
　图书销售部门联系调换

目录

第一章 教学理论的研究与革新

近二十年来中学数学建模研究的回顾与展望 ……………………………… 003
初中数学建模活动的内容设计与组织原则 ……………………………… 014
基于学业质量监测的初中生数学建模能力调查研究 …………………… 020
培养和发展学生的模型观念 ………………………………………………… 027
指向关键能力发展的初中数学单元教学的实践研究 …………………… 033

第二章 课程体系的构建与优化

体验学习：助推学生数学运算能力发展
　　——以苏科版"最简二次根式"教学为例 ……………………………… 039
在解决问题中发展模型观念 ………………………………………………… 046
立足学情　立意素养　立德树人
　　——以"网格型计算问题"专题复习为例 …………………………… 053
基于"四能"的初中数学模型建构内涵解析与案例研究 ……………… 058
在解决问题的过程中促进模型观念的形成与发展
　　——对一道二次函数题的教学研究 ………………………………… 062
宏观上整体把握　微观上精心设计
　　——兼谈一元二次方程概念的教学设计 …………………………… 068
利用"问题串"来助力构建生长数学的课堂 …………………………… 074

站在"让学引思"的制高点上

  ——基于核心素养数学教学的挑战与对策 ………………………………… 080

让学引思,让数学思维自然生长

  ——以苏科版一元一次方程章复习课为例 ……………………………… 086

在小专题复习中培养初中生数学建模能力

  ——从中央电教馆线上"同步教研"的视角研究 ………………………… 093

基于"四能"的初中数学模型建构的案例研究 …………………………………… 101

第三章 课堂教学的思考与探究

一道阅读理解题的试题评析、问题分析及教学启示 …………………………… 109

精准阅读 有效建模

  ——以一道应用题教学为例 ………………………………………………… 115

建构数学模型 感悟数学思想

  ——一道试题的评析、求解及教学启示 …………………………………… 121

在数学建模中建立知识结构

  ——《一元二次方程》单元复习课教学设计与思考 ……………………… 127

数学课堂导入教学的实践与思考 ………………………………………………… 132

整体建构:章头课的应然追求

  ——以苏科版"分式"章头课为例 …………………………………………… 139

基于"教学三要素"的问题导学设计策略 ………………………………………… 145

理解教材:新入职教师专业发展的基本功

  ——以苏科版"有理数的加法"教学为例 ………………………………… 150

从问题类属谈初中生数学建模能力培养 ………………………………………… 158

数学建模与数学写作:融通机理及实践路径 …………………………………… 164

观察、思考和表达:观课议课的"三部曲" ………………………………………… 171

基于发展应用意识的概率教学探析

  ——以苏科版"确定事件与随机事件"教学为例 ………………………… 179

基于深度学习的数学探究

　　——以"6.3 一次函数的图象(2)"教学为例 ················ 185

经历数学表达　体会模型思想

　　——以苏科版"从问题到方程"教学为例 ················ 194

模型观念：内涵、培养路径及教学示例

　　——基于应用类问题教学的视角 ······················ 201

数式类比探新知　厘清算理促生长

　　——以"去括号"教学设计的改进为例 ·················· 208

数学探究学习：内涵、设计与思考

　　——以苏科版"去括号"为例 ·························· 214

夯实"四能"基础，促进模型建构

　　——对初中数学教学的一些思考 ······················ 220

初中数学教学中"问题"诱发的实践研究 ··················· 225

立足单元整体教学，发展学生关键能力 ··················· 231

精心设计单元教学，培养学生关键能力

　　——以初中数学教学为例 ···························· 237

让问题在"情境导入"中自然诱发 ························· 242

让问题在教学追问中自觉触发 ··························· 249

注重活动过程教学　培养学生创新意识 ··················· 256

创新教学方式，实现"让学引思"

　　——以"苏科版七年级数学下册第七章'平面图形的认识二'"为例 ······ 262

注重数学阅读教学，提高学生核心素养 ··················· 269

经历知识形成过程　培养数学抽象能力 ··················· 276

在数学建模中学会数学表达

　　——以苏科版"用一元一次方程解决问题(1)"为例 ········ 281

生长能力：知识教学的应然追求

　　——以苏科版"圆的内接四边形"为例 ·················· 288

指向高观点的模型建构教学 ····························· 294

培养模型观念的初中函数教学实践
——以"用一次函数解决实际问题"复习课为例 ································· 300

第四章　教学成效的评估与反思

探究教学：错因分析、教学改进及教学启示 ································· 307
初中生数学建模能力测评分析与启示 ····································· 313
指向关键能力发展的初中数学单元教学的价值分析 ······················· 320
苏科版初中数学教材中的数学建模内容分析 ······························ 325
初中生数学建模能力评价框架的构建 ····································· 331
初中数学小专题课的教学策略分析
——以"一次函数图象下的三角形面积问题"教学为例 ···················· 339

第一章

教学理论的研究与革新

近二十年来中学数学建模研究的回顾与展望

摘 要：数学建模是连接现实世界与数学世界的桥梁，同时也是应用数学解决实际问题的关键。近二十年来中学数学建模研究成果主要集中在数学建模教学、数学建模内涵、数学建模评价等方面，表明中学数学建模从实践摸索走向价值追求，注重实施有意义的数学建模活动。同时，中学数学建模研究也存在诸多不足之处，如建模研究内容不够系统，教师建模素养不高，教材建模问题资源匮乏，建模课程实施不均衡，建模能力评价体系不完善等。今后中学数学建模研究应全面培养中学生数学建模能力，均衡数学建模在各学段的实施，构建中学生数学建模能力的评价体系。

关键词：中学数学建模；基础教育；回顾与展望

数学在现代社会发展中的应用价值已得到广泛认可，而这种应用价值主要体现在数学建模上。数学建模是连接数学和实际问题的桥梁，是解决现实问题的基本工具，也是推动数学发展的内在动力。数学建模自20世纪80年代初引入中国大学的课堂以来，经过多年的发展，已取得丰硕的研究成果。数学建模是解决现实世界中诸多问题的关键，是学生未来发展必备的关键能力。因此，在中学开展数学建模课程，对于提高中学生解决现实问题的能力，培养学生的数学建模素养具有重要意义。

1 研究视角归类

在中国学术期刊网络出版总库（CNKI总库）使用高级检索，以"中学数学建模"为主题，以"数学建模"为关键词，来源类别选定"全部期刊"，发表时间从2001年到2020年，检索到121篇文献；在CNKI中小学数字图书馆使用高级检索，"知识导航"栏选择"数学"，以"中学数学建模"为主题，发表时间从2001年1月到2020年12月，共检索到112篇文献，两种检索方式共获得233篇文献。通过进一步阅读文献的标题和内容，来源期刊选定为核心期刊与有影响力（人大复印资料全文转载排名靠前）的普通期刊，去掉小学、中职、高职、高等教育类的论文，删除部分与数学建模主题不相干的无效论文，最终筛选出77篇研究论文。其中中文核心期刊学术论文39篇，占比为50.6%；普通期刊学术论文 38 篇,占比 49.4%。

按照全部期刊论文的研究类型进行统计排序,发现以下几类研究视角比较集中,其中 51 篇论文的研究内容集中于数学建模教学的研究,占论文总数的 66.2%;其次是关于数学建模内涵的研究,计 12 篇,占论文总数的 15.6%;再次是关于数学建模评价的研究,计 10 篇,占论文总数的 13.0%;另外还有 5.2% 的论文是关于学生数学建模等认知特点和能力水平现状等方面的研究。为遵循主题研究的一般路径,将研究视角做如下调整。

1.1 数学建模的内涵

1.1.1 数学建模的内涵描述

课程标准中的内涵描述。《全日制义务教育数学课程标准(实验稿)》(以下简称"实验稿课标")对数学建模过程的描述为"从具体的实际问题中抽象出数学问题,使用数学符号系统表达数量关系,建立数学模型,求解数学模型获得合理的解答,理解和掌握相应的数学知识与技能的学习过程。"《义务教育数学课程标准(2011 版)》(以下简称"11 义务课标")中将"模型思想"作为十大核心关键词之一提出,将"实验稿课标"描述稍做修改,将"具体的实际问题"修改为"现实生活或具体情境",明确建立的模型为"方程、不等式、函数"等数量关系或规律,最后指出"求出结果并讨论结果的意义。"《普通高中数学课程标准(2017 版)》(以下简称"17 高中课标")是从数学核心素养的维度描述的,强调数学建模是对现实问题的数学抽象,用数学语言表达和数学方法建模并求解问题的一种数学核心素养。

不同视角的内涵描述。数学建模可以看成针对事物依存关系的抽象地、概括地、近似地表述而形成的一种稳定的数学结构。数学建模是一个数学抽象到数学概括的过程,是一个从原型到模型再到原型的认识过程[1]。如果将世界划分为现实的世界和数学的世界,那么数学建模的作用在于将二者打通并建立紧密的联系。把现实世界中的问题映射(或翻译)到数学领域,转入数学内部通过数学方式求解,将求解结果回译到现实世界从而解决问题,这种从现实世界开始,转入数学内部寻求答案,获得数学结果并解释现实世界的过程就是数学建模。

1.1.2 数学建模的过程

国外学者对数学建模过程的研究起步较早,对建模的活动过程理解比较深刻,其中有代表性的建模过程的循环模型是:四阶段数学建模循环模型(如图 1)、五阶段数学建模循环模型(如图 2)、七阶段数学建模循环模型(如图 3)。国内学者对中学阶段数学建模过程的理解主要体现在数学课程标准上,《高中数学课程标准(2003 版)》(以下简称"03 高中课标")突出"数学建模能力"的重要性,首次给出数学建模过程的框架图(如图 4),其实质属于五阶段循环模型。"11 义务课标"对模型思想的描述与"03 高中课标"给出的数学建模过程的框架基本一致。2007 年 Blum 将五阶段循环模型修订为七阶段循环模型,"17 高中课标"对数学建模过程的描述也相应地完善了对数学建模过程的理解,将五阶段建模过程提升为七阶段建模过程,包括发现和提出问题、分析问题、建立数学模型、确定参数并计算求解、检验结果、改进模型、解决实际问题等。

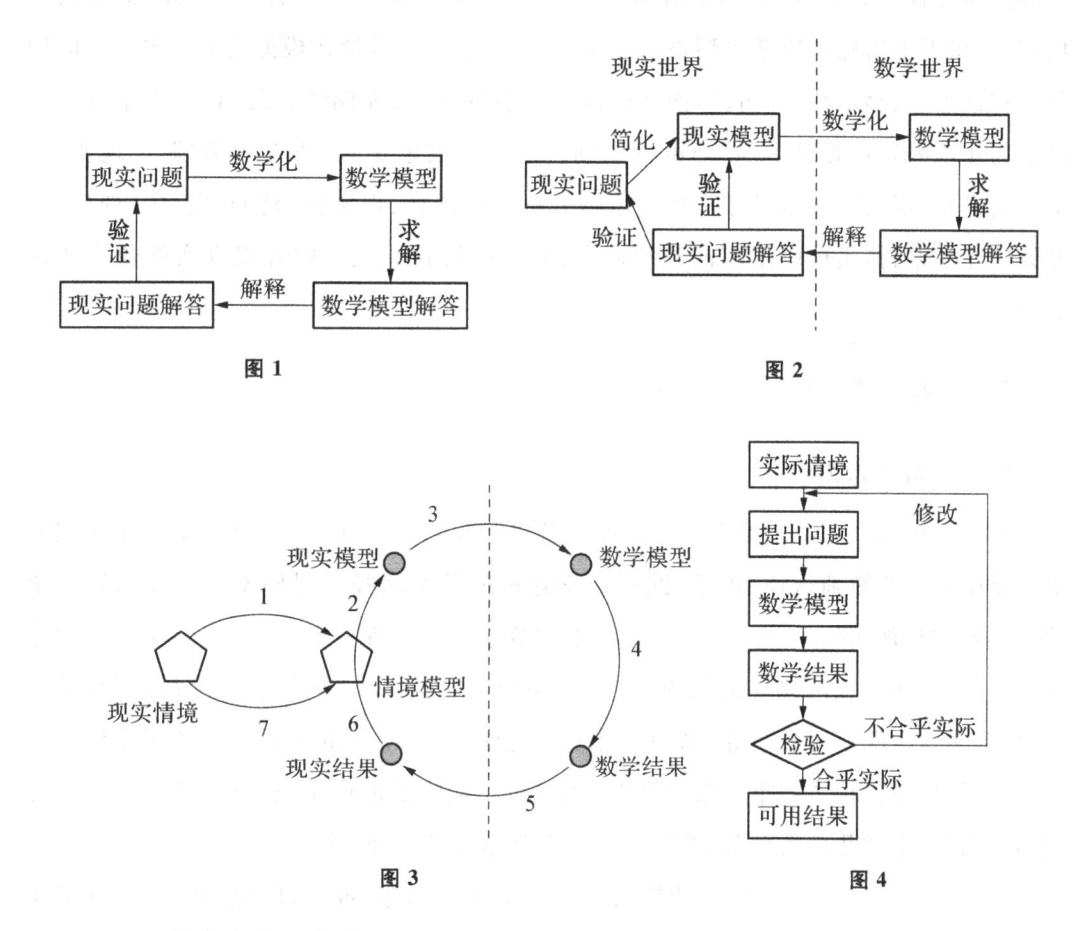

图 1

图 2

图 3

图 4

1.1.3 数学建模的价值

数学建模能力是现代科技人才必备的关键能力之一,许多国家已将数学建模作为中学数学课程内容的重要组成部分。数学建模就是应用数学知识解决实际问题的历程,中学数学教师要注重将其引入课堂教学中,以加强学生学习数学的动机。中学数学建模活动的开展,为培养创造精神和实践能力提供了一条途径。通过数学建模活动,提供数学与现实生活连结的载体,以增加学生应用数学解决现实问题的能力。数学建模在科学、工程、医学、技术、经济学等生产生活领域中发挥着越来越重要的作用,数学建模能力已成为高端人才必备的关键能力之一。

1.1.4 应用题与数学建模问题比较

中学数学教材中的应用题与数学建模问题都指向实际问题的解决,虽然从过程上看有诸多相似之处,但是两者却有着层次上的差别,存在质的差异。应用问题是数学建模的某个环节与初级表现形式,是狭义的数学应用,而数学应用有着深刻的内涵和外延,它不只是所谓的"数学应用题"[2]。现行中学数学教材和教学参考书中的应用题,大部分问题背景简单,数学模型清晰明了,这种问题实际上是一种套用实际情境的纯数学题,相当于给标准数学模型披上一层"外衣",不利于数学建模能力的培养[3]。应用题具有抽象性、确定性、封闭性,而建模问题具有现实性、模糊性、开放性。中学数学教材上的建模内容资源匮乏,教师可以借助现有的应用题资源,注重数学"源于现实,寓于现实,用于现实"的思想渗透,将应用题进行数据调整、现实化、延伸、发散等处理,开发数学建模素材,实现应用题向建模问题回译的目的,在教学中开展真实的数学建模活动。

1.2 数学建模能力的培养

1.2.1 数学建模教学

数学建模教学课例。课堂是实施中学数学建模教学的主阵地,对课堂教学课例的研究是中学一线教师认识、理解、践行数学建模的基本路径。课例素材主要来源于中学数学教材和现实生活中的实际问题。中学数学教师以课堂教学为载体,实施数学建模教学研究,初中教师研究的课例有"最短路径问题"教学、"蚂蚁怎么走最近"教学设计、数学建模专题复习教学等;高中教师研究的课例有"函数的应用""三角函数模型的简单应用"教学设计、"最小二乘估计"课例赏析、"随机数的产生"教学设计、"基本不等式的应用"教学、"几何概型"课堂实录、"两个基本计数原理"等。

数学建模写作教学。数学建模写作是指学生对思考、观察、研究的问题进行书面表达的学习方式。建模论文写作强调的是将问题数学化,建立数学模型求解、检验、修正、解释,形成文本性研究报告的过程[4]。撰写建模论文是一种有意义的研究性学习,撰写过程中可以锻炼学生发现问题、表达问题、解决问题的能力,还可以培养学生查阅参考文献、应用信息技术、学科融合和专业表达等能力。数学建模论文除具备一般论文的结构外,还必须包括:认识和分析问题、化简假设、建立模型、求解模型、验模与分析等。学生在数学建模论文写作活动中教师的工作包括:前期指导(选题、研究方法和途径)、中期指导(集体交流、个别指导、提出建议)、后期指导(初稿修改、定稿成文)。

1.2.2 数学模型应用案例

培养学生的应用意识是数学课程标准的重要目标之一,数学建模的过程是培养学生应用意识的主要途径。这个过程鼓励和支持学生用数学语言描述周围世界出现的生活现象,寻求建构数学模型解决问题的策略,帮助学生开阔视野,了解数学的应用价值。源于现实的建模问题是培养学生应用意识的主要载体,中学数学教师为此开发了一些典型的应用案例。如"圆形包装纸最小能多小"问题模型、"分期付款问题"模型、"传球问题"模型、"短跑运动员步幅"建模分析、"哥尼斯堡七桥"问题、"食盐水融雪剂的最佳用量""无人驾驶情境下停车入库"问题、"特拉法尔加海战"数学建模等。

1.2.3 数学建模能力培养策略

数学建模能力是伴随着数学建模的学习和数学建模实践活动逐渐形成的,是伴随着对数学的理解和感悟的加深、数学意识的增强、综合知识的拓宽逐渐提高的。在实际教学中,对于应用题的教学,我们不能简单地停留在就题讲题层面,而要善于精选试题,并合理重整加工,改变设问方式,给学生创设真正的建模机会。提高学生数学建模能力,可以遵循以下 6 点策略:加强阅读训练,培养阅读理解能力;强化技能练习,提高模型计算能力;实施类比教学,发展观察和猜想能力;渗透模型思想,发展建模意识;传授思维方法,发展解模能力;检验回译修正,提高元认知能力[5]。

1.3 数学建模的评价

1.3.1 数学建模的影响因素

影响学生数学建模学业成就的因素是多方面的,研究发现影响学生数学建模的主要因素有:建模动机(态度)、知识经验、认知能力、元认知水平、创造力水平、建模学业成就等。教师在数学建模活动中发挥着重要的作用,因而教师也是影响学生数学建模的重要因素。数学教师对数学建模内涵的理解和建模教育价值取向以及具备的数学建模能力直接影响到数学建模活动的开展与效果。

1.3.2 数学建模能力测评

数学建模能力就是将现实问题抽象为数学问题,建立数学模型,通过计算求解获得数学结果,将数学结果转译为现实结果并检验的能力。国内研究者从现实情境、数学内容领域、数学建模过程、建模活动水平等 4 个维度给出义务教育阶段数学建模能力评价框架(如图5)及数学建模能力行为测评指标(如表1)。

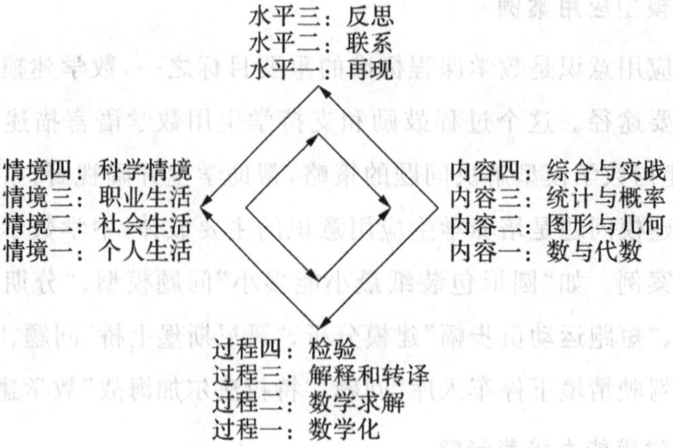

```
                    水平三：反思
                    水平二：联系
                    水平一：再现


情境四：科学情境              内容四：综合与实践
情境三：职业生活              内容三：统计与概率
情境二：社会生活              内容二：图形与几何
情境一：个人生活              内容一：数与代数


                    过程四：检验
                    过程三：解释和转译
                    过程二：数学求解
                    过程一：数学化
```

图 5

表 1 数学建模能力水平行为测评指标

数学建模水平	定义	行为测评指标
水平一（再现）	能够在简单熟悉的情境下，识别出标准模型，即数学标准模型的再现。	能识别和记住一些特征明显的模型的标准形式，在简单熟悉的情境下使之再认或再现；能在标准的情境中作简单的套用，或按照示例进行模仿，建立标准模型解决问题。用于表述的行为动词：知道，了解，认识，感知，识别，初步体会，初步学会等。
水平二（联系）	能够在较综合的情境下，迁移、组合标准模型解决问题，即标准模型的变形与重组。	清楚模型的来龙去脉以及相互关系，领会模型结构的本质，能用自己的语言或转换方式正确表达模型的结构特征以及互相之间的关系；在一定的变式情境中能区分模型的本质属性与非本质属性，会把简单变式转化为标准式，并解决相关的问题；在比较综合的情境中能理解多个基本模型的结构与相互关系，整合多个标准模型，会处理多个模型的组合，并解决有关问题。用于表述的行为动词：说明，表达，解释，理解，懂得，领会，归纳，比较，推测，判断，转换，初步掌握等。
水平三（反思）	在复杂的情境下，设计数学模型，检验、评价并且比较数学模型，即数学模型的创造。	能够把握模型的本质及其内容、形式的变化；能从实际问题中抽象出数学模型或作归纳假设进行探索，能把具体现象上升为本质联系，从而解决问题；会对数学模型进行扩展或对数学问题进行延伸，会解决问题过程的合理性、完整性、简捷性的评价和追求作有效的思考。用于表述的行为动词如：掌握，推导，证明，研究，讨论，选择，决策，解决问题，会用，总结，设计，评价等。

1.3.3 数学建模试题研究

近年来的高考试题加强了对学生实践应用能力的考查，体现了数学在解决实际问题中的巨大威力和应用价值。高考试题对实践应用能力的考查过程主要分为表征分析、提炼数量关系、数学建模等三个阶段。高考试题根据不同阶段的特点，设置了不同的考查方法。研究发现在解答应用类试题时,学生的思维障碍很多,但是最常见的思维障碍是:文字阅读理解及从实际问题中发现与抽象数学问题的障碍。应用类试题的命制应使问题背景源于真实生活,问题表述规范、简洁好懂,避免歧义理解,有利于考查学生数学化能力和建构数学模型解决问题的能力。

1.3.4 数学建模认知特点和能力水平现状

高中生数学建模认知特点。数学建模教学的主体是学生,学生的认知特点决定了建模教学的效果。对高中生数学建模认知特点的比较研究发现,高中阶段的数学建模成绩优秀的学生与数学建模成绩一般的学生在数学建模的问题表征、策略运用、建模思路、解题结果及求解效率等方面表现出不同的认知特点(研究内容如图 6)。

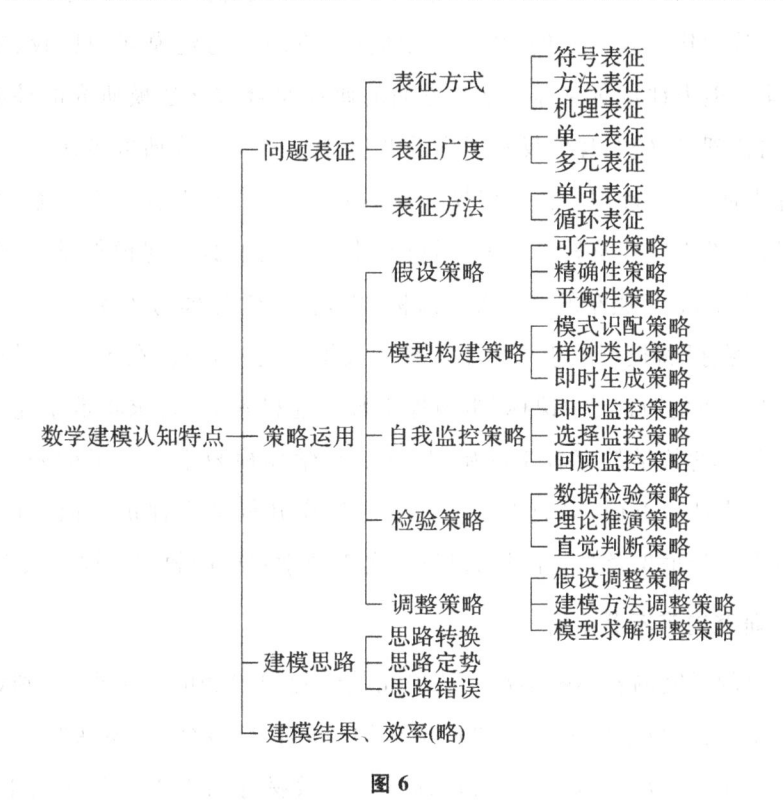

```
                          ┌─ 表征方式 ─┬─ 符号表征
                          │           ├─ 方法表征
                          │           └─ 机理表征
              ┌─ 问题表征 ─┼─ 表征广度 ─┬─ 单一表征
              │           │           └─ 多元表征
              │           └─ 表征方法 ─┬─ 单向表征
              │                       └─ 循环表征
              │           ┌─ 假设策略 ─┬─ 可行性策略
              │           │           ├─ 精确性策略
              │           │           └─ 平衡性策略
              │           │           ┌─ 模式识配策略
              │           ├─ 模型构建策略 ─┼─ 样例类比策略
              │           │           └─ 即时生成策略
数学建模认知特点 ─┼─ 策略运用 ─┤           ┌─ 即时监控策略
              │           ├─ 自我监控策略 ─┼─ 选择监控策略
              │           │           └─ 回顾监控策略
              │           │           ┌─ 数据检验策略
              │           ├─ 检验策略 ─┼─ 理论推演策略
              │           │           └─ 直觉判断策略
              │           │           ┌─ 假设调整策略
              │           └─ 调整策略 ─┼─ 建模方法调整策略
              │                       └─ 模型求解调整策略
              │           ┌─ 思路转换
              ├─ 建模思路 ─┼─ 思路定势
              │           └─ 思路错误
              └─ 建模结果、效率(略)
```

图 6

初中生数学建模发展状况。以 2016 年江苏省初中二年级学生数学学业质量监测测试为依据,对与数学建模相关的试题得分进行统计分析,研究结果表明学生用数学符号建立熟悉的方程模型、不等式模型、函数模型等表示问题中的数量关系和变化规律方面表现优异,但是对于题目中反应出的复杂生活情境,需综合运用数学知识、数学思想和方法解决问题方面表现较差。

2 研究进展评析

通过对77篇论文的比较和分析,发现20年来广大研究者在中学数学建模研究方面取得一定成就的同时,也有不足之处,需要进一步改进。

2.1 主要成绩

2.1.1 研究范围不断扩大

从检索的文献内容看,中学数学建模研究的范围不断扩大,以数学建模教学研究为主(占检索文献的66.2%),其次为数学建模内涵研究(占检索文献的15.6%),涉及数学建模内涵、数学建模教学课例、数学模型应用、应用题与建模问题比较、中高考试题研究、数学建模能力评价研究等。这些方面的研究符合数学建模研究的核心要素和主要内容,结构合理,比较客观地反映了当前我国中学数学建模研究的现状。比如,在教学实践研究方面,在正确理解数学建模内涵的基础上,根据课程标准的教学要求,实施教学课例设计、教学实践及教学反思,形成有指导意义的数学建模教学范例。又如,在理论研究方面,2003年颁布的"03高中课标"中,将数学建模写入课程内容;2011年颁布的"11义务课标"将模型思想列为十大核心关键词之一,强调在数学教学中渗透模型思想;2017年颁布的"17高中课标"明确提出数学建模素养,要求将数学建模主线贯穿于整个高中阶段的数学教育教学的始终,并对数学建模教学提出了明确要求。再如,在数学建模能力评价方面,研究者高度重视对数学建模能力评价方面的研究,构建了数学建模能力评价框架及具体的行为指标,实现数学建模的教、学、评一致性。

2.1.2 研究内容不断丰富

数学建模的研究内容不断丰富。从关注数学建模内涵的理论理解,到数学建模教学的实践探索,又到数学建模评价的理论建构,再到学生数学建模认知特点和能力水平现状的调查研究,数学建模涉及的教师、学生、教材等因素进一步得到细化,比如数学建模中学生影响因素的认知特点研究,又如数学建模中教师影响因素的教学课例研究,再如数学教材中数学建模问题资源的开发研究等。这些内容的不断拓展,使数学建模的研究内容更加丰富。

数学建模的研究视角不断拓展。从研究视角看,重视中学数学建模教学研究,关注教师和学生在数学建模活动中的重要作用,关注教师、学生、建模问题等影响因素对数学建模教学的影响,客观分析了教师的数学建模教学现状和学生的数学建模水平发展现状,提出了具有可行性和发展性的数学建模教学建议。研究的视角从教师教、学生学、教学评价等方面向国际比较、模型应用、建模写作、建模能力培养、建模影响因素、学生心理认知特点等方面拓展。

2.1.3 研究方法不断改进

从文献研究的方法看,研究者采用了文献研究、观察研究、调查研究、行动研究、实验研究等方法,也有研究者采用了实证研究的方法。比如,研究者采用文献研究法研究了《数学建模教学与评估指南》一书,发表书评类论文 7 篇,为广大一线教师开展数学建模教学研究提供理论基础。又如,研究者采用实证研究法研究了影响高中生数学建模学业成就的影响因素,获得研究结论,为高中数学建模教学提供重要依据。

2.1.4 研究队伍不断壮大

从文献作者的构成看,从事中学数学教学的一线教师为研究主体(第一作者为一线教师占比 66.2%),他们长期从事中学数学教学工作,对应用题教学颇有心得,对中学数学建模教学现状、问题和解决方法等有自己的理解和实际需求,提供的课例来源于教学一线,具有真实性、示范性,是数学建模教学研究的实践派。从数学建模引入我国以来,高校和教育科研部门的专家学者一直关注中学数学建模研究,他们用专业的研究方法、独特的研究视角、科学的研究精神、严谨的研究态度对待中学数学建模研究,在数学建模内涵阐释、教学实践、能力测评等方面取得丰硕成果,是数学建模教学研究的学术派。学术派的加入,使中学数学建模研究的队伍进一步壮大,优化了研究队伍,提升了研究高度,实现从实践研究为主向实践与理论研究并重的转变。

2.2 不足之处

2.2.1 数学建模研究内容不够系统

从 77 篇论文看,同一类别研究对象在内容上表现出同质化倾向,研究方法大同小异,经验总结居多,科学判断分析较少,缺乏可靠的论据。在 39 篇核心期刊论文中,涉及数学建模的内涵、价值、发展现状、学生认知特点、学业成就影响因素等不同内容;38 篇普通期刊论文中,涉及数学建模的教材分析、教学课例、中高考试题研究、能力评价、模型应用等内容;数学建模研究内容缺乏系统性,77 篇论文以数学建模教学研究为主,很多研究只是基于教材分析,呈现数学建模教学设计或教学实录,给出教学反思,给人的感觉只是在常态化教学研究上赋予数学建模内涵而已,缺乏有见地的教学思路和方法,既无新意,也无深度。

2.2.2 数学建模影响因素研究不够深入

对教师因素和学生因素关注不够。从数学建模的教师因素看,研究中学数学教师

（以下简称"教师"）教学行为对数学建模影响的论文缺失，缺乏对教师的数学建模能力现状调查、提升策略、师资培训等视角，表明现有研究对数学建模诸多因素中的教师要素关注不够。从数学建模的学生因素看，现有研究大多聚焦于教学研究，即怎么教，缺乏从学生认知的视角研究为什么这么教，教得怎么样等跟踪性、评价性、过程性研究。

建模问题资源匮乏。现有中学数学教材中设置了丰富的应用题资源，但数学建模内容匮乏，缺乏适合学生学习和教师讲解的数学建模问题。教师注重概念类、应用类问题的教学研究，试图以应用题为载体，用应用题代替数学建模问题来实施数学建模问题教学，忽视数学建模问题资源的开发。77篇论文中仅有1篇谈应用题回译数学建模问题，表明现有研究者对建模问题开发关注不够，导致建模问题资源匮乏。

核心概念影响实施。从77篇论文涉及学段看，研究内容为高中的57篇，占比74.0%，而指向初中的只有10篇，占比仅13.0%，表明数学建模在中学学段的实施不均衡。这可能与高中阶段"17高中课标"以"数学建模"为核心概念，而初中学段"11义务课标"以"模型思想"为核心概念有关，即初中用模型思想替代数学建模，导致初高中研究视角的差异，影响中学数学建模的普遍实施。

2.2.3 数学建模能力的评价不够系统

中学阶段对学生数学建模能力的考查主要体现在中高考的应用题上，学生在解决应用题过程中，展现数学化、建构模型、数学求解、解释回译、检验等建模活动过程，是评价数学建模能力水平的主要依据。在77篇论文中，涉及建模评价的论文有10篇，其中只有2篇研究数学建模能力评价体系建构问题，占比仅2.6%。从高中教育阶段看，尽管数学建模活动在"03高中课标""17高中课标"中有明确的要求，但是因为高考没有明确要求，实际情况是绝大部分高中学校没有开设数学建模课程，造成课程资源的浪费。从初中教育阶段看，模型思想渗透作为数学建模活动的主线贯穿整个学段，对数学建模能力的考查侧重于中考试题中的应用题，而这种应用类试题往往侧重于现实模型、数学模型、数学结果等子能力的评价，忽略了现实问题、现实结果等子能力的评价。

3 未来研究展望

纵观数学建模研究的现实状况和发展趋势，可以肯定的是，数学建模在中学数学教学中的重要作用将日益凸显，中学数学建模研究会越发受到重视。鉴于当前中学数学建模发展的现实状况和未来数学教育发展对数学建模的要求，今后中学数学建模的研究领域将会进一步拓宽，研究的内容和方法会更加丰富，与中学数学建模相关的问题也会越来越多，其中以下三个方面特别值得关注。

一是开发适切的数学建模教学案例。调查研究表明，一旦学生面对来自现实世界的真实的问题情境，将纷繁复杂的各种元素和关系纳入考虑甄别范围，学生就表现得无所适从，无法进行识别并建立数学模型从而解决问题。数学建模能力的培养不能只依靠数学教材，而要基于对现实世界的观察、思考、表达，将现实世界与数学连结起来，编制适切的数学建模问题，在问题的解决过程中提高学生解决实际问题的能力。如何全面推进中学数学建模教学？根据学生阶段性心理特点、认知水平，开发适切的中学数学建模教学案例是有效路径，未来的研究要重点关注数学建模与中学数学教学融合的整体性研究、阶段性研究和差异性研究，在这些研究的基础上，引领一线教师开发更多科学的、有效的、适切的建模教学案例。

二是建构数学建模的认知体系。研究表明，从学前教育开始到高等教育之间持续开展数学建模活动是重要的，也是可行的。数学建模进入中小学数学课程是发展的必然趋势，也是数学教育发展的主要方向之一，未来的数学建模应侧重基础教育阶段的资源开发和课程建设，将数学建模活动引入初中和小学甚至是学前的课堂。在中小学数学课程中设置专门的数学建模活动是大势所趋。在此背景下，对学生数学建模认知过程的研究既必要也重要。未来数学建模必然注重学生数学建模过程的研究，依据现代认知心理学的认知过程内涵，通过大量的建模教学案例，观察学生建模认知过程，分析认知障碍，改进建模教学，最终建构出科学、完善、可操作的数学建模认知体系。

三是构建学生数学建模的评价体系。中学数学课程都重视数学建模，尤其在高中数学课程中设置了丰富的数学建模内容，明确了教师教和学生学的具体要求，但没有提出具体的评价要求，中高考中缺乏对数学建模问题设置的明确要求，导致教、学、评系统中评价环节的缺失。在未来的数学建模评价的研究中，研究者可以借鉴国外的研究成果，结合国内数学建模教学现状，构建适合我国实际的数学建模教学评价体系，在中高考试题中设置数学建模问题，侧重数学建模过程中某个环节的考察，以完善教、学、评的一致性，保障发展学生数学建模能力和应用能力的目标落到实处。

参考文献

[1] 刘亚平,黄晓学.让学生的数学核心素养"落地生根"[J].数学通报,2020,59(05):46-50.

[2] 王志江.关于应用问题的若干思考[J].数学通报,2001,(05):18-21.

[3] 俞昕.从高考中管窥"数学建模"[J].中学数学杂志,2010,(11):42-45.

[4] 唐安华.开展中学数学建模论文写作活动的认识和实践[J].数学教育学报,2001,(04):63-66.

[5] 赵建昕.提高数学建模能力的策略研究[J].数学教育学报,2004,(03):50-52.

初中数学建模活动的内容设计与组织原则

摘 要：初中数学建模活动是培养初中生数学建模能力的有效路径。与高中数学建模活动相比，初中数学建模活动没有明确的活动内容、教学要求、实施策略等。基于初中数学建模活动的内涵分析，将初中学段的建模活动内容划分为构建数学模型、应用数学模型、主题综合实践等三类，指出初中数学建模活动应遵循抽象性、阶段性、适切性、发展性等组织原则。

关键词：数学建模；初中数学建模活动；内容设计；组织原则

数学建模活动在高中课程标准中有明确的课程定位、目标要求和内涵要素。在高中数学教材中设置了数学建模专题活动内容，有明确的课时安排、教学要求、实施策略和操作步骤。而在初中课程内容中，数学建模活动既没有明确的课程定位、目标要求，也未设置专题活动内容，更没有明确的教学要求、实施策略等，致使很多一线教师对初中数学建模活动的内涵、内容设计和组织原则等认识模糊，甚至将应用题教学与数学建模活动简单地画上等号。因而，正确理解初中数学建模活动的内涵，明确建模活动内容，掌握组织原则，才能取得预期的活动成效。

一、初中数学建模活动的内涵

数学建模活动由三个关键词构成：数学、建模、活动。"数学"凸显数学学科本质属性，蕴含着数学眼光、数学思维、数学语言等诸多含义，最终指向用数学知识分析和解决实际问题；"建模"是指运用数学符号系统建立数学模型；"活动"是指为实现学习目标而采取的行动。初中数学建模活动是指初中生（以下简称"学生"）在实际情境（生活情境、社会情境、科学情境和数学情境）中，从数学的视角发现和提出问题，用数学的方法分析问题，简化、假设、抽象出数学问题，建构数学模型，确定参数，求解验证，最终解决实际问题的学习活动。

《义务教育数学课程标准（2011年版）》中使用了"模型思想"的表述，将数学建模活动看成是一种思想，包括从现实问题到数学问题、从数学问题到数学模型、数学模型求解及结果验证三个过程。《普通高中数学课程标准（2017版）》指出数学建模活动是一个过程,分为现实问题的数学抽象(实际模型)、数学表达(数学问题)、建构模型求解问题三个阶段。从建立和求解模型的过程与形态可以看出,模型思想的建立过程与数学建模活动过程的本质是一致的,都包含对现实问题进行数学抽象,用数学语言表达形成数学问题,用数学方法建构数学模型,计算求解模型并解释现实问题的活动过程。事实上,模型思想必然形成于数学建模活动的过程中。因此,本文对模型思想与数学建模活动不做严格区分。

二、初中数学建模活动的内容设计

基于初中数学建模活动的内涵分析,从数学建模循环过程看(如图1),初中数学建模活动内容可以划分为构建数学模型、应用数学模型和主题综合实践等三类活动。

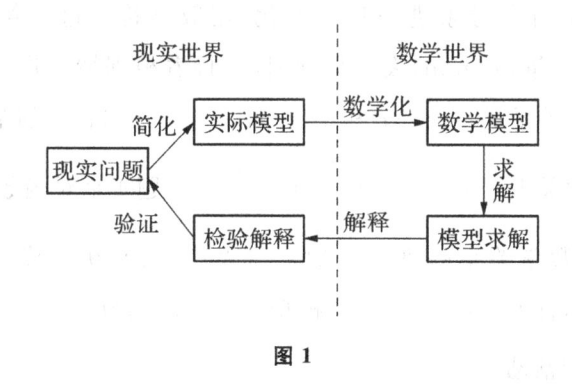

图1

1. 构建数学模型活动

数学建模中的"建模"是指建构数学模型。数学知识本身就是一种数学模型,从数学知识属性维度看,数学模型一般分为概念模型、方法模型和结构模型。因此,学生对数学知识的学习本质是一种构建数学模型的学习活动,构建数学模型是学生习得数学知识的基本途径。比如一元一次方程、分式、一次函数、平行四边形等数学知识的学习属于构建概念模型;分式方程解法、二次根式乘除运算、待定系数法、勾股定理等数学知识的学习属于构建方法模型;三角形内角和的推论、圆周角定理等数学知识的学习属于构建结构模型。从初中数学建模活动(以下简称"数学建模活动")的过程看,构建数学模型活动本身不是严格意义上的数学建模活动,而是数学建模活动过程的某个阶段或某个环节。在这类建模活动中,活动重点是渗透模型思想,使学生学会建构数学模型,为完成完整的数学建模活动奠定基础。

案例1 《数学》(苏科版)八年级上册"一次函数"

问题1 给汽车加油的加油枪流量为 25 L/min。如果加油前油箱里没有油,那么在加油过程中,油箱里的油量与加油时间之间有怎样的函数关系?如果加油前油箱里

有6 L油呢？（追问）

问题2 汽车以100 km/h的速度匀速行驶，行驶时间与行驶路程有怎样的函数关系？

问题3 汽车油箱内有油40 L，每行驶100 km耗油10 L，则行驶过程中油箱内剩余油量与行驶路程有怎样的函数关系？

问题4 这样的函数关系式有什么共同的特征？

活动说明：以汽车油箱油量为现实情境，提出三个问题，让学生在经历数学模型建构的过程中感悟相同问题情境中不同数学视角下的数量关系。问题1仅给出加油枪流量数据，在探究问题时，油箱的油量分为两类情况：无油和有油，从数学建模的过程看，是对实际问题的一种假设。提出的问题是油箱里的油量与加油时间之间的函数关系，这就要求学生将两个研究对象进一步数学化，用数学符号进行第一次抽象，比如用$y(L)$表示油箱里的油量，$x(\min)$表示加油时间，接着根据情境进行第二次抽象（数学符号表达），获得数学关系式$y=25x$和$y=25x+6$。在问题1的基础上，从问题2、问题3中容易获得数学关系式$s=100t$、$Q=40-\dfrac{s}{10}$。问题4是对函数表达式（数学关系）的再抽象，即学生对数学关系的进一步抽象与表达，从而获得稳定的数学结构：$y=kx+b$（k，b为常数，且$k\neq 0$），形成概念模型——一次函数。

2. 应用数学模型活动

数学建模活动更强调的是建立模型和解决问题的过程。数学模型的价值在于将现实世界与数学的壁垒打通，通过数学模型连接现实世界与数学世界，使学生体悟数学建模的现实意义。初中数学教材注重数学与现实世界的联系，设置了大量的应用类问题（应用题），为学生应用数学模型解决实际问题提供了良好的载体。比如苏科版初中数学教材中勾股定理的简单应用、用一次函数解决问题、锐角三角函数的简单应用、收取多少保险费才合理等属于应用数学模型活动。虽然这些应用类问题具有封闭、数据清楚、信息正好、结果唯一等特点，不同于真正的数学建模问题，但从数学建模过程看（如图2），应用数学模型活动也属于数学建模过程的重要阶段，解决应用类问题所考查的能力往往正是数学建模过程中某些环节所需要的能力。教师要利用好这些素材，开展有意义的数学模型应用活动，在活动中渗透数学建模思想，重点提升学生建构数学模型解决应用题的能力。

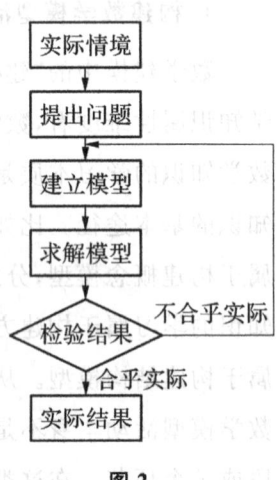

图2

案例 2 《数学》九年级上册"一元二次方程解决问题"

问题 1 某服装超市销售一批衬衫,在每件盈利 40 元的情况下,平均每天可售出衬衫 20 件。为了增加盈利,超市采取了扩大销售、降价促销的措施。假设在一定的范围内,衬衫的单价每降 1 元,超市平均每天可多售出 2 件。如果降价促销后超市销售这批衬衫每天可盈利 1 250 元,那么衬衫降价促销前的单价是多少元?

问题 2 如图3,根据龙湾风景区的旅游信息,某旅行社组织一批游客到该风景区旅游,支付给龙湾风景区售票处 28 000 元。你能确定参加这批游客的人数吗?

活动说明:问题 1 是一道应用题(应用类问题),从数学建模内容看,属于应用数学模型解决实际问题。这类问题往往与现实生活中的实际情况有很大差异,甚至有老师怀疑问题情境的真实性。对于师生来说,从中感受不到解决实际问题的现实意义。事实上,教材编写者在设置应用类问题时,要处理好两个互相矛盾的问题:一方面要设置一些真实的实际问题情境,让学生经历用数学知识解决实际问题的过程,

图 3

感悟数学的应用价值,培养学生数学建模能力;另一方面受制于学生的数学认知水平、心理特点等,呈现的实际问题不可能是原生态的现实问题,迫不得已地将其进行一定的抽象、简化和假设,以符合学生的认知水平。因此,我们要客观认识应用题的教学价值。在教学中,将引导学生建构数学模型作为教学重点,驱动学生经历建立数学模型求解实际问题的活动过程,培养学生建立和求解数学模型的能力。问题 2 也是一道应用题,从呈现信息的方式来看,更符合现实世界中的信息原型。在教学时,要注重引导学生从表格信息中获取有效信息,用数学符号分别表达"不超过30人"和"超过30人"的收费情况,从而获得一元二次方程模型,经历建立模型、求解模型、检验结果和解释问题的数学建模过程,培养学生数学建模的阶段性能力。

3. 主题综合实践活动

主题综合实践活动是指以现实世界中实际问题为研究对象,明确具体研究主题,综合应用学科知识(不限于数学知识)解决实际问题的实践活动。在初中阶段,主题综合实践活动是数学建模活动的主要形式,是学生参与完整的数学建模活动,培养学生数学建模能力的重要途径。主题综合实践活动内容源于杂乱无序的现实世界,学生需从"原生态"的现实情境中抽象出数学问题,我们一般将其称为"数学化能力"。数学化能力是数学建模的关键成分,在主题综合实践活动设计中应予以重点关注。每个学期

开展1—2次主题综合实践活动,促进学生经历完整的数学建模活动过程,培养数学建模能力。

案例3 现实生活中的"出租车收费"

综合实践主题:苏州市出租车收费

(一)问题背景

苏州市某出租车公司大众小型出租车把收费标准张贴在后排车窗玻璃上,如图4。

(二)信息整理

已知苏州市某出租车公司的大众小型出租车起步价为10元(不确定是否含燃油附加费),超起租里程3 km后单价每km 1.8元,超过5 km后单程加收50%空驶费。

图4

(三)提出问题

问题1 大众小型出租车是如何收费的?

问题2 如何为乘客制定费用最低的打车策略?

(四)建模活动

团队协作,分阶段完成以下活动流程:分析问题——提出假设——确定参数——建立模型——求解模型——检验结果——改进模型——解决问题。

活动说明:综合实践主题的选题源自学生熟悉的现实生活,符合学生的生活经验和认知水平。这样的综合实践活动有利于激发学生的学习兴趣,培养应用意识和数学建模能力,具有积极的现实意义。比如在分析问题环节,先梳理影响出租车收费的相关因素,再确定主要因素(里程数),调查收集燃油附加费的收费标准。又如在提出假设环节,假设出租车收费只受里程数影响,不存在乘客主观因素的影响;假设打车策略以费用为唯一标准,不考虑顾客的主观感受;假设不考虑出租车公司的有关优惠活动。再如在确定参数环节,设行驶里程数为 x km,费用为 y 元。主题综合实践活动任务给学生提供了"原生态"的问题情境,能有效驱动学生从现实世界中发现和提出有意义的实际问题,运用数学知识建立数学模型,从而解决实际问题。从主题综合实践活动的整个流程看,学生经历了相对完整的数学建模活动过程,有效弥补了以上两种阶段性建模活动在培养学生数学建模能力上的不足,对培养学生数学建模能力至关重要。

三、初中数学建模活动的组织原则

1. 阶段性原则

阶段性原则是指根据初中数学教学内容,参照数学建模过程将数学建模活动分为不同的阶段,发挥数学建模活动的教育价值。数学建模活动是一个完整的解决实际问题的过程,具体包括从现实原型——实际模型——数学模型——模型求解——检验解释等。在初中数学学习中,受数学知识与数学能力所限,我们不可能也没必要使学生经常性地经历完整的数学建模活动过程。在平时数学知识的教学中,注重渗透数学建模思想,引导学生经历数学建模的某个环节或某个阶段,体现数学建模活动的阶段性原则。初中数学建模活动一般分为三个阶段:标准数学模型学习阶段、用数学模型解决实际问题(应用题)阶段、主题建模实践阶段。三个阶段由低到高,层层递进,教学中应根据数学建模活动的内容特点,对建模活动目标精准定位,分阶段、分层次培养学生的数学建模能力。

2. 适切性原则

适切性原则是指数学建模活动内容应源于学生熟悉的、真实的实际情境,符合学生的认知基础、智力水平和心理特点,注意学生解决问题能力上的差异。从实际情境的视角看,选用的问题情境要符合实际情况,应具有真实性,是学生熟悉的情境。对于综合性实际情境,应具备一定的挑战性,有利于促进学生主动学习数学、物理等相关学科知识,但建立数学模型时涉及的数学知识及跨学科的知识应符合学生的认知水平,不能随意提高数学建模活动的要求。从数学建模的教育价值看,数学建模活动应在学生解决实际问题能力的基础上,运用数学知识又不限于数学知识,主动连接现实世界,感受数学建模的应用价值。

3. 发展性原则

发展性原则是指组织的数学建模活动应能驱动学生积极主动参与建模活动,发展学生的数学建模能力。发展性原则属于数学建模活动的目标范畴,即为什么组织、为谁组织数学建模活动?发展学生的数学建模能力是数学建模活动的出发点和落脚点,在组织不同类型的数学建模活动时,都应遵循发展性原则,提高数学建模活动立意,将活动目标落到实处。比如在构建数学模型的活动中,活动的内容设计应有利于引导学生经历现实问题到数学问题再到数学模型的抽象过程,特别是对数学对象的第二次抽象时,教师应将教学重心放在引导学生用数学符号建构数学结构(数学模型)上,分阶段发展学生数学建模能力水平。

基于学业质量监测的初中生数学建模能力调查研究

摘　要：学业质量监测是调查研究初中生数学建模能力的有效路径。本文基于 S 市 H 区义务教育学业质量监测报告，通过对建模试题和测试结果的分析，了解到初中生建模水平发展存在三方面问题：教师"教模型"意识不足；学生图文阅读理解能力不足；学生求解数学模型能力不足。基于以上问题，给出提高初中生数学建模能力的教学建议。

关键词：数学建模能力；学业质量监测；模型观念；数学学习力

1　研究背景

数学建模是解决现实世界中诸多问题的关键，是学生未来发展必备的关键能力。模型观念形成于数学建模的基本过程中，发展模型观念是培养初中生数学建模能力的基本途径。初中生数学建模能力（以下简称"建模能力"）是指初中学生利用形式化的数学模型去反映现实问题中的关系结构，通过对数学模型的求解和检验，解答现实原型中某些问题的能力。[1]

模型观念作为初中生（以下简称"学生"）核心素养的主要表现之一，理应引起一线数学教师的重视。为更好地了解学生模型观念的培养现状以及数学建模能力的发展状况，本文以 S 市 H 区发布的 2021 年学业质量监测报告为依据，重点研究数学建模试题以及得分情况，从而分析学生数学建模能力的发展状况，提出切实可行的建模教学建议。

2　测评分析

2.1　测评对象

测评对象覆盖 S 市 H 区全部初中学校的八年级学生，采用学科抽测和相关因素全测的方式采集样本，从全区 7605 名学生中抽测了 2572 名学生，抽测比率为 33.8%。抽测试题为三道典型建模试题，分别涉及"数与代数""图形与几何"这两个领域，满分分别为 6 分、6 分、8 分。由于试题总分有所不同，根据学生的答题情况，按试题的得分率

(即所得分数占总分的百分比)赋予0~100%。

2.2 测评维度

为了更好地了解学生在义务教育学业质量监测中数学建模能力的具体表现,把学生在测试中表现出的数学建模能力水平划分为4个层级,按得分率划分为4个得分段(如表1)。

表1 初中生数学建模能力水平的具体表现

数学建模水平	数学建模能力的具体表现	试题得分率
水平1	不能读懂问题情境中的数学信息或者不能有效提取问题情境中的数学信息;不能描述数学对象或用数学对象对问题情境中的现象进行解释,或描述、解释不完整,有明显错误	$0 \leqslant x < 25\%$
水平2	能读懂问题情境中的数学信息;能将实际问题初步完成数学化;能用数学符号表示具体情境中的数量关系,建立部分或完整的数学模型	$25\% \leqslant x < 50\%$
水平3	能读懂问题情境中的数学信息;能通过数式、图表等分析问题情境中的数量关系;能选取适当的数学形式进行表达,建构单一或组合的标准模型完成求解	$50\% \leqslant x < 75\%$
水平4	能从问题情境中获取有效信息;能将实际问题数学化,提出数学问题;通过分析问题情境中的数量关系,用数学符号建立组合的数学模型,正确完成计算求解,检验计算结果和完善模型,分析和解决非常规问题	$75\% \leqslant x \leqslant 100\%$

2.3 试题设计

试题1 货梯搬运

某一货梯的额定限载量为2 000千克,两人要用此货梯把每箱重80千克的100箱货物从底层搬到顶层,已知这两人的体重分别为80千克和70千克,且这两人随货乘货梯上下。

(1)他们每次最多搬运多少箱货物?

(2)他们至少要搬运几次才能搬运完这批货物?

试题说明 该题是基于"货梯载物"的生活情境,贴近学生的生活。该题是"数与代数"领域的基础型试题,难度中等。本题知识层面考查"一元一次不等式",素养层面考查数学建模能力、计算能力、推理能力和数据处理能力。该题以文本的方式呈现,题目比较简洁,如何从简洁的文字中发现其中蕴含的不等关系,并且建立不等式的模型解决问题是本题的一个难点;在第二小问中,不等式求解完成后,如何确定搬运次数,是本题的另一个难点。

试题2 桌椅匹配

我国在2015年5月实施了《学校课桌椅功能尺寸及技术要求》(GB/T3976-

2014)的卫生标准,该标准明确了学校课桌椅的技术指标(如表2为其中部分数据,单位 cm):

表2 学校课桌椅功能尺寸与技术要求

型号	学生身高范围	桌面高	桌下净空高	椅面高	椅面有效深度
1	173~	76	≥63	44	38
2	165~179	73	≥60	42	38
3	158~172	70	>57	40	38
4	150~164	67	>55	38	34
5	143~157	64	>52	36	34

(1) 学生小惠对表2中的数据进行探究,猜想桌面高 y(cm)是椅面高 x(cm)的一次函数。假设小惠的猜想是正确的,请你求这个一次函数的表达式(不必写出 x 的取值范围),并用表格中的数据验证小惠的猜想是正确的。

(2) 小惠和爸爸在家具商场看中了一张书桌和一把椅子,椅子的高度可以调节,但是书桌的高度不能调节,经测量,书桌的桌面高是 72 cm。请问:身高 170 cm 的小惠是否适合这张书桌?如果不适合,请说明理由;如果适合,请计算椅面应调节到多少高度才能和书桌配套?(结果精确到 1 cm)

试题说明 该题基于"课桌椅功能尺寸"的科学情境,是一道"数与代数"领域的典型建模试题,难度较大。知识层面考查一次函数,主要包括函数概念、解析式求法、运用解析式分析和解决问题。素养层面主要考查模型观念、运算能力、数据处理能力、推理能力、创新意识、运用模型分析问题和解决问题的能力等。本题以文本和表格的形式呈现,如何选取合适的数据解决问题是本题的一个难点;第二个难点是验证猜想;第三个难点是对表格中并未出现的数据"72"的处理。如何根据表格数据和所建模型分析和解决问题,对学生的创新应用能力提出了较高的要求。

试题3 隔离区面积

如图,一个小区有一处墙角,DM 和 DN 是墙面,$\angle D = 90°$。因搞活动,物业利用墙面作为两边,建立了一个如图1的五边形隔离区 ABCED,其中 AB,BC,CE 是隔离栏,已知 $AB = 6$ 米,$DE = 10$ 米,$AD = CE = 2$ 米,$\angle B = 90°$,$CE \perp DM$。

(1) 求五边形 ABCED 的面积。

(2) 小区业主觉得这个隔离区不规则,利用物业原有的隔离栏,依然利用墙面作为两边,建立了一个如图2的正方形 FGHD,其中 FG 和 GH 是隔离栏,试判断这样改造,面积是增大还是减小了,并计算增大或减小了多少平方米?

图1　　　　　　　　　　图2

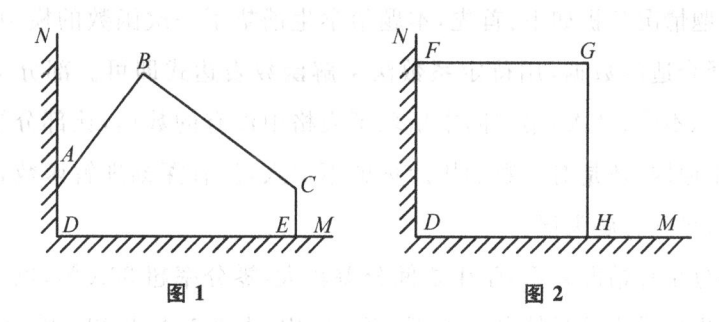

试题说明　该题以"搞活动隔离区"的生活情境为载体设计,是一道"图形与几何"领域的典型试题,难度适中。知识层面主要考查勾股定理、矩形的判定和图形面积的求法。素养层面主要考查几何直观、空间观念、推理能力、计算能力、模型观念等。学生需用割补法求不规则图形的面积,把五边形分割成一个直角三角形和一个矩形,然后通过建立"勾股定理""矩形(正方形)"模型去解决问题。本题注重图形与几何领域内容与现实生活的联系,凸显数学的广泛应用。

3　结果与分析

3.1　答题情况

试题1答题情况分析如下:一是约33.0%的学生未能成功地把生活问题转化成数学问题,没有抽象出题目中蕴含的不等关系,也就不能建立不等式模型;二是近一半的学生能够发现题目中隐含的不等关系,建立"一元一次不等式"模型;三是部分学生能够建立模型,但是由于对"最多""至少"等字眼理解不透彻,导致最后下结论的时候出现错误。答题分数统计如图3所示,数学建模水平分布如图4所示。学生建模水平具体分布如下:处于水平1阶段的占比32.0%,其中零分率高达28.3%;处于水平2阶段的学生占比3.0%,所有学生都能得到2分;处于水平3阶段的占比16.5%,得3分的学生居多;处于水平4的学生占比48.5%,得6分的学生居多,满分率为39.5%。

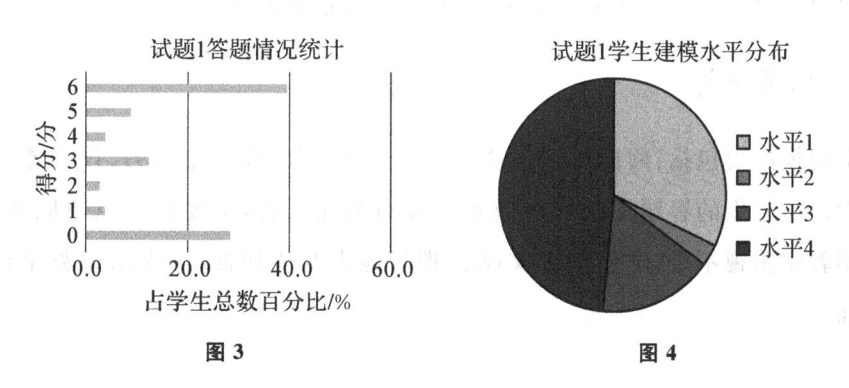

图3　　　　　　　　　　图4

试题2答题情况分析如下：首先，本题给学生铺垫了一次函数的模型，降低了解题难度，只需选择合适的数据，用待定系数法求解函数表达式即可。部分学生失误在验证猜想环节考虑不全；其次，第二问中出现了表格中没有的数据，让部分学生不知如何下手，究其根本原因，还是对函数的概念理解不深入，没有深刻理解函数是在一个变化过程中产生的，导致答题失误。

从答题得分统计情况来看，学生之间分差较大，零分率超30.0%，也有30.0%学生总分满分。学生建模水平具体分布如下：第一问中，水平1占比38.6%，零分率35.9%；水平2占比3.7%；水平3占比23.4%；水平4占比34.3%，满分率26.1%。第二问中水平1占比38.0%，其中零分率高达38.0%；水平2占比12.8%；水平3占比9.8%；水平4占比39.4%，满分率39.4%。

试题3答题情况分析如下：近一半的学生能够从不规则图形中利用"割补法"建立直角三角形和矩形模型解决问题。少部分学生失误于矩形的判定，这部分学生数学思维严谨性和严密性有所欠缺；少部分学生由于审题失误，导致第二小问解题失败。从答题数据分数统计来看，学生得分情况如图5所示，数学建模水平分布情况如图6所示。

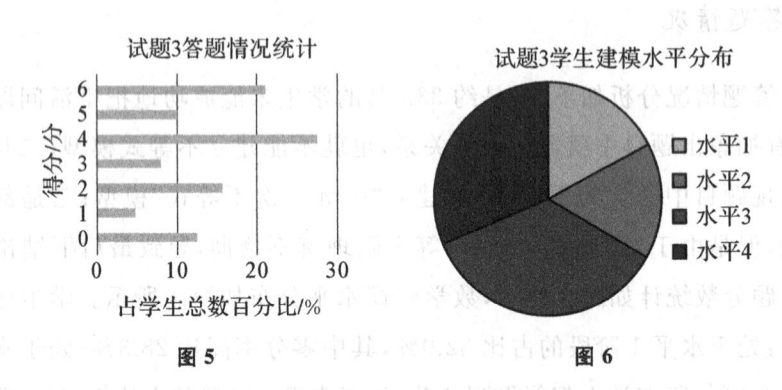

图5

图6

学生建模水平具体分布如下：水平1占比17.4%，其中零分率12.4%；水平2占比15.8%；水平3占比35.7%；水平4占比31.1%，满分率21.1%。

3.2 结果分析

数学建模能力包括：阅读理解能力、逻辑推理能力、数学化能力、计算能力和自我监控能力。从学生的答题情况和建模水平分布情况来看，主要存在以下问题：教师对数学模型教学重视不足，学生的图文阅读理解能力有待加强，学生求解数学模型能力有待提高。

3.2.1 教师对数学建模教学重视不足

由于教学时间有限,数学课以上新课和处理新课配套的习题为主,留给练习和系统复习的时间比较少。教师课上花很长时间讲一道数学建模的题目,总感觉"性价比"不高,索性不讲或者碰到题目就题论题。教师的不重视,自然就引不起学生的重视,在试卷上反映出来的就是满分率低,高分率低。

3.2.2 学生的图文阅读理解能力有待加强

从学生答题情况来看,只有约33.0%的学生能够从题中提供的文本、表格、图形中快速准确地找到关键信息,完成数学建模。阅读理解能力不足主要体现在:漏读、忘读和不读。漏读是指学生忽略了题目中很重要的细节,或者细节关注到了,但是未能实现从实际问题向数学问题的转化;忘读是指学生面对文字较多,涉及图、文、表等多种形式的信息时,部分学生不能把题目的信息全部关注到,忘记或忽略一些重要的信息或条件,导致分析和解决问题的障碍;不读是指学生对应用类问题的排斥,不进行任何的阅读和理解,更谈不上模型建立。

3.2.3 学生求解数学模型能力有待提高

学生通过图文的阅读理解,成功把实际问题转化成数学问题,并且建立了适当的数学模型,但在用模型求解环节出现失误。比如在试题1中建立起了不等式模型,但是在解不等式时出现失误,或者不等式求解正确,但是在数据处理下结论时出现失误。比如试题3中正方形面积求解错误,导致失分,甚至有部分同学出现了前后两个图形面积计算正确,但是在求差值的时候出现了失误或者下结论出现错误,这实属不应该。在平时的模型练习中我们也发现,试题情境越复杂,错误率越高,题中数据越复杂,错误率越高。所以如何利用已经建立的模型去正确解决问题,也是教师和学生亟待关注的问题。

4 教学建议

4.1 提高模型教学意识

数学核心素养要求学生会用数学的语言表达现实世界,其核心表现是数学建模能力。教师在平时的教学中要重视学生建模意识的培养,提高模型教学意识,设计适切的数学建模活动,驱动学生经历数学建模的基本过程,发展学生的模型观念,逐步提高学生的数学建模能力。初中阶段的数学模型可分为概念性数学模型、方法型数学模型和结构型数学模型,教师在平时的教学中应以数学模型教学为载体组织建模教学。比如,在一元一次方程的教学时,设计真实的问题情境,驱动学生建立一元一次方程的概念模型,为解决实际问题,进一步探究模型求解的方法,从而形成一元一次方程的解法模型,获得数学结果并阐释实际问题。

4.2 提升阅读理解能力

在真实情境之下的数学应用类问题对学生的阅读理解能力提出更高的要求。数学阅读对象主要为文本、几何图形和表格三类,如何从中获取有效的信息并且将其数学化,这是每位教师和学生都应该思考的问题。对"漏读"的学生,可以指导他们圈画关键词或者关键数据;对"忘读"的学生,要让他们养成反复读题的好习惯,摆脱只读一遍题目的思维定式,多读几遍,其义自见;对于"不读"的学生,可以培养他们的阅读意识和阅读习惯,对他们不要提太高的要求。教师要做好示范引领工作,克服他们看到应用类问题的恐惧感。在平时教学中,注重对学生阅读理解的训练和指导,逐步提高综合情境下的阅读理解能力。

4.3 开展数学建模活动

如果说课堂内的建模是对数学知识的巩固和再认识,那课堂外的,基于真实情境的数学建模就是知识的灵活运用和创新。真实的现实情境是千变万化的,要想成功地进行数学建模,学生须从现实生活或具体情境中抽象出数学问题,通过建立方程、不等式、函数、几何图形等模型描述问题中的数量关系和变化规律,再用求得的结果进一步去解释实际问题,对模型进行修正和优化,这是一个充满趣味和挑战的过程。教师要把握建模教学的整体性、阶段性和系统性。[2]从课堂上的阶段性建模,到生活中的完整性建模,引导学生经历"现实原型——实际模型——数学模型——模型求解——检验解释"等建模过程。[3]鉴于此,教师要组织开展指向现实生活的数学建模活动,提出有价值的问题,进行有意义的建构,让每个学生都能亲身经历数学建模的全过程,形成模型观念,逐步提升以数学抽象、逻辑推理、数学建模为主的数学学习力。

参考文献

[1] 孙凯.从问题类属谈初中生数学建模能力培养[J].数学通报,2020,59(12):30-33.

[2] 孙凯.苏科版初中数学教材中的数学建模内容分析[J].中小学课堂教学研究,2022,(08):21-23+44.

[3] 孙凯.初中数学建模活动的内容设计与组织原则[J].教学与管理,2021,(22):46-48.

培养和发展学生的模型观念

《义务教育数学课程标准(2022年版)》[以下简称《课标(2022年版)》]指出,数学核心素养包含三个方面:会用数学的眼光观察现实世界;会用数学的思维思考现实世界;会用数学的语言表达现实世界。数学核心素养在高中、初中、小学阶段的"具体"表现形式又有所不同。但是无论"称谓"怎样变化,"模型观念"都是初中阶段的重要核心素养之一。

模型观念是指对运用数学模型解决实际问题有清晰的认识,模型观念有助于学生感悟数学应用的普遍性。提高学生运用数学知识解决问题的能力,发展应用意识,培养学生的"模型观念"是提高数学核心素养的需要。

一、加强基础知识教学,为形成模型观念奠定基础

《课标(2022年版)》在"课程目标"中提出了三条具体要求,其中第一条和第二条可以简称为"四基"和"四能"。这是所有接受义务教育的学生都应该达到的最低要求,学生通过义务教育阶段的数学学习,必须掌握数学的基础知识,逐步形成数学基本技能,感悟数学的基本思想,积累数学基本活动经验。

数学基础知识,是指数学学科的初步知识,也就是进一步学习各门近现代数学理论,学习物理、化学等相邻学科以及参加生产劳动所必须具备的最基本的数学知识。《课标(2022年版)》中界定所有课程内容,都属于数学基础知识。

数学基本技能,是在熟练掌握和运用数学基础知识的过程中形成的技能。基本技能主要指外部操作技能,例如,运算技能、绘图技能、处理数据技能、推理技能等。基本技能是在围绕数学基础知识展开的训练中逐渐形成和发展起来的。

基础知识和基本技能是"交融"在一起的,学生在掌握数学基础知识的同时也形成了与之相应的技能;反之,在训练学生用基础知识解决问题的某些技能时,学生又加深了对基础知识的理解。

学生数学观念可以用"强弱"来衡量,模型观念"强"的人,表现为用数学模型解决实际问题的认识到位,思路明确,能通过阅读实际问题清晰地意识到应该建立怎样的数学模型才能解决这个实际问题。

一个人拥有的数学知识容量越大,其数学知识结构越优化,数学观念当然也就越强。要培养学生的模型观念,应强化数学"四基"的教学。

方程(组)是"数与代数"的重要内容,方程模型是一类重要的数学模型,学习方程的有关知识并用方程解决实际问题对于模型观念的形成具有积极的价值。在学习了二元一次方程组的解法后,为培养学生通过建立方程组模型解决实际问题的能力,可以引导学生解答下面的问题:

案例1 人数、物价各几何?

我国古代数学名著《九章算术》中记载"今有共买物,人出八,盈三;人出七,不足四。问人数、物价各几何?"意思是:现有几个人共买一件物品,每人出8钱,多出3钱;每人出7钱,还差4钱。问人数、物价各是多少?若设共有x人,物价是y钱,则下列方程正确的是(　　)

A. $8(x-3)=7(x+4)$ 　　B. $8x+3=7x-4$

C. $\dfrac{y-3}{8}=\dfrac{y+4}{7}$ 　　D. $\dfrac{y+3}{8}=\dfrac{y-4}{7}$

【点评】 本题具有"迷惑"性,题目条件中已经设出了两个未知数(x,y),同学们受"思维定势"的影响,认为需要建立一个二元一次方程组模型,但是题目所给出的四个选择都是一元一次方程。于是部分学生怀疑试卷印刷是否有问题?思路陷入"歧途"。

教学时,要明确告诉学生,意识到应该建立二元一次方程组模型这一点没有错,但是当根据题目给出的条件建立了方程组后,发现找不到答案。原因在于学生对于二元一次方程组知识的掌握还达不到"十分熟练"的程度。

解二元一次方程组的思路是通过消元,把二元一次方程组化为一元一次方程,意识到这一点的学生可能会想到"这莫非是建立的二元一次方程组经过消元后……"于是通过思考,得到 $\begin{cases} y=8x-3, \\ y=7x+4, \end{cases}$ 由第一个方程可得 $x=\dfrac{y+3}{8}$;由第二个方程可得 $x=\dfrac{y-4}{7}$,于是有 $\dfrac{y+3}{8}=\dfrac{y-4}{7}$。

师生通过交流、思考找到解决本题需要分两步:

一是根据题意正确列出二元一次方程组 $\begin{cases} y=8x-3, \\ y=7x+4; \end{cases}$

二是利用消元法分别用含有y的代数式表示出x,这才是解决本题的关键所在,也是很多学生考虑不到的。从这个意义上讲,命题者出这个小题目对于考查学生是否扎实掌握二元一次方程组的问题是非常到位的。

本题就题目所给的素材来说,可有三个考查方式:

(1) 作为填空题出现：让学生填写出正确答案。这样的话，大部分考生都能给出正确答案，对于考查学生对于方程组掌握的程度似乎"不够力度"。

(2) 作为选择题出现：选择的项中直接给出含有正确方程组的形式。大部分命题者会选择这种考查方式。

(3) 本题的考查形式：这种考查方式能发挥方程组"载体"的最大教育教学功能，有助于发展学生的模型观念。

教师在日常教学中，应下力气研读教材，研读例题和习题，对题目进行深层次的思考，不一定按照教材中例题的讲授方法进行讲授，能改造、提升的问题一定要进行改造提升，这样才能更好地发挥教材的作用，也有助于学生扎实掌握基础知识，更有利于培养和提高学生的数学能力。

二、注重过程教学，形成模型观念的有效措施

在数学教学中，要向学生展示两个过程：(1) 充分展现知识的形成过程；(2) 反映知识的应用过程。

在落实这个建议时，要伴随着学生各种丰富的活动过程，也就是说无论是知识的形成过程，还是应用过程都是在学生的活动中实现的。

在《课标（2022 年版）》界定的"课程内容"中，含有大量的数学概念、性质、运算律、法则、定理、公式等，我们将其统称为"数学知识"，对于具体知识的教学一定要体现过程，这是数学教学的"刚性"要求。

模型观念是在学生经历各种具体学习的过程中逐渐形成的，并且在建立各种具体模型解决问题的过程中得到增强和发展。在数学教学中，我们应结合具体的课程内容，设计有效的数学活动，使学生经历数学知识的发生、发展过程。

案例 2 探索顶点数(V)、面数(F)、棱数(E)之间的关系。

18 世纪瑞士著名数学家欧拉曾经发现并证明了一个简单多面体的顶点数(V)、面数(F)、棱数(E)之间存在的一个有趣的关系式，即 $V+F-E=2$。人们把这个公式称为欧拉公式。

为引导学生通过探索，把"图形"的"点数、面数、棱数"之间的特点抽象成"数量之间"的关系式，我们可用下面的问题引导学生在观察、思考、抽象、概况的过程中，发现上面的公式：

观察图 1 所示的四种简单多面体模型，

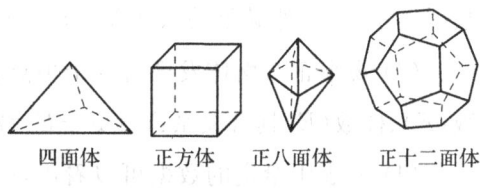

四面体　　正方体　　正八面体　　正十二面体

图 1

并思考、探索下面两个问题：

(1) 根据四个多面体模型的特点，在下面表格中的括号内填上适当的数字：

多面体	顶点数(V)	面数(F)	棱数(E)
四面体			
正方体			
正八面体			
正十二面体			

(2) 猜想一个正多面体的顶点数(V)、面数(F)、棱数(E)之间存在的关系式是_____。

【点评】 欧拉是一位著名数学家，他渊博的知识，无穷无尽的创作精力和空前丰富的著作令世人惊叹不已。本题以四个简单的多面体为例，让同学们归纳猜想得到著名的欧拉公式，并利用这一公式解答有关的问题。

本案例给定的"问题情境"属于"图形与几何"方面内容，目的是让学生借助于"图形"的直观特性，归纳出"数量"之间的关系式。首先提供了四个多面体模型，多面体模型有三个"基本数字"特征：顶点数(V)、面数(F)、棱数(E)。题目直接给出了其中两个模型的顶点数(V)、面数(F)、棱数(E)，学生通过观察模型，就可以得到上述公式，另外两个模型都给出了两个数字，第三个数字可以从模型中"发现"，并且验证上述公式，从而完成问题(1)的解答。学生在此基础上，经过归纳、猜想等活动，抽象成一般的结论：对于一个多面体的顶点数(V)、面数(F)、棱数(E)之间存在的关系式是$V+F-E=2$。从而完成对问题(2)的解答。

在实际教学中，可以按照下面的"程序"引导学生去进行思考、猜想等活动：

(1) 观察四面体发现有6条棱，为了引导学生结合表中给定的数据，自己发现顶点数(V)、面数(F)、棱数(E)之间具有的数量关系，教师鼓励学生大胆探索、猜想并相互交流，在教师的引导下，学生不难发现顶点数(V)、面数(F)、棱数(E)具有关系：$V+F-E=2$；

(2) 从表中给定的数据可以看出，一个正方体的顶点数(V)是8、面数(F)是6、棱数(E)是12，显然满足关系式$V+F-E=2$；

(3) 观察正八面体发现有6个顶点，结合表中给定的数据，可以发现顶点数(V)、面数(F)、棱数(E)具有关系：$V+F-E=2$；

(4) 从表中给定的数据可以看出，一个正十二面体的顶点数(V)是20、面数(F)是12、棱数(E)是30，这三个数显然满足关系：$V+F-E=2$。

学生在解答的过程中，几何直观起了关键作用，反映了"利用图形描述和分析问题"

的过程。学生如果没有较强的数学抽象能力和几何直观能力,是很难发现这个公式的。学生在探索、发现公式的同时,其抽象概况能力、合情推理能力等都有所提高,还能进一步感悟"数形结合"的思想,加深对"数学是研究数量关系和空间形式的科学"的理解与认识。

本案例的教育教学价值有三:(1)培养了学生的数学猜想能力;(2)让学生体会到数形结合思想的作用;(3)进一步感悟到数学模型是数学与现实联系的基本途径,发展了学生的模型观念;(4)对学生进行了数学文化教育,从学生数学素养的发展来看,这一点似乎比单纯地进行数学知识教育更为重要。

三、注重问题解决,发展模型观念的必要环节

《课标 2022 年版》在"课程目标"中要求学生"体会数学知识之间、数学与其他学科之间、数学与生活之间的联系,在探索真实情境所蕴含的关系中,发现问题和提出问题,运用数学和其他学科的知识与方法分析问题和解决问题。"我们在整个数学教育过程中都应培养学生的应用意识,应用意识是重要的数学观念之一。为实现上述目标,我们要实施"问题解决"的教学策略。

学生发现问题、提出问题、分析问题和解决问题能力的培养主要是在解决实际问题的过程中形成和发展起来的。教师要通过"建立模型—解决问题"发展学生的模型观念和问题意识。

案例 3 饮水机中的学问。

教室里的饮水机接通电源就进入自动程序,开机加热时每分钟上升 10℃,加热到 100℃停止加热,水温开始下降,此时水温 $y(℃)$ 与开机后用时 $x(\min)$ 成反比例关系,直至水温降至 30℃,饮水机关机,饮水机关机后即刻自动开机,重复上述自动程序。若在水温为 30℃时接通电源,水温 $y(℃)$ 与时间 $x(\min)$ 的关系如图 2 所示。

图 2

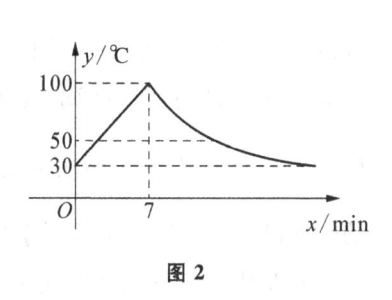

(1) 分别写出水温上升和下降阶段 y 与 x 之间的函数关系式;

(2) 怡萱同学想喝高于 50℃的水,请问她最多需要等待多长时间?

【解析】(1) 观察图 2 发现,y 与 x 的函数图象分两段:水温上升阶段的图象是线段,水温下降阶段的图象是双曲线在第一象限的一部分。利用待定系数法求出对应的函数表达式分别是:$y_1 = 10x + 30(0 \leqslant x \leqslant 7)$ 和 $y_2 = \dfrac{700}{x}$,把 $y = 30$ 代入 $y = \dfrac{700}{x}$ 得 $x = \dfrac{70}{3}$,y 与 x 的函数关系式每 $\dfrac{70}{3}$ 分钟重复出现一次,所以在水温下降阶段对应表达式中,自变量的取值

范围是 $7 < x \leqslant \dfrac{70}{3}$。所以这个问题的函数关系式为 $y = \begin{cases} 10x+30, 0 \leqslant x \leqslant 7, \\ \dfrac{700}{x}, 7 < x \leqslant \dfrac{70}{3}。 \end{cases}$

(2) 将 $y=50$ 代入 $y=10x+30$ 得 $x=2$，将 $y=50$ 代入 $y=\dfrac{700}{x}$ 得 $x=14$，因为 $14-2=12,\dfrac{70}{3}-12=\dfrac{34}{3}$。所以怡萱同学想喝高于 50℃ 的水，她最多需要等待 $\dfrac{34}{3}$ 分钟。

【点评】题目以"饮水机烧水"为背景，符合学生生活实际，属于一次函数和反比例函数的综合运用题。主要考查学生通过建立函数模型，利用函数知识解决实际问题的能力，读懂题意，结合图象正确地分析问题是解答的关键。在学习了反比例函数的知识后，可以以此检查学生的数学建模能力，培养学生的模型观念。

学生通过观察图象，很容易判断出图 2 对应的函数是一个分段函数，这个分段函数包含两个部分：水温上升阶段的一次函数，水温下降阶段的反比例函数。这两段的函数关系式利用待定系数法不难求得，在确定反比例函数式子中自变量的取值范围时容易出现问题。要确定出自变量 x 的取值范围，必须正确理解"直至水温降至 30℃，饮水机关机，饮水机关机后即刻自动开机，重复上述自动程序"的意义，这句话的意思是：水温为 30℃ 时饮水机开始加热，当水温到达 100℃ 停止加热，水温自然下降，当水温降至 30℃ 又开始加热。这是一个循环过程，上述周期重复。需要根据反比例函数关系式，求出重复上述自动程序一次所用的时间，即把 $y=30$ 代入 $y=\dfrac{700}{x}$ 得 $x=\dfrac{70}{3}$，这样就能确定出自变量的取值范围。对于第(2)问，首先要根据一次函数关系式求出上升到 50℃ 所用的时间以及下降到 50℃ 所用的时间，然后求出这两个时间的差，这就是饮水机中的水温一直保持在 50℃ 以上的一个时间段，最后用重复一次所用的时间 $\dfrac{70}{3}$ 分钟减去"水温一直保持在 50℃ 以上的时间段"，就能得到怡萱同学想喝高于 50℃ 的水最多需要等待的时间。

在学生学习各种具体方程、不等式以及函数的同时，都要围绕具体的知识，设计一些通过建立相应模型解决的实际问题，这对于学生进一步加深对有关知识的理解具有积极的促进作用，同时让学生感悟到数学应用的普遍性，密切数学与生活的联系，不断发展学生的模型观念和应用意识。

"四基"是培养学生数学核心素养的沃土，"四能"是发展学生数学核心素养的具体表现。在数学教学中，教师应认真研读教材，精心设计一系列数学活动，引导学生在经历各种活动的过程中，掌握扎实的"四基"并具有"娴熟"的"四能"，为发展学生的模型观念提供坚实的知识基础，然后让学生利用掌握的知识，通过建立各种模型去解决有关的实际问题，不断培养和发展学生的模型观念，从而提高学生的数学核心素养。

指向关键能力发展的初中数学单元教学的实践研究

摘　要：单元教学相对于传统的单个知识教学而言，既可以提升教师的教学视野，又可以促进数学学科知识教学的整体性，在培养学生关键能力方面有着重要的作用。学生的关键能力可以描述为这样几种能力：一是用数学眼光看待生活事物的能力；二是用数学思维解决生活问题的能力；三是用数学语言描述生活认识的能力。单元教学所具有的整体性，能够更好地培养学生认识数学概念与规律的宏观视角；单元教学可以让学生在建构数学知识体系的时候，具有"单线"与"复线"的双重特征。

关键词：初中数学；关键能力发展；单元教学

任何一个学科的教学追求的都是过程与目标的高效融合，对于当前的初中数学教学来说，对教学目标的描述以及对教学过程的探究，处于一个相对多元的状态。对教学目标的描述，既可以用课程改革中提出来的三维目标来进行，用核心素养来描述，当然还可以具体为数学学科核心素养（面向义务教育阶段的数学学科核心素养尚未正式公布，对初中数学教学中学科核心素养的培育，可以参考高中数学学科核心素养来进行）；对教学过程的描述，则相对要复杂得多，无论是各路教学名家，还是不同区域所作出的探究，都使得初中数学教学的过程面临着多元选择。在如此丰富的选择当中，单元教学相对于传统的单个知识教学而言，既可以提升教师的教学视野，又可以促进数学学科知识教学的整体性，因而成为当下比较热门的选择之一。这个时候来思考核心素养培育与单元教学之间的关系，笔者以为单元教学在培养学生关键能力（核心素养是学生应具备的能够适应社会发展与终身发展的必备品格与关键能力，在学科教学当中，关键能力的培养是基础之基础）方面有着重要的作用，研究这种作用发挥的机制，并在具体的教学过程中加以落实，是一个非常具有探究意义的课题。

具体来说，数学学科的关键能力是学科核心素养的重要组成部分，当前两个需要解决的问题是：一是如何将关键能力培养落实到教学中去；二是如何评价学生的关键能力。要解决这两个问题，都需要明确影响关键能力发展的因素。[1]对于初中数学教学而言,影响关键能力发展的主要因素就是学生的学习过程,而单元教学就可以优化学生的学习过程,从而实现关键能力的培养。

一、初中数学单元教学的关键能力发展内涵

借助于单元教学来培养学生的关键能力,与数学学科有着高度的适切性。在数学学科的视野之下,借鉴数学学科核心素养的组成要素,学生的关键能力可以描述为这样几种能力:一是用数学眼光看待生活事物的能力;二是用数学思维解决生活问题的能力;三是用数学语言描述生活认识的能力。这几种能力的组成对应着数学学科核心素养中的数学抽象、逻辑推理以及数学建模。那为什么说单元教学能够促进关键能力的养成呢?这取决于以下两对逻辑关系:

其一,单元教学所具有的整体性,能够更好地培养学生认识数学概念与规律的宏观视角。长期以来初中数学教学所遵循的都是以课时为单位的教学,这原本是必然的,但是久而久之也就忽略了学科知识的整体性。尤其是对于学生而言,他们的日常学习就是一节课接受一个知识点或者一种解题方法,他们对某一知识所涉及的单元知识往往缺乏整体感知,甚至也没有意识去形成整体的知识架构,这显然不利于关键能力的养成。反之,采用单元教学的方法,则可以有效地规避这些缺点,从而让关键能力的养成得以有一个更大的空间。

其二,单元教学可以让学生在建构数学知识体系的时候,具有"单线"与"复线"的双重特征。如上所说,如果忽视了学生整体建构知识的需要,只以课时为主线进行教学,那学生所经历的就是一个单线学习的过程;反之,如果在单元教学的时候,在某一单元教学之初,先帮学生建立起关于这一单元知识的整体架构,那学生就可以建立一个"单线"与"复线"的学习过程,自主进行数学知识之间的横向与纵向联系,从而形成编织数学知识网络的能力,这种能力就是关键能力的核心组成部分。

认识到这两对逻辑关系,就认识到单元教学之于关键能力培养的重要性,在具体的教学实践中,也就应当致力于从关键能力的发展角度去设计单元教学。

二、指向关键能力发展的初中数学单元教学

关键能力发展与单元教学之间是互为目的与过程的关系,因此,在实践当中应当以关键能力的发展作为单元教学设计的目标与线索,同时应当以关键能力的发展与否来评价单元教学的过程有效与否。如此在设计单元教学的时候,就应当设计真实的情境与问题解决的过程,鼓励学生在这个过程中发现并提出问题,然后组织学生对这些问题进行分类,以形成单元学习路线,然后按照此路线开展单元学习并进行问题解决,

以在促进学生学习知识的同时发展学生的关键能力。

在当前学科关键能力培养的背景下,数学教学的过程中要从创设数学教学情境、强化基本训练、渗透数学学科思想以及联系社会生活实践四个视角来对学生的学科关键能力进行培养。[2]。

例如,在"旋转"这一单元的教学中,教师可以先引导学生对这一单元的内容形成一个整体的认识。而要实现这一目的,可以先给学生创设一个情境,比如说风车的旋转等。在学生熟悉了这些情境素材之后,以其中一个学生感兴趣且具有代表性的素材(如风力发电的风车)作为研究对象,让学生去认识旋转是图形变化的基本方法,而在描述图形的旋转的时候,又会涉及中心对称、中心对称图形、关于原点对称的点的坐标,以及旋转对称等。对于其中涉及的一些学生比较陌生的概念,教师可以先初步给予一些指导,如中心对称的概念就可以在与轴对称进行比较的基础上,让学生认识到中心对称就是关于点的旋转对称。

在这一单元教学之初,还有一个重要的教学切入口,这就是本单元内容的学习方法。这个时候学习方法的介绍不宜过于细致,可以从数与形的关系角度切入,让学生认识到在描述图形旋转的时候,可以借助于旋转角度的大小,以及点或线的位置去描述。这种数形关系的建立,也是关键能力培养的一个重要环节。

在本单元每一个知识教学的过程当中,单元教学的思路主要体现在每一个知识点的横向和纵向联系上,传统的教学当中纵向联系往往被高度重视,而横向联系则容易被淡化。"旋转"这一单元的教学中知识的横向联系主要体现在不同知识所用的同一学习方法上。比如上面提到的中心对称概念的建立,很多学生无法将对称与旋转两个概念衔接起来,那教师就可以在引导学生将中心对称与轴对称比较的基础之上,让学生通过比较去形成自己的认识。所以当有学生说"轴对称就是对折后的对称,而中心对称就是旋转后的对称"时,这种横向联系也就建立了,这种学生自主形成的概括性语言,不仅让学生更好地建立起对中心对称这个概念的理解,也让学生掌握了一种属于自己的学习方法。

单元教学的思路主要体现在帮学生完善认知结构上,这一点与传统教学中的单元复习关系密切。但是单元复习往往更侧重于学生解题能力的养成,学生所进行的往往是习题训练。本着关键能力培养的单元教学,应当以学生的认知结构作为出发点与落脚点,限于篇幅,这里不再赘述。

三、单元教学促进数学学科核心素养的落地

关键能力是核心素养的组成要素,用单元教学来培养学生的关键能力,实际上也

就是以单元教学为途径来实现核心素养培育的目标。众所周知,核心素养是影响个体生存与发展的最重要的品格与能力。数学学科作为一门基础性学科,应当在核心素养以及关键能力培养的过程当中发挥基础性作用,这个作用的发挥,仅凭传统的教学是难以实现的,必须在传统的教学基础之上进行一定的拓展与创新,在这样的背景之下单元教学应运而生。

如同本文一开始所分析的那样,单元教学所具有的特点是传统教学所不具备的,因此从教学形式的角度来看可以视作是一种创新。更重要的是在单元教学的过程当中,学生的学习视野确实可以得到拓宽,无论是宏观层面的数学结合还是具体的数学抽象、逻辑推理,或者数学建模等都能得到实现,因此单元教学对于数学学科核心素养的培育来说,确实有着重要的推动作用,自然也就对核心素养的培育,尤其是关键能力的培养具有推动作用。

综上所述,指向关键能力发展的初中数学单元教学,既有着充分的理论研究价值,也有着具有指导意义的实践价值,而理论与实践的联系,则可以让关键能力发展与单元教学相得益彰。

参考文献

[1] 郑辉龙,林祥华,温海英.初中数学关键能力水平标准的研制与应用系列一:数学建模能力水平标准的研制与应用[J].福建教育,2020(19):45-48.

[2] 张河伦.基于学科关键能力培养背景下初中数学教学策略研究[J].新课程(中),2019(11):42-43.

第二章
课程体系的构建与优化

体验学习：助推学生数学运算能力发展
——以苏科版"最简二次根式"教学为例

摘　要：体验学习是一种强调学生主动参与学习体验的学习方式，是践行"学为中心"教学理念的重要方式。基于体验学习方式，在"最简二次根式"的教学中，引导学生经历"体验感悟、观察反思、抽象归纳、实践应用"等数学活动，使学生主动参与体验学习，在体验、抽象和反思中厘清算理、积累经验、发展能力。

关键词：体验学习；数学运算；教学思考

在平时的计算教学中，教师往往大部分时间主导着课堂，注重间接经验的传授（学术学习），突显计算教学的"短、平、快"，忽视概念、法则的生成教学，忽视直接经验的获得过程（体验学习），导致教学概念模糊不清，法则机械记忆，运算困惑或失误。体验学习作为一种重要的学习方式，适切于初中数学运算教学，对提高学生数学运算能力起重要作用。当前，初中数学教师对体验学习方式的研究较少，体验学习未引起足够重视。截至本文完成前，在中国知网以"体验学习"为主题，检索到837篇文献，其中涉及小学数学教学的30篇，初中数学教学的4篇，而涉及体验学习运用于运算教学的文献为0篇。近期，在苏科版八年级下册第十二章"二次根式化简"的教学中，编者采用体验学习方式，收到良好的教学效果，现整理成文，以期与各位同仁研讨交流，共同探索体验学习在数学运算教学中的应用策略。

1　体验学习的内涵

体验学习是指学习者亲身经历实际问题的操作、抽象、解释与应用的学习过程，主动建构知识，获得学习方法、发展能力的一种学习方式。这种学习方式的开展需要执教者引导学生将实践与反思相结合，才能获得期望的基础知识和基本技能。它强调学生亲历活动，伴有情绪反应，并对原有经验产生影响。学习是一个顿悟的过程，体验学习作为一种学习方式更注重学生的主动探索，借助真实的问题情境直接参与知识、情感的形成过程，它强调在体验中学、思、悟，基于学生的个人理解，学生经历逻辑推理过程,生成学习成果。

在体验学习中,学生自主参与学习任务,获得直接经验,并经由反思和理论抽象丰富直接经验,强化对知识本质的理解。它是一种高度适切于实用技能的学习方式,比如运算教学中法则的生成与运算技能的习得。而与体验学习相对的学术学习,是指不经过任何直接经验而通过学科学习获得信息的过程,比如直接讲授运算法则,通过反复训练而习得运算技能。显然,体验学习更符合学生的心理特点和认知规律,有利于促进学生真学习、发展真能力。

2 体验学习的意义和价值

体验是人类认识世界、获得信息最重要、最可靠的一种方式。美国学者埃德加·戴尔(EdgarDale)研究发现,在不同的学习方式中,学习效果比较好的学习方式表现出的特征为团队学习、主动学习和参与式学习,学生经历操作、实践等亲身体验,并立即应用的学习方式效果最佳,这就是"学习金字塔"理论。它倡导的是主动学习、亲历体验的教学理念。大卫·库伯(David Kolb)在教育家杜威的"做中学"理念以及其他多位学者的相关研究的基础上,提出了"体验学习"的理论。库伯提出体验学习的四阶段:体验感悟—观察反思—抽象归纳—实践应用。数学运算能力主要表现为:理解对象—掌握法则—探究思路—求得结果,这与体验学习的四阶段是基本一致的。因此,在数学运算教学中,实施体验学习,能切实把学生的主体地位落到实处,使学生真正成为课堂学习的主角,借助问题情境,让学生产生一种学习的激情,践行"学为中心"的教学理念,在体验中获得显性知识和领悟默会知识,发展学生的数学运算素养。

3 教学案例

3.1 教材简析

本课之前分别学习了二次根式的乘法、除法、化简等内容。本课内容为最简二次根式,教学重点是将被开方数中含分母或分母中含根号的二次根式化简为最简二次根式,教学难点是 $\frac{\sqrt{a}}{\sqrt{b}}$ 或 $\sqrt{\frac{a}{b}}$ 中的 b 中含有能开得尽方的因数或因式的二次根式化简。

3.2 教学过程

(1) 体验感悟

问题 1 在进行二次根式的乘除运算时,经常出现如下运算结果:$\sqrt{12}$、$\sqrt{\frac{2}{9}}$、$\sqrt{\frac{3}{5}}$ 等,如何处理这些运算结果呢?

生$_1$:$\sqrt{12}$ 可以进一步化简,$\sqrt{12}=\sqrt{4\times 3}=\sqrt{4}\cdot\sqrt{3}=2\sqrt{3}$。

师:化简的依据是什么?

生$_1$:依据是二次根式乘法运算法则 $\sqrt{a}\cdot\sqrt{b}=\sqrt{ab}(a\geqslant 0,b\geqslant 0)$ 的逆用。

师:那 $\sqrt{\frac{2}{9}}$ 与 $\sqrt{\frac{3}{5}}$ 有什么共同的特征,如何处理?

生$_2$:$\sqrt{\frac{2}{9}}=\frac{\sqrt{2}}{\sqrt{9}}=\frac{\sqrt{2}}{3}$,依据是二次根式除法运算法则 $\frac{\sqrt{a}}{\sqrt{b}}=\sqrt{\frac{a}{b}}(a\geqslant 0,b>0)$ 的逆用。

生$_3$:$\sqrt{\frac{3}{5}}=\frac{\sqrt{3}}{\sqrt{5}}$,然后…

师:然后呢?

生$_4$:分子、分母都乘 $\sqrt{5}$。

教学说明:从数学运算结果如何进一步处理的实际问题引入新课,唤醒学生记忆,主动回顾旧知,运用二次根式的乘除法则顺利解决化简,体验成功的喜悦。当把问题指向 $\sqrt{\frac{3}{5}}$ 时,学生运用原有知识与技能无法达成进一步计算的目的,引发认知冲突,激发学生进一步学习的热情,在课堂起始阶段明晰"要学什么""为什么学"等学习的基本问题。

(2) 观察反思

问题 2 $\sqrt{\frac{3}{5}}$ 的被开方数中含有分母,怎样进一步处理呢?

生$_5$:被开方数的分子、分母同时乘5。

师:为什么同时乘5呢?

生$_5$:乘5的目的是使分母能写成平方的形式,这样就能使根号内的分母"移"到根号外。

师:说得非常好,请你试一试把 $\sqrt{\frac{a}{b}}(a\geqslant 0,b>0)$ 进一步处理。

生$_6$：$\sqrt{\dfrac{a}{b}}=\sqrt{\dfrac{a\times b}{b\times b}}=\dfrac{\sqrt{a\times b}}{\sqrt{b\times b}}=\dfrac{\sqrt{ab}}{b}(a\geqslant 0,b>0)$。

师：非常好，想一想，这类二次根式有什么特征，我们是如何处理的，并尝试完成下列化简。

(1) $\sqrt{\dfrac{2}{3}}$；(2) $\sqrt{2\dfrac{1}{3}}$；(3) $\sqrt{\dfrac{2y}{3x}}(x>0,y\geqslant 0)$。

教学说明：引导学生观察形如 $\sqrt{\dfrac{3}{5}}$ 的特征，明确研究对象，经历由具体到一般的探索过程，符合学生的认知规律，紧贴学生的最近发展区，学生在类比、化归等数学思维活动中，感悟数式相通的本质。在具体的化简体验中，适时引导学生思考乘"b"的目的、"b"如何确定等问题，以问题引领学生从浅层学习走向深度学习。

问题3 $\dfrac{\sqrt{3}}{\sqrt{5}}$ 的分母中含有根号，如何将它化简？

生$_7$：将分母上的根号去掉，分子、分母同时乘 $\sqrt{5}$。

师：那 $\dfrac{\sqrt{a}}{\sqrt{b}}(a\geqslant 0,b>0)$ 怎样化简？

生$_8$：$\dfrac{\sqrt{a}}{\sqrt{b}}=\dfrac{\sqrt{a}\times\sqrt{b}}{\sqrt{b}\times\sqrt{b}}=\dfrac{\sqrt{ab}}{b}(a\geqslant 0,b>0)$。

师：非常好，请同学们观察此类二次根式的特征，想一想我们是如何化简的，问题3与问题2有什么关系？（生答省略）

教学说明：以 $\dfrac{\sqrt{3}}{\sqrt{5}}$ 为例，引导学生探索化简的方法，在探索去根号方法的过程中感悟"无理分母"向"有理分母"的转化，理解化简的依据。问题的设计由易到难、由浅入深、由特殊到一般，使学生在学习数学知识的同时学会思考。

（3）抽象归纳

问题4 如何化简 $\dfrac{\sqrt{5}}{\sqrt{40}}$，请你试一试。

生$_9$：$\dfrac{\sqrt{5}}{\sqrt{40}}=\dfrac{\sqrt{5}\times\sqrt{40}}{\sqrt{40}\times\sqrt{40}}=\dfrac{\sqrt{5\times 40}}{40}=\dfrac{10\sqrt{2}}{40}=\dfrac{\sqrt{2}}{4}$。

生$_{10}$：$\dfrac{\sqrt{5}}{\sqrt{40}}=\sqrt{\dfrac{5}{40}}=\sqrt{\dfrac{1}{8}}=\sqrt{\dfrac{1\times 8}{8\times 8}}=\dfrac{\sqrt{8}}{8}=\dfrac{2\sqrt{2}}{8}=\dfrac{\sqrt{2}}{4}$。

生$_{11}$：我们的方法和生10类似，其中$\sqrt{\frac{1}{8}}$我们是这样化简的，$\sqrt{\frac{1}{8}}=\sqrt{\frac{1\times 2}{8\times 2}}=\sqrt{\frac{2}{16}}=\frac{\sqrt{2}}{4}$。

生$_{12}$：$\frac{\sqrt{5}}{\sqrt{40}}=\frac{\sqrt{5}}{\sqrt{5}\times\sqrt{8}}=\frac{1}{\sqrt{8}}=\frac{1\times\sqrt{8}}{\sqrt{8}\times\sqrt{8}}=\frac{\sqrt{8}}{8}=\frac{2\sqrt{2}}{8}=\frac{\sqrt{2}}{4}$。

生$_{13}$：我们认为这样化简比较好，$\frac{\sqrt{5}}{\sqrt{40}}=\frac{\sqrt{5}\times\sqrt{10}}{\sqrt{40}\times\sqrt{10}}=\frac{\sqrt{50}}{\sqrt{400}}=\frac{5\sqrt{2}}{20}=\frac{\sqrt{2}}{4}$。

师：化简的目的是去掉分母中含有的根号，生9选择乘$\sqrt{40}$，你们选择乘$\sqrt{10}$，你们是怎样想到乘$\sqrt{10}$的？

生$_{14}$：分子、分母同时乘$\sqrt{40}$固然可以，但$\sqrt{40}$本身不是最简二次根式，相乘后会给分子、分母带来"麻烦"（还需化简），而分子、分母若同时乘$\sqrt{10}$，减少分子、分母的"负担"，更有利于计算。要去掉分母中的根号，需把被开方数变形为"平方数"的形式，通过比较发现乘$\sqrt{10}$更为合理。

师：非常棒。通过比较我们发现，化简分母中含有根号的二次根式，分子、分母同时乘$\sqrt{b}$，当$\sqrt{b}$为最简二次根式时更有利于进一步的计算。我们来比较一下$\frac{\sqrt{3}}{\sqrt{5}}$与$\frac{\sqrt{5}}{\sqrt{40}}$的化简，你有什么发现？

生$_{15}$：前者分母为最简二次根式，比较容易化简；后者分母不是最简二次根式，化简有一定难度。

生$_{16}$：老师，我又想到一种新的化简方法，$\frac{\sqrt{5}}{\sqrt{40}}=\frac{\sqrt{5}}{2\sqrt{10}}=\frac{\sqrt{5}\times\sqrt{10}}{2\sqrt{10}\times\sqrt{10}}=\frac{5\sqrt{2}}{20}=\frac{\sqrt{2}}{4}$。

师：很棒，先将分母化简，有利于快速准确地找到"$\sqrt{b}$"，使计算更简捷。根据计算的需要，遵循符号最简化原则，我们规定化简后的二次根式必须满足：被开方数中不含能开得尽方的因数或因式；被开方数中不含分母；分母中不含有根号。我们把满足以上条件的二次根式称为最简二次根式。

教学说明：学生先独立思考$\frac{\sqrt{5}}{\sqrt{40}}$的化简，亲身参与探索化简的方法，最后分别展示，集思广益，得到不同的运算途径及化简方法，有效训练学生思维的灵活性，在体验中比较、优化化简方法，形成化简策略，学习效果显著提升。数学课程标准对二次根式计算的要求中明确指出"根号下仅限于数"的相关运算,把探究的重点放在 $\dfrac{\sqrt{5}}{\sqrt{40}}$ 的化简上,体现了数学课程标准的具体要求。

（4）实践应用

问题 5 下列二次根式中,哪些是最简二次根式？哪些不是最简二次根式？若不是,请将其化简为最简二次根式。

$$\sqrt{2},\sqrt{8},\dfrac{2}{\sqrt{3}},\dfrac{\sqrt{3}}{2},\sqrt{\dfrac{3}{8}},\dfrac{\sqrt{5}}{\sqrt{12}},\sqrt{\dfrac{3b}{5a}},\dfrac{\sqrt{5x}}{\sqrt{12y^3}}。$$

生$_{17}$：$\sqrt{2}$、$\dfrac{\sqrt{3}}{2}$ 是最简二次根式,符合最简二次根式的概念。其他的都不是最简二次根式。

完成化简。（过程省略）

教学说明：在实践应用环节,从形式上将最简二次根式的辨析与化简融合在一起,在具体的问题情境中促进新概念的掌握。从内容上由数到式设计非最简二次根式,促使学生运用习得的运算法则主动化简,在实际运算中验证新形成的概念和法则。

4 教学思考

4.1 在体验中明晰任务,厘清算理

在二次根式化简的学习中,应让学生明确学习的对象与目标,有针对性地设置问题情境,引导学生感受二次根式化简的必要性。准确把握二次根式化简的难点,就抓住了本课教学的关键,也就抓住本课最重要的怎么学的问题。创设学习情境的根本目的是给学生下达学习任务,驱动学生主动体验、积极探究,明晰要解决的数学问题,探寻解决问题的方法,最终提炼出解决一类共同特征问题的通法。教学中,紧贴最近发展区,从低起点的二次根式化简引入,学生在化简体验中明确本节课化简的主要任务,即化简根号下含分母和分母中含根号两种类型的二次根式,经过类比、试误、实践等计算体验,初步理解化简的目的及依据,掌握较为简单的二次根式的化简方法,厘清算理,为后续探索较为复杂的二次根式化简提供依据。

4.2 在体验中思考优化,积累经验

数学活动经验的积累是提高学生数学能力的重要标志。数学活动经验是教师没有办法"教"给学生的,必须由学生通过经历大量的数学活动逐步获得,在"做"中获得。

体验学习注重学生学习经历、感受和体会的过程,执教者应关注学生经历了什么、感受了什么、体会了什么,也就是体验的目的是什么,将学生经验的积累贯穿于数学运算与数学思维的整个活动过程中。比如在 $\dfrac{\sqrt{5}}{\sqrt{40}}$ 的化简环节,鼓励学生独立思考、亲身体验、合作交流,学生展示不同的化简方案,可谓百花齐放,精彩纷呈。在化简方法呈现多样性结果时,应引导学生理性反思,哪种方案是最好的?为什么好?引导学生在体验的基础上,从不同角度观察、比较、优化、反思化简过程,帮助学生明白怎样化简,为什么这样化简,最终厘清算理,形成相对优越的化简通法,积累至关重要的直接性数学活动经验。

4.3 在体验中培养思维,发展能力

学生数学能力涉及多个方面,比如发现和提出问题、分析和解决问题的能力,再如数学抽象、逻辑推理、数学建模、直观想象、数学运算、数据分析等核心素养,其表现为相应具体的数学能力。不同的数学能力是相互交融的,在具体的教学中,应突出数学能力的某个方面,引导学生在数学体验中发展相应的数学能力。显然,二次根式化简的教学应聚焦于数学运算能力的培养。运算能力的形成需要经历从知识、技能到能力的转化,是一个由简单到综合的过程。本课教学大部分活动聚焦在简单的"数字型"二次根式化简,这样做是符合课程标准的总体要求的。但是我们应清楚认识到,这种思维训练侧重于算术思维训练,而代数思维、抽象概括能力的培养依赖于由数到式的升华过程,即引导学生经历个别到一般、具体到抽象的思维过程,通过观察与思考,抽象归纳出合乎逻辑的概念和算理,这样的经验积累才是完整的、优质的。整个运算教学中,应始终关注学生的运算体验,关注学生的思维过程,引导学生经历反思、提炼、概括等高阶思维活动,经历化简方法的再创造过程,最终形成化简的通解通法,提高学生的数学运算能力。

在解决问题中发展模型观念

摘 要：解决实际问题的数学活动是学生形成与发展模型观念的重要载体。研究以苏科版"用一元一次方程解决问题"为例，基于课堂观察的视角，从教学简析、问题探讨两个维度进行讨论交流，指出教师在解决问题的教学中应引导学生选择适切工具，优化分析策略；建立数学模型，体验建模过程；制定参照标准，理解数学本质。

关键词：模型观念；解决问题；数学建模；一元一次方程

一、问题提出

《义务教育数学课程标准（2022年版）》指出数学课程要培养学生"三会"，其中"会用数学的语言表达现实世界"作为"三会"之一被明确提出。在初中学段，数学语言主要表现为数据观念和模型观念，由此不难发现，发展学生数据观念和模型观念是培养学生数学语言素养的重要抓手。模型观念主要是指对运用数学模型解决实际问题有清晰的认识，学生只有经历数学建模活动，感知数学建模的基本过程，才能逐步培养和建立模型观念。初中"数与代数"内容领域的应用类问题（以下简称"应用题"）具备了数学建模活动的部分特点，有助于学生形成与发展模型观念。但在现实教学中，教师对应用题（用方程、不等式、函数解决问题）的教学仍然沉浸于传统的教学方式，引导学生经历"审、设、列、解、验、答"的教学流程，使学生体会数学知识的应用价值，却忽视引导学生经历建立方程、不等式、函数等模型分析和解决问题的活动过程，导致学生用数学语言探究和表达问题中蕴含的数量关系和变化规律的活动流于形式，影响了学生模型观念的形成和发展。

二、观课简述

（一）教学内容

教学内容为苏科版数学七年级上册"4.3 用一元一次方程解决问题"第3课时。

（二）教学过程

A 教师教学过程简述

1. 情境创设

展示两张水杯装水的图片，直观呈现"不足（亏）""溢出（盈）"，强调盈亏的参照标准为杯子的容量。

2. 合作探究

呈现教材上的问题：某小组计划做一批"中国结"，如果每人做 5 个，那么比计划多了 9 个；如果每人做 4 个，那么比计划少了 15 个。小组成员共有多少名？他们计划做多少个"中国结"？（以下简称"中国结"问题）

教师从 4 个方面提出问题。

思考 1：尝试分析题中的等量关系，说说你有什么想法？

思考 2：如何把题中等量关系的分析过程直观地展示出来？

思考 3：还有其他方法解决这个问题吗？

思考 4：借助线形示意图分析有何好处？

思考 5：用线形示意图和表格分析问题有何异同？

3. 变式训练

变式 1：班级为了制作精美的中国结，委托劳动委员统一购买制作用品，如果每人交 3 元则少 14 元，每人交 4 元则多 26 元。这个班共有多少名学生？制作中国结的材料费用为多少元？（要求画出线形示意图）

变式 2：劳动委员将买来的红绳分给大家，如果每人分 2 根，那么剩下 13 根；_____。分给了多少名学生？一共买了多少根红绳？（请你根据以上情境补全问题，并列方程求解）

4. 思维拓展

某工人原计划在规定的时间内加工一批零件。如果每小时加工 10 个零件，就可以超额完成 3 个；如果每小时加工 11 个零件，就可以提前 1 小时完成。问这批零件有多少个？按原计划需多长时间完成？

5. 课堂小结

一种事情分成两种情况，这两种情况的总量不变，抓住不变量；利用线形示意图可以更直观地帮助分析解决问题；运用的方法不同（设法不同），所找的等量关系及难易程度也不相同;"盈余"和"不足"的特点是用两种不同的方法描述量,基本的相等关系是:盈时总量—盈的数量＝亏时总量＋亏的数量。

B 教师教学过程简述

1. **复习回顾**

回顾列一元一次方程解决实际问题的一般步骤为"审、设、列、解、验、答",从而引入第3课时的教学。

2. **引学思疑**

引问:七(15)班因学情需要,拟将班级学生分成若干合作学习小组。如果每组分8人,则最后一组缺2人;如果每组分7人,则剩余4人。你知道该班级拟将学生分几个小组?班级共有多少人?

引导学生在引问中感受现实生活中的"余""缺"现象。

3. **研学思通**

呈现"中国结"问题,设该小组共有 x 人,让学生完成填空,画线形示意图。

(1) 如果每人做5个,那么共做了____个,比计划多做了____个;可画线形示意图如下。

(2) 如果每人做4个,那么共做了____个,比计划少做了____个;可画线形示意图如下。

4. **展学思变**

练习:某园林绿化队计划栽种一批树苗。若每人栽种10棵,则剩6棵树苗未栽种;若每人栽种12棵,则缺6棵树苗。有多少名队员参加栽种?一共有多少棵树苗?

(1) 若设有 x 名队员参加栽种,根据题意列出的方程为(　　),给出4个选项,选出正确的答案。

(2) 若设这批树苗有 y 棵,根据题意列出的方程为(　　),给出4个选项,选出正确的答案。

5. **悟学思法**

学校计划包车研学,若每辆大巴车坐45人,则有28人没有上车;若每辆坐50人,则空出一辆大巴车,并且有一辆车空余12个座位。问一共有多少辆大巴车?有多少名学生?

6. **课堂小结(略)**

三、讨论交流

（一）教学简析

在苏科版数学七年级上册第4章"用一元一次方程解决问题"第3课时中，教材以解决实际问题的策略为主线，共提供了6个问题情境，整个小节的编写意图是使学生经历"问题情境——审题、分析——建立数学模型——求解、验证、解释"的建模过程，发展模型观念。在分析和解决实际问题的过程中，"审题、分析"是建模的核心环节。因此，教材分别在6个问题情境中渗透了表格、线形示意图、圆形示意图和柱状示意图等分析问题中数量关系的策略。整节内容共分为6课时，本课是第3课时，教学目标是使学生能用线形示意图分析和求解简单的实际问题，经历引模、建模、解模、验模、阐释的基本过程，培养学生的模型观念。

（二）问题探讨

教师在本课教学中将利用画线形示意图的策略分析问题作为教学重点，使学生体会线形示意图是帮助我们分析数量关系的有效工具，可以帮助我们更好地分析和解决实际问题。但在对课堂教学的观察中我们发现，学生对线形示意图的理解和掌握不尽人意，很多学生难以有效画出线形示意图分析问题，尤其在拓展教学环节，学生甚至怀疑线形示意图的画法及价值。

1. 不宜拓展线形示意图的画法

在上一课时的教学中，学生已经学习了利用表格策略分析问题中的数量关系，问题中数量关系的结构模型是"A（部分）＋B（部分）＝C（整体）"，用"文字"或"表格"描述等量关系式，从而建立一元一次方程模型求解问题。在本课"中国结"问题的教学中，引入线形示意图策略分析问题，教学时机上是适切的。"中国结"问题中涉及两个未知量：小组人数和"中国结"数量。在教学中，两个未知数就会涉及两种设未知数的方法。学生在设该小组共有 x 人时，在教师的引导下，能正确画出线形示意图，利用线形示意图建立一元一次方程模型，从而分析和求解实际问题。在设计划做 y 个"中国结"时，学生画线形示意图遇到认知障碍，即使在教师的引导下画出线形示意图（如图1），但对学生而言，仍然表示不理解，也很难独立正确画出线形示意图。

图1

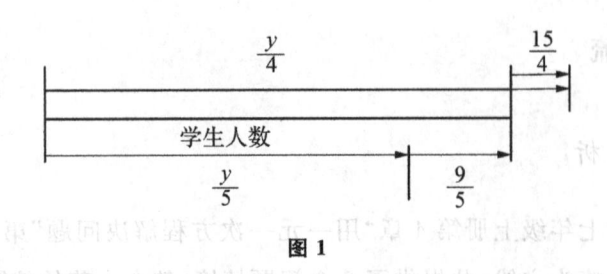

从图1上看,教师试图引导学生用线形示意图描述小组人数,$\frac{y}{5}$ 表示每人做5个时,做 y 个"中国结"的人数,而实际多做了9个,需 $\frac{9}{5}$ 个人,因而学生实际人数为 $\left(\frac{y}{5}+\frac{9}{5}\right)$ 人;同理,可以表示出每人做4个时,相应的学生人数为 $\left(\frac{y}{4}-\frac{15}{4}\right)$ 人,从而建立方程:$\frac{y}{5}+\frac{9}{5}=\frac{y}{4}-\frac{15}{4}$。事实上,我们在表达学生人数时,建构的方程模型应为 $\frac{y+9}{5}=\frac{y-15}{4}$,显然这样的线形示意图与学生的真实认知是有差异的,况且"$\frac{9}{5}$ 个人"的表达进一步加剧了学生的认知障碍。课后,在观课现场随机访谈了部分参加观课的教师,他们纷纷表示在设计划做 y 个"中国结"的情况下,线形示意图既比较难画,也很难理解。

2. 不要受限某种固定的分析策略

线形示意图作为一种分析问题的策略,能够以图形直观的形式帮助我们分析问题中的数量关系,从而建立有效的数学模型求解问题。从教材编写的视角看,线形示意图策略并不局限于"中国结"问题,而是以该问题为载体,驱使学生学习利用线形示意图分析问题的策略,掌握一种分析问题的重要工具。就"中国结"问题而言,用表格分析策略行不行?好不好?显然,答案是肯定的。当学生掌握多种分析策略后,还会涉及策略适切、策略优化的问题。因此,在代数类应用题教学中,不要局限于某种分析策略,而要根据学生的认知经验和心理特点,选择易于理解的分析策略,真正帮助学生掌握分析问题中数量关系的策略,为正确建立数学模型奠定坚实基础。

3. 需要厘清"多少"与"加减"的逻辑关系

在学生的认知里,一般情况下"多"就是"加","少"就是"减"。两位教师所谓的"盈亏""余缺"问题,本质上都是"多少"问题,但"多"就是"加","少"就是"减"吗?显然,"多"不一定是"加","少"也不一定是"减"。这就给学生分析数量关系造成很大的阻碍,很多学生在分析问题时搞不清楚是"加"还是"减",导致列出错误的方程模型。事实上,用"加"还是"减"正是本节课的教学难点,也是学生学习的困惑点。

四、观课思考

(一) 选择适切工具,优化分析策略

代数类应用题教学的核心是数量关系分析以及数学模型建立。为此,教材在不同的课程内容领域分别渗透了分析数量关系的策略,以帮助学生提高分析和解决问题的能力。教材在此章节设置的 6 个问题情境,分别渗透了表格、线形示意图等分析数量关系的重要工具,意在以问题解决为载体,驱动学生掌握多样的分析策略和方法,以更好地建立数学模型求解实际问题。在实际问题分析和求解的过程中,引导学生选择适切的分析工具,优化分析策略也尤为重要。两位教师在教学中,引导学生设计划做 y 个"中国结"的情况下,画出相应的线形示意图,超出了学生的认知水平,导致学生思维受阻,教学效果欠佳。原因在于线形示意图作为工具并不是万能的,而是有一定适应范围的,不能为了策略而策略。通常情况下,线形示意图用来分析和差问题、行程问题,用于分配问题的分析时,具有一定的局限性。教师在此拓展教学环节,可以提出问题"如果设计划做 y 个中国结,你是如何建立方程模型的?请说明理由",让学生开放、自由思考,鼓励学生使用不同的分析策略,分享、展示、交流,教师适时点拨,从工具多样到优化策略。事实上,大多学生使用了最简单的文字分析策略,即从两个角度表示同一个量(小组人数),从而快速、有效地建立一元一次方程模型 $\dfrac{y+9}{5}=\dfrac{y-15}{4}$。

(二) 建立数学模型,体验建模过程

解决代数类应用问题有助于发展学生模型观念。从模型观念的内涵、功能、过程和意义看,学生模型观念形成于数学建模的基本过程。因此,在代数类应用题教学中,应注重引导学生积极参加数学建模活动,利用表格、线形示意图等策略分析数量关系,建立数学模型,经历数学建模的基本过程,发展模型观念。在用方程解决实际问题过程中的"审、设、列、解、验、答"等解题步骤,本质上属于数学建模过程的几个环节,"审、设、列"对应于数学建模的"横向数学化","解"对应于数学建模的"纵向数学化","验、答"对应于数学建模的"反数学化"。在分析和寻找等量关系时,要让学生体会到"中国结"问题中等量关系来源于"相同量",与之前探索的"相等量"是不同的,即用两种表达方式表示同一个量,从而建立一元一次方程模型,在数学建模的过程中形成模型观念。

(三) 制定参照标准,理解数学本质

制定标准是学生分析和解决实际问题的关键环节。对于学生而言,解决"盈亏"

"余缺""多少"类应用题的核心是对"多"或"少"的理解。在分析数量关系的过程中,用"加"或"减"来表达,取决于一个参照的"标准",这个标准是判断加减的关键。利用表格、线形示意图等分析策略,本质上是制定一个标准,根据这个标准来确定"加"或"减"。简单地说,在"实际量"比"计划量"多的时候,若用"计划量"表示"实际量"使用"加",若用"实际量"表示"计划量"则使用"减"。"加"和"减"是相对的,主要取决于制定的标准。在"中国结"问题中,当设该小组共有 x 人时,制定的标准是"中国结"的数量,此时实际量比计划量多,"多"就是"减","少"就是"加";当设计划做 y 个"中国结"时,制定的标准是小组人数(实际完成"中国结"个数),此时实际量比计划量多,"多"就是"加","少"就是"减"。无论使用哪种分析策略,都应引导学生体会制定标准对数量关系的影响,理解"多少"类问题的数学本质,有效建立方程模型解决实际问题,逐步培养学生的模型观念。

立足学情 立意素养 立德树人
——以"网格型计算问题"专题复习为例

摘 要：网格型计算问题能有效考查学生综合运用数学知识的能力。基于教材中网格教学内容分析，明确网格定义，简析中考命题特征，确立网格型计算专题复习策略：立足学情，使学生经历认识网格、操作体验、应用网格、网格拓展等学习任务，在探索、理解并掌握网格特殊性的活动中，发展数学核心素养。

关键词：网格；计算问题；核心素养

正方形网格为背景的试题是近几年比较热门的中考新题型，其具有立意新颖、综合性强、思维含量高的特点，这类试题从考查形式层面来看，主要是画图操作和计算求解两种形式；从考查知识层面来看，主要涉及勾股定理、锐角三角函数、全等三角形、相似三角形、圆等知识；从考查技能层面来看，主要是计算、作图、推理等能力；从考查数学思想方法层面来看，表现为数形结合、模型思想、迁移化归等方面；从考查数学核心素养层面来看，主要体现在直观想象、数学建模、逻辑推理、数学运算等素养上。这类试题对学生的观察、分析、建模、化归等能力的要求较高，在中考复习中应引起重视。近期，苏州市高新区教研室组织中考数学专题复习活动，笔者开设了一节"网格型计算问题"的中考二轮专题复习课，教学效果良好，现整理成文，以期与各位同仁交流探讨。

一、内容和内容解析

内容：网格型计算问题

内容解析：所谓网格，是指由若干个边长为1的正方形（或菱形）组成的网格图。苏科版初中数学教材上有很多以网格为背景的数学问题，如利用网格的特殊性，用无刻度的直尺画已知直线的平行线、垂线；在网格中画出已知图形平移、翻折、旋转后的对应图形等。网格的特殊性表现为直观性、操作性、内隐性，这种特性有利于考查学生的识图、操作、分析、归纳、想象、探究等能力，因此受到中考命题者的青睐。以网格为背景的中考试题，多以计算的形式呈现，比如求线段长或求角的锐角三角函数值等。

二、目标和目标解析

目标：认识网格的特殊性，正确进行画图操作，在操作中体验网格的特殊性；应用网格的特点，会合理建构直角三角形解决实际问题，在主动完成学习任务的活动过程中，积累数学经验，发展数学能力。

目标解析：在有关网格型中考试题的教学中，发现学生不能巧妙地利用网格进行分析、操作、化归，面对待解决的问题，常常出现束手无策的现象。研究发现，导致这一现象的本质原因是学生对网格的特殊性认识不足，即提供的网格信息与待解决的问题无法建立有效关联，无法突破认知障碍。网格型计算问题作为中考复习的一个专题，其关键词有两个，分别是"网格""计算"。显然，学好网格型计算问题的首要任务是认识网格，只有充分认识并理解网格的特殊性，才能解决好计算的问题。而计算问题的关键是线段问题，解决好网格中线段长的问题，图形的相关问题也迎刃而解。

三、教学问题诊断分析

学生对网格有一定的认知基础，对网格中数量、位置关系有初步认识，能借助网格解决较为简单的画图操作类任务，但对于复杂情境下的图形问题，应对能力下降，利用网格分析解决问题的策略欠缺。其中部分学生具备整体上的建构意识，会尝试性地建构直角三角形解决相关问题，但是在如何建构合适的直角三角形时，常常遇到困惑，难以有效突破认知障碍。

四、教学设计

1. 认识网格

问题1 如图1，在正方形网格中，每个小正方形的边长均为1。从几何图形的视角，说一说从网格上能获取哪些直观的信息？

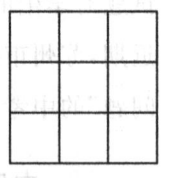

追问：还能获取哪些间接的信息？

图1

【设计意图】 网格问题为几何直观提供了有效载体。呈现正方形网格，以问题引导学生从直观上认识正方形网格上的外显信息，比如点（格点）、线（平行线、垂线）、面（正方形、矩形）等，并从单个正方形的特殊性（正方形的性质）作为起点，引领学生感悟正方形网格特殊性的本质属性。再通过追问，诱发学生对网格中内隐信息的思考，比如格点线段（对角线、相交线、平行线）、格点三角形（直角三角形、锐角三角形、钝角三角形）等，以帮助学生从外显与内隐两个层面进一步认识正方形网格的特殊性，解决"什么是网格"的首要问题,为后续"计算"的探索做好充分的准备。

2. 操作体验

问题 2 如图 2,在正方形网格中,每个小正方形的边长均为 1。

(1) 任意连接两个格点,可得到一些线段,并说出它们的长度。

(2) 在正方形网格中,画出一个直角三角形,使其三条边长都是无理数。

(3) 在正方形网格中,画出一个平行四边形,使其四条边长都是无理数。

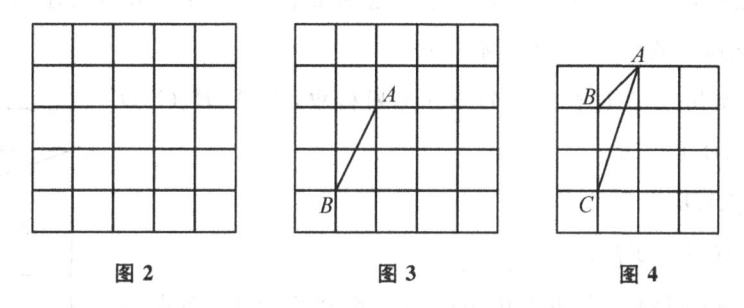

图 2   图 3   图 4

【设计意图】网格背景下的作图,给了学生多角度探究的空间。根据具体的学习任务,动手操作,体验正方形网格中的格点线段(内隐型)的求解方法,感受直角三角形在网格计算中的重要作用。在正方形网格中画出满足条件的直角三角形和平行四边形,意在学生复习回顾在网格中建构垂直与平行的基本方法,实现在操作体验中认识网格、理解网格、掌握方法的目的。

3. 应用网格

问题 3 如图 3,在正方形网格中,每个小方格的边长都为 1,点 A、B 在格点上,在网格图找出格点 C。

(1) 使△ABC 是以 AB 为腰的等腰三角形。(2) 使△ABC 的面积为 2 个平方单位。

【设计意图】借助问题驱动学生自主完成找格点的学习任务,培养分类讨论思想,使学生学会有序地分析与思考,有条理地表达与展示。在自主参与的操作活动中,体会网格中平行线、矩形对角线的使用价值,学会运用辅助线分析和解决问题。

问题 4 如图 4,在边长为 1 的正方形网格中,点 A、B、C 均为格点。(先让学生试着提出一些计算的问题,并解决,然后再出示以下问题)

(1) 请画出△ABC 外接圆的圆心,并写出外接圆的半径 $r=$_____。

(2) 求 $\sin\angle ACB$、$\tan\angle CAB$ 的值。

(3) 将△ABC 绕点 C 顺时针旋转 $90°$ 后得到△$A_1B_1C_1$,请画出△$A_1B_1C_1$。

(4) 若用扇形 CAA_1 围成一个圆锥的侧面,则这个圆锥的底面半径长为_____。

【设计意图】预设学生提出的计算问题为:求△ABC 的周长、面积,求 $\sin\angle ACB$,

画△ABC 的平移、旋转后的图形等。采用开放性的问题设计,有利于培养学生发现和提出问题的能力,深化对网格型计算问题的认识。网格型计算问题涉及的数学知识比较多,既没办法也没必要逐个呈现。在教学中,设计一些具有代表性的计算问题,解决具有典型性、关联性的关键问题即可。比如第(2)问,要求 sin∠ACB,需要找直角三角形,此时直角三角形比较直观,相对简单,接着求 tan∠CAB 时,没有直接可用的直角三角形,此时应引导学生思考怎样建构直角三角形(格点直角三角形),同时思考:为什么这样建构？还可以怎样建构？并在教学中思考非格点直角三角形的建构方法,学会求网格中锐角三角函数(线段)的通解通法。

问题5 如图5,在边长为1的正方形网格中,点 A、B、C、D 都在格点上,AB、CD 相交于点 O。

(1) tan∠AOD = _____。

(2) ∠BAC + ∠EFG = _____°。

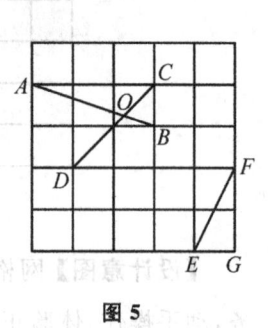

【设计意图】问题4中两个锐角的顶点都在格点上,而本题 ∠AOD 的顶点不是格点,求 tan∠AOD 的难度更大。学生需要解决两个问题,一是把 ∠AOD 的顶点转移至格点上,二是围绕 ∠AOD 建构直角三角形。引导学生思考:如何转移？为什么这样转移？还可以怎样转移？鼓励学生尝试不同的转移方案及构造直角三角形的方法,最终归纳为线段平行和垂直的本质问题。第(2)问关于两个角的拼合问题,意在引导学生思考"面"的平移方法。

4. 网格拓展

问题6 如图6,由形状、大小相同的菱形组成网格,菱形的顶点称为格点。已知菱形的一个角(∠O)为60°,点 A、B、C 都在格点上,则 tan∠ABC = _____。

【设计意图】网格型计算问题多以正方形网格为背景,把学习任务拓展至菱形网格,更具挑战性,学生在问题解决过程中,掌握解决网格型计算问题的一般策略。

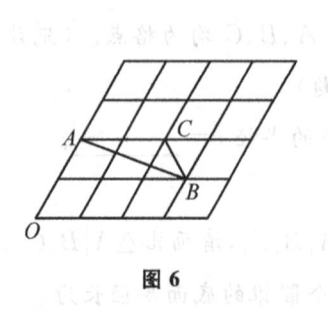

图6 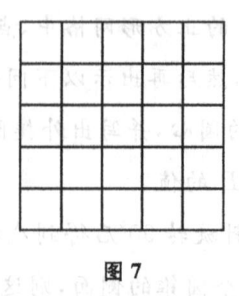　　图7 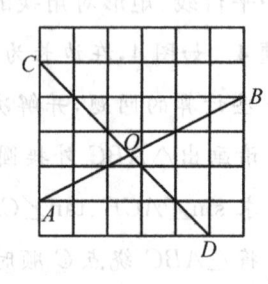　　图8

5. 小结思考

问题 7 想一想,解决网格型计算问题的关键是什么?请你以边长为 1 的正方形网格为背景(如图 7),创编一道计算问题。

【设计意图】回顾整节课学习流程,鼓励学生进行反思性总结,聚焦计算问题的关键点:直角三角形下的线段长。解决了关键点,其他计算问题都可以顺利完成。最后让学生经历正方形网格背景计算问题的创编过程,真正把"学为中心"的教学理念落到实处,培养学生的应用意识和创新意识。

6. 检测反馈(省略)

五、教学反思

1. 立足学情,引思解惑助重构

专题复习课的教学设计应做到"眼里有学生",也就是常说的"学为中心"的教学理念。以网格型计算作为专题复习的主题,缘起于一道中考题(2017 年江苏省无锡市中考数学第 18 题),学生在解决这个问题时感到困惑,束手无策,这引起笔者的注意。原题为:如图 8,在边长为 1 的正方形网格中,点 A、B、C、D 都在格点上,AB、CD 相交于点 O,则 $\tan\angle BOD = $ _____。分析发现,学生主要困惑于 $\angle BOD$ 如何转移以及转移后如何构造直角三角形两个关键问题上。另外,两条比较长的格点线段一定程度上干扰了学生的思考,导致大部分学生难以正确解答。基于以上学情,笔者以网格型计算问题为专题,从低起点的认识网格活动开始,逐步经历操作体验、应用网格等活动环节,呈现螺旋上升式的教学设计,引导学生从低阶思维向高阶思维发展,鼓励学生反思解决问题的策略,挖掘网格型计算问题的内在属性,帮助学生重构知识结构,把握网格型计算问题的数学本质。

2. 立意素养,立德树人促成长

网格型计算问题的专题复习涉及的知识比较散乱,教学中不可能面面俱到。专题复习课不是对知识点的简单回顾与堆砌,也不是大量练习的组合再现,使专题复习课缺乏人文性、教育性,索然无味。网格型计算问题的教学设计应立意于数学核心素养,努力使学生在专题学习任务完成的过程中,通过观察、想象、操作、归纳、分析等活动,发展学生的直观想象、数学建模、逻辑推理、数学运算等核心素养,实现立德树人的教学目的。

基于"四能"的初中数学模型建构
内涵解析与案例研究

摘　要：数学模型建构是初中数学教学的重要内容，同时也是学生的学习方式。发现和提出问题的能力、分析和解决问题的能力被概括为"四能"，其是数学模型建构的能力基础。数学模型建构是"形"，"四能"培养是"神"，两者的结合意味着学生的数学学习过程形神兼备。如果学生的"四能"能够得到充分培养，那数学建模的过程也就会更加顺利。基于"四能"的初中数学模型建构思路是：结合教材中的内容，在对学生认知规律把握的基础上，设计能够让学生形成沉浸式体验的模型建构过程，并且在建模过程中充分激活学生的能力生长点，让学生或显性或隐性地借助于自身的能力去发现并提出问题，去分析并解决问题；与此同时，引导学生在问题解决的过程中，进一步发现、提出并分析解决新的问题。这对应着学生能力螺旋上升的过程，从而让数学模型建构与"四能"培养之间相互促进的关系得以充分体现。

关键词：初中数学；"四能"；模型建构

　　数学模型建构是初中数学教学的重要内容，同时也是学生的学习方式。一般认为，数学模型建构即为建立数学模型，相应的，建立数学模型的过程就是数学建模的过程。该过程强调的是让学生把错综复杂的实际问题简化、抽象为合理的数学结构，强调让学生通过调查、搜集数学资料，去观察和研究实际问题的数量关系，然后利用数学的理论和方法去分析和解决问题。站在学生的角度看，数学模型建构的过程是一个需要多次、艰苦的努力才能完成的过程，同时也是一个创造性的过程。从概念逻辑关系的角度来看，数学建模的核心概念是数学模型，要理解数学建模，首先得知道什么是数学模型。同样，当前比较认同的观点是，数学模型就是关于部分现实世界，为了某种特殊目的而作的一个抽象的、简化的数学结构，是根据事物的内在规律，用数学语言或者图形来刻画一类问题的共性。从更为宏观的角度来看，数学模型就是用抽象的数学符号、数学语言去描述客观世界事物的发展与变化规律。

　　如同上面所指出的那样，建构数学模型既是学生的数学学习内容，同时又是重要的数学知识学习方式。尽管数学模型的形成过程有一定的范式可依，但是对于初中学生而言,他们很难直观体验到这种范式存在,更多的还是在能力的支撑之下,去体验一个个数学建模的过程。那么在数学模型建构的过程中,到底需要哪些能力支撑呢？有研究表明,初中学生的数学学习离不开四项基本能力,即发现和提出问题的能力、分析和解决问题的能力,这四项能力可以概括为"四能"。实际上这"四能"也是数学模型建构的能力基础。基于"四能"的初中数学模型建构,强调的就是在建构数学模型中,以问题为核心,以培养发现问题、提出问题、分析问题,解决问题能力为宗旨的建模活动。从数学思想方法运用的角度来看,在建模过程中主要涉及抽象、分析、概括等活动及自主探索、大胆猜想、合作交流、积极思考等学习方式,是学生思维生成的过程,是能力转化的过程,也是实践和创新的过程。下面笔者就结合自身的实践经验,谈谈基于"四能"的初中数学模型建构内涵解析与案例研究。

一、初中数学模型建构中的"四能"解读

"四能"与初中数学模型建构的关系是密切的,由于数学模型生成于学生的数学认知活动之中,是学生化解新的数学问题的重要工具,因此学生建构数学模型,一定需要在认知规律把握的基础上,充分激活学生发现与提出问题的能力,着力引导学生生成分析与解决问题的能力。如果说数学建模是初中数学教学的应用形式的话,那么"四能"就是数学建模应有的灵魂。笔者在课题研究的过程中,逐步确立的观点就是,初中数学的模型建构教学,强调的是学生对模型建构过程的体验,这就需要从最初的环节开始,让学生充分体验发现问题与提出问题的过程,然后引导学生在这一过程中更好地体验自主学习、合作学习、探究学习等方式,其中必然涉及学生在面对问题时进行的猜想与分析等,有了这样的完整体验,那么数学模型建构便有了坚实的能力基础。

此时,将"四能"放在数学模型建构的视角之下来理解,会发现学生在形成发现与提出问题、分析与解决问题能力的时候,会有着明确的指向。这样"四能"的发展过程与数学模型建构的过程就会表现出明显的相辅相成的关系。有经验的初中数学教师都知晓,要有效培养学生的能力,关键是让学生拥有一个良好的学习载体,拥有一个良好的学习过程。很显然数学模型建构就是这样的载体,同时数学模型建构本身又对应着一定的过程,所以说数学模型建构与"四能"发展之间有着天然的契合关系。在实际教学当中,很重要的一点就是将这种关系体现出来,这就要求教师精心设计一个能够让学生有所体验的数学模型建构过程,同时要求学生能够沉浸到数学建模的过程当中,并且能够经历一个有效的发现问题与提出问题、分析问题与解决问题的过程。借助于"在游泳的过程中学会游泳"这样一个比喻,就可以认识到"四能"能够在数学建模的过程中得到充分培养。

通过上述分析就不难发现,对于学生的数学学习而言,数学模型建构是"形",而"四能"培养是"神",两者的结合意味着学生的数学学习过程形神兼备,而如果学生的"四能"能够得到充分培养,那么数学建模的过程也就会更加顺利,数学教学的绝大多数目标就能够自然得到实现。理解了这层关系,摆在数学教师面前的还有另外一个挑战,那就是设计一个怎样的数学模型建构过程,才能让学生的"四能"得到发展。考虑到一线教师的工作属性,笔者以为案例研究是最有效的抓手。

二、基于"四能"实现初中数学模型建构

只要教师带着研究的态度去看待教学,就可以发现自己所经历的每一堂课,都是一个有价值的教学案例。上面已经阐述了数学模型建构与"四能"培养是形神关系,而数学建模类教学应凸显建模三步骤——数学抽象,建模,解模。所以在积累教学案例的时候,一个基本的思路就是:结合教材中的内容,在对学生认知规律把握的基础上,设计一个能够让学生形成沉浸式体验的模型建构过程,并且在建模过程中充分激活学生的能力生长点,让学生或显性或隐性地借助于自身的能力去发现并提出问题,去分析并解决问题;与此同时,引导学生在问题解决的过程中,进一步发现、提出并分析、解决新的问题。这样从能力发展的角度来看数学建模的过程,就对应着学生能力螺旋上升的过程,从而让数学模型建构与"四能"培养之间相互促进的关系得以充分体现。

这里来看一个教学案例:"全等图形　全等三角形"的教学。

教前分析: 在很多教师的经验世界里,"全等三角形"并不是一个复杂的知识,因为从定义的角度看"能够完全重合的两个三角形叫全等三角形"非常容易理解,而之所以容易,就是因为学生在生活当中有着"完全重合"的经验基础,学生也能够基于"完全重合"这样的表述,在大脑当中形成"形"的表象。从数学学科核心素养的角度来看,这实际上是学生直观想象素养的体现。

既然学生有足够多的经验支撑起全等三角形表象的建构,那为什么还要对这一知识进行数学建模的教学呢?很重要的一个原因就是,当学生的表现足以支撑全等三角形概念建构的时候,那么立足于这样的模型建构过程来发展学生的"四能",同时基于"四能"来促进数学建模水平的提升,就可以让学生的注意力更多地集中在数学建模与"四能"培养上。

数学模型建构与"四能"培养:

首先,基于学生的生活经验,调用学生生活中的相关素材创设情境。

教师可以让学生到自己的生活当中寻找一模一样的图形,此时应当强调可以将一些立体事物进行简单化处理(实际上对应着一定水平上的数学抽象)。对于初中学生

而言,这一任务的完成并不困难。在此基础上,教师可以提出问题:观察并分析这些图形,同学们有什么样的发现?如果用数学语言描述这些发现,那应当如何运用数学语言?

事实上,学生很容易通过这些例子的分析得到结论,即"这些图形是完全相同的""这些图形不仅在形状上相同,而且在大小上也相同"……

其次,在数学体验的基础上进行数学抽象。

这里的数学体验同样是任务驱动性质的,就是让学生去"制作"出"能够完全重合"的图形。在学生动手操作的过程中教师可以发现,不同学生的思路是不一样的:有的学生完全基于直觉先去剪出一个图形,然后再凭目测去尝试剪出另一个能够与之重合的图形。显然这是一个高难度的操作,基本上不可能成功。于是有学生另辟蹊径,剪出一个图形之后,将其重叠在另一张更大的纸上,然后沿着边线去剪切,就可以得到能够重合的图形。与此类似的是,还有学生在剪出一个图形之后,在更大的纸上垫着去画出轮廓,然后去剪切。更有学生将纸折叠之后,用一次剪切得到两个一模一样的图形……

有了这些体验之后,学生的表现会更加丰富,此时再去进行数据抽象,就可以得到全等图形的定义。然后再借助于演绎思维,就能够得到全等三角形的定义。有了表象与定义的支撑,全等三角形的模型也就建立起来了。

三、"四能"凸显数学模型建构的主体性

在上述案例当中,学生建构数学模型时,既有着原有经验的激活,又有着学习现场的"做中学"的体验;既有着日常语言的运用,也有着数学语言的运用;既有着复杂的语言表述与动手操作的过程,也有着借助于简约思维和精确的数学语言,描述建构所得并最终得出模型的过程。与此同时,"四能"在其中有着充分的体现,当教师想方设法调动学生生活经验的时候,学生的问题意识可以在教师的教学当中被激活,随后学生带着问题以及任务去不断地体验模型建构的每一个环节,此过程中学生的动手操作与动脑思考结合在一起,表象建构与数学语言表达结合在一起,"全等图形"和"全等三角形"的表象会越来越清晰,相应的模型也会越来越完整。

在这样的模型建构过程中,学生的自主性得到了充分的体现,而这实际上就是学生主体地位的凸显。说到底,数学模型是由学生建构出来的,"四能"是属于学生的能力。因此只有坚持凸显学生的主体性,那数学建模以及"四能"培养的意义才能最终体现出来。

在解决问题的过程中促进模型观念的形成与发展
——对一道二次函数题的教学研究

摘 要：模型观念是数学核心素养的重要表现之一，模型观念有"强弱"之分，模型观念"强"的人对于运用数学模型的过程有非常清晰的认识，并能根据实际问题迅速建立相应的数学模型。通过培养学生的模型观念，学生抽象能力、运算能力、推理能力都将得到培养和提高，学生数学核心素养也会相应提高。模型观念的形成是在建立模型解决问题的过程中形成与发展的。

关键词：核心素养；模型观念；问题解决；设计意图

《义务教育数学课程标准(2022年版)》[以下简称《课标(2022年版)》]指出，学生核心素养，主要包括会用数学的眼光观察现实世界、会用数学的思维思考现实世界、会用数学的语言表达现实世界这三个方面。提高数学教学让学生达到"三会"是数学教育的"崇高目标"，并且明确了初中阶段、核心素养的九大主要表现。

为了实现这个目标，我们在数学教学中，应以课程内容为"载体"，努力通过培养学生的九大核心素养达到"人人都能获得良好的数学教育，形成终身发展需要的核心素养"的课程理念。这是一个十分艰巨的系统工程，是完成九年义务教育才能实现的。具体到每一课时都要从落实"目标"的高度去设计和教学，下面结合一个案例谈谈笔者的教学研究。

案例 种植花草问题

某学校门前有一个边长为 4 米的正方形花坛，花坛内部要种植红、黄、紫三种颜色的花草(如图1所示)，图中 $AE=MN$。计划在阴影部分的四个全等三角形内种植红色花草，在白色部分的四个全等三角形内种植黄色花草，在小正方形 $MNPQ$ 内种植紫色花草。

每种花草的价格如下表：

品种	红色花草	黄色花草	紫色花草
价格/(元/m²)	60	80	120

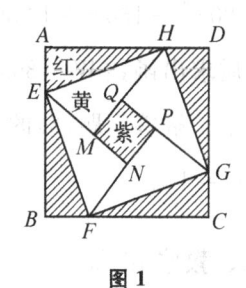

图1

设 AE 的长为 x m,正方形 $EFGH$ 的面积为 S m²,买花草的费用为 W 元。

解答下列问题:

(1) S 与 x 之间的函数表达式为 $S=$ _____。

(2) 求 W 与 x 之间的函数表达式,并求出所需的最低费用是多少元?

(3) 当买花草所需费用最低时,求 EM 的长。

一、设计意图

《课标2022年版》在"课程目标"中提出了三条义务教育阶段的总目标,其中第三条是让学生"体会数学知识之间、数学与其他学科之间、数学与生活之间的联系,在探索真实情境所蕴含的关系中,发现问题和提出问题,运用数学和其他学科的知识与方法分析问题和解决问题"。为达此目标,在数学教学中,广大教师应结合具体课程内容,精心设计案例,引导学生经历"问题情境—建立模型—求解验证"的过程。在这个过程中让学生获得"四基""四能",不断提高学生通过建立数学模型解决实际问题的能力。长期坚持这样的教学方式,才能不断提升学生的核心素养,从而实现上述目标。

二次函数就是一个典型的数学模型,许多数学问题(含实际问题)都可以通过建立二次函数模型加以解决。《课标(2022年版)》在"课程内容"中针对二次函数提出了四条具体要求,其中之一是"会求二次函数的最大值或最小值,并能确定相应自变量的值,能解决相应的实际问题"。

在学生学习了二次函数的概念、探究得到二次函数的性质之后,为了在二次函数的应用课中加强对学生应用意识的培养,促进模型观念的形成和发展,我们设计了上面的案例。

本案例以"种植花草"为背景,设有三个问题。解答问题(1)只需要利用勾股定理求出正方形 $EFGH$ 的边长即可。解答问题(2)应分三步:一是求出种植各种花的面积,认真观察图1,正确用含 x 的代数式表示三种花草的种植面积是关键;二是根据种植三种花草的面积和价格,正确列出所需费用 W 与 x 的关系式,并进一步整理得到函数关系

式 $W=80x^2-160x+1\,280$（数学模型），这是解决本小题的关键一步；三是利用二次函数的性质求出函数 $W=80x^2-160x+1\,280$ 的最小值，并根据实际问题的意义确定出最终答案。解答问题(3)的关键是在 Rt△EMH 中，利用勾股定理建立方程模型 $a^2+(a+1)^2=10$。

二、教学目标

1. 引导学生经历"问题情境—建立模型—求解验证"的过程，获得利用二次函数解决实际问题的经验，感受模型思想和数学的应用价值，进一步促进学生模型观念的形成。

2. 能分析和表示实际背景下变量之间的二次函数关系，并解决简单问题中与二次函数有关的问题。

3. 在建立模型解决问题的过程中，培养和提高学生发现和提出问题、分析和解决问题的能力，增强应用意识。

三、解答过程

(1) 根据勾股定理易求出正方形 $EFGH$ 的边长 $EH=\sqrt{AE^2+AH^2}=\sqrt{x^2+(4-x)^2}$，所以 S 与 x 之间的函数表达式为 $S=x^2+(4-x)^2$。

(2) $W=60\times 4S_{\triangle AEH}+80\times(S_{\text{正方形}EFGH}-S_{\text{正方形}MNPQ})+120\times S_{\text{正方形}MNPQ}$

$=60\times 4\times \dfrac{1}{2}x(4-x)+80\times[x^2+(4-x)^2-x^2]+120x^2$

$=80x^2-160x+1\,280=80(x-1)^2+1\,200(0<x<4)$。

当 $x=1$ 时，W 有最小值 $1\,200$。

由实际问题的意义可知，函数 $W=80x^2-160x+1\,280$ 的最小值就是实际问题的最小值。

(3) 当买花草所需的费用 W 最低时，$x=1$，即 $AE=1$ m，所以 $AH=3$ m。$EH^2=AE^2+AH^2=10$。

设 $EM=a$ m，又 $MN=AE=1$ m，所以 $MH=(a+1)$m，在 Rt△EMH 中，$a^2+(a+1)^2=10$，解得 $a=\dfrac{-1\pm\sqrt{19}}{2}$，因为 $a>0$，所以 $a=\dfrac{\sqrt{19}-1}{2}$。因此 EM 的长为 $\dfrac{\sqrt{19}-1}{2}$ m。

四、教学价值分析

从数学教育教学的角度看,本题的核心主要立意于"模型观念"的形成与发展。事实上,本题不仅仅有助于模型观念的培养,对于其他核心素养表现也具有积极的教育教学价值。

1. 培养学生的运算能力

学习数学离不开数学运算,数学运算能力是《课标(2022年版)》提出的核心素养表现之一,是指"根据法则和运算律进行正确运算的能力"。运算能力是在运用数学知识进行计算、推理以及解决问题的过程中逐渐形成并得以不断提高的。

本案例有三问,在解答每一问时,都考查了学生的运算能力,考查的过程"鞭策"了学生数学运算能力的提高:第(1)问,为了写出 S 与 x 之间的函数表达式,需要根据勾股定理先求出正方形 $EFGH$ 的边长,这个过程需要学生具有一定的数学运算能力。第(2)问,为了求"所需费用的最小值",需要先根据二次函数的性质求出二次函数的最小值,然后再根据实际意义确定出函数的最小值是否为实际问题的最小值,这里对函数表达式进行变形整理变成了关键的一步,这个"变形整理"的过程实则是个数学运算的过程,自然需要学生具备相应的运算能力。第(3)问,根据勾股定理建立起一元二次方程后,解方程的过程比较复杂,也要求学生具有较强的运算能力。可见,本案例对于培养学生的运算能力有积极的教学价值,也是一道培养学生数学运算能力的好题目。

2. 在数学建模过程中感悟模型思想,提升模型观念

"模型观念"是《课标(2022年版)》新提出的重要概念,是初中九大核心素养的构成成分。为了分析本案例对学生模型观念的形成与发展的作用,我们有必要澄清"对数学模型""数学建模""模型思想""模型观念"等概念的意义。

数学模型就是根据特定的研究目的,采用形式化的数学语言,去抽象地、概括地表征所研究对象的主要特征、关系所形成的一种数学结构。在义务教育阶段数学学习中,用字母、数字及其他符号建立起来的代数式、关系式、方程、函数、不等式,各种图表、图形等都是数学模型。用通过计算得到的数学模型的结果来解释实际问题,并接受实际的检验,这个建立数学模型的全过程就称为数学建模。

模型思想是指能够有意识地用数学的概念、原理和方法,理解、描述以及解决现实世界中一类问题的那种思想。《课标(2022年版)》在课程目标中的第一条提出了数学基本思想,这里强调的是"基本思想",史宁中教授认为,数学基本思想有三种,模型思想便是其中之一。

《课标(2022年版)》指出"模型观念主要是指对运用数学模型解决实际问题有清晰的认识",是通过建立数学模型去认识问题、解决问题的自觉意识和思维方式。

本案例属于典型的建立二次函数模型解答实际问题的案例(从解答过程看,还需要建立一元二次方程模型)。学生通过解答本案例,完整地经历了"问题情境—建立模型—求解验证"的过程,这个"建立模型—解决问题"的过程可用图2来所示。

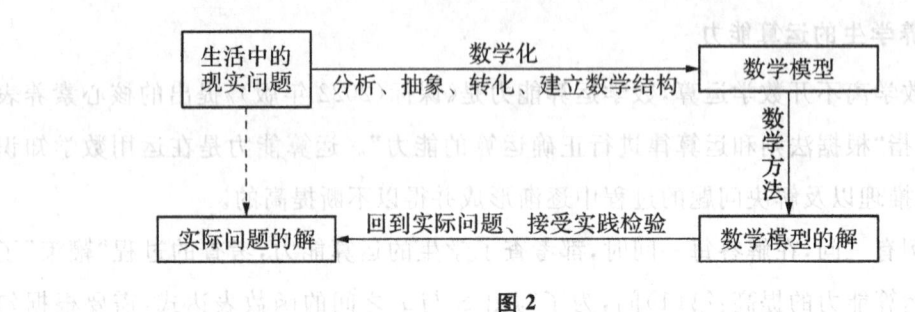

```
┌──────────┐   数学化                    ┌──────────┐
│ 生活中的  │  ──────────────────────→  │  数学模型 │
│ 现实问题  │  分析、抽象、转化、建立数学结构  │          │
└──────────┘                            └──────────┘
     ↑                                       │ 数学
     │                                       │ 方法
     │                                       ↓
┌──────────┐   回到实际问题、接受实践检验   ┌──────────┐
│ 实际问题的解│ ←──────────────────────── │ 数学模型的解│
└──────────┘                            └──────────┘
```

图 2

学生每经历一次图2所示的数学建模过程,其模型观念都将得到一次增强和发展。

3. 有利于学生形成良好的情感价值观

《课标(2022年版)》对于课程总目标提出的第三条要求是"对数学具有好奇心和求知欲,了解数学的价值,欣赏数学美,提高学习数学的兴趣,建立学好数学的信心,养成良好的学习习惯,形成质疑问难、自我反思和勇于探索的科学精神。"我们可以把这一条简称为"情感价值观",这条目标是在落实前两条目标的过程中实现的,即它是伴随在学生获取"四基"形成"四能"以及"发现问题—提出问题—分析问题—解决问题"的过程中逐渐形成的,因此,在数学教学中不存在单独培养这个目标的课。

学生在解答本题的过程中,不仅培养了学生分析问题、解决问题的能力,并且还养成了他们细致、严谨的学习品质。学生面对三个问题的计算过程都要细心、不可马虎,在对二次函数通过配方得到 $W=80(x-1)^2+1\,200$ 的过程中,解方程更要精心运算,一不小心就容易出错,这些运算过程都有助于学生养成良好的学习习惯。

总之,从学生在解答本题的过程看,建立二次函数模型 $W=80x^2-160x+1\,280$ 和一元二次方程模型 $a^2+(a+1)^2=10$ 至关重要。这样的问题有助于学生阅读理解能力和数学运算能力的提高,进一步感悟数形结合的思想,增强了模型观念,促进学生数学核心素养的发展。还有助于学生理解"数学来源于生活,数学服务于生活"的含义,理解数学产生于解决"实际问题"的需要,落脚于解决"实际问题",在这两个过程中,能进一步形成模型观念,提高学生分析问题、解决问题的能力,不断增强学生的应用意识。

五、教学启示

我们常说某人有没有"数学头脑",实际上就是指他们能否运用数学方法来解难答疑。归根结底是指其模型观念的有、无、强、弱的问题。学生发现问题、提出问题、分析问题和解决问题的能力主要是在数学学习以及运用数学知识解决问题的过程中得到提升的。《课标(2022年版)》中强调的应用意识和模型观念素养都是在"建立模型—解决问题"的过程中逐步形成的。

  模型观念是在经历"过程"中逐步形成与发展起来的,数学中建立模型内容的"载体"处处皆是。在引导学生学习这些"载体"内容(如方程、不等式、函数等)时,有两个环节对于学生模型观念的形成与发展具有积极的促进作用：一是概念的建立过程；二是建立模型解决实际问题的过程。

  这就决定了在数学概念的教学中,教师一方面应认真研读教材,充分理解编写意图,还要阅读与本概念有关的教学论文(著)；另一方面要清楚数学概念常用的定义方式,确定给出本概念究竟要采用的是哪一种定义方式。在此基础上,对教材内容进行二次加工处理,设计出问题系列,以此引导学生经历"知识背景—知识形成—揭示联系"的过程,在这个过程中,不断提高学生的数学抽象能力、推理能力以及分析问题和解决问题的能力,进一步感悟模型思想,增强模型观念,不断提高学生的数学核心素养。

  在学生掌握了新的数学知识后,要及时精选例题、习题等引导学生通过建立相应的数学模型加以解决,让学生经历"问题情境—建立模型—求解验证"的过程,这实际上就是让学生反复经历图2所示的建模过程,不断加深对建模过程的认识和理解,从而促进模型观念的形成和巩固,逐步提升数学核心素养。

宏观上整体把握 微观上精心设计

——兼谈一元二次方程概念的教学设计

摘 要:数学概念是重要的数学知识,数学是用概念思维的,强化数学概念教学是提高学生数学素养的基础。数学概念课的教学研究要从整体上把握概念,突出概念之间的相互联系,注重实质。从解决实际问题的需要引入方程概念,突出它的"重要模型"地位。一元二次方程概念的教学设计要注重其形成过程,让学生经历"分析—抽象—概括"的过程。

关键词:整体把握;突出联系;注重过程;抽象概括

章建跃博士反复强调:数学是玩概念的,数学是用概念思维的,在概念教学中养成的思维能力最强。这方面研究的成果也很多,李树臣老师对数学概念以及教学问题的研究曾发表过多篇文章,且见解深刻,对指导年轻教师的教学具有一定的引领作用。

为帮助教师更好地进行数学概念教学,笔者在认真研读相关文献的基础上,结合一元二次方程概念,从宏观和微观两个角度谈谈自己的思考,旨在就数学概念教学问题展开深度讨论。

1 宏观上把握概念教学的有关问题

数学概念是学生学习的主要知识,从课程论的研究成果看,数学概念是构成数学教材的基本结构单位,是形成数学教材知识结构的"核心",是学生进一步学习的基础。具体数学公式、数学定理、数学法则以及数学规律的"载体"都是一些相应的数学概念。学生在学习过程中,只有牢固地建立起数学概念,才能进一步获得《义务教育数学课程标准(2011年版)》[以下简称《课标(2011年版)》]在课标目标中提出的"掌握数学基础知识、进而形成数学基本技能、感悟数学基本思想并积累数学基本活动经验"。数学概念教学始终伴随着课堂教学。

从学生思维能力的发展过程来看,数学概念也起着重要的作用。因为概念是思维的单位元,是学生在学习数学中赖以进行思维活动的基础,数学概念、判断和推理是数学思维活动的基本形式及其活动过程,是培养学生思维能力的起始阶段和基本出发点,学生在深入理解数学概念的过程中能使自己的抽象思维得到发展。

对一元二次方程概念(及相关知识)的宏观把握,主要指解决下面三个问题:

(1) 了解学习一元二次方程的意义

一元二次方程是《课标(2011年版)》界定的"数与代数"领域的重要内容,一元二次方程的基础知识主要有:代数式、一次方程(组)、简单的分式方程、分解因式、实数等。通过对一元二次方程的学习,可以加深对上述基础知识的理解和应用,又是将要学习的二次函数以及高中阶段学习的分式方程、一元二次不等式以及二元二次方程组等知识的基础。因此,一元二次方程在数学学习中处于承上启下的重要地位,是解决物理等其他学科问题的重要工具。

(2) 明确学习方程知识的一般流程

《课标(2011年版)》对"方程与方程组"的要求是"能根据具体问题中的数量关系列出方程,体会方程是刻画现实世界数量关系的有效模型"。初中阶段学习的方程知识包括:一元一次方程、一元一次方程组、分式方程和一元二次方程。无论对哪种方程的学习,其基本的流程都是按图1所示的框图进行的。

实际问题 —引入→ 方程概念 —研究→ 方程解法 —建立方程模型→ 解决实际问题

图 1

从这个学习流程可以看出,实际问题始终贯穿于方程的始终,是形成学生思维的导航图,是学生把握方程概念、建构知识结构、促进思维生长的"源泉"。这个观点也正好反映出方程的本质,符合《课标(2011年版)》提出的"在整个数学教育的过程中都应该培养学生的应用意识"的教学理念。换言之,应把实际问题贯穿于方程概念的形成、建立和应用的全过程之中。

(3) 整体上把握与一元二次方程有关的内容

在学习了一元二次方程概念后,我们要进一步研究的与之相关的内容包括三个方面:首先是用配方法、公式法以及因式分解法解一元二次方程;然后探究一元二次方程根的判别式、根与系数的关系;最后通过建立一元二次方程模型解答实际问题。以苏科版《义务教育教科书·数学》为例,该书把一元二次方程放在九年级(上)作为第一章,关于一元二次方程的知识可用框图2表示。

图 2

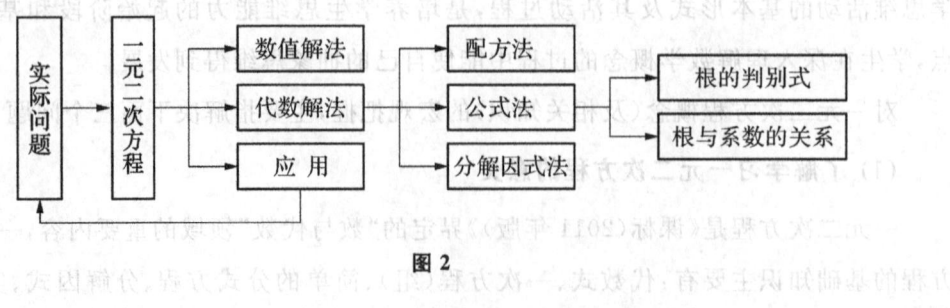

概念教学强调追本溯源、前后联系、逻辑连贯的概念形成过程,方可避免知识碎片化、强加于人的"不自然"的教学现象。知识框图就是思维生长链,是深层次理解概念内涵,从概念的联系中揭示其本质的基本教学策略。具体说来,本章除安排了一些有代表性的实际问题作为知识的产生、发展的背景材料外,还在最后一节"一元二次方程的应用"中,设计与筛选了关于应用的 25 个问题,这些题目依次是:例题 6 个、练习 7 个、习题 11 个、数学活动(方案设计)1 个。学生通过解答这些实际问题,能把学过的有关一元二次方程知识应用于生活实际,再一次体验数学建模的过程,感悟数学模型思想,从而提高学习数学的兴趣,培养应用意识。

2 微观上精心设计概念课的教学方案

数学概念课的教学,首先要认真研读《课标(2011 年版)》提出的七条"教学建议",然后结合具体的数学概念,精心设计必要的数学活动,让学生在活动的过程中经历概念的形成过程和应用过程。我们设计一元二次方程概念课的基本思路是:突出一元二次方程概念的形成过程,从学生现实出发,设计问题情境,以此引导学生在开展观察、思考、探究、抽象等活动的过程中,完成对一元二次方程概念的学习。

2.1 制定准确的教学目标

根据《课标(2011 年版)》提出"数学教学不仅要使学生获得数学的知识技能,而且要把知识技能、数学思考、问题解决、情感态度四个方面目标有机结合,整体实现课程目标"的要求,我们可以制定出一元二次方程概念课的教学目标:

(1) 通过实际问题情境,抽象出一元二次方程,再一次使学生体会到方程是刻画现实世界中等量关系的有效数学模型。

(2) 了解一元二次方程的意义,掌握一元二次方程的一般形式,会把一元二次方程化成一般形式。

(3) 在经历一元二次方程概念建立的过程中,培养学生的数学"抽象—概括"能力。

2.2 微观设计

本环节的导学流程是：呈现案例→找属性→下定义→举例子→再辨别，以此完成对概念的形成与理解、同化与顺应、建构与应用的综合过程。教学策略的核心是"让学引思"，通过启发、引导促进学生进入深度学习状态，以此学会思考与迁移、抽象与概括、具体化与深加工的数学概念建构过程。努力提高学生抽象、推理、建模等数学能力，促进学生高阶思维、学科关键能力的形成与发展。上述整体思路体现在下面三个主要环节之中：

1. 展现问题，思考探索

为引导学生经历一元二次方程的建立过程，我们设计了下面三个问题：

(1) 某教室的面积为 54 m^2，长比宽的 2 倍少 3 m，如果设教室的宽为 x m，则长为 _____ m，所列方程为 _____。

(2) 有一个两位数，大小是个位与十位数字乘积的 3 倍，其中个位数字比十位数字大 2，如果设十位数字为 y，则个位数字为 _____，所列方程为 _____。

(3)《九章算术》中有一题：今有二人同所立。甲行率 7，乙行率 3。乙东行，甲南行十步而斜东北与乙会。问甲乙行几何？

意思：如果甲、乙两人同时从同一个地点出发，甲的速度是 7，乙的速度是 3。乙向东行走，甲先向南走了 10 步后，再向东北方向行走。在甲、乙相遇时，甲、乙分别走了多少路程？

为了求甲、乙两人相遇时，分别走了多少路程，可以设他们相遇时所用的时间为 t，则相遇时甲共走了 _____，乙共走了 _____，可列方程 _____。

【设计意图】为了落实第一条教学目标，并且为第二个环节的"抽象—概括"提供基础素材，我们按照《课标（2011 年版）》提出的"现实性"要求，设计了上面三个问题：第(1)个问题与学生学习现实密切相关，第(2)个问题是基于"数学现实"而确定的，第(3)个问题从数学资料中选取的，可对学生进行数学文化教育。以此引导学生从具体例子中去寻找"一元二次方程"这一概念的共同属性。

对于问题(1)和(2)，学生通过分析问题中的已知量、未知量，以及已知量和未知量之间的数量关系，不难列出方程 $x(2x-3)=54$ ① 和 $10y+(y+2)=3y(y+2)$ ②。问题(3)是求甲、乙两人分别走多少路程，这里没有直接设甲或乙走了 x 步，而是采用了间接设元的方法，设相遇的时间为 t，这样只要求出 t 就不难得到甲、乙分别走的路程。学生经过思考、探索得到方程 $(3t)^2+10^2=(7t-10)^2$ ③。问题(3)的解答过程体现了转化和数形结合的思想,同时对学生进行数学文化熏陶教育。

2. 概括总结,形成概念

教师和学生一起把根据上面三个问题得到的三个方程整理成下面的形式:

$2x^2 - 3x - 54 = 0$;

$3y^2 - 5y - 2 = 0$;

$2t^2 - 7t = 0$。

请观察、思考上面的三个方程与方程①②③有哪些共同的特征?

【设计意图】目的是引导学生通过分析这些方程的属性,抽象概括出"一元二次方程"的本质属性,从而给出一元二次方程的定义,培养学生的数学"抽象—概括"能力,落实第三条教学目标。

学生通过思考会发现上述方程的诸多特征:如它们分别是从计算教室的长和宽,求两位数的大小以及两个人行走的路程的过程中得到的。三个方程含有不同的未知数,每个方程的两边都是整式,最高项的次数都是2等。

针对上面的众多属性,引导学生进一步分析与综合,抽象出三个本质属性:(1)方程的两边都是整式;(2)每个方程都只含有一个未知数;(3)未知数的最高次数是2。这三条属性就是一元二次方程的本质属性,至于用什么字母表示未知数,它们是从怎样的问题中抽象得到的,类似这样的属性都是非本质的,数学教学只关注"事物"的本质属性。

至此,教师给出一元二次方程的概念及其一般表述形式。

为了让学生掌握一元二次方程的一般形式,会把具体的一元二次方程化成一般形式。教师在教学中要向学生重点强调:对于一个具体的一元二次方程,我们通过整理(如去分母、去括号、移项、合并同类项等),都可化为 $ax^2 + bx + c = 0$ 的形式。这里,方程的左边是关于未知数 x 的一个二次三项式,右边是0。其中 a、b、c 是实数,$a \neq 0$,但是 b、c 可以是0。学生通过这个环节的学习能很好地实现第二条教学目标要求。

3. 变式练习,深刻理解

练习1:下面方程中,哪些是一元二次方程?哪些不是一元二次方程?

(1) $x^2 - 25 = 0$;　　　　(2) $(x+3)(x-1) = 0$;

(3) $(2x+1)(2x-1) = 0$;　　(4) $\dfrac{1}{3x} - y^2 = 0$;

(5) $x^2 = 0$;　　　　　　　(6) $\sqrt{x^2 - 2x + 1} = 1$。

练习2:下列三个方程的二次项、一次项、常数项,以及二次项系数和一次项系数各是什么？

(1) $2x^2-3x-54=0$；(2) $3y^2-5y-2=0$；(3) $2t^2-7t=0$。

【设计意图】我们设置练习1和练习2是为了让学生加深对一元二次方程概念的理解，引导学生对"一元二次方程"概念实现"深层次"把握的目的，并分清在一元二次方程的一般形式中，二次项及二次项系数、一次项及一次项系数以及常数项的区别。

在学生探究完上面的问题后，引导学生独立解答下面的例1。

例1：把方程$(3x+1)(3x-2)=x^2-2$化为一元二次方程的一般形式，并写出它的二次项、一次项、常数项及二次项系数、一次项系数。

练习3：把下面的方程化为一元二次方程的一般形式，分别指出它们的二次项系数、一次项系数和常数项。

(1) $3x(x+1)=4(x-2)$；　　(2) $(x+3)^2=(x+2)(4x-1)$；
(3) $2(y+5)(y-1)=y^2-8$；(4) $2t=(t+3)^2$。

【设计意图】在引入一元二次方程的一般形式后，必须让学生熟记各项的系数，以此同化刚获得的新概念，这是后面学习用配方法和公式法解一元二次方程的基础。

练习4：a为何值时，方程$ax^2-x=2x^2-ax-3$是一元二次方程？a为何值时，此方程是一元一次方程？

【设计意图】引导学生运用已有的知识及经验来顺应和深度理解新概念，让学生进一步明确，一元二次方程的一般形式$ax^2+bx+c=0$中$a\neq 0$是一元二次方程概念的组成部分。这个题目有利于帮助学生实现概念的进一步同化、完整的概念建构、思维的高阶生长，实现教学目标的全面落实。

3　结语

卜以楼老师认为，一个数学教师的教学基本功，往往就看他引领学生建立数学概念的能力。前面我们关于一元二次方程概念的教学设计中，突出了它的本质属性，把概念的形成过程充分展现给学生。我们对每一个数学概念的教学都应从它的本质结构出发，精心设计好思维的导航图和生长链，从微观上把握好概念获取的生长路径和关键节点。围绕重点进行"让学引思"活动，以问题引领学生思考，以追问和点拨引导思维发展方向和深度理解，促使学生进入深度学习和思考状态，让学生真正学会发现、抽象、概括、总结和应用数学概念。这样的导学设计，有利于学生真正理解、掌握和运用数学概念解决有关问题，促进数学思维的自然生长与延伸、数学核心能力的形成与发展。

利用"问题串"来助力构建生长数学的课堂

摘 要：在初中数学教学中，教师要善于利用"问题串"来促进学生的数学学习。能够以问题为学习的起点，以问题为核心进行有规划的内容学习，引导学生体验，为学生的思维指向，寻求解决方案。以"问题串"来发掘学生的能力，促进学生进行深度的思考，揭示数学的本质，培养数学的高阶思维，构建数学素养，让学生学有智慧的、有生长力的数学。本文主要从当下课堂的教学现状出发，结合案例阐述了初中数学教学中运用"问题串"来构建数学课堂。

关键词：问题串；生长数学；教学价值；方法

如今在以素养教育为核心的大背景下，数学教育不能仅仅只考虑考试与升学，仅传授解题的方法与考试的技巧，而应该更多地关注数学本质的揭示，数学理性精神的传承，以及学生在学习过程中思维的发展、智慧的生成，促使学生兴趣、能力和素养的自然生长和可持续发展。这就要求我们的教师能够关注学生，整合资源，循着学生的思维前行。

"问题串"教学是指在课堂教学中根据学生的心理特征来确定学生的学习层次，将课堂45分钟的知识、能力、情感等构成一个具有生长力的"问题"系列串，将教学内容的设计以"问题"为纽带，强调"前后联系、逻辑连贯、思维必然、一以贯之、反复强化"的数学生长过程。当学生的思维受到阻碍的时候能为学生搭建"桥梁"，反之，当学生思维顺畅的时候则为学生"设疑布阵"。在教学过程中多以追问的形式刻意"留白"，用问题的讨论来引导学生，以发展学生的思维为主线，师生合作互动。通过教师精心设计的问题串，引导学生开展主动探究，实现知识的建构，从而促进学生深度学习和思考，培养学生深度思维和高阶思维。因此，创设有效的问题串，让学生学有生长力的数学，值得我们努力去研究和探索。以下是笔者的一些做法和体会：

一、问题串的设计原则

学生的学习活动必须与任务或问题相结合，以探索问题来引导和点燃学生的学习兴趣和动机，激发求知欲和好奇心，让学生主动学习、学会学习，主动建构自己的知识经验、生长智慧和素养。问题串的具体原则如下：

1. 基于学习起点，搭建思维生长台阶

在学生发展过程中，现有的发展水平与潜在的发展水平存在着差异，如何让学生在教师的引导下解决之前未能解决的问题，才显得有价值，同时对学生的发展才有促进作用。如在教学"一元二次方程"时，要了解学生的学习起点，可以从学生是否具备解一元一次方程、二元一次方程的能力，层层下推，直到接近学生的认知起点状态为止。

2. 基于知识构建，促进思维攀阶

数学教学的核心是探索规律、培养能力、生长学科素养。教师要提高问题意识，创设不同的问题串，促进学生的思维加工，提高他们分析和解决问题的能力。问题的设计要由易到难，通过分解为学生搭建平台，让学生在轻松达成目标中获得成功的体验。教师要创设能激发思维的问题，能让学生从不同的角度分析思考，能类比迁移学习。如学习方程的内容时，按照由整式方程到分式方程、由一元一次方程到一元二次方程、由一元一次方程到二元一次方程、三元一次方程的顺序，由易到难，让学生直达问题的本质，在顺利迁移中由浅入深建构新知，取得良好的教学效果。

3. 基于知识的关联，促进知识系统化

数学知识的呈现有其自身规律，知识与知识之间互相关联。教师要结合学习内容按认知规律设计问题串，以唤醒新旧知识的联系。问题串的搭建可以从学生已有的数学知识、活动经验和生活常识中发现联系，引发学生进入新的认知，解决新的问题，形成新的思想和方法，自然而然地获得学习内容，促使知识的系统化，形成必备能力和素养，这才是教学的应有之道。如将温度的变化与正负数的学习联系起来，引出正负数的表示和运算；将教室座位与平面直角坐标点中点与有序数对的关系联系起来，引入平面内点的表示方法、特点、数形结合的基本途径等，都能为学生的知识建构提供支撑，让学生积累更多基本经验，获得思维的更高生长和发展。

二、问题串的构建方法

数学教学是基于"问题"的教学，是以问题串形式来引领、发展和提升学生的数学思维，揭示数学本质的活动。顺应数学的逻辑结构和学生的认知规律设计多样"问题串"，让学生生长出高阶思维是我们一线教师的责任和使命。

1. 情境性"问题串"——生长知识

学生的学习是在一定的情境下发生的，教学时应当注重问题串背景的情境性。一

组好的情境性的"问题串",不仅可以使学生集中注意力,思维处于最佳状态,还可以通过情景再现,从感性认识上升到理性认识,让学生经历一个数学学习"再发现"的过程。

例如,苏科版数学八年级上册"6.2 一次函数"新课引入时,则设置了如下问题串:

1. 今天因睡个懒觉,平时骑车上班的我改为开车,途中以 60 km/h 的速度匀速行驶,你能表示出行驶过程中的路程 $s(km)$ 与时间 $t(h)$ 之间的函数表达式吗?

2. 行驶到半途中,发现油箱中的油快没了,原来出发时油箱里的油只剩下 6 L。粗略估算一下,我的这款车每行驶 100 km 耗油 10 L。你能表示出行驶过程中油箱内剩余油量 $Q(L)$ 与行驶路程 $s(km)$ 之间的函数表达式吗?请写出来。

针对上述情况,你能帮老师做出哪些情况的假设?

生 1:可以选择附近的加油站给汽车加油。

生 2:出门前查看,发现油不多,可以先去加油再到学校。

3. (生1)在到达附近加油站时,油箱里的油刚好都用完。请你表示出此时油箱的油量 $y(L)$ 与加油的时间 $x(min)$ 之间的函数表达式。(若给汽车加油的加油枪流量为 25 L/min)

4. (生2)出发前油箱里有 6 L 油。假设加油的加油枪流量仍为 25 L/min。此时,请你表示出此时油箱的油量 $y(L)$ 与加油的时间 $x(min)$ 之间的函数表达式。

在上节课学习了函数的定义及表达方式后,此处用多媒体逐步给出一汽辆车加油类型的函数问题。这样的设计可以让学生身临其境,在与书本知识相结合的同时也能与生活实际相近,不仅吸引学生的注意力,更能准确生长出本课学习的知识和方向。

2. 递进式"问题串"——生长方法

课堂教学中设计的问题串应该具备一定的层次性和启发性,能够围绕问题去引导学生由表及里、由浅入深,环环相扣。那么在设置递进式"问题串"时,要能从学生思维入手,能最大限度调动学生的积极性,为学生的思维空间提供一定宽度、深度和广度。

例如,在苏科版数学八年级上册"6.3 一次函数的图像"的练习课教学中,笔者设置了如下问题串:

【例题】已知,函数 $y=(1-2m)x+2m+1$,试解决下列问题:

问题1. 当 m ＿＿＿＿时,该函数是一次函数。

问题2. 当 m ＿＿＿＿时,该函数是正比例函数。

追问:判断函数是一次函数还是正比例函数与哪些量有怎样的关系。

问题3. 当 m _____ 时，y 随 x 增大而减小。

问题4. 当 m _____ 时，函数图像与 y 轴的正半轴相交。

问题5. 当 $m=-4$ 时，直线所经过的象限是第_____象限。

追问：你认为 k、b 对一次函数 $y=kx+b(k\neq 0)$ 的图像有什么影响？

问题6. 若该函数是一次函数，且该函数的图像经过第一、二、三象限，求 m 的取值范围。

问题7. 若该函数是一次函数，且该函数的图像不经过第四象限，求 m 的取值范围。

问题8. 若该函数的图像不经过第四象限，求 m 的取值范围。

追问：上述三个问题有什么异同点？你能说出系数 k、b 与一次函数 $y=kx+b$ $(k\neq 0)$ 的图像之间的联系吗？一次函数 $y=kx+b(k\neq 0)$ 的图像经过的象限是由系数 k 和 b 中谁来决定的呢？

问题9. 当 $m=0$ 时，$y=x+1$，将正方形 $A_1B_1C_1O$，$A_2B_2C_2C_1$，$A_3B_3C_3C_2$ 按如图1所示方式放置，点 A_1、A_2、A_3…和点 C_1、C_2、C_3…分别在直线 $y=x+1$ 和 x 轴上，则点 B_{10} 的坐标是_____.

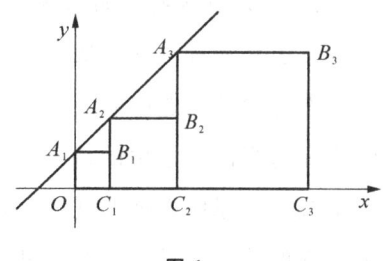

图1

课堂教学的设计以问题串为载体，探究为主线，适时适当地给学生留出一定的思维空间，既充分展示课堂中教师的主导，也体现了学生的主体。同时设计恰当的问题串也能激发师生之间、生生之间的交流与互动，在教师的整体调控下，学生通过动脑思考、动手操作、层层递进，对知识的理解也逐步深入，学生自然会生长出研究函数的方法。

3. 精细化"问题串"——生长架构

精细化的"问题串"可以激发学生的深入思考，准确把握问题的本质及规律。在课堂教学中，学生可以在提出的问题串中获取信息并对其进行重新组合，从而生成一些新的问题，这样能一步步挖出本节课的问题本质，逐步突破教学过程中的重难点。

例如，笔者在苏科版数学九年级上册"2.6 正多边形与圆"如何利用圆画正多边形的教学中，设置如下问题串：

问题1. 请说一说什么样的多边形是正多边形，如何利用圆画正多边形？

问题2. 如图2，已知 AC、BD 是 $\odot O$ 的两条互相垂直的直径，连接点 A、B、C、D 所得的图形是什么四边形，说明理由。

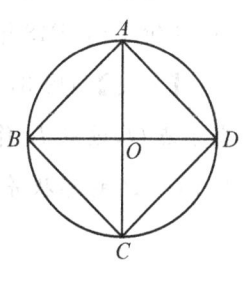

图2

问题3. 你能利用圆画一个等边三角形吗？请画一画并验证。

问题4. 同学们，你们能模仿老师提出的问题，也提出一个并作答吗？

生1. 你能利用圆画一个正五边形吗？

生2. 你能利用圆画一个正六边形吗？

生3. 你能利用圆画一个正八边形吗？

生4. 你能利用圆画一个正九边形吗？

生5. 你能利用圆画一个正十二边形吗？

问题5. 由同学们提出的5个问题，请你说出利用圆如何画正多边形。与圆中的什么要素有关？

追问：如果一个正多边形绕它的中心旋转40°后能与自身重合，这个正多边形的边数至少是多少？

问题6. 如果将量角器换成直尺和圆规，你能画出上述正多边形吗？（由于直尺和圆规不能将圆进行任意地等分，因此在画上述正多边形时有局限性）

教师设计问题串时要立足于全体学生，要考虑到平时学生的提问，问题串既源于学生又适当高于学生的认知水平，从而能调动全体学生积极去思考。本例中，能准确地掌握学生思维发展的规律，引导学生提出问题、解决问题，使学生对中点四边形有更为全面的认识。学生也在这些精细化"问题串"的引导下，结合对知识的认知和参与，自主地生出四边形知识结构体系。

4. 变式性"问题串"——生长智慧

波利亚曾形象地提出"好问题同种蘑菇类似，它们都成堆地长大，找到一个以后，你应当到周围再找一找，很可能附近就有好几个"。

一节课中的例题我们该如何对它发散，如何采用变式生"问题串"对它进行再加工，让例题在一节课中发挥其重要性，同时也避免学生的题海战术，让不同程度的同学都能得到很好的发展。

例如，笔者在苏科版数学八年级下册"9.4 矩形、菱形、正方形"习题课教学中，针对《评价手册》P48第6题设置了如下问题串：

【例题】如图3，在平行四边形ABCD中，对角线AC、BD相交于点O，过点D作DP∥OC，且DP=OC，连接CP，判断四边形CODP的形状并证明。

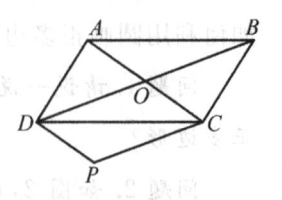

图3

【变式一】

如图4，若将图3中的平行四边形改为菱形，那么四边形 $CODP$ 的形状如何变化，请写出你的猜想并证明。

【变式二】

如果四边形 $CODP$ 的形状为菱形，则图3中的平行四边形应改为什么四边形呢？请写出你的猜想，画图并证明。

追问：你还能提出什么样的问题？

生1：若将图3中的平行四边形改为正方形，那么四边形 $CODP$ 的形状如何变化？请写出你的猜想并证明。

生2：如果四边形 $CODP$ 的形状为正方形，则图3中的平行四边形应改为什么四边形呢？请写出你的猜想，画图并证明。

通过对《评价手册》练习题的适当改编，探究题目中问题的关联性，将几个问题串联系在一起，引导学生发现问题中"不变"的本质和"变"的现象，从"不变"中寻找"变"的规律。这样设计既发挥了课本例题的典型示范，又通过变式引申拓展不断深化，使学生抓住问题的本质，逐步培养学生思维的灵活性和思考问题的深度性，增强应变能力，提高分析问题、解决问题的能力，培养学生发散性思维、解决数学问题的智慧。

结语： 数学教学以"问题"为中心，以"问题串"促进思维的生长和延伸，通过问题的提出、思考、讨论、解决、应用、引申和反思来展开和推进学生思维的发展，有助于培养学生的创造性高阶思维能力。教师是学生学习的引导者，给学生一个问题，就是给学生一个机会，学生会带给我们一个惊喜。给学生设计一个个问题串，让知识自然地走进学生思维深处，便于学生攀阶，构建知识的联系，寻找联系的节点，打通探知的通道，让学习由浅表进入深度，从而提升他们的学习力、思考力、生长力，形成高阶思维，追寻学科本质和构建素养，打造富有活力的生长数学课堂。

站在"让学引思"的制高点上
——基于核心素养数学教学的挑战与对策

摘　要：随着素质教育的进一步发展，新课程理念的持续推进，核心素养培养已成为我国教育事业发展的重要内容。初中数学因其知识内容相对较为抽象，核心素养的培养需要采取科学合理的教学方式，而"让学引思"正好迎合了初中数学教学的特征，为核心素养的培养奠定了扎实的基础。鉴于此，本文基于核心素养数学教学的挑战，以苏科版八年级数学上册"勾股定理"一课为例，详细探讨了"让学引思"在初中数学课堂的应用途径，旨在为初中数学教学的发展贡献自己的绵薄之力。

关键词：初中数学；让学引思；核心素养；深度学习

2014年，《教育部关于全面深化课程改革　落实立德树人根本任务的意见》就核心素养的培养提出了全新的要求，并且其与新课程改革理念进行了有效的融合，核心素养逐渐发展成各个学科未来教学改革的关键部分，初中数学教学自然也不例外。素质教育提倡以学生的发展为本，其对学生和谐、全面、持续发展具有重要的促进作用。新课程改革理念下的教学主要是面向每一位学生个性发展的相关需求，力争让每一个学生都可以获取高质量的教育，使得每一个学生均能获得成长。对初中数学教学来说，新课程改革提倡教师应当将教学的主体地位还给学生，逐渐改变学生的学习方式。这就需要广大教师根据初中数学课程标准、教材以及学生实际情况，进行深度解读，优化教学设计，全面改革创新教学模式，使得学生从传统的被动学习转变为主动而有深度的学习。"让学引思"理念的应用，为初中数学核心素养培养指明了方向，"让学"是为了指导学生自主学习、独立思考，训练学生主动学习、学会学习、善于学习的学习力；"引思"是为了引导学生学会审题、学会分析、学会联想、学会信息整合，发展学生学会思考、善于思考、勤于思考的思考力。基于"让学引思"的初中数学教学，要求广大教师必须要明确教学的目标与方向，真正将上述理念融入实际教学过程中来，在课堂中注重培养学生丰富的想象、精确的运算、精准的分析能力，努力促进学生善抽象、会推理、懂建模，真正促进学生核心素养的全面提升。

一、课程介绍

对广大初中生来说,在学习"勾股定理"这一课以前,初中数学教材已经涉及许多关于三角形相关的知识体系,比如三角形全等判定、三角形三边不等关系等,同时也学习过许多通过图形面积来探索数式运算规律方面的例题,比如探求乘法公式、单项式乘多项式法则、多项式乘多项式法则等。勾股定理本身全面解释了直角三角形三条边存在的关系,把数与形进行充分的联系,无论是对数学发展历史还是对现实生活都具有十分重要的现实意义。本堂课是针对直角三角形有关知识的一种延伸,同时也是为学生认知无理数奠定基础,进一步彰显数学知识之间的密切联系。除此之外,纵观数学历史进程中勾股定理的发现,其充分彰显出人类的才能与智慧,对学生认知数学历史也具有一定的帮助作用。

二、课程探讨

(一)教法

数学教学旨在引领学生揭示本质,培养和发展学生数学思维,数学课堂不仅要让学生"知其然",更要让学生"知其所以然"。综合参考新课程改革纲要、初中学生认知能力和水平以及核心素养培养要求,笔者将"让学引思"理念融入教学过程,创设良好的教学情境,让学生进行自主探索、合作交流,使得学生能够在良好的自主学习、自主思考、自我发展的氛围中去学习、领悟、构建勾股定理模型及应用。

(二)学法

"可持续"一直是新课程标准反复强调的理念,所以对教师来说,应当有针对性、有组织、有目的地带领学生进行学习,提倡让时间、让空间、让机会、让总结、让反思于学生,以此来帮助学生真正养成良好的自主、探究、合作的学习习惯。努力以学生为主体,帮助学生进入深度学习,真正让学生实现由学会到会学、会思、会用。

(三)教材

勾股定理这一课教学的主要目标在于让学生全面掌握勾股定理知识体系,同时通过教学设计让学生掌握在生活中发现数学、寻找数学、总结数学的方法。"让学引思"教学方法在于利用情境探究式课堂来引导学生自主探究、思考、实践,以此得出结论,并通过实践加深学生对知识的理解、相应数学思考的培养和建模方法的领悟,最终掌握勾股定理及应用。

三、教学任务及重点

（一）知识与能力

学生通过观察分析，大胆猜想，并探索勾股定理，培养学生动手操作、合作交流、逻辑推理的能力，引导学生理解并掌握勾股定理的内容和证明，能够灵活运用勾股定理及其计算。

（二）过程与方法

让学生在探索勾股定理的过程中，教师引导学生经历"观察猜想归纳验证"的数学思想，并体会数形结合和从特殊到一般的思想方法。同时引导学生通过自身的反复实践操作，针对自己最初的想法、观点进行多次验证，帮助学生全面了解数学这门学科严谨的求学思维。

（三）教学重点

让学生深刻感悟到直角三角形三边所具备的特殊关系，自主发现并证明勾股定理，并会实践和运用定理，以此培养和提高学生学习数学的兴趣和信心，构建想象、建模、分析、推理等数学素养。

四、教学设计

（一）情境导入

为充分调动学生的学习兴趣与能动性，更好地促进学生进行自主探究、自主思考，本研究教学案例设计选择毕达哥拉斯发现勾股定理的历史作为情景导入。笔者针对故事内容进行调整：毕达哥拉斯一次去朋友家聚会，当所有的朋友都在把酒言欢的时候，只有毕达哥拉斯紧紧盯着地砖进行思考。那朋友家的地砖有什么特殊呢？原来，这些地砖是通过数块直角三角形连接而成，相互之间黑白相间，充分彰显出整洁、大方、美观的效果。然后笔者提问：为何这样的图形会引发毕达哥拉斯思考，其到底具有怎样的作用与意义？当情境创设完成以后，教师完全将课堂交给学生，实现真正的"让学"，学生会迅速进入自主思考、自主探究的过程中，笔者再开始相应的教学环节。

对初中数学课堂来说，想让学生积极地思考，就应该激活学生的思维。学生在课堂中思维可能处于沉闷的状态，毕竟学生现在的性格是非常活跃的，静下心来学习数学自然是有些困难的。教师可以利用学生的心理特点,通过创设学生喜闻乐见的情境,让学生在良好的情境中进行自主学习。通过上述环节的设计,教学的主要目标在于将学生的兴趣、能动性调动起来,以此来激发学生自主学习、自主思考的积极性,而情境本身是喜闻乐见的活动,学生在这种趣味性十足的情境中想象力能够被充分地激发,自然能够更好地投入到学习中来。总的来说,数学源于生活,同时又能够服务于生活。"让学引思"在初中数学课堂中的应用不仅需要综合考虑数学这门学科的特征,而且应当基于学生自身的认知能力、心理需求,使得教学过程能够与学生生活体验进行充分的联系,促进学生思维的发散。

(二)自主探究

教师通过多媒体向学生展示前面环节所使用的地板类型(图1),让学生详细观察图中内容,讲述自己能够看见什么?

图1 直角三角形拼接而成的地砖图

引导学生进行自主思考、自主探究,真正实现"引思"的目标。让学生详细观察图2当中正方形面积分别是由几个相等的三角形构成的。然后探索 AB、BC、AC 之间的具体联系。

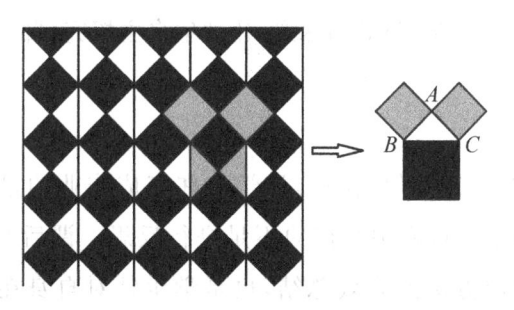

图2 探究三个正方形存在的联系

这个"引思"环节设计的主要目的在于层层问题设计的引导,让学生在引导的过程中不断地去思考,在思考的过程中逐渐发现有关知识内容,为接下来勾股定理的学习打下基础。

（三）小组合作

笔者向学生展示图3,然后提问学生正方形的面积及其数量关系,以及直角三角形三条边之间的数量关系。然后通过小组合作学习,引导学生围绕上述问题展开讨论。这个过程中,教师要避免对学生进行更多干预,仅仅只需要给予学生一定的点拨即可。等到所有小组讨论完成以后,再组织全班学生进行讨论学习,抽象总结。

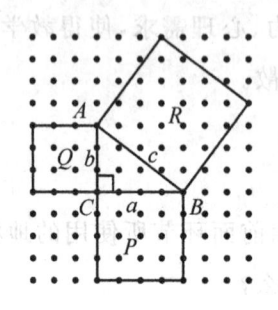

图3 探究直角三角形三条边之间的联系

当小组合作学习完成以后,让学生通过自己的操作去验证之前的想法,自己画出直角边分别为 12 cm、5 cm 的直角三角形,以此来验证自己最初的想法是否正确。这个环节中,学生能够表达自主思考的内容,展示自身的真实想法,并通过小组合作的模式,进一步验证知识内容和猜想。

（四）结 论

提出问题:是否所有的直角三角形都存在上述特征?让学生自己去实践操作,画出更多的直角三角形进行验证。然后教师再通过多媒体进行动态演示,让学生详细观察其具体的变化及关系,最终得出勾股定理"直角三角形的两直角边的平方和等于斜边的平方"。通过这个环节实现"让学引思"的深入,让学生自主探究、自主思考的能力得以升华。

（五）课后作业

教学完成以后,教师安排课后作业,让学生在完成作业的过程中针对自身知识内容进行巩固,同时针对学习过程中存在的不足进行反思。课后及时、有效的练习,既是针对整个学习内容、学习方法的有效总结,也是学生针对自身在整个学习过程中思维方法和数学本质的理解和升华。纵观"让学引思"的整个过程,设计适量而富有挑战性的课后作业能够在全面加深学生知识印象的同时,有效促进学生分析与表达、抽象与概括、建模与应用的全面发展,构建和发展学生的核心素养。

五、讨论

综上所述,初中数学课堂通过引入"让学引思",能够让整个课堂教学变得更为形象、生动,将课堂真正"还"给学生,使数学学习真正发生。通过"让学",能够给学生创造融洽、和谐的教学氛围,给予学生充分的空间、时间去进行思考,进一步调动学生的主观能动性,将学生的潜能充分调动起来,实现让学生自主学习的目标。通过"引思",能够让学生发现自身存在的问题,在教师的引导下进行更为深入的思考,在不断思考的过程中去提升,进一步巩固知识内容。深入开展"让学引思"不仅可以灵活地设计科学、合理、有价值的具体问题,引导学生分析问题、解决问题,通过体验、建构、内化等过程逐步形成相对稳定的思维方法和价值观,将学生的学习生活、社会实践和个人经验都纳入学习过程之中,而且可以通过指导学生在系统的数学学习中,激发学生进行探究性学习的兴趣,锻炼学生探究能力,促进学生创新精神和实践能力的培养,养成思考习惯,增强思维品质,提升思想境界,最终促使学生形成数学核心素养。我们在初中数学教学过程中,应当针对具体教学内容进行深度解读,灵活处理,全面优化设计,真正将"让学引思"渗透到数学教学的各个环节中来,努力帮助学生更好地沉浸课堂,发展学生的学习力,促进学生学会认识自己、管理自己、发展自己,进入深度学习。在提升初中数学教学效率、教学质量的同时,促进学生综合能力、核心素养的全面提升。

让学引思,让数学思维自然生长

——以苏科版一元一次方程章复习课为例

课堂教学是师生相互分享、共同促进的过程,然而当前教师囿于教材,过于强调接受学习,忽视了对学生学习经验的积累和关注,包办学生的提问和质疑,影响了学生学力的发掘、自主意识的形成、思维的深度开发。心理学家皮亚杰指出"学习知识是学生对于知识网络进行自主构建的一个过程,教师起到的只是引导和培养的作用"。所以关注生本,保证学思并重一直是教育领域讨论的热门话题之一。创设一个轻松愉快的课堂,调动学生的学习积极性,把握新旧知识的联系处、学生的困惑处、知识的重难点处、学习经验、能力和智慧的提升处等学习的关键节点,从学生已有经验出发,调动好学生的认知储备,激活学生的思维,引导学生主动探究,使数学学习活动成为生动活泼、主动发展的过程,是每一个教师的使命和追求。

1 "让学引思"教学法的内涵

对于初中数学教学,课改要求教师突出学生的主体地位,改变学生过于被动的学习方式。这就需要我们深度解读初中数学课程标准和教材,借鉴、优化教学设计,创新教学模式,引导学生主动而有深度地学习。多年来笔者以"让学引思"教学法回应课改,努力寻求数学教学减负增效之道,致力于培养学生爱学习、勤思考、敢实践的好习惯。"让学"是指导学生自主学习、独立思考,训练学生主动学习、学会学习、善于学习的学习力;"引思"是指教师在教学过程中通过适当的方法,启发、引导学生学会分析和思考,从而进行深度学习,使学生思维活动能够深入进行,发展学生学会思考、善于思考、勤于思考的思考力。基于明确的教学目标与方向,以"让学引思"为教学主张,通过学生对基础知识的理解,进而深入地培养学生的高层次技能和学科素养,努力提高学生的抽象、推理、建模能力,促进学生思维自然而流畅地生长。本文以苏科版一元一次方程章复习课为例,抛砖引玉,对"让学引思"的教学主张进行实践与分析。

2 "让学引思"教学法的实践

2.1 准确定位教学目标和策略

准确定位教学目标,是落实"让学引思"理念、促进数学思维生长、凸显学科本质的前提。本课以代表性问题作为驱动,让学生自主梳理、建构知识网络,学会数学总结,生成数学智慧作为复习课教学价值追求。教学目标和策略:(1)通过设计问题串驱动学习,以问题促学、以解决问题展开,引导学生梳理知识要点,促进学生从整体上把握知识点及关联,积累学习经验和方法。(2)通过引导学生研究数学问题,体验从生活中发现并提出问题、分析和解决问题的过程,感悟方程模型在生活中的作用。(3)通过师生互动、积极交流,使不同层次的学生都能进一步领悟方程知识、方法、思想的主体建构,共同发展和生成相应的数学素养。(4)引导学生通过解决方程问题积累的经验和方法,形成用方程的思想去观察、思考问题的方法和策略,促进学生形成灵活应变的综合能力,并以此去解决新的数学问题。

2.2 注重"让学引思"的教学实践

"让学引思"教学法剑指"授人以道",不仅要求学生达到基本知识与技能的融会贯通,基本数学思想和经验的充分积累,更需要学生养成良好的思考习惯,掌握科学的研究方法,提高自主探索和发现规律、揭示数学本质的能力。好的问题就是激活思维的生长源、引燃器,遵循人的认知规律和知识的形成体系,通过教师引导和点拨,层层递进去探究并不断生长更有价值的数学问题,促进学生的数学思维由形式走向实质,由肤浅走向深入。这就需要教师精心筛选、定制具有核心价值的问题,点燃学生学习热情和欲望,展开思考,提炼出新知识、方法和经验,生长出新思维,保证学习的方向和目标的有效落实。

2.2.1 合理分析学情及重难点,落实好课堂教学的生长链

学情分析:学生通过一元一次方程各节内容的学习,已基本掌握了解方程的步骤和简单应用,熟悉解方程的流程(去分母、去括号、移项、合并同类项)和列方程解应用题的步骤。但对解方程的各个法则的理解不够精准,解题技法不够熟练,方程模型的系统建构和实际应用能力的提升需要跟进和巩固。因此,本课教学重点设置为:巩固梳理已学知识,使之形成体系;提高基本技能,增强解决实际问题能力;教学难点设置为培养学生从"已有水平"向"潜在水平"的整合和内化能力。

基于以上分析,本课教学的生长链设置为:对一元一次方程解法的陈述性知识(解方程的各个法则)→程序性知识(技能、模型和经验)→策略性知识(思维和智慧)→学科素养(新的思维和生长源)。

2.2.2 以典型问题驱动,定位好思维生长的基点

本节课首先以两例方程驱动学习,通过让学生求解、思考、反思、总结、建构等教学手段,揭示错因,展开思维,生长出知识、方法、经验,保证学习真实有效,直达数学本质。

案例片段1

老师:本章主要研究了哪些内容?板书课题"一元一次方程章复习",并出示两个方程:

任务一:解方程:(1) $x - \dfrac{x-2}{3} = 2$;(2) $\dfrac{x+3}{0.5} + \dfrac{0.02-0.03x}{0.01} = 9$。

活动一:学生独立解方程,教师巡视,适时点拨,选取正确解法和典型错例作为备用素材。

活动二:思考这两个方程的处理方法是否相同,讨论交流各自的解法,让学生把主要的步骤写下来。教师继续巡视,再次选取正确解法和典型错例作为备用素材。

活动三:根据选择的典型错例展示交流方程(1)。如:

(1) $x - (x-2) = \dfrac{2x}{3} - (x-2) = \dfrac{2}{x} - (x-2) = 2(x-2)$。

(2) $3x - x - 2 = 2(x-2)$。

(3) $x - \dfrac{x-2}{3} = 2 \to 3x - (x-2) = 2(x-2) \to 3x - x - 2 = 2x - 2$。……

追问1:(点评错例)错在哪里?为什么?会解了吗?

(展示出正确解法)请说出主要的想法是什么?

追问2:根据方程结构特点,通过解方程你还有什么发现?

活动四:研究交流,小组讨论方程(2)最佳解法。

讨论(1):方程两边直接乘0.05,这种解法简便吗?

追问:怎么解更好?

讨论(2):第一个式子和第二个式子分子分母可同时乘多少?两个式子可以同时乘100吗?

追问1:变形的依据是什么?右边的9要不要乘?为什么?

追问2:接下来怎么办?

追问3:解方程过程中所做的变形,大体上可以分为哪两大类?这两种变形有什

不同？

追问4：还有其他解法吗？哪一种最简便？

学生反思心得，并写下来，交流展示2~3名学生的作品。

教学解读：有形的复习内容，是数学思维生长的土壤，让学生从最易出错的去分母开始学习，"让""引"结合，顺藤摸瓜，扎实推进学生体会和感悟：等式性质和整体思想、解方程变形的依据和方法、运算法则和性质、选择最优化的解法等，引发学生内生动力，把解方程的各个环节串成线，使碎片知识程序化，形成技能。重点生成：依据等式的性质所做的变形是针对方程这个整体的，保证"左右两边同时发生变化"；依据代数式的运算法则和性质是针对方程中某一个部分的，保证"局部发生变化"。最终使学生自然生长出：不管是哪一种变形，方程的解都不变。通过这一系列活动让解方程思想方法自然地走向深入，突出思想方法是数学的灵魂这一教学价值的实现。

2.2.3 拾级而上，巧思妙引，生长智慧

数学课堂光有生动的解题仍不是理想的课堂，数学教学关注的是揭示本质，发展学生思维和学习力，让学生通过数学学习，会用数学的眼光去认识、思考、发现、解决实际问题，形成素养。于是在完成任务一学习的基础上顺势推出任务二。

案例片段2

任务二：解方程：$80x + 60(x-1) = 500$

活动一：学生独立思考，这个方程可能具有什么实际意义？你能用文字或者表格来阐述它的实际意义吗？

活动二：师生互动，教师巡视并不断鼓励学生从不同角度去思考和表达，特别是去启发、引导、提示不会想的同学，引导学生学会观察方程的结构特征并提出问题和解决问题，同时选取学生典型表达素材。

活动三：根据选取的典型素材，展示交流，如：

1. 行程问题（文字）

甲、乙两地相距 500 km。快车从甲地出发，1小时后慢车从乙地出发，两车相向而行。已知快车速度为 80 km/h，慢车速度为 60 km/h，经过几小时两车相遇？

追问：题目有不完善的地方吗？这个方程的相等关系是什么？你有更好的思考吗？

2. 工程问题（根据生成确定文字或表格，如果是文字，过程同上；如果是表格，过程见下）

3. 销售问题（表格）

类别	单价(元)	数量(件)	销售额(元)
甲	80	x	$80x$
乙	60	$x-1$	$60(x-1)$

……

追问：谁能解释一下这个表格？你的感悟是什么？

活动四：师生共同总结：实际问题 $\xrightarrow[\text{线形图}]{\text{表格}}$ 一元一次方程。

教学解读：任务二的设计，以生成方程模型为核心，通过让学生理解同一个方程可表示不同的意义，如行程问题、工程问题、销售问题等，引导生长：现实生活中有很多问题，都可以用方程模型来刻画。通过反思、归类、延伸，掌握方程的应用与建模方法，将方程模型定格为一种解决问题的策略和智慧，以达到会一题思一片的学习效果。

2.2.4 遵循认知规律，促进高阶思维成长

"让学引思"教学法的主要目的是为了引发学生思维的发展、延伸。基于已有知识和经验培养学生合情推理能力，学会模仿和迁移，有持续学习能力，可以自主学习新知。基于任务二完成后，笔者又顺势推出任务三。

案例片段3

任务三：拓展延伸

活动：原来的方程 $80x+60(x-1)=500$，若甲、乙两地相距 500 km。快车从甲地出发，1小时后慢车从乙地出发，两车相向而行。已知快车速度为 80 km/h，慢车速度为 60 km/h，经过 x 小时两车尚未相遇。你还能用这个方程来表示这个问题吗？如果不能，又怎么表示？

追问1：你为什么会叫它不等式？

追问2：如果让你研究"不等式"，你会研究哪些内容？请你写下来。

追问3：你能试一试如何解 $80x+60(x-1)<500$？如果还有时间，可做如下教学。

追问4：我们怎样才能知道不等式是否具有和等式类似的性质呢？你能举例说明吗？有没有新的发现？

最后让学生谈谈这节课的收获，追问：你学会了什么？会研究什么？

教学解读：通过解方程全程学习和研究，以"让学"调动认知储备，唤醒学习潜能，促进数学思考，引导学生学会模仿和迁移，研究新知。通过类比去研究不等式及解法，由解方程的策略性知识生长出不等式的定义、性质、解法和应用。通过让学生大胆尝

试如何解不等式,引导学生进入深度理解、深入思考到深度实践,完成对知识体系的深度学习。以让学"留白",以追问"开路",以引思"寻根",以思维生长"为的",学生视域定会从"树木"走向"森林",思维生长从单一走向多向。

3 "让学引思"教学价值分析

3.1 促进学生数学思维的自然生长

在"教师教,学生学"的传统课堂中,学生获取知识主要靠死记硬背,学习效率低下;学生为了应试靠题海战术,课业负担日益加重,已是社会关注的热点之一。"让学引思"的根本价值在于完善学生的学习方法,课堂以问题导学,重视启发、讨论、参与、探究,发展学生的思维能力,培养学生的素养和理性精神。如本节课对任务一的学习,教师"让"出时间,"引"学生自主学习方程的解法,将教师的思路与学生的想法有机地融合在一起;"让"出空间,"引"学生讨论、交流,一步步积累,层层深入,将学生的思维引向解方程的核心,揭示解方程的本质;"让"出机会,"引"学生生长出解方程的思想、方法、规律和策略,保证了重点突出,难点突破,让陈述性知识程序化、系统化。而任务二的学习则是通过搭建舞台引导学生追本求源,将抽象的方程回归实际,通过再现和重构,拓展学的"宽度",促进思维向"广度"生长。根据已抽象出来的数学问题,分析、思考其中的数量关系,回归实际,以此逆向打通探索解决实际问题的通道,进而校验实际问题,达到反思自己、解决问题到数学建模的全过程,使学生学有深度,也使思维向数学的纵深生长、提高,促使知识由程序化向策略化转化,为学习不等式做好充分的知识和经验的贮备。最后对任务三的学习是为了高阶生成,预约精彩。数学课堂,应是动态的、开放的、具有挑战性的,调动学生已有的知识、经验和策略,让它们成为探究新知的生长源,通过激发学生的求知欲和好奇心,让学生去研究新的问题,在感悟规律中生成新的数学智慧,课堂将会成为无限可能的生成课堂。当教师顺应学生认知规律,从学生的真情实感出发,倾听学生的心声,重视学生的知识经验,发掘学生的思维闪光点,捕捉学生的智慧火花,就能有效引导学生在课堂活动中实现思维的提升、智慧的形成、生命的成长。而知识与智慧自然的螺旋式上升,学生应有的生命活力和学习潜能的生长定会水到渠成。

3.2 催生以生为本的高效课堂

随着课程改革的深入,数学核心素养教学目标的确立和落实,要求我们的数学课堂必须以生为本,关注学生的全面发展,让每个学生在原有基础上获得终身发展的关键能力和思维品质。"让学引思"教学主张正好迎合了这一新理念的要求。实践表明：这一教学主张充分发挥了教育主体的积极性和创造性，弥补了讲授式课堂的知识本位和主体缺失，凸显其在学科教学和素质教育中的重要地位。本节课立足学情、注重教学中问题和学习活动的设计，以阶梯式问题引导学生积极参与教学活动，在活动中加强师生和生生之间的合作，注重发展学生的各种能力，强调学生思维的动态生成和发展，正好匹配了当下发展学生核心素养的要求，定会催生出学生生命成长的生长性课堂、素养建构的生成性课堂、教学相长的发展性课堂，这样的课堂才真正是减负增质的高效性课堂。

总之，通过构建以学生为先、为主和为重的数学课堂，能保证学生自主探索、愉悦发展，迸发智慧，促使数学思维自然地延伸和发展。"让学引思"实现了课堂的真正灵动，这样的课堂才能彰显生命成长的活力，促进和实现学生的全面发展，诠释教育的本质。

在小专题复习中培养初中生数学建模能力

——从中央电教馆线上"同步教研"的视角研究

摘 要:小专题复习在引导学生串联知识、建构模型、生长能力方面具有不可替代的作用。以小专题复习的视角阐述"一次函数图象下的三角形面积问题"的教学背景和教学分析,展示以问题为主线、以探究为过程、以建构为标的的建模教学过程,呈现同步教研的部分研讨要点。指出小专题复习教学要设计好的问题,注重学生对知识技能的再理解;参与探究活动,注重学生对活动经验的再积累;渗透思想方法,注重学生对数学模型的再建构,培养初中生的数学建模能力。

关键词:小专题复习;一次函数;三角形面积;数学建模能力

近期,教育部推出了"教研共同体协同提升试点项目",由中央电化教育馆承担并实施。笔者作为江苏省张必华名师教研团队的成员,积极参与了异步教研、同步教研、示范教学等形式的项目活动,并于近期以线上"同步教研"的形式作了"在小专题复习中培养初中生数学建模能力"的专题讲座,现将讲座内容及部分交流实况整理如下,与各位同仁交流。

1 教学背景

1.1 小专题复习的界定

小专题复习是学生在系统学习具有横向联系、纵向关联的数学知识基础上,针对学生的学习困惑,梳理、归纳、提炼出一类具有典型的、共性的、重要的小问题,以运用数学知识解决问题为明线,以数学思想方法渗透和数学模型建构为暗线,帮助学生解决困惑、提升数学能力的一种复习课型。初中数学小专题课是指围绕初中某个数学知识或特定的数学问题,以问题解决为研究目标的教学课型。小专题复习属于小专题课的范畴,是一种运用已学知识解决小问题、生长新知识、培养新能力的复习课型。

小专题复习丰富了教学组织形式,是对课时教学、单元教学的良好补充,在引导学生串联知识、建构模型、生长能力方面具有不可替代的作用。因此,教师在教学中应关注学生学习中遇到的小问题、小现象,将某些小问题及时梳理汇总成某类小问题,在复习教学中引导学生积极参与探究活动,经历建立数学模型并求解问题的过程,以培养学生的数学能力。这种以某类小问题为主题的复习就是小专题复习,其鲜明特征是"小"与"专",即切口小、内容专。

本节课是以"一次函数图象下的三角形面积问题"为主题,研究一类三角形面积的求解。从广义的数学模型来说,小专题本身就是一类具有共同属性的"数学模型",这就要求教师在小专题复习中应以引模、建模、用模为主线,注重培养学生数学建模能力。

1.2 课标要求

《义务教育数学课程标准(2011年版)》(以下简称"课标")对一次函数的相关目标要求:能用一次函数解决简单实际问题;经历从不同角度寻求分析问题和解决问题的过程,体验解决问题方法的多样性,掌握分析问题和解决问题的一些基本方法。前者所述的实际问题是指源于学生的现实,包括生活现实、数学现实和其他学科现实等,在这里主要指数学现实,具体内容为一次函数图象背景下的三角形面积问题。后者强调学生从不同角度经历分析和解决问题的过程。事实上,问题解决的过程本质上就是建构数学模型的过程,不同角度分析就是建构不同的数学模型,求解结果并解释问题。

1.3 后续关联

在一次函数学习后,反比例函数"k 值"的几何意义直接涉及图形的面积问题。二次函数背景下的图形面积问题对数学知识的考查比较全面,题型丰富,受到中考命题者的青睐。比如二次函数图象背景下的面积比例问题、面积最值问题等。在数与代数领域下对图形面积的考查主要表现为三角形面积,不同函数图象背景下的三角形面积其核心背景是平面直角坐标系,即点的坐标信息与求三角形面积所需底长、高长的内在关系。因此,一次函数图象下的三角形面积具有通性通法的属性,是后续学习反比例函数图象、二次函数图象背景下三角形面积问题的重要基础。

2 教学分析

2.1 课题解析

课题包含两个基本概念:一次函数图象、三角形面积。一次函数图象是研究三角形面积的背景,本专题研究的一次函数图象下的三角形面积问题,实质上是平面直角坐标系背景下的三角形面积计算问题。因此,教学设计指向平面直角坐标系中的三角形面积求解方法,以一次函数图象的视角研究两大类特征三角形面积的求解方法,使学生经历数学模型建构过程,运用一次函数的知识解决几何图形面积问题,体会数学思想方法,积累数学活动经验,培养数学建模能力。

2.2 教材分析

人教版数学八年级下册的一次函数章节中共有两道题要求学生表示三角形的面积,两道题都是以一次函数图象背景下的三角形面积为主问题,分别设计 3 或 4 个小问题,使学生感悟一次函数与一元一次方程、一元一次不等式的关系。这里的三角形的三个顶点由两个定点和一个动点构成,动点 $P(x,y)$ 在第一象限,且 $x+y=8$,其本质是点 P 在直线 $y=8-x(0<x<8)$ 上运动。这种三角形是以横轴上的定线段为底、动点到横轴的距离为高,底长和高长直观明了,就是我们下文所谓的"特殊"三角形。学生很容易完成对三角形面积的符号表达,得到一次函数模型,进而解决相关问题。这两道题都注重前后知识关联,有利于学生体会函数、方程、不等式之间的内在联系,但在培养学生数学思想方法、数学建模能力等方面表现不足。数学教材是落实课程标准的有效载体,人教版初中数学教材历史悠久、使用度高,而各地域学生的数学学习水平参差不齐,决定了教材编写应注重普及性、基础性,兼顾不同学生的认知水平,将基础知识和基本技能以基础的、可发展的、静态的、冰冷的学术形态呈现。这就要求执教者在一次函数整章内容学习结束时,统整教材的设计意图,挖掘教材中蕴含的数学思想方法,以小专题复习的形式将学术形态的教学内容转化为教育形态的思维活动,使学生在火热的思考过程中建构模型、求解问题。

2.3 教学目标及重难点

(1) 会求一次函数图象下有一边在轴上或与轴平行的三角形(以下简称"特殊三角形")面积。

(2) 会将一次函数图象下没有边在轴上或与轴平行的三角形(以下简称"一般三角形")面积转化为一边在轴上或与轴平行的三角形面积求解。

(3) 经历问题的提出、探究、分析、解决等过程,体会转化、割补等数学思想方法,培养数学建模能力。

教学重点:"一般"三角形面积的转化求解;教学难点:"宽高模型"(水平宽和铅锤高)的建构与应用。

3 案例展示

3.1 提出问题

问题1 直线$a: y=x-2$和直线$b: y=-x+4$相交于点A，分别与x轴相交于点C和点B，与y轴相交于点E和点D，如图1。

(1) 求$\triangle ABC$的面积；(2) 求四边形$ADOC$的面积。

教学说明：以人教版初中数学教师教学用书上的题目为问题情境引入新课，明晰本节课研究的数学对象是基于一次函数图象下的三角形面积问题，初步感悟求三角形三个顶点坐标的必要性，体会一次函数图象与三角形面积的联系。

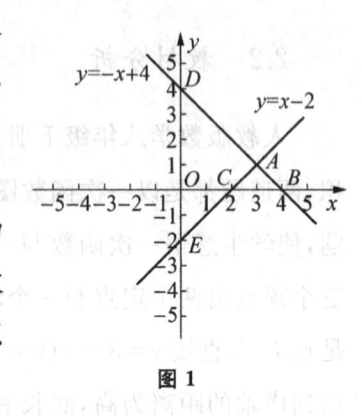

图1

3.2 问题探究

问题2 你还能求出图1中哪些三角形的面积？

追问1 这些三角形有什么共同的特征？

追问2 若直线$FC \parallel y$轴（如图2），求$\triangle FCE$、$\triangle ACF$的面积。这些三角形有什么共同的特征？

教学说明：在平面直角坐标系中先呈现一条直线，从最简单、最基础的三角形出发，再呈现第二条直线，引导学生观察一次函数图象下的三角形，学生能分别说出$\triangle ODB$、$\triangle OCE$、$\triangle ADE$，直观感受这些三角形位置上的特点，再通过追问，归纳出"一边在轴上或与轴平行"的共同特征，给出"特殊"三角形的概念。

图2

问题3 点F为直线BD上一动点，横坐标为m，连接FE、FC（如图3），设$\triangle ECF$的面积为S，试用含m的式子表示S。

追问1 $\triangle ECF$、$\triangle ACF$、$\triangle AEF$有什么共同的特征？

教学说明：在直线$y=-x+4$上引入动点F，使点F先在线段AD上运动，尝试探究$\triangle ECF$面积的表示方法，感受此类三角形的特点。引导学生观察$\triangle ECF$、$\triangle ACF$、$\triangle AEF$形状和位置上的特点，归纳出"无边在轴上或与轴

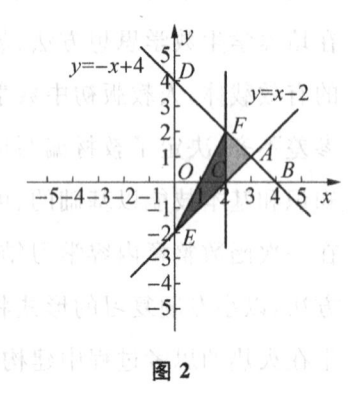

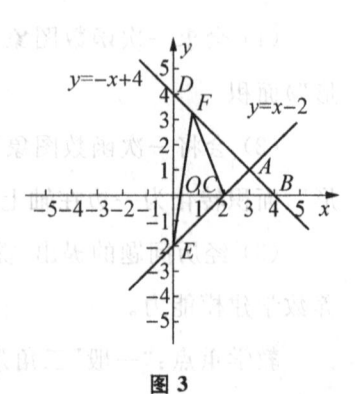

图3

平行的三角形"的共同特征,给出"一般"三角形的概念。探究活动中先由学生独立思考、自主探究、合作交流,再展示思路与方法,教师点评补充,常见的方法如图4。在活动中要让学生获得两方面体验:一是运用割补法探究表示策略,由多种方式能将一般三角形的面积转化为特殊三角形的面积;二是在动点背景下,有些转化的方式在计算时比较烦琐。初步感悟割补方法的多样性,为构建基本数学模型做铺垫。

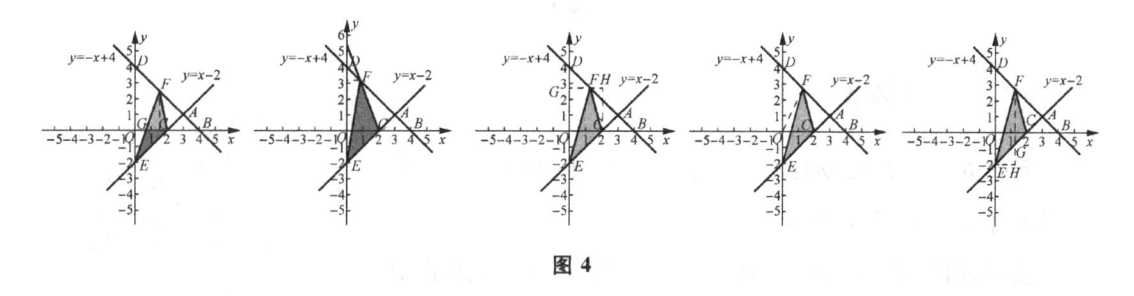

图 4

问题 4 当点 F 的横坐标 $m>4$ 时,用含 m 的式子表示 S。

教学说明:引导学生在新的图形情境中探究一般三角形面积的表示方法,并归纳出合理的、简便的求解策略,使学生在思维碰撞中明晰补梯(补矩)、连接顶点和原点、水平宽和铅锤高等三种割补法是比较简便的方法(如图5)。需要说明的是,如果学生采用连接 FO,用 $S_{\triangle FOC}+S_{\triangle FOE}-S_{\triangle COE}$ 的等积变换模型求解,也应予以肯定。

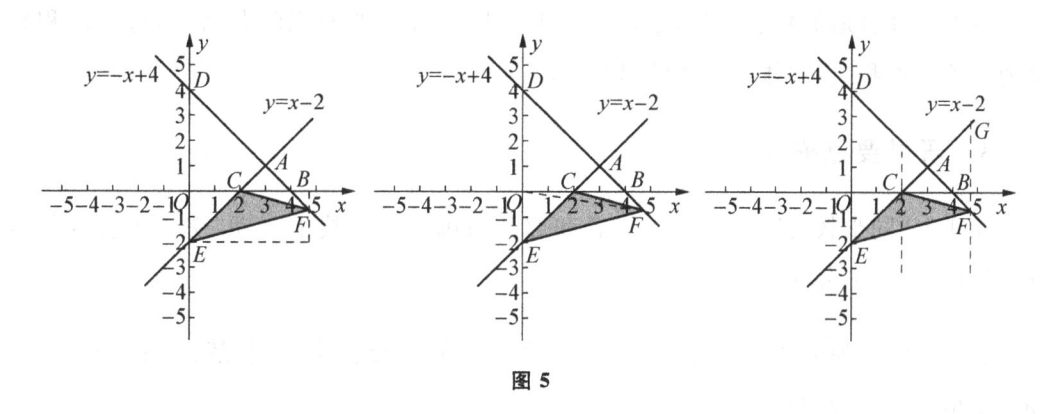

图 5

3.3 模型建构

问题 5 在平面直角坐标系中,"一般"三角形的面积求解方法有哪些?

教学说明:将一次函数图象下的一般三角形面积问题再抽象,从更一般的视角下提炼方法,建构数学模型。如图6,分别归纳出"补梯模型"(补梯形或矩形)、"顶原模型"(三角形的顶点与原点连接)、"宽高模型"(水平宽和铅锤高),安排学生对比分析、讨论各种方法的特点,深化对模型的理解。

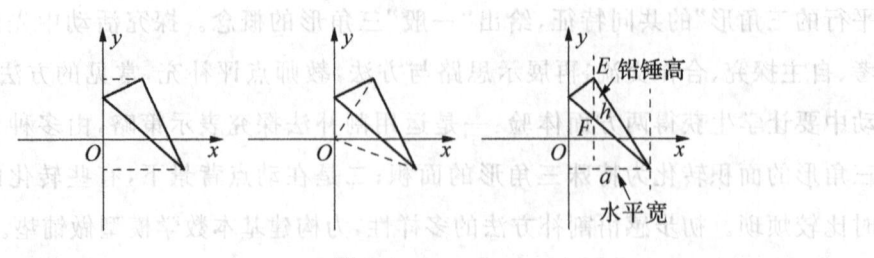

图6

3.4 应用拓展

问题6 点 F 运动过程中,当 $m<0$ 时(如图7),用含 m 的式子表示 △FCE 的面积 S。

教学说明:将动点运动到不同的位置,呈现具体的学习任务,驱动学生运用数学模型,完成建模求解,在运用"宽高模型"时产生新的认知冲突,引导学生完成"宽高模型"的拓展。

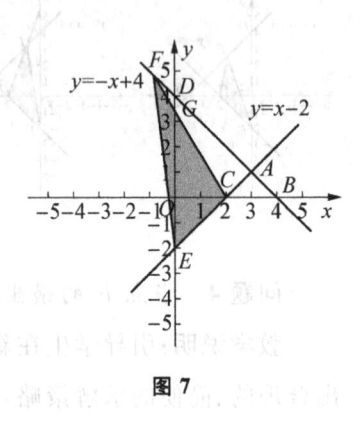

图7

3.5 模型应用

自主选择合适的数学模型,解决学习起始阶段提出的面积问题,将四边形面积转化为三角形面积,再次体会转化的思想方法。

4 研讨要点摘录

在线上"同步教研"的过程中,笔者和部分教师进行了线上互动,交流了教师们普遍关注的问题,部分交流要点摘录如下。

4.1 A老师在"问题2"中提出问题:点在函数图象上求解三角形的面积问题,如何才能有机地把数形结合起来?

无须刻意追求数形结合,我们研究的一次函数背景下的三角形面积,必然涉及点的坐标、线段长等,这些都是自然的数形结合的载体。需要说明的是本节课的教学假设是学生已能熟练正确完成确定点的坐标和求解线段长,在此基础上建构函数图象背景下三角形面积的数学模型才是重点。

4.2 B老师在"问题4"中提出问题:动点背景下的一般三角形对大部分学生来说是难点,如何帮助他们快速转化,高效高质量地解决问题?我们老师的引导应侧重什么呢?

就这个问题而言,问题4设计的意图就是让学生探究高效的计算方法,从问题3中方法的多样性、盲目性转向针对性、简便性,是一种算法策略优化,是学生必须充分经历、体验、比较、优化的过程,不能操之过急,教师的引导应侧重于学生的算法优化上,也凸显建构基本数学模型的必要性和重要性。

4.3 C老师在"问题4"模型建构环节中提出问题:案例呈现的三角形面积都是有两个顶点在坐标轴上,对于更一般的三角形是否也可以归纳为这几个模型?

选择两个顶点在坐标轴上的三角形,主要出于三个方面的考虑:一是降低模型转化的难度,二是凸显数学模型特征,三是为后续学习做准备。对于C老师提出的更为一般的三角形,"补梯模型""宽高模型"依然适应,"顶原模型"就不太好用了,我们建议将其作为本课教学内容的延伸,让学生课后完成探究。

5 教学思考

5.1 设计好的问题,注重学生对知识技能的再理解

好的问题是好的数学教学的基本要素。教什么是怎么教的基础,教什么比怎么教更重要。这里的教什么是指教学内容,本课教学内容不是孤立的一次函数图象和三角形面积,而是二者的融合后自然生成的新背景、新问题。将教学内容、教学目标以问题化的形式呈现,有利于激发学生学习兴趣,驱动学生主动参与学习活动。好的问题表现出更强的驱动力,在引导学生达成学习任务上更具实效性。本课从教师教学用书上的一道面积问题引入,明确学习目标任务,接着从最基本的、最简单的一条直线出发,由浅入深,步步为营,稳步推进,螺旋上升。在一次函数图象的背景下,实施一图一课的复习教学,由静态到动态、由特殊到一般,通过问题链引导学生观察、分析、抽象概括两类三角形的特征,运用已有知识进行思考、探究,重新认识一次函数图象背景下的三角形面积,完成知识与技能的再理解,在复习中获得新知识、新技能。

5.2 参与探究活动,注重学生对活动经验的再积累

数学活动经验的积累是提高学生数学素养的重要标志,教学中注重结合具体的学习内容,设计有效的数学探究活动,使学生经历数学的发生发展过程,是学生积累数学活动经验的重要途径。在一次函数图象背景下,学生根据已有认知经验,很容易掌握特殊三角形面积的求解,这是本课的立足点,也是生长点。而一般三角形面积的求解是学生的认知障碍点,是本课探究活动的核心任务,需学生经历自主探究、合作互动等活动,在探寻解决策略过程中,体悟转化的思想方法,归纳出解决此类问题的一般策略:割补、转化。再进一步,以具体的一般三角形面积表示为例,体验不同割补方法的优劣,学生在分析、体验、比较、思考、抽象概括中完成直接活动经验的再积累。以帮助学生理解所复习的知识和蕴含的思想方法,在运用新知识、新技能解决问题的过程中,提高分析和解决问题的能力。

5.3 渗透思想方法,注重学生对数学模型的再建构

数学思想蕴含在数学知识形成、发展和应用的过程中,是数学知识和方法在更高层次上的抽象与概括。小专题内容中蕴含丰富的数学思想方法,本课蕴含转化思想、数形结合思想、分类思想、函数思想、方程思想等,教学中应充分发掘,使学生经历知识的生成、生长,建构数学模型,体会思想方法。其中转化的思想方法是本课的核心,转化什么,转化到哪里,是最关键的问题。要让学生明白转化的对象是一次函数图象下的"一般三角形"的面积,转化到三个基本数学模型上,整节课的教学主线、教学重点就清晰了。学生通过割补将一般三角形的面积转化为特殊三角形的面积,抽象概括出"补梯、顶原、宽高"等数学模型,在数学内部问题的探究和解决过程中,实现对数学模型的再建构,培养初中生的数学建模能力。

基于"四能"的初中数学模型建构的案例研究

摘　要：数学模型建构是初中数学教学的重要内容,同时也是学生重要的学习方式。发现和提出问题的能力、分析和解决问题的能力被概括为"四能",是数学模型建构的能力基础。数学模型建构是"形","四能"培养是"神",两者的结合意味着学生的数学学习过程形神兼备。

关键词："四能";模型建构;案例研究

1　研究背景

数学模型建构是初中数学教学的重要内容,同时也是学生的重要学习方式。一般认为,数学模型建构即为建立数学模型,相应的,建立数学模型的过程就是数学建模的过程。该过程强调的是让学生把错综复杂的实际问题简化、抽象为合理的数学结构,强调让学生通过调查、搜集数学资料,去观察和研究实际问题的数量关系,然后利用数学的理论和方法去分析和解决问题。

那么在数学模型建构的过程中,到底需要哪些能力支撑呢？有研究表明,初中学生的数学学习离不开四项基本能力,即发现和提出问题的能力、分析和解决问题的能力,这四项能力可以概括为"四能"。下面笔者就结合自身的实践经验,谈谈基于"四能"的初中数学模型建构的案例研究。

2　基于"四能"的模型建构的案例分析

"四能"与初中数学模型建构的关系是密切的,由于数学模型生成于学生的数学认知活动之中,是学生化解新的数学问题的重要工具。因此学生建构数学模型,一定需要在认知规律把握的基础上,充分激活学生发现与提出问题的能力,着力引导学生生成分析与解决问题的能力。如果说数学建模是初中数学教学的应用形式的话,那么"四能"就是数学建模应有的灵魂。笔者在课题研究的过程中,逐步确立的观点就是,初中数学的模型建构教学,强调的是学生对模型建构过程的体验,这就需要从最初的环节开始,让学生充分体验发现问题与提出问题的过程,然后引导学生在这一过程中更好地体验自主学习、合作学习、探究学习等方式。其中必然涉及学生在面对问题时进行的猜想与分析等,有了这样的完整体验,那么数学模型建构就有了坚实的能力基础。

比如,在苏科版《义务教育教科书数学实验手册九年级全一册》"最小覆盖圆"教学中,"最小覆盖圆"模型可做如下构建:

2.1 模型准备

最小覆盖圆的定义:将能完全覆盖某平面图形的圆称为该平面图形的覆盖圆。其中,能完全覆盖平面图形的最小的圆称为该平面图形的最小覆盖圆。例如线段的最小覆盖圆就是以线段为直径的圆;点的最小覆盖圆即点圆。

针对线段的最小覆盖圆是以线段为直径的圆,可以让学生根据图形进行说理。如图1,以 AB 为直径的圆时,圆心 O 到点 A 和点 B 的距离相等,如果改变圆心的位置,那么圆心到点 A 和点 B 的距离就会增大,此时覆盖 A、B 两点圆的半径也就变大,因为在 $\odot O_1$ 中,直径 $AC>AB$,所以 $O_1A>OA$。如果 A、B 两点有一点或两点在圆内,那么同样道理可知相应圆的半径会更大。

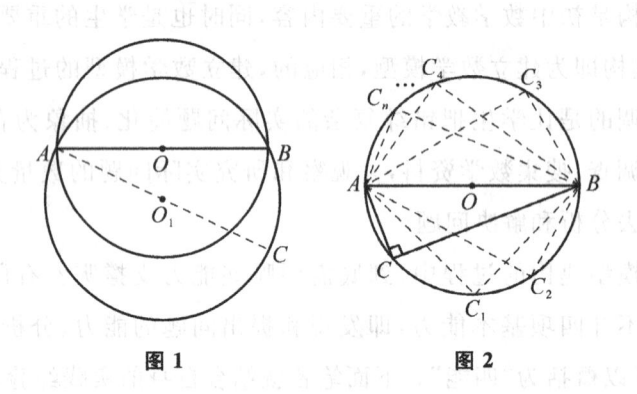

图1

图2

2.2 模型构建

问题1 探究平面内三个点的最小覆盖圆。

学生在两个点的最小覆盖圆就是以这两个点构成的线段为直径的圆的基础上探究平面内三个点的最小覆盖圆,应该如何思考?引导学生充分体验,主动发现问题与提出问题,三个点分为共线与不共线,三点共线就可以直接转化为两个点的覆盖圆问题来解决,对于三点不共线,就转化为三角形的最小覆盖圆问题。

问题2 探究直角三角形的最小覆盖圆。

直角三角形的最小覆盖圆比较简单,引导学生得到直角三角形的最小覆盖圆就是它的外接圆或者说是以斜边为直径的圆,因为线段的最小覆盖圆就是以线段为直径的圆,而线段两端点与圆上任意一点(线段两端点除外)构成的三角形都是直角三角形(如图2所示)。在探究的过程中要让学生在充分分析问题的基础上认识到直角三角形的最小覆盖圆实质就是转化成线段(斜边)的最小覆盖圆。

问题3 探究锐角三角形的最小覆盖圆。

在对线段和直角三角形最小覆盖圆经验积累的基础上,给予学生较充足的时间思考,通过独立思考、合作探究等活动提出问题、分析问题,进而解决问题。

追问1 锐角三角形的最小覆盖圆为什么不是以某边为直径的圆?

在学生对线段和直角三角形最小覆盖圆的模型建构下,尝试画出图形并进行说理。如图3,⊙O是锐角三角形ABC的外接圆,⊙O_1是以边AB为直径的圆,因为$\angle C$是锐角,$\angle ADB=90°>\angle C$,所以点C就在⊙O_1外,显然⊙O_1不是△ABC的覆盖圆,同样道理以边BC、AC为直径作圆也不能覆盖另一点A、B。

追问2 锐角三角形的最小覆盖圆为什么是它的外接圆?

锐角三角形的外接圆是它的最小覆盖圆,虽然从几何直观上看合乎情理,但在教学中不能仅满足于此,仍要引导学生知其然并知其所以然,培养学生解决问题的能力。如图4,⊙O是锐角三角形ABC的外接圆,过点A、B任意作一个⊙O_1,使点C在⊙O_1内部,作⊙O的直径AD,⊙O_1的直径AE,可得$\angle ABD=\angle ABE=90°$,又因为过直线上一点有且只有一条直线与已知直线垂直,所以B、D、E三点共线,在Rt△ABD中,$AD=\dfrac{AB}{\sin\angle ADB}$,在Rt△$ABE$中,$AE=\dfrac{AB}{\sin\angle AEB}$,因为$\angle ADB>\angle AEB$,因此$\sin\angle ADB>\sin\angle AEB$,所以$AD<AE$,即⊙$O_1$的半径大于⊙$O$的半径。若过点$A$作圆并使$B$、$C$两点都在该圆内(或使$A$、$B$、$C$三点都在圆内),则该圆的半径将更大,因此锐角三角形的最小覆盖圆就是它的外接圆。

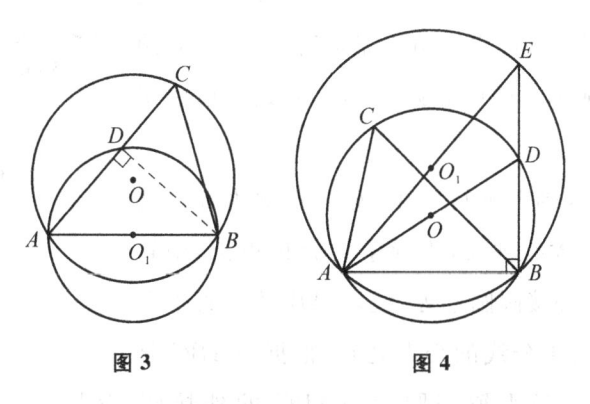

图3

图4

问题4 探究钝角三角形的最小覆盖圆。

钝角三角形最小覆盖圆模型的探究可以完全交由同学们自主完成,并在模型建构的基础上进行如下追问：

追问1 以钝角三角形最长边为直径的圆为什么可以覆盖三个顶点？

如图5，⊙O是以钝角三角形ABC的最长边AB为直径的圆，延长AC交⊙O于点D，连接BD，则∠ADB=90°，因为∠ACB>∠ADB，所以点C在圆内，即⊙O可以覆盖△ABC的三个顶点。

追问2 钝角三角形的外接圆为什么不是最小覆盖圆？

如图6，⊙O_1是钝角三角形ABC的外接圆，⊙O是以最长边AB为直径的圆，连接AO_1并延长交⊙O_1于点D，由于直径是圆中最大的弦，所以在⊙O_1中，AD>AB，故⊙O_1的直径大于⊙O的直径，因此钝角三角形的外接圆不是最小覆盖圆。

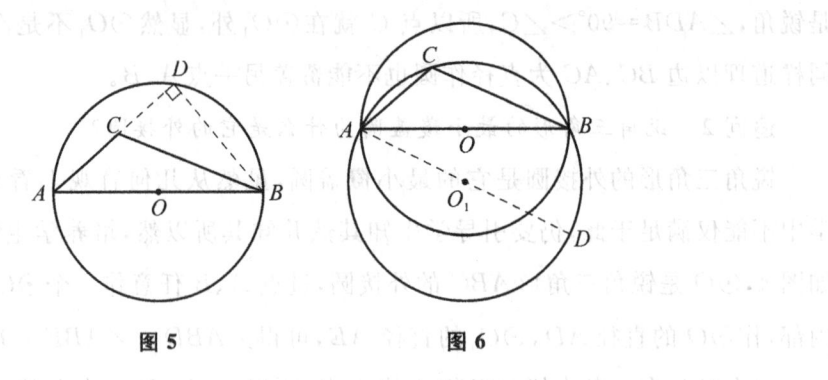

图5

图6

模型认识：锐角、直角三角形的最小覆盖圆是它们的外接圆，钝角三角形的最小覆盖圆是以钝角所对的边为直径的圆。

2.3 模型应用

某地有四个村庄A，B，C，D（其位置如图7所示），现拟建一个电视信号中转站，为了使这四个村庄的居民都能接收到电视信号，且使中转站所需发射功率最小（距离越小，所需功率越小），此中转站应建在何处？请说明理由。

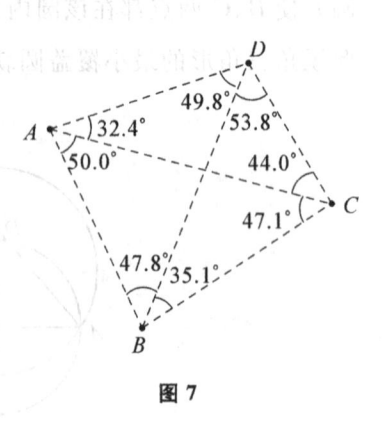

在模型认识的基础上进行应用，对培养学生分析问题、解决问题的能力大有裨益，引导学生分析得出，中转站应建在△ABC的外接圆圆心处（线段AB的垂直平分线与线段BC的垂直平分线的交点处）。根据△ABC是锐角三角形，可知其最小覆盖圆为△ABC的外接圆，又因为∠ABC+∠ADC=186.5°>180°，所以点D也一定在△ABC的外接圆内，故中转站建在△ABC的外接圆

图7

圆心处,能够符合题中要求。在此基础上鼓励学有余力的同学进一步探究平面内任意四点的最小覆盖圆。

通过上述分析就不难发现,对于学生的数学学习而言,数学模型建构是"形",而"四能"培养是"神",两者的结合意味着学生的数学学习过程形神兼备,而如果学生的"四能"能够得到充分培养,那数学建模的过程也就会更加顺利,数学教学的绝大多数目标就能够自然得到实现。

3 基于"四能"的模型建构的案例反思

只要教师带着研究的态度去看待教学,就可以发现自己所经历的每一堂课,都是一个有价值的教学案例。上面已经通过案例"最小覆盖圆"阐述了数学模型建构与"四能"培养是形神关系,并通过模型准备、模型构建、模型应用三个过程进行了详细的分析。而实际的模型教学环节并不是一成不变的,会因教学内容的不同而呈现不同的样态,比如,数学建模类教学也可以凸显这样的三步骤——数学抽象,建模,解模。

这里再来看一个教学案例:苏科版数学八年级上册"全等图形"的教学。

教前分析:在很多教师的经验世界里,"全等图形"并不是一个复杂的知识,因为从定义的角度看"能完全重合的图形叫作全等图形",非常容易理解,而之所以容易,就是因为学生在生活当中有着"完全重合"的经验基础,学生也能够基于"完全重合"这样的表述在大脑当中形成"形"的表象。

既然学生有足够多的经验支撑起全等图形表象的建构,那为什么还要对这一知识进行数学建模的教学呢?很重要的一个原因就是,当学生的表现足以支撑全等图形概念建构的时候,那么立足于这样的模型建构过程来发展学生的"四能",同时基于"四能"来促进数学建模水平的提升,就可以让学生的注意力更多地集中在数学建模,从而培养学生的"四能"。

首先,基于学生的生活经验,调用学生生活中的相关素材创设情境。

教师可以让学生到自己的生活当中寻找"一模一样的图形",如图8是2022年北京冬季奥运会"女子滑雪"的图片。在此基础上,教师可以提出问题:观察并分析这些图形,同学们有什么样的发现?如何用数学语言描述这些发现?

模型建构:初中数学学科实践的创新

图 8

其次,在数学体验的基础上进行数学抽象。

这里的数学体验同样是任务驱动性的,就是让学生去"制作"得出"能够完全重合"的图形。在学生动手操作的过程中可以发现,不同学生的思路是不一样的:有的学生是基于直觉剪两个;有的学生是先剪一个重叠后再剪另一个;有的学生是一次剪两个……

有了这些体验之后,学生的表现会更加丰富,此时再去进行图形抽象,就可以得到全等图形的定义,"全等图形"的模型便在学生的头脑中建立起来了。

在上述案例当中,学生建构数学模型时,既有原有经验的激活,又有学习现场的"做中学"的体验;既有日常语言的运用,又有数学语言的运用;既有复杂的语言表述与动手操作的过程,又有借助于简约思维和精确的数学语言描述建构所得并最终得出模型的过程。在这过程中学生的动手操作与动脑思考结合在一起,表象建构与数学语言表达结合在一起,"最小覆盖圆""全等图形"的表象会越来越清晰,相应的模型也会越来越完整。

第三章

课堂教学的思考与探究

一道阅读理解题的试题评析、问题分析及教学启示

摘　要：数学模拟测试是数学教学的一项常规工作，对评估教学和指导教学有重要的作用。以一道阅读理解题为例，聚焦试题评析以及问题分析，认为在初中数学教学中，既要清楚知识"是什么"更要搞清知识"为什么"，既要使得知识"用得上"更要帮助学生"用得对"，既要关注知识"传授结果"更要关注"生成过程"，这也是阅读理解题的教学基本策略。

关键词：阅读理解；试题评析；问题分析；教学启示

阅读理解题，是指给出一段阅读材料，通过阅读理解材料中的数学知识、方法、思想等要点，并能加以应用解决相关问题的一类题型。此类试题由阅读材料和待解决问题两部分构成。其中，阅读材料一般由定义一个新概念，或呈现一个探究过程，或提供一种解题方法，或展示一定的规律等不同的内容构成。这类试题一般题干长，阅读量大，待解决的问题有一定的难度。学生只有通过阅读理解其内容、过程、方法和思想，把握其本质，才有可能正确解决问题。现结合一道阅读理解题的试题评析与问题分析，优化阅读理解题的解题策略，以期给广大数学教师一些教学启示。

一、试题评析

1. 试题呈现

苏科版数学八年级上册教材第152页有段文字：把函数 $y=2x$ 的图象分别沿 y 轴向上或向下平移3个单位长度，就得到函数 $y=2x+3$ 或 $y=2x-3$ 的图象。

【阅读理解】

小尧阅读这段文字后有个疑问：把函数 $y=-2x$ 的图象沿 x 轴向右平移3个单位长度，如何求平移后的函数表达式？

老师给了以下提示：如图1，在函数 $y=-2x$ 的图象上任意取两个点 A、B，分别向右平移3个单位长度，得到点 A'、

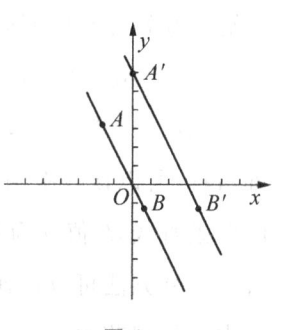

图1

B',直线 $A'B'$ 就是函数 $y=-2x$ 的图象沿 x 轴向右平移 3 个单位长度后得到的图象。请你帮助小尧解决他的困难。

(1) 将函数 $y=-2x$ 的图象沿 x 轴向右平移 3 个单位长度,平移后的函数表达式为( )。

A. $y=-2x+3$　　　　　　B. $y=-2x-3$

C. $y=-2x+6$　　　　　　D. $y=-2x-6$

【解决问题】

(2) 已知一次函数的图象与直线 $y=-2x$ 关于 x 轴对称,求此一次函数的表达式。

【拓展探究】

(3) 将一次函数 $y=-2x$ 的图象绕点 $(2,3)$ 逆时针方向旋转 $90°$ 后得到的图象对应的函数表达式为_____。(直接写出结果)

2. 试题评析

这是一道典型的源于教材的阅读理解题,以一次函数图象沿 y 轴向上或向下平移时 b 值的变化规律为背景,给出确定图象平移后的函数表达式的一般方法。在此求解方法的指引下,试题分别设计了一次函数图象的平移、对称、旋转等问题,涵盖图形的平移、翻折、旋转等知识,主要考查学生对求解方法的迁移应用能力,是有效评估学生阅读理解能力的一道试题。

3. 答题简析

学生实际解答情况与命题意图并不吻合,具体表现为用口诀代替思考,依靠机械记忆分析解决问题。

在第 1 个问题中,很多学生抛开"材料",直接利用一次函数图象沿 x 轴向左或向右平移规律(左加右减),确定平移后的函数表达式,虽然也能正确求解,但显然与命题意图不符。正解应为学生在领会阅读材料的基础上,根据提示的方法,在函数图象上任意取两点,确定平移后的对应点的坐标,根据待定系数法确定平移后的函数表达式。

在第 2 个问题中,很多学生这样解答:因为要求的一次函数与直线 $y=-2x$ 关于 x 轴对称,所以该一次函数为 $y=2x$。显然,这些学生抛开"材料",根据"关于 x 轴对称的两条直线,k 值互为相反数,b 值也互为相反数"这一教师"告知"的规律进行直接求解。这种方法可以快速确定对称后的函数表达式,但显然也没有按照"阅读理解题"的要求进行规范求解。正解应为学生在充分理解阅读材料中提示的方法的基础上,进行方法迁移,先确定 $y=-2x$ 上任意两点的坐标,进而求出这两点关于 x 轴对称点的坐标,最后根据待定系数法确定对称后的函数表达式。

在第3个问题中，与前两个问题一样，也存在靠"规律"求解的现象。这些学生根据"平面直角坐标系中互相垂直的两个一次函数表达式的 k 值的积为 -1"的结论，先确定待确定直线的 k 值，再确定一点的坐标求得 b 值，这显然也不符合命题意图。正解应为依据上述正确解题的经验，通过确定两个点的坐标来求解。因此，如何确定一次函数图象上两个点的坐标是关键，此时确定旋转后的点的坐标有一定难度，需要借助全等图形解决。根据题意，在一次函数图象上任取两点，画出围绕点 $P(2,3)$ 逆时针旋转 $90°$ 后的对应点，构造"k 型"全等，求得对应点的坐标（如图2、图3），根据待定系数法求出旋转后的一次函数表达式。

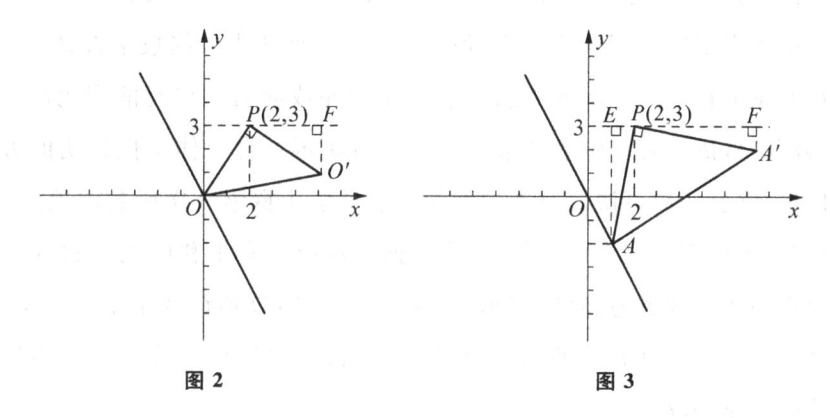

图2

图3

当然，在取点时，应考虑点的特殊性、代表性，可以使得求解过程简洁。例如，当所取点的横坐标或纵坐标与旋转中心的点坐标对应相等时，点的坐标更具特殊性，求对应点的坐标更简便。在一次函数图象上取点 $A(2,-4)$、$B\left(-\dfrac{3}{2},3\right)$，有利于快速准确地确定函数表达式（如图4、图5）。

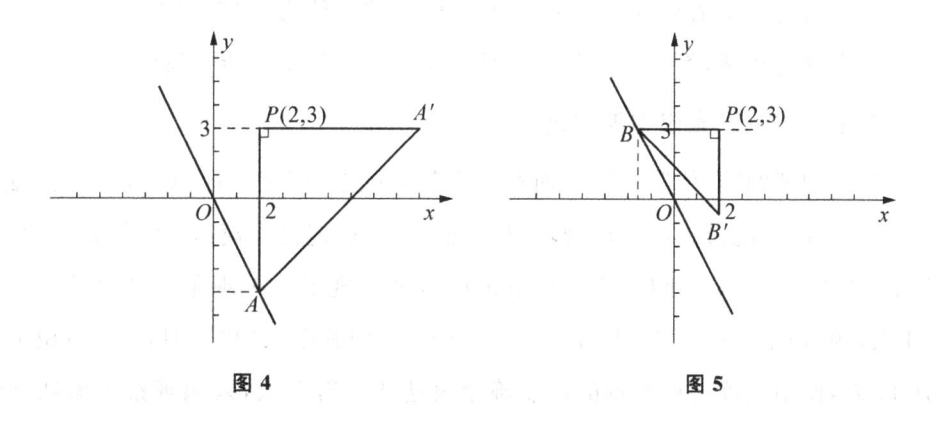

图4

图5

二、问题分析

上述试题是笔者所在学校的一道模拟测试题，批阅时发现得分率非常低，其中第3

问填空题只有 3.57% 的正确率,严重超出测试前的预期。经调查研究发现,学生在审题、解题等方面出现诸多问题,也发现教师在教学中存在的一些问题。

1. 教学过程"越位"现象依然严重

《义务教育数学课程标准(2011 年版)》关于"一次函数"的教学要求是:(1) 结合具体情境体会一次函数的意义,能根据已知条件确定一次函数的表达式;(2) 会利用待定系数法确定一次函数的表达式;(3) 能画出一次函数的图象,根据一次函数的图象和表达式 $y=kx+b(k\neq 0)$ 探索并理解 $k>0$ 和 $k<0$ 时,图象的变化情况……并没有对图象平移、旋转后的函数表达式的所谓的"规律"教学要求,但现实教学中,很多老师为了帮助学生应试而出现"越位"现象。笔者所在数学备课组共 7 位数学教师,调查发现 7 位教师都在课堂上补充了一次函数图象沿 x 轴向左或向右平移时的变化规律,都传授了"左加右减"的口诀。有 5 位教师采用先告知口诀再结合具体案例说明的方法,帮助学生理解口诀,学会使用口诀。有 1 位教师在引导学生探索一次函数图象沿 y 轴向上或向下平移时,拓展探究一次函数图象沿 x 轴向左或向右平移时的变化规律,并归纳出口诀。调查中还发现更为离谱的"越位"现象,即有的教师在教学中补充了一次函数图象关于坐标轴对称及互相垂直时存在的内在联系与规律,最终学生只知道结论,却不知道结论的来龙去脉。

即使是课程标准要求的教学内容,采取这种"告知"口诀式的教学,"只见结果不见过程",至多是停留在解题技巧层面,学生靠"记忆+模仿"的方式短时间内或许是有效果的。有相当一部分教师,热衷于这种"技"的层面,甚至将其当成应试的"法宝",其教学也只是"授之以鱼",而缺少"通性通法"的探究式教学。长此以往,学生只能变为"解题工具",面对新情境中需要在理解基础上进行解题的能力一定是"先天不足"。更何况是"越位"内容的教学,不仅无益甚至某种意义上阻碍学生的能力发展。

2. 学生解题"在位"意识普遍不足

这里所说的解题"在位",是学生面对一个新的问题,能根据题意确定解题思路、选择解题方法、明晰解题过程,具有"现场感"。而不是靠"记忆+模仿",凭借曾经的"似曾相识",出现"离位"解题。比如,上述试题的解答就出现了这种现象。笔者任教两个班级共 84 人,题(1)正确的有 53 人,正确率 63.10%。但其中采用"左加右减"口诀求得结果的有 43 人,使用阅读材料提示的取点确定表达式的有 7 人,采用观察图象辅助确定的有 1 人,利用平移时 k 值的不变性与取点相结合求得结果的有 2 人,可见符合题意的正确人数实为 9 人,有效的正确率仅为 10.71%。调查中还发现,知道"左加右减"口诀的来源或者能说明其原理的只有 3 人。题(2)正确的有 41 人,正确率 48.81%。其中使用阅读材料提示的取点确定表达式的有29人,用教师补充讲授的一次函数图象关于坐标轴对称时的规律求解的有12人,有效正确率为34.52%。

试想,如果教师没有补充"口诀",或者试题的命题没有这种"空子"可钻,学生面对这样的阅读理解题也许是"束手无策"。其主要表现是,"阅读"而不"理解",抑或是"阅读"与"理解"之间无法关联等。题(3)正确的仅有3人,正确率3.57%,反映出学生数形结合意识不强,画图能力欠缺,阅读理解后方法提炼不够,自主探索并寻找通性通法的能力不足。这足以说明平时教学中重知识传授而轻能力提升的现象普遍存在。

三、教学启示

针对上述问题,教学中需要"到位"而不"越位",帮助学生解题时"在位"而不"离位"。这里的教学"到位"表现在,既要让学生清楚知识"是什么",更要帮助学生理解知识"为什么",让学生经历完整的学习过程;既要使得所教知识学生能"用得上",更要帮助学生"用得对",从"授之以鱼"变为"授之以渔";既要关注知识教学的"传授结果",更要关注"生成过程",以此提升学生解答陌生问题时的"在位"意识。

1. 既要清楚知识"是什么",更要搞清知识"为什么"

当前数学教学普遍存在教学过程不完整的问题。一个完整教学过程的应然状态是"知识从何而来、知识是什么、知识向何而去"三个阶段,前后两个阶段的目标指向发展学生的数学素养,中间阶段以理解知识、形成技能为核心。而实际的数学教学主要囿于中间阶段,把理解基础知识、形成基本技能作为主要教学目标,肢解了数学教学的完整过程,使发展学生数学素养的教学目标难以实现。

抛开关于一次函数图象平移、旋转后表达式这部分内容存在的"越位"问题不谈,假设可以教学,也应让学生经历完整的数学学习过程。笔者认为,有必要借助具体问题情境,引导学生探索一次函数图象沿 x 轴左右平移规律的本质,帮助学生解决困惑,以此真正提升学生探究数学、发现数学的能力。比如,在"探索一次函数图象 $y=kx+b$ 向左平移 m 个单位长度后的表达式"的数学活动中,如果教师能引导学生,在具体选点代入的基础上,再经历一般性的证明过程,就可以帮助学生解决知识"从何而来""向何而去"的问题,这样"左加右减"口诀的来源及其使用就非常清晰了,从而可以避免生搬硬套现象的发生。

2. 既要使知识"用得上",更要帮助学生"用得对"

一般来说,在学生眼中,我们数学教师就像一个"魔术师",不断地从"口袋"中摸出具体的解题技巧,学生在"膜拜"的前提下往往会"依葫芦画瓢",导致"用得上"但"用不对"的现象产生。我们知道,学生掌握数学知识,不能依赖死记硬背,而应以理解为基础,并在知识的应用中不断巩固和深化。在数学知识的教学中,应注重引导学生在学习过程中理解知识,体会知识之间的关联,在自主探索、合作探究的活动中揭示数学本质。

在一次函数图象平移问题中,不可否认,口诀"上加下减""左加右减"的确方便学生使用,对学生应考帮助很大。但实际教学中,却发现口诀给一部分学生造成困惑,比如口诀适应的问题情境、口诀使用的时机与方法等。本题的正确率非常低,得分率低至令人咋舌,是什么原因造成的?是因为口诀或秘诀在学生的脑海中根深蒂固,形成思维定式,解题方法出现"跑题"现象,造成严重的失分。由此可见,口诀或秘诀僵化了学生的思维,束缚了学生的视野,给学生的学习造成一定的负面影响。试题给学生提供了解决平面直角坐标系中一次函数图象运动变化后表达式确定的一般方法,重点是对学生阅读理解能力的考查,可以提高学生对"通性通法"的理解与把握。例如,一次函数 $y=-x+3$ 的图象是由一次函数 $y=-x-1$ 的图象沿 x 轴向_____(填"左"或"右")平移_____个单位长度得到的。在解决这个问题时,只需抓住一次函数图象向左或向右平移时对应的纵坐标不变的规律,取相同的 y 值,求得对应的 x 值,通过对应点的横坐标数量关系确定位置关系,这种解题策略与试题的本意是一致的。由此可见,教师在教学中,帮助学生习得"用得上"的数学知识与技能只是起点,结合具体问题情境,帮助他们"用得对"才是终点。

3. 既要关注知识"传授结果",更要关注"生成过程"

学生的数学基础知识与基本技能形成于数学学习过程之中,数学思想蕴含在数学知识形成、发展和应用的过程中,数学活动经验积累于数学学习过程。研究发现,数学学习中的经历、体验、思想等过程也是重要的。学习过程与结果并重的教学设计能合理恰当地处理好教师教与学生学的辩证关系,能做到讲授与活动相结合,接受与探究相结合,形成互补,从而促使学生主动学习,形成数学素养。

基于以上思考,教学中应加强阅读训练,提高学生阅读理解能力,在数学学习中以活动与实验为过程,注重知识的生成与生长过程,在探究活动中发展学生的探究能力、迁移与转化能力、分析与解决问题能力,使学生能自主综合运用数学知识解决相关数学问题。教学中应树立结果与过程并重的教学思想,设计丰富多彩的数学情境,通过合理恰当的问题,引导学生在数学活动中主动思考、自主探究、合作探究,使学生经历完整的学习过程,完善认知结构,积累活动经验,浸润数学思想,提高学生数学学习的真能力。只有这样,才能让学生面对考试时的"陌生情境"也能"坦然面对"。

精准阅读　有效建模
——以一道应用题教学为例

摘　要：数学阅读能力是学生必须具备的关键能力。学生在对一道应用题求解时遇到困惑，从数学阅读的视角分析困惑产生的原因，引导学生经历方程、算术、表格列举等数学模型的建构过程，有效解决现实问题。指出在应用题教学中应关注数学阅读能力的培养，关注数学建模素养的提升，在具体的问题情境中提升学生的数学建模能力。

关键词：数学阅读；应用题；方程模型；数学建模

一、问题的提出

从现实生活或具体情境中抽象出数学问题，用数学符号建立方程、不等式、函数等表示数学问题中的数量关系和变化规律，求出结果并讨论结果的意义就是一个完整意义上的数学建模。数学建模是对现实问题进行数学抽象，用数学语言表达问题、用数学方法构建模型解决问题的能力。数学阅读是数学抽象的前提，也是数学建模的基础。显然，从现实问题中准确地获取信息，是用数学方法解决问题的关键起点。近期，在模拟试题批阅时发现一道应用题的错误率非常高，这引起笔者的注意，于是从试题的类别属性、呈现方式、考查目的等方面入手，分析学生的认知障碍，探讨解决问题的方法。

试题呈现　某气象台发现：在某段时间里，如果早晨下雨，那么晚上是晴天；如果晚上下雨，那么早晨是晴天。已知这段时间有9天下了雨，并且有6天晚上是晴天，7天早晨是晴天，则这一段时间有(　　)。

A. 9天　　　　B. 11天　　　　C. 13天　　　　D. 22天

二、问题的分析

这道应用题是2016年湖南省常德市数学中考试题的第8题，是一道阅读理解类压轴题，主要考查学生从具体情境中获取信息的能力和构建数学模型解决问题的能力。

调查发现学生在阅读现实问题后,感觉很"绕",读不懂题意,束手无策。造成这种现象的根本原因是学生的数学阅读能力欠缺,即语义理解能力一般,对关键词、关键语句的理解与把握不够,题意理解与数学思考的结合不到位,把现实问题抽象成数学问题的数学化能力不足,难以有效建构数学模型求解问题。著名数学家G·波利亚指出解决问题的首要任务是弄清问题,也就是我们常说的审题。对现实问题的审题就是数学阅读。因此,精准阅读是弄清问题的关键。

三、对数学阅读的理解

阅读是学生获取信息、认识世界、发展思维、获得学习体验的重要途径,是一种重要的学习方式。数学阅读是指学生对文字、符号、图形等表现形式的内容进行数学的分析与思考,获取信息并将信息转化为数学问题的过程。数学阅读是一种获取、理解、吸收、分析、探究的思维过程。数学阅读能力是优秀学生必须具备的关键能力,也是优秀学生变得更加优秀的关键能力。数学阅读在数学建模过程中主要承担信息收集和加工,包括判别、筛选、分类、排序、分析等思维活动,精准获取信息是有效建模的重要前提。

四、学生困惑分析

1. 数学对象不明确

学生在阅读理解上的困惑,直接表现为搞不清到底有几种可能的结果。应用题中包含四个描述对象:早晴、晚晴、早雨、晚雨,运用树状图分析可以得到四种结果(如图1)。应用题中的"如果早晨下了雨,那么晚上是晴天"即是"早雨晚晴"的可能结果;"如果晚上下了雨,那么早晨是晴天"即是"早晴晚雨"的可能结果。学生在读到这个地方会误解为只有早雨晚晴或早晴晚雨两种情况,以致后续分析理解出现偏差。应用题提供的信息显示"这段时间有9天下了雨",学生通过文字信息和生活常识加以分析得出雨天包括三种情况,即早雨晚晴、早晴晚雨和早雨晚雨,又因早雨晚晴、早晴晚雨的限制,排除了早雨晚雨的可能性,所以只有早雨晚晴或早晴晚雨两种情况;而阅读"并且有6天晚上是晴天,7天早晨是晴天"这句话时,学生是否能想到晴天也有三种可能性:早晴、晚晴和早晴晚晴;以上两点是解题的关键。综合以上分析发现,在这段时间内,只会出现早雨晚

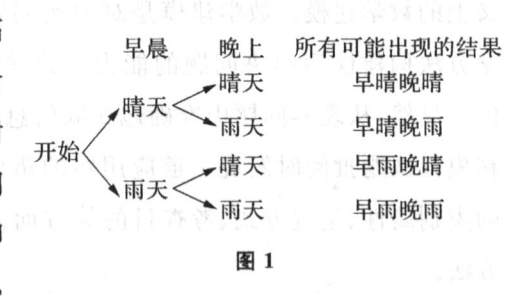

晴、早晴晚雨或早晴晚晴三种可能的结果。

2. 数量关系不明晰

弄清问题是分析和解决问题的基础。问题中未知量有哪些？已知量有哪些？相等关系有哪些？这些问题都必须通过精准阅读才能搞清楚。在阅读的基础上分析发现未知量有总天数、早雨天数、晚雨天数、早晴晚晴天数等，已知量有雨天数、早晴天数、晚晴天数等，等量关系有：早雨天数＋晚雨天数＝9、早晴天数＋晚晴天数＋早晴晚晴天数＝6＋7等。有了这些分析做基础，问题的解决就相对容易了。

五、问题的解决

1. 建构方程模型

解法1 二元一次方程组（非雨即晴）

设有 x 天早晨下了雨，这一段时间有 y 天，根据题意得

$$\begin{cases} y-x=7, \\ y-(9-x)=6, \end{cases}$$

解这个方程组，得

$$\begin{cases} x=4, \\ y=11, \end{cases}$$

所以这段时间有 11 天。

【评析】设有 x 天早晨下了雨，这一段时间有 y 天，根据数量关系：总天数－早雨天数＝早晴天数，总天数－晚雨天数＝晚晴天数，列出二元一次方程组可解决问题。此种解法的精妙之处在于想到早晨与晚上都是非雨即晴的确定性结果，建构二元一次方程组模型，求得结果。同理，也可以设有 x 天晚上下了雨，这一段时间有 y 天，建立二元一次方程组模型求解。

解法2 一元一次方程（早雨晚雨）

设早晴晚晴的天气有 x 天，则晚上下雨有 $(7-x)$ 天，早晨下雨有 $(6-x)$ 天，根据题意得 $7-x+6-x=9$，解得 $x=2$，所以这段时间一共有 $9+2=11$（天）。

【评析】设早晴晚晴的天数为 x，能更好地表达早晴晚雨、早雨晚晴两种情况中的"早晴"与"晚晴"的天数，即对应表示出晚雨、早雨的天数，以雨天的数量关系得到：晚雨天数＋早雨天数＝9天。用集合的视角观察易于发现早晴晚晴是早晴或晚晴的交集（如图2），而早雨晚晴、早晴晚雨、早晴晚晴三者是并集的

图2

关系。值得指出的是，其中早雨天数、晚雨天数、总天数都可以设为未知数建构一元一次方程模型解决问题。

解法 3 三元一次方程组（或晴或雨）

设早雨晚晴有 x 天，早晴晚雨有 y 天，早晴晚晴有 z 天，根据题意得

$$\begin{cases} x+y=9, \\ x+z=6, \\ y+z=7, \end{cases}$$

可得 $x+y+z=\dfrac{6+7+9}{2}=11$。

表 1

早晨	早雨	早晴	早晴
晚上	晚晴	晚雨	晚晴
天数	x	y	z

【评析】经分析后发现这段时间只会出现早雨晚晴、早晴晚雨或早晴晚晴三种情况，分别设出现三种情况的天数为 x、y、z，这样就可以表示出早晴、晚晴和雨天（早雨或晚雨）三种情况下天数的数量关系式，列出三元一次方程组，求得 x、y、z 的和，即总天数。

2. 建构算术模型

解法 4 或早或晚

$\dfrac{6+7+9}{2}=11$（天）。

【评析】把所有的雨天或晴天的天数加在一起，结果包含早或晚两种情况，一早一晚可用"和"的形式求之。或者这样理解，把早或晚各看成一份，9 个雨天包含 9 份雨和 9 份晴，再加上 6 份晚晴和 7 份早晴，其和为早或晚的总份数，一早一晚为 2 份（1 天），因此除以 2 得到的是这段时间的天数。同理，早晴晚也晴的天数可表示为 $6+7-9=2$（天），据此也可以求得总天数。

3. 建构表格模型

解法 5 雨晴列举

表2

早						
晚	晴	晴	晴	晴	晴	晴

表3

早	晴	晴	晴	晴	晴	晴	晴
晚							

表4

早	雨	雨	雨	雨	晴	晴	晴	晴	晴	晴
晚	晴	晴	晴	晴	晴	晴	雨	雨	雨	雨

先列举出6天晚上是晴天(如表2),再列举出7天早上是晴天(如表3),空白处表示为"雨",然后把表2向右平移,与表3重合后直至满足9个雨为止,即满足9天下了雨(如表4),获得结论这一段时间有11天。

【评析】在无法有效建立方程模型时,很多学生会选择表格列举的方法分析问题,列举过程中的困惑集中在雨天数量多于9天,即13天的"矛盾现象"。因此,只能减少雨天的数量才能满足条件,也就是早上晴天和晚上晴天并存的情况,这既是该应用题的难点,也是学生的困惑点。采用建构表格模型的方法列举可能的情况,比较直观,易于学生发现和解决困惑。

六、教学建议

1. 关注数学阅读能力的培养

数学阅读的特别之处在于它是一个完整的、系统的数学思维活动过程,其流程为:理解与转化—提取与概括—分析与判断—联想与建构。因此,数学阅读是培养学生数学抽象、数学建模等高阶思维活动的有效路径。

(1) 挖掘试题资源,激发阅读兴趣。

在教学中对于"焦点"试题,应探寻试题出处,理解试题编制者的意图,充分挖掘教学价值,激发学生阅读兴趣,提高阅读能力。研究发现此应用题早见于江苏人民教育出版社1980年出版的《趣味数学400题》一书中,原文如下:

某地气象站的记录表明,在某一时间周期内,这里经常出现早雨晚晴或早晴晚雨的多雨天气。如果这样的日子有9天,而且在这周期内有6个傍晚和7个早晨天气晴朗。问这时间周期的总计天数是多少?【书中给出的答案为:这一周期中,全天晴朗的

天数应等于 $\frac{1}{2}$(6+7－9)＝2(天)。如果在这周期中不出现全天下雨的情况,那么,总计天数为 9＋2＝11(天)。(否则尚需加上全天下雨的天数)】

比如在这道试题教学中,把不同时期的同一个问题共同呈现出来,引导学生一起品读,从问题背景的表述、条件呈现的方式等方面进行对比分析,感悟文字表述的细微差别对获取信息的影响。既激发了学生阅读的兴趣,又提高了学生数学阅读的能力。

(2) 加强数学语言互译训练。

平时教学中,应注重文字、符号、图形等数学语言的互译练习,培养学生数学语言的互译能力。就本试题而言,学生需要把文字语言转译成符号语言或者图形语言,把现实问题中蕴含的数量关系用数学方法表述,然后建构数学模型解决问题,在整个过程中文字语言的精准阅读是关键环节。在数学阅读时,引导学生抓住关键语句、关键词语,及时将获取的信息以符号或图形的形式表达出来,甚至通过反复阅读的方式,咬文嚼字,仔细推敲,精准获取信息,为有效数学建模奠基。比如学生借助表格或图形描述问题中的数量关系(解法 2、3、5),根据获取的信息做出推理和判断,建构数学模型解决问题。

2. 关注数学建模素养的提升

以上呈现的五种解法涉及不同的数学知识和基本技能,每种解法背后都体现了浓厚的数学思想,最终都指向数学模型的建构。因此,以现实情境为背景的应用题教学应尤为关注数学阅读的训练,提高学生数学阅读的素养,用数学的眼光审视问题、用数学的语言有效建构、用数学的思维分析解决问题。在初中数学教学中,应用题是数学建模教学的重要载体,常常涉及方程(组)、不等式(组)和函数等数学模型的应用。在应用题教学中开展数学建模教学,有利于提高学生的数学建模素养。数学建模的一般流程为:实际情境、提出问题、建立模型、求解模型、检验结果、解决问题(如图 3)。数学建模素养的培养应落实在对现实问题的数学抽象、数学建模的活动过程中,而精准的数学阅读是学生有效完成数学抽象、数学建模的关键。笔者认为,在应用题教学中,聚焦点应放在"阅读与建模"的教与学上,把提高学生的数学阅读能力与数学建模能力作为教学的核心目标。

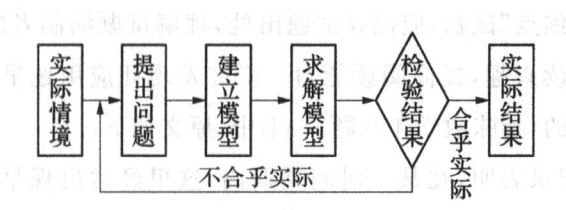

实际情境 → 提出问题 → 建立模型 → 求解模型 → 检验结果 →(合乎实际)→ 实际结果
（不合乎实际）

图 3

建构数学模型 感悟数学思想
——一道试题的评析、求解及教学启示

摘 要:高品位的数学教学应使学生体会到数学思想和方法。从一道代数式求值试题入手,基于教材理解的视角分析试题、诊断归因,改进教学,引导学生建构数学模型分析和求解试题,感悟数学思想方法,提高学生数学思维品质。

关键词:数学模型;数学思想方法;代数式求值;试题评析

一堂数学课,能够使学生体会到其中的数学思想和方法,就属于高品位的数学教学。《义务教育数学课程标准(2011年版)》[以下简称《课标(2011年版)》]指出教师要发挥主导作用,教学中注重引导学生学会思考、探索和交流,使学生理解和掌握基本的数学知识与技能、数学思想和方法,获得基本的数学活动经验。《课标(2011年版)》从"数学思考"维度对第三学段数学教学的具体要求为:会独立思考,体会一些数学的基本思想。因此,我们的数学教学不仅要关注基础知识、基本技能的落实,更要关注基本思想和方法的教学,以帮助学生学会数学地思考,掌握基本的数学思想方法,提高分析和解决问题的能力。

一、问题呈现

在苏科版七年级数学一次调研测试中,有一道试题是代数式求值问题,给学生造成很大困惑,答题正确率仅为 35.6%。题目有什么特点?与教材内容有什么联系?学生困惑点在哪里?教师的教学是否存在问题?笔者带着这些问题,分析诊断困惑的成因,探寻解决路径。

试题 若 $a+b=3$,则代数式 $a^2+ab+3b=$ _____。

二、试题评析

1. 基于教材理解的试题分析

题目属于一道"数与代数"领域的求代数式的值问题。"代数式的值"作为教学内

容首次出现在苏科版数学七年级上册教材的第3章,其定义为:根据问题需要,用具体数值代替代数式中的字母,计算所得的结果叫作代数式的值。而对"求代数式的值"定义为:用具体的数值代替代数式里的字母,把代数式变成数式,转化为我们熟悉的有理数运算。

苏科版数学七年级教材上出现直接涉及求代数式的值的例题、习题共计42道,从代数式呈现形式的维度看,有39道题是先给代数式再给出字母取值,只有3道题是先给出字母或代数式的值再求一个代数式的值。从代数式特征的维度看,有17道题的代数式无须计算或化简,将字母的取值直接代入求值;有23道题的代数式需先计算或化简后,再将具体的数值代入求值;从代数式涉及知识的维度看,有12道题属于有理数运算,30道题涉及整式的加减、整式的乘法与因式分解等;从代数式涉及数学思想方法的维度看,3道题涉及整体思想,40道题涉及函数思想、对应思想,2道题涉及数学结合思想、转化思想、方程思想等。

这些题目中与试题最接近的习题是七上第3章复习题的第17题(以下简称"题1"),题目为:如果代数式 $5a+3b$ 的值为-4,那么代数式 $2(a+b)+4(2a+b)$ 的值是多少?试题与习题分别以符号、文字叙述的形式呈现,本质上都是给出一个代数式的值,求另一个代数式的值。能否将已知代数式与要求的代数式建立关联是学生分析求解的关键。

2. 基于教学取向的诊断归因

作为一道常规的代数式求值问题,试题反映出的正确率偏低是不正常的。分析发现造成答题正确率异常的原因涉及三个方面:试题特点、教师教学和学生思维。

从试题特点来看,主要考查学生运用整体思想求代数式的值,由于条件中并没有直接给出字母 a、b 的具体数值,而是给出 a、b 两个字母之间存在的数量关系 $a+b=3$,需要将代数式 $a^2+ab+3b$ 变形后,整体代入求值,学生能否将代数式 $a^2+ab+3b$ 正确变形是求解的关键。从教师教学来看,教师在代数式的求值教学中,受教材上例题内容特点的影响,只聚焦于代数式的计算或化简,往往忽略对条件的分析引导,尤其是数学思想方法的教学,学生一旦无法将要求的代数式进行正确的恒等变形,就会陷入困境。从学生思维来看,学生之前经历了一定数量的直接代入和计算化简后代入求值过程,积累了代数式求值的经验,而这种经验仅仅是计算层面的,这些求值过程对代数式的变形要求不高,简化运算是求值的主要目的。当学生遇到给定条件为数量关系时,与之前的求值经验形成认知冲突,短时间内无法破解,思维陷入困境。

基于以上分析,造成得分异常的根本性原因是教师的教学站位不高,对数学思想方法和数学活动经验的积累重视程度不够,缺乏发掘数学思想方法的意识和策略,导致教学"失位"现象,学生在遇到新的问题情境时,思维受阻,陷入困顿。《课标(2011年版)》明确指出数学思想蕴含在数学知识形成、发展和应用的过程中,是数学知识和方法在更高层次上的抽象和概括。简而言之,在数学教学中要注重引导学生感悟数学思想,使学生学会数学思考,提高数学思维品质。

三、试题求解

1. 代数式模型视角下的转化思想

什么是代数式？苏科版数学教材上没有给出规范的定义,而采用了"像……这样的式子都是代数式"的定义方式。一般认为,用基本的运算符号把数、表示数的字母联结起来的式子叫作代数式,单独一个数或一个字母也是代数式。因此,已知条件"$a+b=3$"中的$a+b$是一个代数式模型,表达的是a与b的和,试题可以理解为当代数式$a+b$取值为3时,求代数式$a^2+ab+3b$的值。未知的代数式$a^2+ab+3b$也是一个代数式模型,表达的是a、b之间的相对复杂的数量关系。显然,运用基本的数学思想方法,探寻两个代数式模型之间的关系是关键。

转化是分析和解决数学问题的基本策略之一,也是求代数式的值的基本思想方法之一。用转化的思想求代数式的值是指运用数学概念、性质、公式、原理等,把未知代数式转化为可知或已知代数式(分析法),或把已知代数式转化为未知代数式(综合法),最终将未知代数式与已知代数式建立联系,从而求得未知代数式的值。

解法1 分析法:先把$a^2+ab+3b$恒等变形为$a(a+b)+3b$,将代数式$a+b$的值代入求得$3a+3b$,再次变形为$3(a+b)$,再把$a+b$的值代入计算。

解法2 综合法:由已知代数式$a+b$的值为3,可得$a(a+b)=3a$,即$a^2+ab=3a$,用$3a$代替要求代数式中的a^2+ab,得到代数式$3a+3b$,再次变形为$3(a+b)$,代入求值即可。

2. 方程模型视角下的消元思想

方程是刻画现实世界数量关系的有效模型。条件$a+b=3$表达的是含未知数量的相等关系,可以看成方程模型,也就是关于a、b的二元一次方程模型。代入消元法是求解二元一次方程组的基本数学思想方法,具体是指将方程组的一个方程中的某个未知数用含有另一个未知数的代数式表示,并代入另一个方程,消去一个未知数,从而把解二元一次方程组转化为解一元一次方程的方法。

用消元方法求代数式的值,就是用方程模型的观点来审视已知条件,将其中某个字母用含有另一个字母的代数式表示,再代入代数式,消去一个字母,从而实现求代数式的值的方法。

解法 3 消元法:由 $a+b=3$ 得 $b=3-a$,把 $b=3-a$ 代入代数式得 $a^2+ab+3b=a^2+a(3-a)+3(3-a)$,进一步计算求得结果。

3. 图形模型视角下的数学结合思想

某些代数式可以以几何图形的方式表达出来,也就是说代数式的求值问题可以转化为几何图形的相关计算问题。由数想形,是一种数形结合意识,是基于数形结合思想的良好思维习惯和行为表征。数形结合是一种数学思想方法,是将数学研究的两个基本对象"数"和"形"建立联系的基本方法。数形结合是将数的抽象性、精确性与形的形象性、直观性有效地结合在一起,实现以数解形和以形助数的目的。我国著名数学家华罗庚曾说过:数缺形时少直观,形缺数时难入微。用数形结合思想求代数式的值,就是对有关的数或式(已知或未知)进行几何直观解释,用图形表示其几何意义,从而将数式的问题转化为图形的问题,然后再根据图形的性质或直观性求解。

解法 4 图形法:把代数式 $a^2+ab+3b$ 先用图形表示出来(如图1),将图形补成长方形(如图2),再用"图形面积"表示代数式。

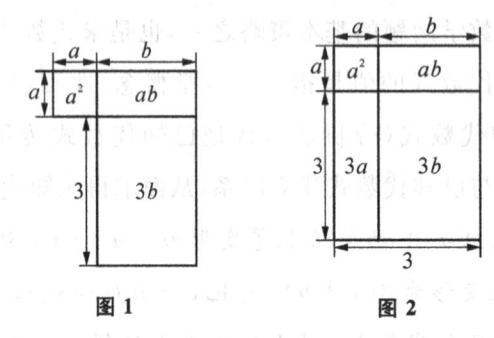

图1　　图2

如图2,$a^2+ab+3b=3(a+3)-3a=3a+9-3a=9$。

四、教学启示

1. 立足概念,在求值体验中感悟数学思想方法

数学思想方法是解决数学问题的核心。苏科版数学七年级教材上的求代数式的值内容中蕴含丰富的数学思想方法,教师在教学中应注意挖掘和渗透。比如在学习将字母的取值直接代入代数式求值时,引导学生在计算中体验不同的字母取值,会使代数式的值发生变化,当字母取值确定时代数式的值对应唯一确定,在计算过程中感受数量的变化规律和对应关系,感悟函数模型、函数思想、对应思想。又如在题1的教学

中,引导学生分析条件 $5a+3b=-4$,回顾到基本的数学概念,如果看成"二元一次方程",那么无法确定字母 a、b 的取值,和学生已有的认知经历和计算经验形成冲突,激发学生积极投入到问题探究活动中;如果看成是"代数式 $5a+3b$ 的值",就要基于学生固有的思维方式,引发学生思考怎么使用这个代数式的值,探寻求解策略。最终指向先将要求的代数式化简,再将已知代数式的值整体代入求值,或者运用等式性质,先将代数式进行恒等变形,整理成可代入的形式,实现求值目的,感悟整体思想。

2. 精设问题,在模型建构中让学生感悟数学思想方法

求代数式的值是感悟函数思想的良好载体,在求值中感受数量的变化关系、对应关系,帮助学生体悟函数模型,为后续函数概念的学习打下坚实基础。但是这种体验大多源于直接代入的求值运算,一旦条件发生变化,给出的条件无法直接代入或需整体代入实现求值目的时,代数式的求值问题就会陷入困境,这时数学模型建构就显得尤为重要了。下面从苏科版数学七年级下册教材第 9 章复习题中撷取一例(案例1),呈现问题、设计分析及教学策略。

案例1 已知 $(a+b)^2=7$,$(a-b)^2=3$。求 a^2+b^2、ab 的值。

问题:

(1)已知条件是什么?由已知可知什么?未知是什么?你想到什么?

(2)两个已知条件之间有什么关系?

(3)已知条件与所求代数式有什么关系?

【设计分析】这道代数式求值问题,给出两个复杂的条件,条件与待求代数式间的关系不明朗,需要深入思考挖掘已知与未知之间的内在关联。而学生具备的认知和经验仅仅停留在将已知条件直接代入求值,或者将要求的代数式恒等变形后整体代入求值的水平上。对学生来说,问题的求解具有一定的挑战性,会给一部分学生造成困惑。问题(1)引导学生首先弄清题意,分析已知及可知,挖掘已知条件的潜在信息,尝试将已知与未知建立联系;问题(2)引导学生尝试在已知条件间搭建桥梁,同时发挥两个条件的作用;问题(3)引导学生探究所求代数式与已知条件的关系,明确求解路径,制定求解计划。

【教学策略】此题求解方法具有多样性,笔者认为在教学时,应引导学生以代数式模型、方程模型的视角解析题目,建构方程求解,感悟方程思想、整体思想、模型思想,帮助学生学会数学地思考。从整体上看,两个条件,两个未知,类似于二元一次方程组的问题,用方程模型视角看条件,可得 $\begin{cases} a^2+2ab+b^2=7, \\ a^2-2ab+b^2=3, \end{cases}$ 此时将 a^2+b^2、ab 看成一个整体,采用加减消元法求值。也可以将条件变形为:$a^2+b^2=7-2ab$、$a^2+b^2=3+2ab$,以此建立方程模型$7-2ab=3+2ab$,再运用整体思想,求得ab的值,再求a^2+b^2的值就比较容易了。当然也可以引导学生根据两个条件的形式特征建构乘法公式模型,将两个条件直接用平方差公式求值,建立方程模型,则有$(a+b)^2-(a-b)^2=4$,$(a+b+a-b)(a+b-a+b)=4$,即$4ab=4$,求得ab的值,然后完成其他求值。

3. 精准选题,在讲题教学中习得数学思想方法

数学思想方法由于其隐形化的特质而不同于一般意义上的数学知识,因此有其特定的教学方法。苏科版初中数学教材中注重科学性、整体性、过程性、可读性、基础性,尤为注重学生对基础知识、基本技能的理解和掌握。因此,教材上呈现的代数式求值问题比较简单,占比约95.2%,蕴含的数学思想方法有一定局限性,这就要求教师适当拓展教学内容,引入一些具有潜在价值的代数式求值类试题,在教学中引导学生经历分析、抽象、建构、感悟、显化等思维活动过程,习得基本的数学思想方法。

案例2 若$a+\dfrac{1}{a}=3$,则代数式$a^2+\dfrac{1}{a^2}=$ _____。

【教学价值】由已知到未知的升幂思想,把已知条件左右两边同时平方(升次),将已知条件与未知建立关联,再整体代入求值。问题的本质是已知代数式$a+b$的值,求代数式a^2+b^2的值,特殊性在于这里的a、b互为倒数,帮助学生以高屋建瓴的视角审视问题,明晰相应的解题策略及思想方法。

案例3 若$2a-3b=-1$,则代数式$4a^2-6ab+3b$的值为( )。

A. -1 B. 1 C. 2 D. 3

【教学价值】由已知条件出发,通过两边都乘$2a$,将已知条件变形为$4a^2-6ab=-2a$,整体代入得$-2a+3b$,再次变形为$-(2a-3b)$求值,引导学生感悟方程思想、整体思想、升幂思想、消元思想等。或者从未知代数式出发,恒等变形后,整体代入求值,感悟降幂思想、整体思想等。

总之,在初中数学教学中应注重引导学生在数学知识的学习中感悟数学思想方法,增强以数学思想方法指导运算的意识。从数学模型建构的视角审视实际问题,在数学模型的生成、生长、应用的过程中感悟数学思想,帮助学生掌握分析和解决问题的方法,提高数学思维品质。

在数学建模中建立知识结构

——《一元二次方程》单元复习课教学设计与思考

摘　要：单元复习教学最重要的是找到合适的"大概念"（主题或线索）组织、串联因分课时学习而显得零散、无序、碎片化的单元内容，从而帮助学生建立单元知识结构，获得深度理解。《一元二次方程》单元复习课的教学，尝试引导学生经历完整的数学建模过程，在实际问题的解决中，复习一元二次方程的概念与解法，理解一元二次方程产生与运用，体会一元二次方程是刻画现实世界数量关系的重要数学模型。这节课进一步的教学立意有：指向理解的简约设计，指向结构的问题驱动，指向迁移的能力提升。

关键词：单元复习；大概念；数学建模；知识结构；一元二次方程

单元复习，不是对分课时学习的单元内容的简单回顾和总结，而是一种再学习。因此，单元复习教学最重要的不是设计新的问题，通过问题解决再现有关知识，而是找到合适的"大概念"（主题或线索）组织、串联因分课时学习而显得零散、无序、碎片化的单元内容，从而帮助学生建立单元知识结构，获得深度理解。

人教版初中数学教材九年级上册第二十一章《一元二次方程》包括三节教学内容——《21.1 一元二次方程》《21.2 解一元二次方程》《21.3 实际问题与一元二次方程》，这些内容可以简述为一元二次方程的概念、解法和应用三个知识模块。从内容结构的布局上看，教材编写者遵循数学知识生成的一般规律，从现实问题情境引入，引出方程模型，类比一元一次方程的概念学习，形成一元二次方程的概念，接着探究一元二次方程的求解方法，最后指向实际问题的解决，从而形成一个完整的单元知识结构。教师引导学生分课时学习一元二次方程的概念、表示、解法、根的判别式、根与系数的关系以及实际应用等知识。

设计这一单元的复习课时，笔者通过整体梳理，发现教材的编写思路是：先从现实情境问题引入，获得一元二次方程模型；再类比一元一次方程概念，形成一元二次方程的概念；接着重点探究一元二次方程的求解方法，包括配方法、公式法、因式分解法；最后，回到现实情境问题，运用一元二次方程解决。

由此,笔者提炼出"数学建模"这一"大概念",作为教学主题,尝试将数学建模内涵与单元复习目标统整起来,相互融通,以数学建模活动为载体,发现、提出解决问题为主线,将基础知识、基本技能、基本思想和基本活动经验的再学习渗透在建模活动中,引导学生经历完整的数学建模活动过程。以实际问题的解决为载体,引导学生复习一元二次方程的概念与解法,理解一元二次方程产生与运用,体会一元二次方程是刻画现实世界数量关系的重要数学模型,建立单元知识结构。

下面,笔者会先呈现这节课的教学设计,再进一步阐述有关的教学立意。

一、教学设计

1. 创设情境,提出问题

情境 某农场要建立一个长方形的养鸡场,养鸡场的一边靠长为 25 m 的墙,另外三边用木栏围成,现有木栏长 40 m。

问题1 养鸡场面积能达到 180 m² 吗?

先提供一个现实情境,让学生试着提出问题,培养学生发现问题、提出问题的能力。在学生提出问题的过程中,如有必要,教师可以引导学生考虑现实需求,聚焦所围养鸡场的面积问题(直接关系到所养的鸡的活动空间以及生存质量),从而给出预设的问题——问题1。

2. 数学抽象,建构模型

面对问题1,引导学生画出养鸡场图形(如图1),思考如何用数学语言表达现实问题中的数量及其关系,从而建构合适的数学模型,经历现实问题数学化的过程,培养应用意识。由长方形的面积,学生必然想到长方形的长和宽。由于长方形的长和宽均未知,学生必然想到设未知数为 x(方程思想的表现)。

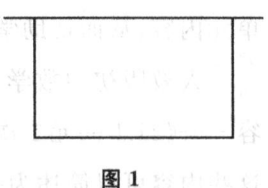

图1

这时,学生面临选择:设长还是设宽?对此,教师可以让学生尝试并比较,从运算方便性的角度发现,设宽为 x,则长的表达式 $(40-2x)$ 更简便些。由此,学生根据问题中的数量关系,不难得到方程模型 $x(40-2x)=180$ 和不等式组模型 $0<40-2x\leqslant 25$。这时,教师可以追问:这是什么方程?引导学生整理得到一元二次方程的一般形式 $x^2-20x+90=0$。至此,学生经历了现实问题到数学问题的转化和建构数学模型表达数量关系的过程,获得一元二次方程模型,明晰一元二次方程的来龙去脉,感悟数学模型是连接现实世界与数学世界的桥梁。

3. 求解模型,解决问题

面对一元二次方程模型 $x^2-20x+90=0$,引导学生思考求解方法(配方法、公式法),同步实现复习一元二次方程解法的目的。求解之后,引导学生检验。然后,引导学生利用数学模型的解,获得现实问题的解答。这样,从现实问题出发,获得数学模型,在数学内部计算求解,再把数学模型的解回归现实,检验修正,最终解决问题,使学生经历了完整的数学建模过程。

4. 变式探究,拓展问题

问题 2 养鸡场面积能达到 200 m² 吗?

问题 3 养鸡场面积能达到 250 m² 吗?

这两个跟进的问题引导学生再次经历完整的数学建模过程,获得巩固提升。在求解数学模型环节,引导学生体悟不同取值导致的解法变化和结果变化,甚至涉及现实问题中结果的变化,以促进学生在问题的变化探究中复习解法,提高运用数学模型解决实际问题的能力。同时,这两个现实问题所建构的一元二次方程模型分别有两个相等的实数根和无实数根,可以帮助学生复习一元二次方程根的不同情况。

5. 查漏补缺,解法优化

问题 4 已知关于 x 的方程 $kx^2-6x+9=0$ 有两个不相等的实数根,则 k 的取值范围是_____。

问题 5 已知 $x=2$ 是方程 $x^2-6x+m=0$ 的一个根,则该方程的另一个根为_____。

这两个问题是纯数学问题,目的是查漏补缺。问题 4 帮助学生复习根的判别式知识,强化对一元二次方程二次项系数不能为 0 的认识。问题 5 帮助学生复习根与系数的关系,强化对方程的解能使等式成立的认识;教学中,可以鼓励学生用不同的方法求解,并比较解法的优劣,从而充分体会根与系数的关系是由一元二次方程的解法得到的,知识之间是相互联系的。

6. 课堂小结,反思归纳

在学生经历了完整的数学建模过程的基础上,引导学生绘制本章知识(包括方法)结构图,最终呈现图 2,从而提高学生的认知水平与数学能力。

```
现实问题 ──数学化──→ 数学模型
  ↑            一元一次不等式  一元二次方程
  │                          一般式：ax²+bx+c=0(a≠0)
  验          数学建模      求  直接开平方法
  证                        解  配方法        ⎫
  │                            公式法        ⎬ 降次、化归
  │                            因式分解法    ⎭
  ↓                              ↓
现实问题解答 ←──解释── 数学模型的解
```

图 2

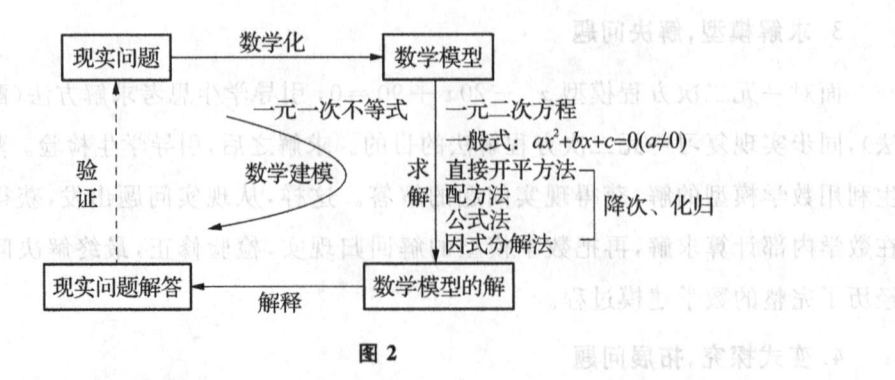

7. 当堂检测,巩固提升

练习 1 怎样用一条长为 40 cm 的绳子围成一个面积为 75 cm² 的矩形？能围成一个面积为 101 cm² 的矩形吗？如果能,说明围法；如果不能,说明理由。

练习 2 已知关于 x 的方程 $ax^2-x-1=0$ 有两个不相等的实数根,则 a 的取值范围是_____。

练习 1 是对问题 1 至问题 3 学习情况的检测,练习 2 是对问题 4 学习情况的检测,当堂检查学习情况,即时反馈,提高复习效益。

二、教学立意的进一步阐释

本节课的设计,除了整理把握教材的编写思路,帮助学生建立单元知识结构之外,还有更进一步的立意。

1. 指向理解的简约设计

美国学者林恩·埃里克森提出教学目标的三维模式(KUD)：知道(know)、做(do)、理解(understand)。其中,知道的是"事实",做的是"技能",而理解的是"概念"。就本单元的复习而言,知道指从知识层面了解一元二次方程的定义及一般形式、解法、根的判别式、根与系数的关系等；做指从技能层面正确求解一元二次方程及解法优化；理解指从概念层面体会具有生活价值的反映专家思维方式的概念、观念或论题。在这个三维模式中,理解是最核心的部分。基于数学建模视角的单元复习设计,聚焦的是理解的目标。从"大概念"的视角看,通过复习教学,使学生回顾"知道"层面的微观概念很重要,但更重要的是让学生体会"理解"层面的宏观概念,这些概念性知识是更"上位"或"高位",具有很强的迁移价值和生活价值。本节课以一个现实问题引入,将其数学化后转入数学内部建立方程模型,再研究方程模型的求解,验证并解决问题,这个过程就是一种大概念,反映了专家思维方式,蕴含了研究代数模型的一般方法,当学生在潜移默化中理解这些,单元复习的价值才会最大化。

2. 指向结构的问题驱动

单元复习教学最重要的是找到合适的"大概念"(主题或线索)组织、串联因分课时学习而显得零散、无序、碎片化的单元内容,从而帮助学生建立单元知识结构,获得深度理解。这里所谓的单元知识结构有着丰富的内涵,既包括显性的单元知识的联系框架(概念—解法—应用),也包括隐性的单元知识的生长脉络结构(如图2)。事实上,这些稳定的单元知识结构本身也是一种"模型",而设计适切的问题是帮助学生体悟"模型"的关键。比如,问题1至问题3的提出,驱动学生自主参与实际问题的分析和解决的活动,是促进学生体悟数学建模循环结构的关键。又如,问题4、问题5侧重于数学内部问题的解决,在问题解决的过程中,逐步建立单元知识结构(一般包括概念、解法、应用等)。

3. 指向迁移的能力提升

有学者指出,迁移是教育的终极目标,学习只有在学生达到迁移水平时才算完成。所谓迁移,简而言之,就是把在一个情境中学到的东西迁移到新的情境的能力。就本节课的教学而言,学生经历了完整的数学建模过程,也就掌握了研究更多数学模型的一般方法,积累了宝贵的建模活动经验,从而具备学习迁移的重要基础。比如,在后续《二次函数》单元的学习中,学生可以迁移《一元二次方程》单元的学习经验,从数学建模的视角,尝试自主建构单元知识结构(如图3),整体把握单元内容。

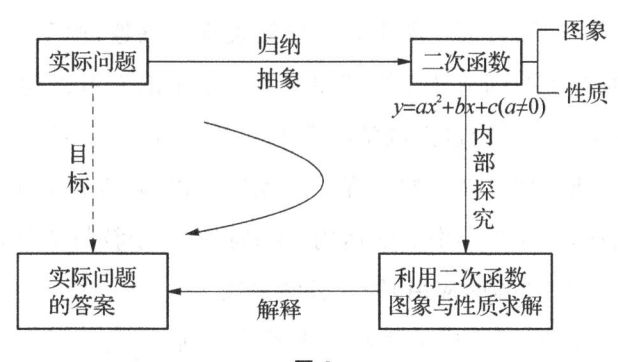

图3

数学课堂导入教学的实践与思考

新课导入是课堂教学过程中不可或缺的一个重要环节,是引导学生进入学习状态的重要阶段。一个成功的课堂导入,能迅速触发学生的好奇心,充分调动学生探究心理,唤起学生求知欲望。适切有效的课堂导入,能够激发学生主动关注新课学习内容;也能启迪学生的数学思维,唤起学生的学习经验,为学习新知做好铺垫;更能引起学生的数学思考,给新课的顺利推进带来勃勃生机。因此设计并落实数学课堂教学的导入环节,对于提高学科教学效益有着重要的作用。本文拟通过对部分课堂教学导入案例的解读,提出笔者的一些思考,旨在引发广大读者对本课题的跟进探索与研究。

1 课堂导入要具备激趣启学功能

"兴趣是最好的老师"。如果说学生一旦自发地对新知的学习产生了浓厚的兴趣,那么学生就会主动地、积极地投入到学习中。《义务教育数学课程标准(2011年版)》也明确要求:"数学教学活动,特别是课堂教学应激发学生兴趣,调动学生积极性,引发学生的数学思考,鼓励学生的创造性思维。"如何激发学生的学习兴趣?怎样调动学生的学习潜能?建构主义学习理论也强调学习者的主动性,认为学习是学习者基于原有的知识经验生成意义、建构理解新知的过程。因此笔者以为:设计好趣味性较强、启迪性较好的课堂导入载体,并在教学中灵活运用,这必将有利于教与学双方的和谐开展。

案例1 《一元一次方程的应用》导入教学片段

师:同学们认得他吗?(师边说边指向大屏幕上所呈现出的人物头像,见图1)

生(众):不知道。

师:老师给个提示,这位是三国时代的一位统领一国大军的都督,才华横溢,可惜英年早逝。大家知道是谁了吗?

生(众):周瑜。

图1

师：对,是周瑜。同学们想知道周瑜的年寿吗?

生(众)：想。

师：好,同学们请看大屏幕(屏幕上呈现关于周瑜年寿的一道古代数学谜题)。通过这节课的探索学习,周都督的年寿问题将得到解决。请同学们认真阅读这个谜题,思考如何用我们已经学过的知识来解决这个问题。

教学分析：作为课堂教学的前奏曲,这是激发学生学习兴趣的首要环节。七年级学生对四大名著中的一些重要人物有一定的了解。开课伊始老师通过大屏幕呈现历史人物头像并让学生说出是谁,此招既组织调适了课堂教学氛围,又激发了学生学习兴趣。在经教师提示后说出该人物的基础上,老师跟进追问"周瑜年寿"问题,这样的教学处理激活了情感,也启迪了智慧,更诱发了思维,充分激起了学生的求知欲,促使学生围绕"周瑜年寿谜题"自主地进行探究性学习。以典故为载体寓以数学问题,这样巧妙的课堂导入,就较快地打动了学生的心弦,在生趣探疑的积极激励下,有效地促成了学生情绪高涨地进入求知状态。

2　课堂导入要具备生疑探究功能

数学是一门思维的科学,思维从问题开始。课堂教学中,学生应当经历实验探究、生疑猜测、计算推理等思维活动过程。设计教学时,我们要针对教材的关键、重点和难点,借助恰当的载体巧妙设疑,使学生暂时处于困惑状态,营造一种"心求通而未得通,口欲言而不能言"的境地。因此有效的课堂导入可以使学生产生疑虑困惑,进而引发学生进行积极的数学思考。

案例2　你能折出来吗?(《实数》章引入课教学片段)

师：同学们,上课前我们先来做一个折纸游戏。请同学们把一个面积为4的正方形纸片进行折叠,要求折出面积为1的小正方形。并求出折叠后得到的正方形边长。

生1：边长是1。(学生很快对正方形纸片进行对折再对折,也很快回答出边长为1。)

师：边长为什么为1?

生1：因为1的平方是1。

师：好,那么同学们能否折出面积为2的小正方形?

(起初学生们感到困难,过了一会,部分学生折出了符合要求的正方形,一部分学生还在尝试折叠。老师要求一学生上讲台进行折叠展示。)

师：请同学们思考,这个面积为2的正方形的边长是多少?

(学生均面露难色,无法回答老师的提问)

师:那么同学们是如何计算正方形面积的?

生(众):正方形边长的平方就是它的面积。

师:那么这个面积为2的正方形的边长存在吗?

生(众):存在的,就是这个长度。

师:既然存在,那么什么数的平方会等于2呢?好,同学们,待我们学了《实数》这一章的内容后,你们心中所有的疑惑就迎刃而解了。

教学分析:《实数》这一章的知识内容对初中学生来说在理解上还是有一定的难度。无理数概念的建立为数从有理数扩展为实数奠定了基础。认识实数的前提首先是要正确认识无理数。苏科版教材将"实数"中无理数的概念调整到七年级,而"实数"概念的学习安排在八年级"平方根""立方根"后,这样编排的意图是希望让学生对无理数概念有了充分认识后再引入"实数"的概念。教学中如何设计一个能够调动学生探索兴趣的、学生又有一定经验基础的情境来引出本章知识的学习呢?笔者在教学中创设了这个探索型的操作正方形折叠的情境。在操作活动的实施与师生对话中,不但含有折叠、图形全等、面积等分、平方等有关正方形面积计算的基础知识,同时也有推理性的演绎思考。这个探索型操作活动情境的创设与应用,一方面为本章内容的顺利学习做好铺垫,同时这样的章引入势必会给学生的认知造成一定的冲突,能较快促进学生进行数学探究。

3 课堂导入要具备引领全局功能

在数学的课堂中,教学的逻辑与思维的路径无处不在,它像一只无形的手,控制着课堂教学的结构、进程与活动形式,直接影响着课堂教学的效果。作为教学逻辑与数学思考的核心体现——数学思维暗线的铺设与教学行为结构明线的构建则引领着课堂的教学全过程。因此一个有效的课堂导入应该也兼具引领全局的功能。

案例3 为何如此设计?

师:同学们,从本节课开始,我们又将进入一个新知识领域的学习。现在请同学们用刻度尺量一量,课桌的长与宽分别是多少?

生(众):量取,记录。

师:请大家再算一算,课桌的宽与长的比大约是多少?(要求精确到十分位)

生(众):大约等于0.6。

师:好,在测量和计算中存在一定的误差,但基本上得到的都是这个结果。现在再请同学们算一算,课本的宽与长之比大约是多少?

生(众):大约等于0.7。

师：刚才我们采用测量计算的方法得到了课桌、课本的宽与长的比值，其实在我们的日常生活中，还有许多实物采用这样的近似比值来设计物件的长和宽。同学们知道这其中所蕴含的道理吗？同学们，通过本章内容的学习，我们将对这个问题进行深入的探索与学习，许多疑问也由此得到解决。

教学分析：这是《相似三角形》一章学习的一个开课教学片段。同学们通过动手测量与计算，得到了课桌、课本的宽长之比值。在此基础上，教师指出"日常生活中，还有许多实物采用这样的近似比值来设计物件的长和宽"，同时抛出问题"知道这其中所蕴含的道理吗？"，此举促使同学们在量取相关数据并计算的同时展开了积极的数学思维：为何计算得到的结果基本上趋于这个近似比值？用这个近似比值来设计一些物件有数学知识体现在里面吗？老师说的本章内容的学习与这个话题关联性强，许多疑问将得到答案，具体体现在哪里呢？笔者以为，"黄金比"作为《相似三角形》章内的一个知识点，其内容本身由特殊的线段比抽象而成，但透过这个概念，我们可以追溯到比例线段、相似三角形及"黄金分割"所体现出来的数学内涵美，而这些知识的探索与学习显然是本章的重点所在。从数学思维层面来看，抽象与转化、数形结合、模型化、变换等思想在本章中均有集中的体现；从教学程序行为上来看，"呈现案例—提出问题—分析与探究—验证与推理—延伸与拓展—应用与推广"成为一条学习路径。显然"黄金比"的探索引入起到了较好的引领全章知识学习的作用。

4　课堂导入要具备承前启后功能

数学学科内容本身的逻辑性与层递性决定了我们的课堂教学必须要顺应知识的逻辑发展程序，由浅入深地按知识的发生、发展路径进行。同样地，课堂导入教学中，我们在总结归纳前期知识的基础上，运用"最近发展区"理论，借助于合适的导入载体将蕴含于内的数学新知识呈现给学生，通过课堂探索，尝试运用新知识解决问题并跟进应用与拓展。如此"前后呼应式"的导入教学，在一定程度上也反映了数学学习的特点，兼具连贯一致、优化数学逻辑结构的教学功能。

案例4　《平行四边形的判定定理》导入教学

师：现在请同学们利用两张全等三角形（注：不等边的锐角三角形）的纸片来拼四边形，大家能拼出哪些不同的图形来？将你们所拼图形在纸上画出来。

（同学们在动手操作的基础上，按教师要求画出了示意图）

师：请同学们把这些四边形分分类，并说说分类的依据。

（根据学生分类结果，教师投影图片，如图2）

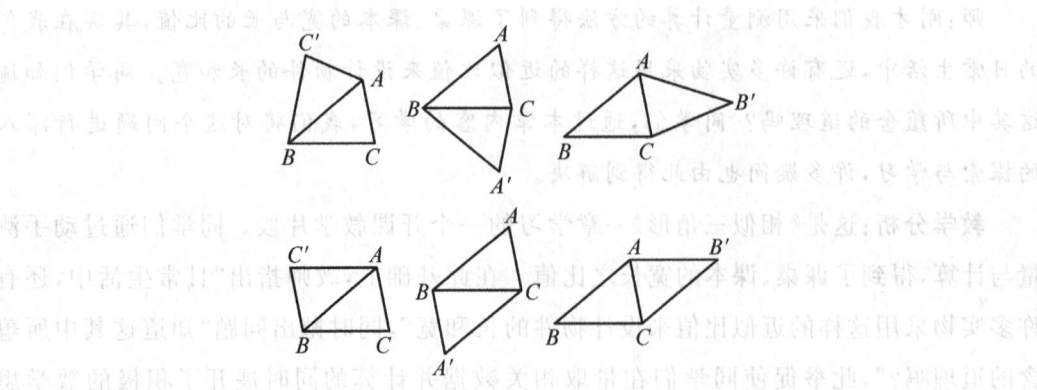

图 2

生1：把对应边重合在一起就能拼出四边形来。

生2：对应边重合在一起拼出来的四边形可以分成两类：一类是对应顶点完全重合，就是图中上面一排的三个四边形；另一类是对应顶点刚好互换一下重合，就是图中下面一排的三个四边形。

师：刚才两位同学的回答都不错，按对应边重合后对应顶点重合与互换这个标准分成两类四边形。同学们再仔细观察上面的图形，还有不同的分类标准来说明它们吗？

生3：还可以按图形的变换来进行分类。图形中的上面一排就相当于是以三角形的各边所在直线为对称轴进行的轴对称变换得到的，而下面一排就相当于是以三角形的各边中点为旋转中心进行180°的旋转变换得到的。

师：你的观察很仔细，概括很到位，真不错！

师：同学们再说说，下面一排的四边形是哪类特殊的四边形？

生（众）：平行四边形。

师：对！从本节课开始，我们将一起来探索如何判定一个四边形是平行四边形。

教学分析：平行四边形作为多边形中的一类，在整个四边形的学习中占有较为重要的地位，它是进一步探索学习特殊的平行四边形的基础。在教材编排中，首先编排学习的是平行四边形及其相关性质，然后是中心对称方面的知识，在这两个内容后才安排学习平行四边形的判定，紧跟着一章是有关特殊的平行四边形（矩形、菱形、正方形）的学习。这个课堂导入利用两张全等三角形纸片进行拼图操作，在此基础上进行分类依据的探索。这样导入一方面回顾了全等三角形的基础知识，另一方面对轴对称变换与旋转变换相关知识进行了灵活的运用，同时也较为顺畅地拼图得到了一些平行四边形，这为新课探索平行四边形的判定奠定了基础，有效达成承前启后、整体连贯的作用。

5 课堂导入要具备内涵发展功能

教学的内涵发展已经涉及课堂品质与课堂立意这两个教学的核心话题。清晰的教学逻辑是有效课堂的核心特征之一。作为一种特殊的社会事物,课堂教学包含着外在形式的呈现与内在实质的蕴含两个层面。外在形式是课堂教学行为的外在体现,内在实质是课堂教学外在行为背后隐含的内在特征,是对行为的梳理与解释的结果。关注并提升课堂品质与课堂立意,切实改进教与学方式,使学生自我掌控学习过程,获得研究数学问题的切身体验,逐步达到对数学内涵的实质性理解。如何实现这一目标?笔者以为:具备内涵发展的课堂导入同样能够有效触发这一目标的快速实现。

案例5 《勾股定理》入课教学片段

师:同学们请看大屏幕,这些问题在我们的生活、学习中经常碰到,如何解决这些来自我们身边的实际问题呢?通过今天这节课的学习与探索,这些问题将迎刃而解。

屏幕呈现如下问题(如图3):

(1) 学校升旗时所用绳子自然下垂时比旗杆多出2米,绳子拉直时的着地点一端离旗杆底部6米,试问旗杆有多高?

(2) 学校矩形草坪被走出一条斜路,只少走了几米?值吗?

(3) 南京长江二桥的最长斜拉索有多长?

(注:问题中所涉及数据具体见图中标注)

图3

教学分析:苏科版八年级上册第三章第一节《勾股定理》,为让学生经历勾股定理的探索与发现过程,同时对定理本身的文化历史进行适度的欣赏与拓展。本导入从定理的应用性出发,在呈现来自生活现象的基础上设计问题,创设有意义的问题情境,通过颇有思维价值与应用价值的数学问题呈现,让学生在定理学习前就体会到定理的"有用""贴近现实""接地气",这种有意义的寻求问题解决的导入情境的创设有效地为学生探索定理奠定了良好的学习心理基础、激发了求知欲望,较为有效地引领了教学内涵发展。这是因为:上面三个问题均围绕直角三角形展开,求解指向均需要明确直角三角形三边间的关系,这个关系正是定理的本质所在。这样以数学知识的内在需求出发,通过教师的引导与影响,可以有效促进学生自主发展与主动探索。同时为寻求问题的最终解决,学生必须充分经历数学知识的形成过程,这样以问题的提出与解决启动数学思维的深入与发展,因而能够有效提升学生的数学思维品质,逐步形成数学思维方式,丰盈数学学习精神的内在成长,为学生数学素

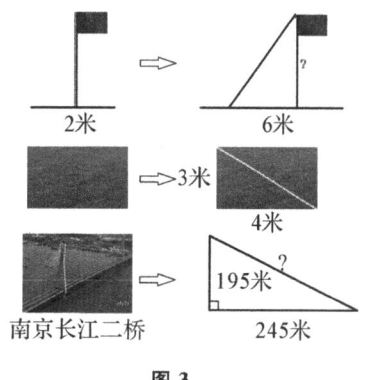

养的内涵发展奠定基础。

"良好的开端是成功的一半"。教学中我们精心设计导入环节,注重导入教学,这是我们教师有意识、有目的地引导学生进行数学新知学习必须经历的一个重要过程。于漪老师曾说过:"课的第一锤要敲在学生的心灵上,激发他们思维的火花,就像磁石一样把学生牢牢吸住。"因此,精彩的导入不但能够点燃学生智慧的火花,从某种意义上来说,导入的成功与否还直接关系到学生学习活动的顺利开展,课堂教学效益的有效提升。但在教学实践中,我们也看到一些不接地气、偏离目标的"伪导入","伪导入"让我们的教学迷失了正确的方向,让我们的教学效益低下,所有这些都是我们广大一线老师值得高度重视的课题。希望藉此文,引发广大读者就此话题展开更富有实效的探讨研究。

整体建构:章头课的应然追求

——以苏科版"分式"章头课为例

摘　要:章头课教学往往容易被教师忽略、淡化、甚至放弃,教学价值有待挖掘。基于章头课的教学价值分析,以"分式"章头课教学为例,凸显整体建构的设计理念。指出章头课教学要在准确理解教材的基础上,将教学内容问题化,引领学生建构知识体系;将研究内容具体化,驱动学生建构方法系统;将研究内容数学化,培养数学研究的一般观念。

关键词:章头课;分式;整体建构;一般观念

苏科版数学教材在每章的开头设置了两页教学内容,包含章头图和章引言(以下简称"章头材料")。我们把以章头材料为教学内容的课型称为章头课,具体是指在整章第一小节内容的教学之前,所实施的以启发学生思考,建构章节整体结构,渗透数学思想方法为主要目的的课型。然而在实际教学中,章头课与概念课、命题课、复习课、讲评课等常规课型相比,没有得到一线教师的足够重视,一部分教师忽略、淡化、甚至放弃章头课的教学,降低了整体化教学效果,浪费了良好的教学素材,枉费了编者的良苦用心。

一、章头课的价值分析

章头材料是整章知识要点、思想方法和研究路径的概括,是整章学习内容的浓缩。虽然章头课呈现的内容言简意赅,具体知识涉及较少,但对整章内容的学习起到提纲挈领的作用,是达成整章学习目标的重要基础。章头课教学目的是引领学生从宏观上认识整章内容,建构知识体系、方法系统和一般观念,教学应聚焦于为什么研究、研究什么、怎样研究等问题。人民教育出版社的李海东编审认为:基于核心素养的数学教学,首先要深入理解、整体把握教学内容,从数学学科的整体结构、核心内容和重要思想上整体认识和把握教学内容,使数学教学成为一个融知识、技能、方法、思想和价值观为一体的整体。章头课在帮助学生了解知识的来龙去脉,初识整章知识概貌,了解蕴含的思想方法,体悟应用价值等方面有重要的价值。现实教学中,很多教师不知道如何进行章头课的设计与教学,也有少数教师认为章头课不涉及具体的考点,可以弱化甚至忽略。事实上,老师若能静下心来深入研读教材,把握章头内容的编写意图,精心设计问题,导引学生在章头课的学习中建构整章的知识结构、方法系统和一般观念,如此,就满足了学生整体感知全局的内在愿望和心理需要,从而形成了"纵览全局、尽在把握"的闲适心理,形成对学习内容的整体感知。

二、章头课的教材理解

"分式"是苏科版八年级下册第十章的内容,学生在此之前学习了整式,后续将学习反比例函数。分式的章头材料由两部分内容组成:矩形边长问题和京沪铁路行程问题。目的分别是从数学内部、数学外部的视角,引导学生了解分式整章知识内容,从整体上认识分式。后续学习的章节内容包括:分式、分式的基本性质、分式的加减、分式的乘除和分式方程,其中分式概念与分式方程分别是数学模型建构和数学模型应用。章节布局体现了整章的知识结构和研究路径。基于以上理解,本节课教学目标是了解分式的概念,整体把握分式的知识结构;经历分式性质的探究过程,初步掌握研究分式的一般路径、策略与方法;渗透类比、转化、数形结合等思想方法,培养研究数学对象的一般观念。教学重点是以建立数学模型为载体建构分式的知识结构和方法系统;教学难点是培养研究数学对象的一般观念。

三、章头课教学设计示例

1. 问题情境

问题1 如图1,已知长方形的面积、长方体的体积分别为 6 m²、8 m³,你能表示"?"边的长度吗?

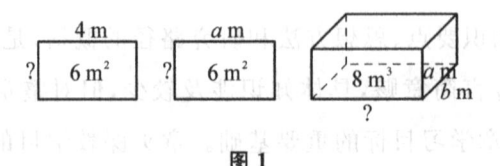

图1

设计意图:教师作为教学活动的设计者、组织者,应当了解所授知识的来龙去脉,从整体上理解知识间的内在联系,把握知识本质及教学价值。章头图呈现的是一个面积为 6 m²、宽为 a m 的矩形问题情境,在设计时,以分数作为起点,由数到式、由平面图形到立体图形,让学生经历用字母表示数的过程,感受分式与分数的关联,初步感知分式来源于数学内部发展的需要。图形中设计 $\dfrac{6}{4}$ 的意图,是引发学生自觉化简,复习回顾分数的基本性质,为分式的化简提供经验源,也为形成认知冲突埋下伏笔。

问题2 京沪铁路是我国东部沿海地区纵贯南北的交通大动脉,全长1 462 km,是我国最繁忙的铁路干线之一。如果货车的速度是 a km/h,客车的速度是货车的2倍,那么

(1) 货车从北京到上海需要多长时间?

(2) 客车从北京到上海需要多长时间?

(3) 若经过技术升级,货车提速15 km/h,该货车从北京到上海需要多长时间?

设计意图:京沪铁路问题是章头材料的主要内容,也是核心内容,在教学设计时,为实现根据实际情境引出分式模型的教学目的,把教材上原第(3)问分式方程模型建构问题改编为分式模型建构问题,让学生经历用代数式描述实际问题中数量关系的过程,抽象出一些分式原型,进一步感知分式源于解决实际问题的需要,从数学外部体会分式学习的必要性,渗透模型思想。

2. 形成概念

问题3 已知整式 a^2-ab 和 a^2,你能对其进行哪些运算?请你试一试。

设计意图:从数学运算的视角,引导学生感悟整式的加减法与乘法运算已经学习过,而除法运算还没有学习,明晰分式源于整式与整式的相除运算。学生从上面3个问题情境中分别获得代数式 $\dfrac{6}{4}$、$\dfrac{6}{a}$、$\dfrac{8}{ab}$、$\dfrac{1\,462}{a}$、$\dfrac{1\,462}{2a}$、$\dfrac{1\,462}{a+15}$、$2a^2-ab$、$-ab$、a^4-a^3b、$\dfrac{a^2-ab}{a^2}$,引导学生观察代数式并归纳为三类:分数、整式和不熟悉的代数式,发现这些代数式与分数的结构相同,却与整式的结构不同;与分数的不同之处在于分子、分母含有字母,进一步观察发现其分母中一定是含有字母的。通过观察、归纳逐渐明晰这一类代数式的特征:分数形式、分子和分母都是整式、分母中含字母,进而形成分式概念。

3. 明晰路径

问题4 想一想:我们在学习分数的时候,研究了分数的哪些内容?

设计意图:通过对分数学习的回顾,唤醒学生对分数学习的经验,梳理分数的知识结构,明确分数内容的组成部分,为分式的学习奠定基础。

问题5 在以上问题中,我们得到分式:$\dfrac{6}{a}$、$\dfrac{8}{ab}$、$\dfrac{1\,462}{a}$、$\dfrac{1\,462}{2a}$、$\dfrac{1\,462}{a+15}$、$\dfrac{a^2-ab}{a^2}$,请从这些分式中挑出1~2个,类比分数的学习,提出一些待研究的问题。

设计意图:设置开放性问题,有利于学生立足分数学习经验的基础上提出一些有

关分式的值、分式的基本性质、分式运算等问题,比如 $\dfrac{1\,462}{2a}$、$\dfrac{a^2-ab}{a^2}$ 能化简吗?$\dfrac{6}{a}+\dfrac{8}{ab}$、$\dfrac{1\,462}{a}+\dfrac{1\,462}{2a}$ 如何计算?$\dfrac{1\,462}{a}\div\dfrac{1\,462}{2a}=$?以此帮助学生明晰本章研究内容,建构知识体系,培养学生发现和提出问题、分析和解决问题的能力。

4. 尝试探究

问题 6 分式是否具有与分数类似的性质呢?

设计意图:分数是怎样化简的?分式如何化简?通过问题引导学生探究分式的基本性质,尝试用"以形助数"的方法探究规律(如图 2、图 3)。分式的基本性质是解决学生提出问题的关键,此处聚焦于分式基本性质的探究,是由数学内部发展结构决定的,符合学生的认知规律和数学学习规律。在探究活动中,注重渗透数形结合思想,发展学生几何直观、逻辑推理等能力。获得分式性质与分数性质类似的结论后,引导学生尝试解决自己提出的部分问题,引导学生探索解决分式运算的一般方法,即类比分数研究分式,比如完成化简:$\dfrac{1\,462}{2a}$、$\dfrac{a^2-ab}{a^2}$;计算:$\dfrac{6}{a}+\dfrac{8}{ab}$。

图 2   图 3

5. 应用感悟

问题 7 京沪铁路是我国东部沿海地区纵贯南北的交通大动脉,全长 $1\,462$ km,是我国最繁忙的铁路干线之一。如果货车的速度是 a km/h,客车的速度是货车的 2 倍,若货车比客车多用时 6 h,求货车的速度。

设计意图:回到京沪铁路问题,感悟分式的应用价值。学生经历现实问题数学化的过程,建立分式方程模型,引导学生类比一元一次方程给出分式方程的概念,并思考如何求解分式方程,感悟模型思想、化归思想,提高应用意识和数学建模能力。

6. 总结展望

知识结构(如图 4)、板书设计(如图 5)。

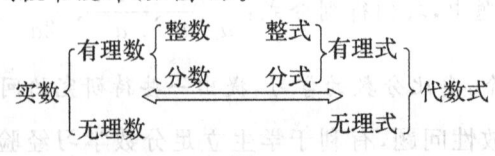

图 4

```
         ┌ 整数  …
   ┌有理数┤
   │     └ 分数   概念→性质→运算→应用
一 特
─ 殊           类比
般 化
化 ↕      ┌ 分式   概念→性质→运算→应用(分式方程)
   └有理式┤      转化              转化
          └ 整式   …               整式方程
```

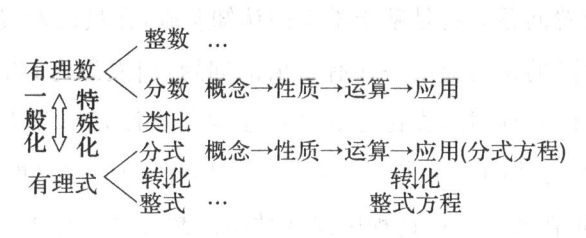

图 5

设计意图:宏观上,从数式结构框架的视角引导学生认识分式的整体结构;微观上,从数式发展角度引导学生了解分式研究的一般观念。

四、章头课设计的策略建议

1. 将教学内容问题化,引领学生建构知识体系

章头课教学应帮助学生弄清知识生长路径,建构基本的脉络和内在的逻辑主线,形成完整的知识体系。这就要求教师应重视对教材文本的研读,正确理解教材编写的思路和意图,准确把握知识内容的逻辑关系、组织线索和呈现方式,让学生从一开始就构建起学习本章核心知识的基本框架。因此,教师应把章头材料的学术形态以问题的形式转化为教育形态,精心设计问题,着重引导学生对整章主干知识的建构,形成整章知识体系。基于章头材料的理解,本节课共设置了 7 个问题,前 3 个问题分别从数学内部、数学外部和数学运算的视角呈现,意在引导学生明晰分式的来龙去脉,从数式发展的角度认识分式的本质,理解分式的意义。问题 4 引导学生类比分数的学习,对分式后续学习内容做出合理猜想,宏观上建构分式的知识结构,初步形成整章的知识体系。这样的设计是对章头材料的良好补充,有利于学生自主建构数学知识。后 3 个问题分别从运算性、工具性、应用性等三个维度展开教学,以帮助学生明晰知识体系下即将展开研究的方向,以实现"先见森林、后见树木"的教学效果。

2. 将研究内容具体化,驱动学生建构方法系统

章头课教学不仅要帮助学生了解整章知识,也要帮助学生学会数学地思考、建构方法系统。在教学目标的落实时,使学生"知其然""知其所以然"是比较容易达成的,而"何由以知其所以然"往往不易达成却是最关键的。因此,章头课教学设计应以"何由以知其所以然"为定向,挖掘章头材料蕴含的思维方式,使学生在学习知识和技能的同时,学会研究数学对象的一般的、普适的思想方法。这里所说的方法系统包含两个方面,一是针对具体内容的研究路径和研究方法,二是针对数学思维的基本思想方法。问题 4 可以看作学生对分式内容的粗放式宏观认识,而涉及具体研究哪些内容,学生依

然模糊不清,此时设置问题5就是基于学生的认知基础,在最近发展区内呈现开放式问题,驱动学生从"计算"的视角提出一些有价值的问题,引发思考,明确分式知识体系下的具体研究的内容和研究路径,类比分数计算建构分式计算的解法系统。数学思维的培养是通过数学思想方法的教学来实现的,而思想方法的学习只能通过知识载体来达成,因此,整节课注重在知识建构过程中渗透数学思想方法。比如问题1~3中的分式模型建构,问题7中的方程模型建构,问题4中的类比法,问题6中的数形结合思想,问题7中的方程思想、化归思想等。学生在反复经历观察、抽象、猜想、验证、推理等思维过程中,初步建构整章的方法系统。

3. 将研究内容数学化,培养数学研究的一般观念

数学教学要尽可能让学生体会数学研究的"基本套路"。这里所谓的基本套路属于学习方法论范畴,也有学者称其为"一般观念"。章建跃博士指出:一般观念是对内容及其反映的数学思想和方法的进一步提炼和概括,是对数学对象的定义方式、性质指什么等问题的一般性回答,是研究数学对象的方法论。因此,具有统领作用的章头课,更应该凸显"一般观念"的渗透,教学设计应从"研究一个数学对象的角度思考和设计教学",将研究内容数学化,使学生经历研究对象的抽象、研究内容的确立、研究思路的构建、研究方法的引导等过程,掌握研究代数对象的一般套路。比如在问题2的教学中,呈现京沪铁路的问题背景后,不急于提出问题,先让学生自主将实际问题数学化,用数学的眼光观察现实世界,再引入字母,呈现问题,引导学生用数学的语言表达现实世界,抽象出数学研究对象(数学模型)。又如在问题7中,引导学生思考如何求解分式方程,体会类比、化归的思想方法。长此以往,学生就能自觉地运用一般观念完成数学的学习与探究,在潜移默化间发展学生的数学学习能力和数学核心素养。

基于"教学三要素"的问题导学设计策略

摘　要：好的问题是好的数学教学的基础。初中数学教师对问题导学的设计策略认识模糊，设计重心存在偏差，影响课堂教学实效的状况仍然存在。从"教学三要素"分析问题导学的内涵，指出问题导学的设计策略是明确目标，逆向设计；精设问题，发展思维；以学定教，有效导学。

关键词：教学三要素；问题导学；初中数学

问题是数学的心脏。数学课堂教学离不开问题，好的问题是好的数学教学的基础。问题的重要性在广大一线数学教师中已达成共识，在实际教学中有很多教师将问题作为课堂教学的起点，并以问题为主线一以贯之，实施问题导学教学，取得很好的教学成效。但是我们也看到，在问题导学的课堂教学实施中，一些教师对教材、教学、学生的研究不够深入，对问题导学的设计策略认识模糊，往往只考虑问题自身的设计，而忽略了教师导和学生学的设计。为此，有必要重温问题导学的内涵。

在数学教学中，影响数学教学过程的要素是多方面的。涂荣豹教授认为影响数学教学过程的诸多要素中，基本要素为学生、教师和教学内容（以下简称"教学三要素"）。因而，任何教学设计都应平衡好"教学三要素"间的关系。问题导学是对教学组织理念的一种概述。它是一种经过实践检验的教学手段、教学模式抑或是教学方法，是数学教学的一种理念或见解。"问题导学"的关键词有两个："问题"和"导学"。

什么是问题？"问题"就是一种在认知事物过程中遇到的困惑、障碍、矛盾或者任务，从直觉水平上看，当你知道想做什么，却不知道如何去做的时候，就是问题。现代认知心理学认为，问题就是指在信息和目标之间有某些障碍需要加以克服的情境。问题是知识信息的载体，是对教材内容理解的表征形式，是连接教师和学生的纽带，是教师完成教学目标和学生达成学习目标的"桥梁"。问题导学中的"问题"应是指教学内容。

"导学"可以分解为"引导"和"学习"两个关键词，前者指向教师层面的课堂行为表征，后者指向学生层面的学习评估。课堂教学是由教师、教学内容、学生三个要素构成的,它们相对独立、彼此交融,是一个相互依存、高度关联、互为促进的整体。导学是对教师学习的组织者、引导者、合作者角色的进一步概括,兼顾数学课程标准要求与教师的教学引导,以学习者为中心,侧重研究学生的学。在课堂教学中,教师的引导是不可替代的,这种引导应侧重于激发学生兴趣,引发数学思考。那么引发学生数学思考的载体是什么?显然是问题,是教师提出的问题或者学生自己提出的问题,是那种有价值的问题。教师的引导体现在借助这种问题促使学生在"愤"与"悱"的学习状态中,学会思考,学会学习,提高学生的元认知能力。因而,在问题导学的设计中要统筹考虑教师、学生、学习内容的设计。基于上述理解,笔者认为问题导学的设计策略如下:

一、明确目标,逆向设计

正向思维和逆向思维作为两种常规的思维方式,在教学设计中大有用武之地,特别是逆向设计,对于提高教学设计水平具有重要意义。什么是逆向设计?《追求理解的教学设计》一书中指出逆向设计的三个阶段:确定预期成果;确定合适的评估证据;设计学习体验和教学。经历以上三个阶段的教学设计方法称为逆向设计。教学设计的首要任务是明确教与学的方向,确定科学的、具体的、可行的预期成果,也就是所谓的教学目标。接着考虑评估学生是否实现预期成果的证据方式,在此基础上选择教学内容和教学方式,围绕教学目标,设计问题,教师选用适切的教学方式或教学路径,以问题为载体,指导学生向预期成果推进。

案例1 《数学》(苏科版)七年级上册"有理数加法"

教材理解:有理数加法属于有理数章节的教学内容,本节课要解决的是负数引入后而产生的加法运算问题,这是本节课的教学终点。小学已学过的加法运算及生活经验是本节课的教学起点。引导学生探索有理数加法法则,明晰算理是教学路径,选用哪种方式达成就是教学方式。

教学目标:经历现实问题抽象为数学问题的模型建构过程,体会加法运算的合理性和必要性,借助数轴探索有理数加法法则,感受数形结合、分类等思想方法,会运用法则进行有理数的加法运算。

教学设计:现实问题(足球净胜球问题)—数学问题(加法算式)—数轴探究(加法法则的合理性)—形成法则(提炼、概括)—运用法则(程序化计算)。

【设计意图】 逆向设计是从学习结果(教学目标)开始逆向思考,是一种基于对教学深刻理解的"以终为始"的教学设计。在有理数加法法则的教学中,使学生掌握有理数加法法则,正确进行有理数的加法运算是预期成果,也就是教学终点,对预期成果的描述就是教学目标。学生已具有的加法运算、生活体验等认知经验是本节课的教学起点,在教学起点设置适切的问题情境,形成认知冲突,激发学习兴趣,感受学习的必要性是关键。基于以上分析,问题导学的路径是抽象、观察、猜想、验证、推理、概括、应用,教学方式选用启发式、探究式。

二、精设问题,发展思维

数学是思维的科学,通俗地说思维就是思考,没有问题就没有思考,没有思考就谈不上思维。首都师范大学王尚志教授曾在一次公开讲座中指出,问题是培养学生思维本领的重要载体,数学课堂要重视问题,重视问题的引领作用,教学设计时一定要把问题放在重要位置上去设计。课堂教学的过程就是教师在学生无疑时导向有疑,在学生有疑时导向无疑的过程,这就是学生的发现和解决问题的能力,而这种能力的形成依赖于问题的设计质量。因此,问题应该成为课堂教学的引擎和路线图,教学中应精心设计一系列有价值、有挑战性的问题,而不是 yes 或 no 的问题。在数学学科价值思考方面,数学教育的最核心价值是培养学生的思维能力,发展理性精神。在教学中将教思想、教方法、教思考、教思维作为数学育人的价值追求。

案例2 《数学》(苏科版)七年级上册"垂直(2)"

问题1 如图1,怎样测量跳远成绩?说说你是怎样想的?

追问:怎样证明你的方案是正确的?

【设计意图】创设现实问题情境,让学生自主经历现实问题数学化的过程,抽象出几何图形问题(点与线的距离),引导思考解决问题的方法,拟订方案,依据生活经验初步建立垂线段模型,形成感性认识。通过追问,将学生的感性认识引向理性思考,学生经历深思考、找依据、试说明等思维活动过程,在深度学习中感悟理性精神。

图1

问题2 如图2,从人行横道线上过马路,怎样走线路最短?你能把最短的线路画出来吗?

追问:怎样说明所画的线路是最短的?

【设计意图】把教材上的问题情境弱化呈现,舍弃数学元素,呈现"原生态"的现实问题,为学生搭建数学建模的情境。基于问题1的思考经验,类比探究新的实际问题,有利于培养学生数学建模能

图2

力。教师的追问对学生而言充满挑战性,要回答这个问题,必须从线的研究入手,过直线外一点与已知直线的所有连线中,垂线是特殊直线,由此产生特殊点(垂足),凸显特殊性、唯一性等特征,从而引导学生明晰垂线段定义的来龙去脉,体会引入垂线段的合理性和必要性,也为后续学习点与圆、直线与圆的位置关系等内容做铺垫。

三、以学定教,有效导学

问题导学的目标是学生的学。从教学三要素逻辑关系看,问题(教学内容)是载体,教师引导是手段,学生的学是目标。作为问题导学目标的"学生的学"是教学设计的重心,我们可以从学习者、学习过程和学习结果等三个维度理解其含义。一是问题导学的起点——学习者,从这个维度看,教学设计要基于学情分析,设置符合学生最近发展区的问题情境,提高导学效益;二是问题导学的路径——学习过程,从这个维度看,要根据教学内容设计适切的数学活动,选用探究式、互助式、体验式等教学方式,驱动学生积极主动参与学习过程;三是问题导学的终点——学习结果,从这个维度看,明确教学目标,以问题为载体,提出有挑战性的问题,使学生经历分析和解决问题的活动过程,学习基础知识,习得基本技能,积累活动经验,掌握数学思想方法,实现有效导学。

案例3 《数学》(苏科版)七年级下册"乘法公式"

问题1 多项式乘多项式的法则是什么?并说明符号法则中字母所代表的意义。

问题2 若$(a+b)(c+d)$中的$(c+d)$与前者相同,则会出现$(a+b)(a+b)$,即,通过计算你有什么发现?

问题3 试用语言描述发现的结论,并用数学符号表达和解释结论。

【设计意图】 在乘法公式教学中,教材首先提供的是图形面积计算问题,导致很多教师认为用图形面积计算的方式引出完全平方公式是个很好的教学方案。殊不知图形面积计算指向乘法公式的几何意义,意在使学生对乘法公式有一个直观的认识,引出乘法公式并不是它的本质功能。从学生的角度来看,为什么要计算图形的面积?边长a、b的取值只能是正数,若是负数如何解释?因此,在引入课题阶段,使用先行组织者策略,以多项式乘多项式作为教学的起点和生长点,自然、合理地引导学生积极参与探究活动,自主思考、发现、提炼、概括,获得乘法公式。设置对结论进行解释的问题,意在破解学生获得公式容易、应用公式困难的普遍困境。学生在运用公式进行计算时,往往对公式的模型识别不准确,表现为a、b的区分混乱,甚至误认为$(a+b)^2=a^2+b^2$,因此,教学中要通过问题激发学生思辨,强化公式模型的识别和应用,引导学生突破思维障碍,提高学生数学探究、数学运算、数学建模等能力。

总之,问题导学是一种符合学生认知规律的有效的教学方式。开展问题导学设计应明确目标,将知识、目标转化为问题,精设问题,以学定教,实施问题化学习,充分发挥教师、教材、学生三个要素在课堂教学中的作用,提高教师教与学生学的效益。本文呈现的三种问题导学设计策略并不是相互独立的,而是相辅相成、内在统一的整体。因篇幅所限,没有呈现完整的问题导学设计案例,只列举了三个设计片段,意在抛砖引玉,引发教师对问题导学的探索、思考、践行。

理解教材:新入职教师专业发展的基本功

——以苏科版"有理数的加法"教学为例

摘 要:数学教材是学生数学学习活动的载体,理解教材是教师上好课的前提。新入职教师表现出"不读"和"浅读"教材现象,导致课堂教学"低效"。基于理解教材的视角评析"有理数加法"同课异构活动,提出从整体布局、内容设置、联系发展、隐性知识、方法策略等视角理解教材,提升教学水平,促进新入职教师专业发展。

关键词:专业发展;理解教材;有理数的加法;对比评析

《中共中央国务院关于深化教育教学改革全面提高义务教育质量的意见》指出:充分发挥教师主导作用,引导教师深入理解学科特点、知识结构、思想方法,科学把握学生认知规律,上好每一堂课。理解教材是教师上好课的先决条件。就数学学科而言,深入理解学科特点、知识结构、思想方法就是理解教材、理解数学。数学教材是编写者基于数学课程标准的深刻理解,遵循学生心理特点和认知规律,为实现数学课程目标而编写的教学资源。它凝聚着编写者的心血和智慧,是学生数学学习活动的载体。教师能否正确理解教材并领会教材编写者的意图,是发挥教师主导作用,实现数学课程目标和落实立德树人根本任务的关键。

新入职教师对教材的研读还停留在学生的视角,面对教材上的"试一试""做一做""数学实验室""议一议"等教学内容时往往只看到表面现象,常常表现出"不读"和"浅读"的异化现象[1],在设计意图的把握以及教学价值的挖掘等方面存在明显不足,教学中往往按部就班、照本宣科地实施教学,导致课堂教学"低效"甚至"无效"。近期,笔者参与了两位新入职教师(下文简称"A 教师""B 教师")的同课异构活动,课题为苏科版七年级上册"2.5 有理数的加法与减法"第一课时,即"有理数的加法"。现简述两位教师的教学设计,基于教材的理解对情境创设、新知探索、新知应用等环节进行对比评析,谈谈研读教材、理解教材的几个视角。

一、教学设计呈现

1. A教师的教学简录

（1）情境创设

问题1 引入负数后,如何进行有理数的加法运算?

情境1 甲、乙两队进行足球比赛。如果甲队在主场赢了3球,在客场输了2球,那么两场比赛后甲队净胜1球。

① 你能把上面比赛的过程及结果用有理数的算式表示出来吗?

② 填写表格(表1)。

表1

赢球数		净胜球数	算式
主场	客场		
3	−2	1	(+3)+(−2)=+1
−3	2		
3	2		
−3	−2		
3	0		
0	−3		
−2	+2		

（2）新知探索

活动1 对情境中的算式进行分类,总结运算的特征,初步形成有理数加法法则。

活动2 笔尖在数轴上移动,验证算式的运算过程及结果。

把笔尖放在数轴的原点,沿数轴先向左移动5个单位长度,再向右移动3个单位长度,这时笔尖停在"−2"的位置上。用数轴(图1)和算式可以将以上过程及结果分别表示为:

图1

算式:＿＿＿＿＿＿＿

在数轴上动手操作其他类型的两次移动并写出相应的算式。观察算式特征,归纳概括并形成有理数加法法则。(板书法则)

（3）新知应用

例题 计算:

（1）$(-15)+(-3)$；（2）$(-180)+(+20)$；（3）$5+(-5)$；（4）$0+(-2)$。

根据法则，板书例题的运算步骤，总结为"定类、定号、定值"。

（4）练习小结（省略）

2. B教师的教学简录

（1）情境创设

问题 1 比较绝对值的大小：（1）20与30；（2）-20与-30；（3）20与-30；（4）-20与30；（5）-30与0。

问题 2 足球循环赛中，通常把赢球数记为"$+$"，输球数记为"$-$"，打平记为"0"，它们的和叫作净胜球数。注：赢球数（$+$）$+$输球数（$-$）$=$净胜球数。

① 在该场比赛中，甲队主场赢了3个球，客场输了2个球，两场比赛后，甲队的净胜球数为_____；

② 乙队主场输了3个球，客场赢了2个球，两场比赛后，乙队的净胜球数为_____。

随后分别给出乙队主场赢客场输、甲队主场输客场输、乙队主场输客场平、甲队主场平客场输等情形。

问题 3 根据生活情境，你认为有理数的加法可以分为哪些不同的情形？

如表2，进一步归纳为三大类：同号、异号、加数有0。

表 2

	正	0	负
正	正＋正	正＋0	正＋负
0	0＋正	0＋0	0＋负
负	负＋正	负＋0	负＋负

（2）新知探索

活动1 把笔尖放在数轴的原点，让它做左右方向的运动，我们规定向右为正，向左为负。笔尖先向右移动2个单位长度，再向右移动3个单位长度，那么两次运动的结果是向____运动____个单位长度。如何用算式表示（图2）？

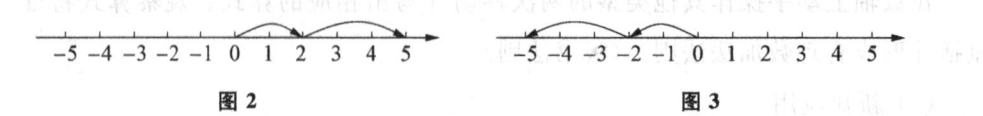

图 2　　　　　图 3

活动2 如果笔尖从原点先向左移动2个单位长度，再向左移动3个单位长度，那么两次运动的结果是向____运动____个单位长度。如何用算式表示(图3)？

根据算式特征归纳出同号两数相加的法则。运用同样的研究方法,分别得出异号两数、有一个加数为0两种类型的加法法则。

(3) 新知应用

例题　计算：

(1) $(-7)+(-15)$；(2) $0+(-10.5)$；(3) $(-160)+(+10)$；(4) $8+(-8)$。

根据法则逐步完成计算,并指出每一步的计算依据(PPT示范计算过程),总结计算步骤：判断类型、确定符号、绝对值加减。

(4) 练习小结(省略)

二、基于教材理解的对比评析

1. 情境创设环节

学生在小学学段学过非负数范围的加法运算,在初中学段引入负数后,数的范围扩充到有理数范围。有理数的加法是有理数运算的重要基础,是整个初中代数的基础。但对于学生而言负数比较抽象,因此有必要借助现实情境来帮助学生感受有理数加法的现实意义,把数学问题情境化呈现的做法符合学生的心理特点与认知规律,有助于学生在现实情境中依据生活经验体悟有理数加法的合理性。

A教师使用教材上的问题引入,直指学习对象及学习任务。B教师则用"比较绝对值的大小"的问题引入,显然这是为有理数加法运算中的"确定符号"与"绝对值加减运算"做准备,这种设计注重前序知识教学,发挥前序知识对学生思维的积极影响,为新知探索做铺垫。但我们应该清楚地认识到,有理数加法的前序知识包括：小学学段的加法、负数的加入、数轴的产生、相反数与绝对值的引入等,前序知识的设置很难做到面面俱到,因此,在情境创设环节是否涉及前序知识的教学值得商榷。

教材上设置"足球比赛的净胜球"情境(下文简称"足球情境")的目的是学生在把现实问题抽象成数学问题的过程中,经历现实问题数学化、模型化等高阶思维活动,体会数学模型思想,初步感悟有理数加法运算的特点。需要指出的是这里得到的算式$(+3)+(-2)=+1$不是根据有理数加法法则得到的,而是依据生活经验得到的。由此凸显用数学的方法(数轴)研究数学问题的必要性(为什么要用数轴探索有理数加法)。

在现实情境的选择上,两位教师都选择了教材提供的"足球情境"。A教师使用教材的呈现方式,按部就班地完成表格,得到7个算式。B教师改编了足球情境下的学习任务,以填空的形式引导学生体验现实情境下的有理数加法运算,并引导学生对有理数加法可能的情形进行分类。这样的设计重视"分类"过程,却忽视了"建模"过程(用算式表示过程及结果),导致分类对象混乱(现实对象还是数学对象),学生的学习表现出盲从状态。

2.探索新知环节

探索新知环节的教学任务是用数学的方法(数轴上的点移动)探索有理数加法的运算过程及运算结果,注重数形结合,把"数"的问题以"形"的方式直观呈现出来,体会有理数加法的几何意义。学生在数轴上的探索活动,应让学生充分经历"数""形"之间的相互转换,感受运算过程及结果的合理性。

A教师在此环节首先对7个算式进行分类,引导学生观察算式的过程及结果的特征,分别归纳出同号、异号、加数有0等三类运算的法则(口头表达),随后通过"数轴上的笔尖运动"验证运算的合理性,进一步形成有理数加法法则(文字描述)。B教师在明确有理数加法的分类后,借助"数轴上的笔尖运动"探索有理数的加法,分别设计了从原点出发的同向移动、异向移动等活动,分别探索同号相加、异号相加、加数有0等三种类型的有理数加法法则。显然,A教师对教材的理解有误,对情境教学目的以及数轴教学价值理解有偏差,具体表现为对7个算式的处理过于草率,急于归纳概括形成法则,用数轴验证法则的合理性,致使部分学生误认为用数轴的方法解决有理数加法也是很好的方式。B教师对教材的把握更好一些,在明确分类的基础上,分别设计三种类型的"数轴上的笔尖运动"的探索活动,解决三类有理数加法的运算问题,分批形成法则,发挥了数轴在探索加法法则活动中的价值。

3.新知应用环节

新知应用环节主要任务是引导学生在具体问题解决的实践中学会正确、规范地使用有理数加法法则,加深对法则的理解,经历确定类别、确定结果的符号和绝对值计算等三个过程,学会程序化运算,掌握法则,形成运算技能。

两位教师在例题教学时,都根据加法法则提炼并归纳有理数加法运算的一般步骤:定类、定号、定值,对有理数加法法则应用于具体运算步骤的提炼,有利于学生简化记忆,完成程序化运算,提高运算的正确率。B教师在例题教学时,没有把例题教学过程板书在黑板上,仅以PPT的形式呈现,计算步骤的示范性不够,导致学生自主计算时出现混乱甚至错误的现象。

三、理解教材的几个视角

我们经常把"教教材"和"用教材教"两种理念放在一起比较,"用教材教"的理念得到普遍认可。研究发现很多教师误解"用教材教"的内涵,不下功夫深入研读教材,在没有准确理解教材编写意图的情况下就随意地删减、补充或更改教材内容,有的甚至轻率地脱离教材进行教学,结果使得课堂教学变得没有章法。作为一线的普通教师,能理解教材、用好教材,做到并做好"教教材"已属不易,倘若对教材的理解不到位,未能领会编写者的意图,盲目地去"用教材教",必然会有好高骛远、误人子弟之嫌。作为新入职教师,更应把理解教材作为教学的第一要务,努力研读教材,领会教材编写意图,先把"教教材"做好、做实,对个人的专业发展大有裨益。结合以上分析,笔者认为新入职教师可以从以下几个视角理解教材。

1. 从整体布局的视角

数学教材承载着数学的知识体系,能否从整体上把握教材的内容尤为重要。就一节课而言,整体的视角包含三个层次,分别是整个学段、整章、整节课,作为新入职教师,应先着重从整章和整节课的视角研读教材。从整章来看,要研究并理解整章的知识结构,挖掘章头材料的教学价值,明确整章的学习目标,从宏观上把握教材。从一节课来看,通过对教材内容的研读,明确教学起点和教学终点,最终确定从起点到终点的教学路径,从微观上理解教材。

有理数的整章内容可以分为三个单元,分别为有理数的概念、有理数的运算和有理数的混合运算。有理数的加法属于有理数运算单元下的一节课,要解决的是负数引入后的加法运算问题,这是本节课的教学终点,小学学过的加法运算及生活经验是本节课的教学起点。如何引导学生探索加法,明晰算理则是教学路径,选用哪种方式达成就是教学方式。

2. 从内容设置的视角

"教什么"比"怎么教"更重要。在研读教材时既要搞清楚教材上有什么,还要搞清楚为什么。苏科版初中数学教材一般设置了"试一试""做一做""数学实验室""议一议""练一练"等内容。对于这些内容我们首先搞清楚它是什么,再结合课程标准的理解,参考教师教学用书的解读,领悟内容设置意图。其次在研读教材时要带着为什么设置这些内容,呈现的方式为什么是这样等问题去研读教材。

比如教材上的第一段内容为"小学里,我们学过加法和减法运算,引进负数后,怎样进行有理数的加法和减法运算呢?"这段内容指出本节课的学习任务以及学习的必要性。同时我们还要思考其背后隐藏的教学指向,比如小学学过的加法和减法运算的对象是什么?学到什么程度?引入负数后,加法和减法运算会遇到什么样的问题等等。又如教材上"做一做"的内容为填写表格,这个内容的设置意图是学生基于现实情境的生活经验,用数学算式表达生活中的具体问题,得到一些不同类型的加法算式"模型",体会加法学习的必要性和运算的合理性,为探索有理数加法法则做准备。学生把现实问题抽象成数学问题并用数学方法解决问题的过程就是数学建模,这是"做一做"活动的高层次追求。再如设置"数学实验室"的目的是让学生从"形"上探索有理数的加法运算法则。学生"做"中有思,借助数轴以直观形象的方式把数的运算问题以图形的运动方式予以解释,把抽象的"负数"转化为直观的"图形",实现探索有理数加法运算合理性的目的。

3. 从联系发展的视角

一节好课的起始阶段应注重知识的生成过程,在遵循学生心理特点和认知规律的前提下设置问题情境,引发认知冲突,帮助学生明晰研究对象的来龙去脉,使学生明白为什么研究、研究什么,再共同探索如何研究。带着这些具有指向性的问题,宏观上分析课时内容在教材中的地位和作用,分析整章知识结构,知识间的纵向联系;微观上分析课时内容的内在联系,分析思想方法的横向联系,理清知识的来龙去脉,理解教材,把握数学本质。研读教材时还应注重从发展的视角理解教材,加强对知识的发生、发展以及研究方法的教学等方面的研究。

4. 从隐性知识的视角

教材是纸质的、静态的,而教学是动态的、生成的,因此,教材只能呈现某个固化的过程[2]。教材往往呈现的是知识的学术形态,把学术形态转化为教育形态是对教师的基本要求。高水平的教师,能透过现象看到本质,在教教材中显性知识的同时,能挖掘出其后的隐性知识,教到一些别人教不出来的内容[3]。数学是思维的体操,数学的显性知识中蕴含丰富的数学思想方法,它是"隐身"的高层次的知识形态,需要在研读教材时充分挖掘,实现知识的学术形态向教育形态转化。

比如在"试一试"的教学环节,把现实问题抽象成数学问题,蕴含了数学抽象、数学建模等基本数学思想;在建构加法模型过程中,培养学生的应用意识、符号意识、模型思想;在对算式的观察分析过程中,培养分类讨论思想。又如在"数学实验"的教学环节,让学生经历由"数"到"形"再到由"形"到"数"的双向"解释"过程,使学生理解加法运算的几何意义,培养数形结合思想。

5. 从方法策略的视角

理解教材是当好数学教师的前提。调查发现,新入职教师有研读教材的意识,但在研读教材时缺乏方法指导,没有也不知道具体可行的方法,导致研读教材不够深入,难以领悟编写意图,无法准确把握教学内容,发挥教材的教学价值。因此,掌握一些研读数学教材基本方法策略尤为重要。概念图法、难度模型法、内容分析法等方法为教师研读数学教科书提供基本视角[4]。新入职教师要在教学实践中了解、学习和掌握,逐步提高研读教材的水平。比如在对教材研读时通过概念图整体理解和把握教材(如图4)。

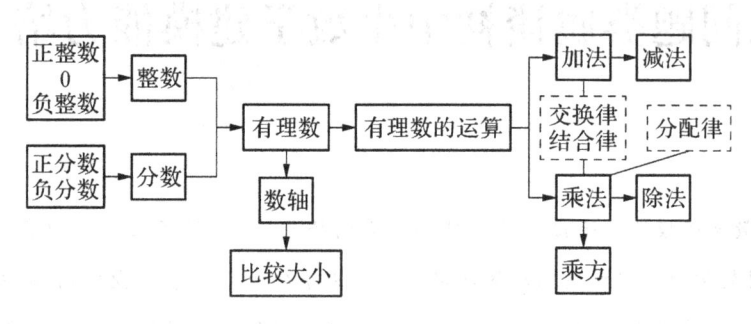

图 4

总之,新入职教师应从整体布局、内容设置、联系发展、隐性知识、方法策略等视角理解教材,领悟编写意图,透过教材中的各种知识形态看到更丰富的教学内容,提升自身理解教材的专业素养,充分挖掘和发挥教材的教学价值,做好"教教材",最终实现"用教材教"的美好愿景。

参考文献

[1] 汪飞飞.从意义创生视角研读数学教科书:何为、为何与可为:与新手数学教师的对话[J].中小学教师培训,2019(08):29-33.

[2] 章飞.教材理解的几个视角:从黄金分割的教材调整谈开去[J].数学通报,2018,57(04):27-29+32.

[3] 李祎.高水平数学教学到底该教什么[J].数学教育学报,2014,23(06):31-35.

[4] 汪飞飞.教师从整体视角研读数学教科书的现状与省思:以初中数学教师为例[J].中学数学,2019(10):89-93.

从问题类属谈初中生数学建模能力培养

摘　要：数学建模作为连接数学与外部世界的桥梁，是将现实世界中的实际问题转化为数学问题并用数学的知识解决问题的活动过程。文章分析了数学建模的内涵、初中数学建模的内容、初中生数学建模能力的内涵与水平划分，结合实际问题呈现建模能力次第水平示例，指出培养初中生数学建模能力的教学策略。

关键词：问题类属；初中生；数学建模能力；教学策略

1　问题提出

问题解决能力是 21 世纪人才的关键能力之一。数学建模作为连接数学与外部世界的桥梁，是将现实世界中的实际问题转化为数学问题并用数学的知识解决问题的活动过程。进入 21 世纪，数学教育发达国家的数学课程改革都尤为注重数学建模能力的培养，并将其作为最重要的数学教育目标。在我国初中数学教学中，提到数学建模教学，广大一线教师最先想到的是方程模型、不等式模型、函数模型，进一步还能想到几何模型、概率模型等，大部分教师认为运用这些数学模型解决问题（应用题）就是数学建模，甚至将应用题教学与数学建模教学画上等号，认为落实好应用题教学就是培养学生的数学建模能力。显然，这种观点是对初中数学建模教学尤其是数学建模内容的片面认识，对数学建模教学构成一定的负面影响，阻碍初中学生（以下简称"初中生"或"学生"）数学建模能力的有效培养。

2　对初中生数学建模能力的认识

2.1　数学建模的内涵

什么是数学建模？数学建模就是通过建立模型的方法来求得问题解决的数学活动过程。从数学与现实世界的关系上看，数学建模就是将现实世界中的实际问题转化为数学问题并用数学的知识解决问题（如图 1）。这种从数学之外领域开始，移动到数学领域寻求答案,获得数学的结论并翻译到数学之外领域的过程叫作数学建模。数学建模目的是利用形式化的数学模型去反映(摹写、刻画、表征)现实系统中的关系结构(关系——映射),然后利用通过对模型的逻辑分析演绎得出的结论,把它反演(翻译)回去解答现实原型中的某些问题(反演)。"数学建模"中的"数学"具有多重含义,其首要含义是指数学化,即将现实世界的实际问题抽象、简化、假设、提炼转化为数学问题,最终实现把外部世界的问题转入数学内部解决。"数学建模"中的"建模"是指建构数学模型,数学模型是指反映特定问题或特定事物的系统特征或相互依赖的关系,运用形式化的数学语言,抽象、概括、近似地表达而形成的一种稳定的、系统的数学结构。从广义上看,初中数学教学中的数学概念、理论体系、公式、定理、算法系统等都属于数学模型;而狭义的数学模型是指反映特定问题或特定事物的数学结构。

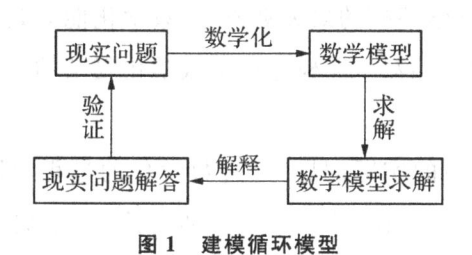

图 1 建模循环模型

2.2 初中生数学建模的内容

从数学建模内容维度来看,初中生数学建模所面对的现实问题一般分为三类:现实原型、实际模型、数学形式。这种从数学建模内容视角对现实问题的分类就是"问题类属"。现实世界中初看起来杂乱无章的生活现象,真实的实际问题,属于现实原型;将现实原型进行修改和简化后,形成一种比较精确和简洁的表达,这时可称之为一个实际模型(也称为"现实模型");将实际模型进一步简化、假设,用数学符号表达实际模型中的变量和关系,形成数学形式,得到的结果就是一个数学模型。数学建模的最关键环节是"现实原型—实际模型—数学形式"这一子过程。

初中数学教材中呈现的指向现实生活的实际问题(以下简称"应用题")是教材编写者进行一定的抽象、简化、假设后的问题情境,属于实际模型类问题。这类问题是既定的数学形式化结构披上了一层现实世界的外衣,是一种标准数学模型的回译,表现为从数学知识往外看(现实世界)。而真正的数学建模起始于没有"编辑"的现实世界,要求在问题解决之前进行数学表述,表现为从现实世界(现实问题)向内看(数学问题),思考运用或创造什么样的数学知识和方法解决实际问题。从过程维度来看,应用题教学是从实际模型到数学形式的活动过程,是数学建模最关键环节中的一个阶段,不是完整意义上的数学建模教学。事实上,数学建模区别于一般应用题的一大特点是对现实问题的抽象假设,这对于学生而言是难点,但却是数学建模的重要环节。初中数学教材上的数学概念、公式、定理等内容一般归类为数学形式类问题,课题学习、综合实践活动等内容归类为现实原型类问题。

2.3 初中生数学建模能力的内涵及水平划分

数学建模能力就是将现实问题表述为数学形式,并使用数学求解,将数学结果转译为现实结果并检验的能力。初中生数学建模能力是指初中学生利用形式化的数学模型去反映现实问题中的关系结构,通过对数学模型的求解和检验,解答现实原型中某些问题的能力。PISA2012的数学测评框架把数学化能力当作数学的一种基本能力来区分水平。数学化是数学建模的最关键成分,数学化能力是初中生数学建模能力的本质和关键。因此,一般按照数学建模过程中数学化复杂的程度来划分数学建模能力水平。

一个来自现实原型中的实际问题,经过数学化的过程,呈现为数学问题,能否有效建构数学模型是解决数学问题的关键。在初中阶段,根据学生将现实原型与数学形式之间来回转译的能力,根据数学化的复杂程度,将初中生数学建模水平按从低到高划分为三个层次:再现、联系、反思。再现是指在简单熟悉的问题情境下,识别出标准模型解决问题,表现为标准数学模型的再现;联系是指在较综合的问题情境下,迁移、组合、转化标准模型解决问题,表现为标准数学模型的组合与变形;反思是指在复杂的问题情境下,检验、评价、比较、改进数学模型,表现为数学模型的改进和创造。

初中数学教材上呈现的应用题是一种实际模型。在这里并非否定教材上诸多实际模型的教学价值,而是希望广大初中教师对此有较为清晰的认识,以便更好地开展数学建模教学。从数学建模水平维度来看,初中数学教材上呈现的实际模型类问题多属于再现水平,对初中生更高层次数学建模能力以及应用意识和创新能力的培养显得力不从心。因此,在初中数学建模教学中,一方面要以教材上的实际模型类问题为基础,引导学生积极参与数学建模活动,培养学生再现水平;另一方面要注重关联或引入现实原型类问题情境,培养学生联系和反思水平。

3 初中生数学建模能力次第水平示例

3.1 再现:销售

一件夹克衫先按成本提高50%标价,再以八折出售,获利28元。这件夹克衫的成本是多少元?

说明:这是一道源于现实原型的,以实际模型形式呈现的销售问题。对问题中的成本、标价、折扣、售价、获利等名词的理解是学生分析和解决问题的主要障碍。弄清这些名词的含义,准确理解题意,用数学符号表达售价、成本和利润,是构建一元一次方程模型解决问题的关键。这是一种数学标准模型的识别与运用,属于直接套用,属于数学建模能力再现水平。

3.2 联系:医疗

医院的功能区域设计对其实现医疗价值起着重要作用。某地要盖一座医院,具体信息如下:

> 1. 医院由四部分组成,分别是医疗功能单元、病房单元、技术保障单元、废弃物处理单元;
> 2. 整个医院面积为80 000平方米;
> 3. 废弃物处理单元面积为总面积的5%;
> 4. 病房单元面积是技术保障单元面积的4倍;
> 5. 病房单元与医疗功能单元面积的和不高于总面积的85%。

求医疗功能单元的最大面积。

说明:医院的建设问题是源于现实生活的真实问题。问题情境中给出部分信息,学生需要将现实原型信息进一步抽象、假设、简化为数学问题,用数学符号表示病房单元和医疗功能单元的面积,建构一元一次不等式模型解决问题。问题情境中蕴含方程模型、不等式模型,是数学标准模型的迁移、组合,属于数学建模能力联系水平。

3.3 反思:节水

我们常常听到长辈告诉我们,洗澡时尽量用淋浴的方式,会比较节水。但事实真是如此吗?若某家庭有两种可以选择的洗澡方式,其中一种是泡澡浴缸:长为1.3米,宽为0.7米,高为0.7米的长方体浴缸(内部测量),通常在泡澡时放水深为0.5米。另一种为淋浴,利用淋蓬头冲澡方式,其中淋蓬头可以调整水流速度,分成高速水流和低速水流两种,高速水流的出水量为15升/分钟,低速水流的出水量为10升/分钟。若小明选用泡澡方式,而小华选用淋浴方式,问哪种方式比较节水?

说明:洗澡节水问题是一个复杂的现实问题情境,考虑到初中生的知识储备与认知水平,对现实问题进行了一定的简化、假设,情境中给出一些关键信息。学生解决这个问题,仍需考虑淋浴时间、水流速度等因素,从实际问题中抽象出数学模型或做必要的假设进行探索,并对模型进行检验、比较、优化,属于数学建模能力反思水平。

4 培养初中生数学建模能力的教学策略

4.1 立足教材,掌握标准模型,在实际模型类问题的解决中培养再现水平

模型思想是数学课程标准的十大核心概念之一。模型思想的建立是学生体会和理解数学与外部世界联系的基本途径,建立和求解模型的过程包括:从现实生活或具体情境中抽象出数学问题,用数学符号建立方程、不等式、函数等表示数学问题中的数量关系和变化规律,求出结果并讨论结果的意义。为促进学生模型思想的形成,教材编者注重数学知识与现实世界的联系,在每个章节中都设置了实际模型类的应用题,意在促进学生经历运用数学知识解决实际问题的过程,初步形成模型思想,体会数学的应用价值,提高数学学习兴趣和应用意识。从建模教学内容来看,学生的大部分时间是在学习数学内部的内容,比如数学概念、性质、定理等,这种学习可以看作数学标准模型的学习,最终指向实际问题的解决。从数学建模过程来看(如图2),以教材为载体的初中数学教学中,用方程、不等式、函数、图形、概率等数学模型解决实际问题属于从实际模型到数学模型,这类问题情境中的数学模型容易识别,直接套用标准模型即可解决,是培养学生数学建模能力再现水平的重要途径。在实际模型类问题教学中,应引导学生将实际模型进一步抽象化、符号化,经历识模、建模、解模等活动过程,提高数学建模能力的再现水平。

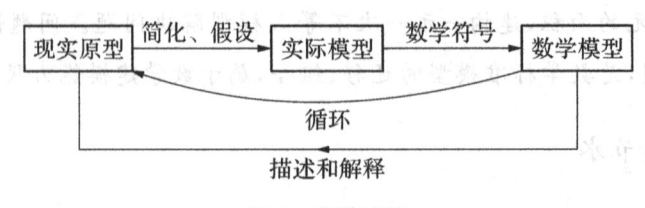

图 2 建模过程

4.2 观察生活,发掘现实问题,在现实原型类问题的解决中培养联系水平

数学学习的最终目标是让学习者会用数学眼光观察现实世界、会用数学思维思考现实世界、会用数学语言表达现实世界。这里所谓的用数学语言表达现实世界其实质

就是数学建模。为弥补教材上实际模型类问题在培养学生数学建模能力联系水平上的缺失,教师应善于发掘现实世界中的实际问题,选择适切的、真实的、综合的问题情境,使学生完整经历现实问题—实际模型—数学模型—求解结果—检验解释的建模活动,尤其是将现实问题简化、假设、概括后抽象出实际模型的过程,培养学生将现实问题数学化的能力。现实原型类问题初看起来杂乱无序,这就要求教师在教学时引导学生精选变量和关系,保留问题的"主干",削减问题的"枝杈",简化描述,提出合理的假设,建立相应的数学模型,并用恰当的数学符号表示,最终用数学知识解决问题。比如在"方舱"建模活动中,先由学生独立阅读信息,再自主完成信息的分析、筛选、简化、假设,将实际问题进一步数学化,用数学语言正确表达模型的结构特征以及相互关系,获得数学模型并解决问题,以培养学生数学建模能力的联系水平。

4.3 任务驱动,联系现实世界,在综合实践类活动中培养反思水平

"综合与实践"是指学生运用学习掌握的数学知识、思想和方法解决现实问题,可以理解为数学探究和数学建模活动。其主要内容为:结合实际情境,经历设计解决具体问题的方案,并加以实施的过程,体验建立模型、解决问题的过程。综合实践活动在培养学生问题意识、应用意识、创新意识等方面具有得天独厚的优势,是培养学生数学建模能力的有效途径。在初中数学教学中,受考试指挥棒和知识本位等因素影响,广大一线教师特别注重课程内容中数与代数、图形与几何、统计与概率三个部分的教学,往往忽视或直接放弃课程内容中综合与实践部分的教学。事实上,综合与实践课程内容的主要功能是在数学与外部世界之间搭建桥梁,是学生主动运用数学知识以及其他学科知识解决实际问题的重要途径,也是培养学生数学建模能力的有效路径。因此,教师应充分挖掘教材上综合与实践课程内容的教学价值,注重发掘现实生活中的问题,每个月或每学期组织开展一次综合实践活动,驱动学生用数学眼光观察现实世界,发现和提出有价值的问题,自主探究、合作交流,动脑、动手、动口,经历建立数学模型解决问题的活动过程,让学生感悟到数学来源于实践,又应用于实践。比如将上述"节水"问题进一步还原为更"原始"的形态,将一些数据信息剔除,呈现为现实原型问题:"我们常常听到长辈告诉我们,洗澡时尽量用淋浴的方式,淋浴会比浴缸泡澡更节水。事实是如此吗?"对学生而言,这样的实际问题就是一种主题综合实践活动,解决这个问题需要学生完成数据收集、模型假设等工作,将实际问题转化为数学问题,抽象出数学模型进行探索,必然完整经历引模、建模、解模、验模的活动过程,从而有效培养学生数学建模能力的反思水平。

数学建模与数学写作:融通机理及实践路径

摘　要:在数学建模活动的基础上开展数学建模写作是培养学生数学建模能力的有效路径。文章从数学表达的视角阐释数学建模和数学写作的内涵,分析数学建模与数学写作的融通机理,指出数学建模写作是将实际问题数学化,建立数学模型并求解和阐释,最终形成文本性研究成果的过程。基于广义数学模型和狭义数学模型的理解,探索数学建模写作的实践路径。

关键词:数学建模;数学写作;数学建模写作;数学建模能力

数学建模作为连接数学与外部世界的桥梁,在数学课程实施中应受到广泛关注。数学教师作为基础教育数学课程的实施者,应肩负起培养学生数学建模能力的重任,依托数学课程标准,发掘数学建模育人功能,开发数学建模活动,开展数学建模写作,提升学生的数学建模能力。

1　提出问题

从当前初中学生数学建模能力培养路径看,在数学知识的学习和应用的过程中,教师有引导学生经历数学建模活动过程、感悟模型思想的意识,但这种意识仅仅停留于"用××解决问题"的教学中。通过学生数学建模认知问卷调查和数学建模能力测评发现,这样的培养路径对提升初中生数学建模能力成效甚微。

导致效果不佳的原因指向两个方面:一方面,待解决的实际问题往往是单一且封闭的,学生只需将学习过的标准模型代入或建立简单的标准模型即可解决问题,从数学建模能力水平划分看,这种建模侧重于数学建模能力的"再现"水平,缺乏"联系""反思"等高水平数学建模思维参与,致使数学建模能力的培养效果一般;另一方面,学生在解决实际问题的过程中,只注重问题的分析和求解,而忽视对问题解决过程的反思和表达,从认知心理学视角看,学生对认知过程缺乏有效的反思、梳理和输出,这种深刻反思及有条理和系统的输出,属于元认知思维活动范畴,是一种高阶思维活动。将反思的过程以文字、图表等形式表达出来,是一种更为专业的表达——数学写作。简言之,学生只注重解决问题,而忽视问题解决后的反思、归纳、提炼和专业表达是当前数学建模教学存在的主要问题之一。

2 数学建模与数学写作

数学建模作为连接现实世界与数学世界的桥梁,在培养学生数学核心素养上具有重要意义。"数学语言表达"简称"数学表达",具体包括"数学建模、数据分析、数学交流"等要素,其中数学交流的书面形式称为数学写作。

2.1 数学建模:内涵、过程和价值

一般情况下,数学建模是指运用数学知识、思想方法解决实际问题的一类综合实践活动,包括对现实问题进行数学抽象、用数学语言表达问题、用数学知识和方法构建模型解决问题等环节。数学建模的功能在于建构数学模型解决实际问题,价值体现在三个方面:满足学生适应社会所需求的实践能力和数学应用能力;学生思维发展需要抽象、严谨、系统的数学建模活动;数学应用直接创造社会价值。

从数学建模循环过程的阶段性看,数学建模活动一般分为四类:一是基于现实背景的数学研究对象的抽象过程;二是指向实际问题解决的数学化过程,包括数学模型建立(横向数学化)和数学模型求解(纵向数学化);三是用数学知识解决问题的过程,包括解决数学外部和数学内部问题;四是聚焦实际问题解决的主题类综合实践活动。

从数学表达的视角看,学生在四类数学建模活动中,经历了"发现和提出问题,分析问题,简化、假设、抽象出数学问题,建构数学模型,确定参数、求解验证并解决问题"的学习活动过程,数学建模能力得到有效培养。但在活动中,发现有很多学生不会表达或不善表达问题解决的过程及结论,致使很多有价值的资源未能以提炼和表达,遗憾流失。

2.2 数学写作:内涵、类型和功能

数学写作是指学生将应用数学知识解决问题的过程记录、反思和提炼而形成的文本性研究成果。与口头表达相比,数学写作是一种规范、严谨、系统的书面表达形式,是完善学生数学认知,提升数学核心素养的重要手段。

从认知学习理论视角看,如果把数学知识、思想方法的学习看成信息输入过程,那么数学写作就是在对原有信息梳理、加工的基础上,进行再加工、再输出的过程,属于元认知思维活动范畴。数学写作一般包括阅读感悟类、数学探究类、解题研究

类、数学建模类等,其中后三类都指向问题的解决。数学探究类和解题研究类的数学写作侧重于数学内部问题解决,数学建模类侧重于数学外部问题解决。一般情况下,一切有关运用数学知识解决问题的活动都可以作为数学写作的对象,无论是数学外部世界的实际问题,还是数学内部世界的数学问题,都需要建立适切的数学模型并求解。从某种程度上说,指向问题解决的数学写作本质上也是一种数学建模活动。

数学写作作为数学交流表达的重要形式,主要体现的是学生研究了什么问题(明确问题)、是怎样研究的(分析问题、建立和改进模型、求解模型等)、研究的结论如何(验证和解释问题)等方面。从数学写作的结构看,其与数学建模活动过程基本一致,基本涵盖了写什么、为什么写、怎么写、结论是什么(价值性、创造性)等数学写作的基本结构要素。

2.3 数学建模写作:融通机理

数学建模写作是数学建模与数学写作的简称,是指学生对思考、观察、研究的问题进行书面表达的学习形式。数学建模写作是在运用数学知识、思想方法解决实际问题的基础上聚焦数学建模活动,凸显建立模型解决问题过程而进行的写作类型,如图1。数学建模写作符合数学写作的一般特征,属于数学写作的重要组成部分。

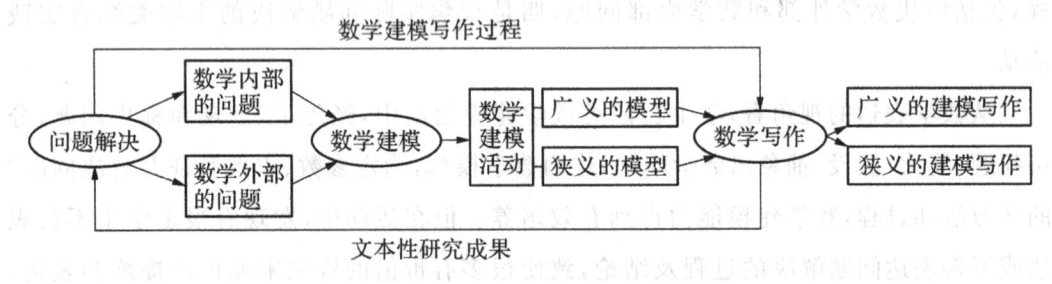

图 1 数学建模与数学写作的融通机理

2.3.1 聚焦素养,目标一致

数学建模以培养学生数学建模素养为核心,在建模活动过程中培养数学抽象、数学推理等核心素养;数学写作以培养学生数学交流素养为核心,兼顾发展数学抽象、数学表达和数学推理等核心素养。数学建模与数学写作都属于数学语言表达范畴,是两种相似的表达形式,前者侧重用数学语言将实际问题符号化、系统化、模型化表达,获得数学模型并求解,后者侧重用书面表达的方式将分析和解决问题的过程记录下来,以实现交流研讨的目的。

2.3.2 交汇融通,互为促进

数学写作属于数学交流范畴。在国外,有学者将其表示为"WTL(writing to learn)",即通过写作来学习。数学建模能改变学生学习方式,表现为通过建模解决问题来促进学生自主学习、跨学科学习。二者在改变学习方式,促进学生主动学习方面高度一致。

数学建模是数学写作的重要基础,为数学写作提供丰富的、有意义的写作素材。建立数学模型解决问题的过程包括问题的提出和发现、问题的分析和解决,其核心内容是"你是怎样想的和怎样做的"。数学写作是将"做数学"的过程通过"说数学"的方式表达出来,将要表达的内容以书面形式规范、严谨、学术地表达出来。数学写作是对数学建模活动的记录、反思和提炼,是比数学建模活动更规范、系统的表现形式。通过数学写作传播数学建模活动成果,便于与其他同学分享交流、共同提高。因此,数学建模写作是将实际问题数学化,建立数学模型,求解模型、验证模型、修正模型,获得结果并解释实际问题,形成文本性研究成果的过程。

3 数学建模写作的实践路径

从实际问题中建立数学模型是数学建模的核心环节,也是数学建模写作的关键环节。在初中数学学习中,数学模型分为广义数学模型和狭义数学模型两类。广义数学模型是指一切数学概念、数学理论体系、各种数学公式、各种方程式以及由公式系列构成的算法系统等;狭义数学模型是指只有那些反映特定问题的数学结构才称为数学模型。根据数学建模写作中使用数学模型的属性和特征,我们将数学建模写作分为广义的数学建模写作和狭义的数学建模写作两类,二者在写作结构上有明显的区别,如图2。

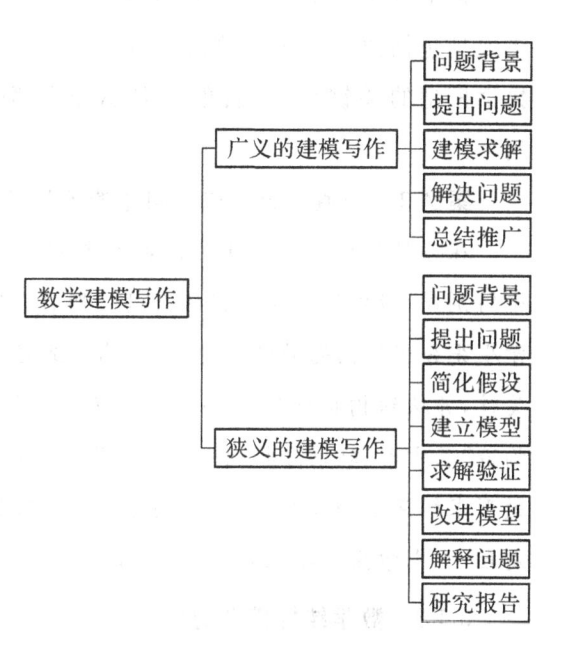

图 2 数学建模写作的结构

3.1 广义的数学建模写作

广义的数学建模写作是指学生根据数学概念、公式、定理等广义数学模型知识解决问题而进行的写作。

3.1.1 数学概念模型的应用

数学概念是数学的基本单元,数学概念教学是数学教学的重要内容,其成效直接影响到学生学习数学的效果。学生在理解数学概念内涵和外延的基础上,应用概念求解问题,将有价值的思考提炼和表达出来,从而形成数学建模写作作品。

案例1 无用的"增根"

在苏科版数学八年级上册第10章"分式方程"的学习中,关于"分式方程的增根"的概念,教材上给出概念的描述性定义,学生在教师的引导下对分式方程的增根有了初步的认识,但对于增根产生的根本原因不甚了解。

课后,学生对此问题进行深入的思考和探索,发现增根的产生是因为去分母时乘了一个值为零的公分母,由此根据"分式方程的增根"概念解决一类"含参"分式方程的求解问题,并尝试探索了"无解分式方程"与增根的关系,形成"无用的'增根'"一文,发表于《时代学习报》(数学周刊八年级版)2019年第40期。

3.1.2 数学方法模型的构建

数学方法模型主要是指那些用于求解数学模型的一类算法系统,常见的数学方法模型包括数学公式、法则和定理等。从数学建模过程看,建立数学方法模型是求解数学模型的关键环节,目的是从数学模型中获得数学结果,从而解决数学内部的问题。

案例2 一道代数式求值问题的五种解法

在苏科版数学七年级上册第3章"代数式"的学习中,一道代数式求值问题的错误率特别高,激发了学生探究的兴趣。题目为"若$a+b=3$,则$a^2+ab+3b=$_____。"学生先分析了问题的结构特征,指出找到已知条件与未知代数式之间的关系是求解的关键,并从结构特征"$a+b$"入手,构建"代入法"模型求代数式值的多种解法,进一步构造"长方形"辅助分析问题,从"形"的视角阐释代入法模型的数学本质。学生将建立模型求解问题的过程梳理、提炼和表达,形成"一道代数式求值问题的五种解法"一文发表于《中学生数学》2021年第1期。

3.1.3 数学结构模型的探究

数学结构模型是指数学问题中蕴含的稳定的数学结构。学生在求解数学问题的过程中,建立数学结构模型解决问题,进一步探究并揭示数学本质,从而形成"创新性"的研究成果。

案例3 奇妙的"数学模型"

在苏科版数学八年级上册第6章"一次函数"的学习中,学生学习了用待定系数法求一次函数表达式,在求解一道习题时,出现了奇妙的一幕。

题目:已知 $y=y_2-y_1$,其中 y_1 与 x 成正比例,y_2 与 $x+2$ 成正比例。当 $x=-1$ 时,$y=2$;当 $x=2$ 时,$y=10$。

(1) 求 y 与 x 之间的函数表达式;

(2) 当 x 取何值时,y 的值为30?

在解决第(1)问时,有学生直接设 y 与 x 之间的函数表达式为 $y=kx+b$,然后运用待定系数法,把"$x=-1$、$y=2$""$x=2$、$y=10$"分别代入"$y=kx+b$",从而求得函数表达式。事实上,这种解法是不规范的,在解题时没有使用到题目给出的条件"已知 $y=y_2-y_1$,其中 y_1 与 x 成正比例,y_2 与 $x+2$ 成正比例",然而结果却是正确的,这激起了学生的探究热情。学生在课后进行了深入探究,通过计算、推理、建模揭示了奇妙现象背后蕴藏的"真理",从而撰写了"奇妙的'数学模型'"一文发表于《中学生数学》2021年第7期。

3.2 狭义的数学建模写作

数学建模主要聚焦现实世界中实际问题的分析和解决。狭义的数学建模写作是以解决实际问题为基础的数学写作类型,所解决的实际问题是真实的、原生态的、杂乱无序的,甚至有时连要解决的问题都不明确。狭义的数学建模写作是在学生运用数学知识建立数学模型解决实际问题的基础上,将问题发现、提出、分析、建立模型并求解的过程进行学术化表达的活动过程。这种建模写作活动过程有利于培养学生的模型观念、应用意识和创新能力。数学建模写作的文本成果是学生实现有意义数学学习的重要体现,对培养学生数学建模能力和数学表达能力具有重要意义。

案例4 出租车收费问题

在苏科版数学八年级第6章"一次函数"学习结束后,开展以"出租车收费或停车场收费"为主题的综合实践活动。由学生自主完成调查研究,提出有意义的问题,建立模型并求解问题。整个活动过程一般包括:问题的提出、问题的分析、简化和假设、建立模型、求解模型、模型的分析与优化、解释与评价、撰写研究报告等。

学生在研究出租车收费问题时,从现实生活中选取问题背景,提出两个有意义的问题并解决。具体过程如表1。

表 1　狭义数学建模写作的一般流程

活动流程	内容简介
问题背景	经过初步观察和思考,发现出租车收费是随着行驶路程的变化而变化的,可以在出租车收费与行驶里程之间建立一种函数关系。
问题呈现	在苏州市范围内选取有代表性的出租车公司,拍摄了出租车收费标准。已知出租车收费标准:行驶里程 3 km 内,起步费为 10 元;超过 3 km,每 1 km 收费 1.80 元;超过 5 km,单程加收 50% 空驶费。
提出问题	问题 1　出租车收费与行驶里程间存在什么关系? 问题 2　乘客采用分乘两次的方法能降低乘坐出租车的费用吗?
分析问题	作出以下假设:① 任意一辆出租车都按以上收费标准收费;② 出租车匀速行驶;③ 行驶期间不堵车;④ 不考虑乘客主观乘车感受;⑤ 出租车驾驶员与乘客都认同收费标准;⑥ 不考虑行驶时间;⑦ 乘客单程乘坐出租车。
建立模型并求解	将行驶里程记为 x km,出租车收费记为 y 元。综合以上三种可能的收费情况,得到出租车收费与行驶里程间的函数模型: $y = \begin{cases} 10, 0 < x \leqslant 3, \\ 1.8x + 4.6, 3 < x \leqslant 5, \\ 2.7x + 0.1, x > 5。 \end{cases}$
解释问题	根据数学模型的求解结果阐释提出的问题。
研究结论	当行驶里程 x km 在 $0 < x \leqslant 3$ 范围时,最小的单价 $m = \dfrac{10}{3}$;当行驶里程 x km 在 $3 < x \leqslant 5$ 范围时,最小的单价 $m = 2.72$;当行驶里程 x km 在 $x > 5$ 范围时,单价 $m < 2.72$。
撰写报告	撰写出租车收费问题的研究报告,形成"出租车收费问题"一文。

4　结束语

开展数学建模写作,能有效驱使学生自主参与数学建模活动。数学写作作为学生数学建模活动的研究成果,彰显了数学建模活动的应用性、过程性、价值性。研究成果在学生间的传播、分享和交流,是学生实现有意义数学学习的重要体现,也是数学教育的应有之义。开展数学建模写作是培养学生数学建模能力和数学表达能力的重要路径,一线数学教师应予以重视,在数学教学中积极践行,指导学生体验数学研究之乐、感悟数学研究之用、收获数学研究之果。

观察、思考和表达:观课议课的"三部曲"

摘 要:观课议课是一线教师提高教育科研能力的有效路径。一线教师对观课议课的内涵以及观什么、议什么的理解影响到观课议课活动的质量。基于观课议课的内涵理解,从观察、思考、表达三个维度阐释观课议课的三个重要步骤,提出以"表达"为核心的观课议课的三重境界:记录过程,表述现象;明确选题,提炼观点;搭建框架,专业表达。

关键词:观课议课;三角形相似;数学模型;模型思想

观课议课是一线教师提高教育科研能力的有效路径。观课是观课者对课堂教学信息收集的过程,议课是观课者对收集信息的加工和输出过程。作为一线教师,参与教科研活动的方式有很多,毋庸置疑,观课议课是最常规的方式。观课议课是教师教科研水平提升的重要路径,观课议课的质量直接影响到教师的专业发展水平。而现实教学中,观课议课形式大于实质,广大教师对观什么、怎么观、议什么、怎么议等问题不是很清楚,观课议课往往流于形式,走走过场,造成了教科研资源的极大浪费,影响到教师的专业成长。

一、观课议课

在我国传统的教研活动中,最盛行的活动方式是"听课"和"评课"。在国外"听课评课"有着相对规范和科学的表达——观课议课。"观课"(classroom observation)又称课堂观察[1]。观课是指观课者带着明确的目的,用多种感官(包括一定的观察工具)直接从课堂情境中收集资料,并依据资料做相应研究的一种教育科学研究方法。与传统的"听课"相比,观课强调多感官协同参与。观课不仅要用耳朵,还要用眼睛观察课堂,用心灵感受课堂。"议课"(class discussion)是指观课者围绕观课的所闻、所记、所思,针对课堂教学的设计、实施、效果等提出问题,发表意见。与传统的"评课"相比,议课强调发表意见,进行商议,是一种对话交流、促进反思的教研活动形式。观课议课是参与者相互提供教学信息,共同收集和感受课堂信息,在充分占有信息、分析信息的基础上,围绕指定的或商定的主题进行对话和反思,以改进课堂教学、促进教师专业成长的一种研修活动[2]。

近期,笔者参加了所在区域初三数学教改组的常规性教研活动,活动形式为同课异构,4位教师共同开设题为"图形的相似"的复习课。笔者记录了参与本次观课议课活动的完整过程,现整理成文,试图回答观什么、怎么观以及议什么、怎么议等问题,供观课议课者参考和借鉴。

二、观察:分类收集有效的教学信息

笔者观摩了两位教师的课堂教学,课题分别为"利用基本图形探索相似三角形"(以下简称"A教师")"折叠中的相似"(以下简称"B教师"),两节课都是以小专题的复习形式展开的,这与观课前的预估是一致的。下面从教学设计、教学方式和学习效果三个方面简单呈现两节课的教学情况。

1. 观教学设计

教学设计体现了执教者对课标和教材的理解。观课者一般通过两条途径了解执教者的教学设计,一条途径是静态的教学案(或PPT),另一条途径是动态的教学过程。动态的教学过程能更好地反映执教者对教材的个性化理解、加工和输出。因此,观课者通过观察教学过程来理解和学习执教者的教学设计理念尤为重要。事实上,观课主要观的是教学设计以及实施教学设计的过程及其效果。

A教师聚焦三角形相似的"基本图形",从"基本图形"入手,引导学生经历基本图形的提炼、识别、应用等活动过程,由易到难,层层深入,螺旋上升,将三角形相似的条件和相似三角形的性质渗透到基本图形的探究和应用的过程中,引导学生发现和体悟不同相似基本图形的内在联系,加强知识间的横向关联,提升复习效益。通过其板书(如图1),我们可以感悟到执教者教学设计的核心理念,凸显了由易到难、由一般到特殊、由特殊到一般、多图归一、分类讨论、图形化归等数学思想方法的渗透及应用。

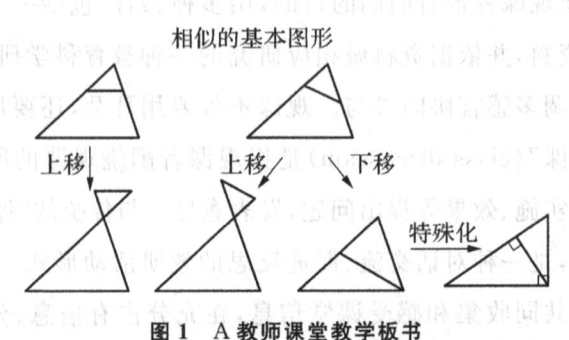

图1 A教师课堂教学板书

B教师聚焦"折叠"中的相似,以"折叠"为背景,使学生经历动手操作、自主探索、思考求解的过程,体会相似知识在折叠中的应用价值,以实现手、脑、口协同参与,体现了"做数学""用数学"的复习理念。执教者先以一道直角三角形的折痕长度求解为情境,使学生体悟三角形相似在计算求解中的优越性,随后以一张直角三角形纸片为工具,引导学生折出相似三角形,再运用折叠中的相似解决问题。通过其板书(如图2),我们可以大致了解执教者教学设计的理念,彰显了一图一课的教学意图,以折叠为载体,将三角形相似的知识渗透其中,实现复习的目标。

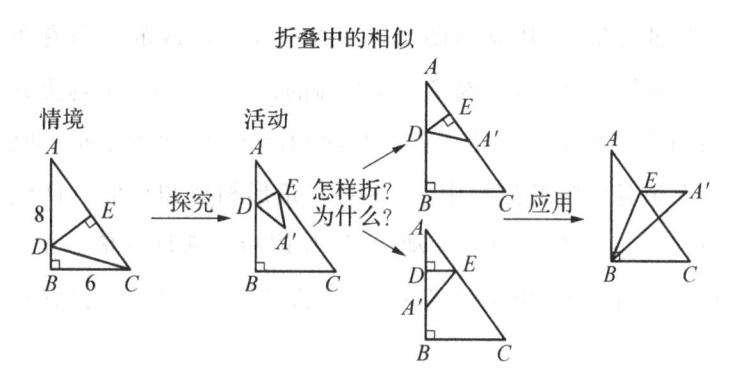

图 2　B教师课堂教学板书

2. 观教学方式

教学方式体现了执教者对教学的理解。众所周知,新课程改革的本质是教学方式的改革,即改进教与学的方式。根据教学内容的特点,采用何种教学方式实现教学目标,反映了执教者对教学的独特理解,是观课者观察课堂的重要方面。

A教师以三角形相似的"基本图形"作为教学起点,引导学生回顾"A形""斜A形""母子形"等基本相似图形,在问题的驱动下,教师导引、师生对话、讲练结合,采用了启发式、互动式的教学方式,使学生经历相似基本图形的再认识、再关联、再应用的活动过程,实现复习图形相似的阶段性复习目标。事实上,这些稳定的"基本图形"可以看作一类具有共同结构特征的"数学模型",而复习教学要做的是通过实际问题的解决,提高学生识别模型、再现模型、运用模型的能力,从而提高学生分析和解决问题的能力。B教师以"折叠中的相似"作为教学起点,通过问题情境引发学生思考,引出"折叠"的探究主题,设置了"折纸""展示""说理"等数学活动,体现了做数学、说数学、用数学的设计理念。教学过程中混合使用了探究式、互助式、体验式、启发式的教学方式,充分调动了学生学习数学的兴趣,学生的眼、手、脑、口、耳多种感官协同参与到学习中,充分发挥了学生的主体地位。

3. 观学习效果

学习效果体现了执教者对学生的理解。学习效果指向学生学习的过程和结果,属于教学目标范畴。观学习效果是指观察执教者的教学设计及实施过程中对学生学习影响的过程和结果。教学的最终指向是学生的学,好的教学设计和教学方式需要学习效果来检验。因此,观学习效果也是观课的重要组成部分。A 教师的课堂上,学生参与方式为师生对话式,单一的问答式师生互动贯彻整节课,大部分时间是一对一的师问生答,集体性学习活动主要体现在运用基本图形求解问题环节。总体上看,学生加深对相似基本图形的理解,运用基本图形求解有关相似问题的能力有明显提高,但学生一旦识别不出基本图形,将陷入困境。B 教师的课堂上,学生参与方式具有多样性,集体参与数学活动的次数较多。尤其在折纸活动环节,学生动手折、动脑想、动口说、动眼看、动耳听,在亲身体验的过程中,实现对三角形相似知识的再回顾、再认识和再提高。总体上看,学生通过折纸操作活动,经历和体验了满足三角形相似条件的过程,数学思维能力得到显著提升,但学生若离开了"折叠"的背景,对问题的解决会感到无所适从。

三、思考:整理加工鲜明的教学观点

思考是指观课者对观察收集到的信息进行整理加工,形成鲜明的、个性化的教学观点的过程。这里的思考属于议课范畴,一般包括观课前思考、观课中思辨和观课后反思三个方面。

1. 观课前思考

观课前思考是一种前置性思考,即在观课前围绕课题进行深入的思考。观课观的是教师的教和学生的学,只有对教学内容和学生学情有了充分的研究,才能观得深刻、观得专业。因此,教师在观课前应以"执教者"的身份对课题进行深入的研究和思考。"图形的相似"是苏科版初中数学九年级下册第 6 章的教学内容,具体包括"图上距离与实际距离""黄金分割""相似图形""探索三角形相似的条件""相似三角形的性质""图形的位似""用相似三角形解决问题"等内容。将整章内容作为一节课的选题,如何做出取舍,有的放矢,这取决于复习目标及复习内容的确立。从知识维度看,复习的重点应指向三角形相似的性质和三角形相似的条件;从技能维度看,应注重培养学生运用或者构造三角形相似求解问题的能力;从数学思想方法维度看,应注重模型思想、方程思想、函数思想的渗透与应用;从经验积累维度看,应注重引导学生经历问题的分析、探究、求解的过程。基于以上分析,笔者认为"图形的相似"复习课应采用"小专题"的方式呈现,聚焦一类具有共性的问题,将知识、技能、思想方法和活动融入其中,以问题解决为主线,实现梳理知识、发展技能、渗透思想方法和积累活动经验的复习目的。

2. 观课中思辨

观课中思辨是指观课者在观课过程中对执教者的教学环节、教学方式等方面进行思考辨析。观课中思辨的内容比较宽泛,一般包括以下几个方面:教学设计与观课前预设的比对、情境引入的类型及效果、问题设计的合理性、各教学环节的关联性和逻辑性、教学方式的适切性、学生学习效果、板书设计、课堂小结、作业布置等。这就要求观课者在观课过程中,做到观察与思辨相结合,寻找课堂教学中突出的亮点和存在的问题,反思自己的教学行为[3]。比如在情境引入环节,两位教师都呈现了数学情境,从数学内部提出问题,凸显应用三角形相似知识解决问题的重要性。此时我们就可以做以下思辨:执教者的引入设计好不好;是否符合学生的最近发展区;还可以怎么设计;用现实问题情境引入是不是更好等。

3. 观课后反思

观课后反思是指观课后结合自身的理解对教学过程、教学方式以及教学效果的再思考。根据反思的完整程度,课后反思一般分为碎片化反思和整体性反思。碎片化反思是指对观课中的某个现象、某个内容或某个环节进行的反思;整体性反思是指对观课的全过程进行系统的、完整的、结构的梳理和思考。从时效上看,观课中和观课后即时进行的零碎的反思属于碎片化反思;观课议课结束后,在碎片化反思的基础上,一段时间内持续进行再整理、再加工、再思考属于整体性反思。从内容上看,碎片化反思针对某个内容或者某个片段,整体性反思则针对整体教学内容的设计与实施。从价值上看,碎片化反思的意义在于观课者对教学的局部改进和优化,整体性反思的意义在于观课者对教学的整体思考和建构。比如观课者在观课后议课前,以"议课发言人"的预设性身份展开反思,形成5分钟左右的碎片式发言稿,做好发言准备,这就是一种即时性的碎片化反思。在碎片化反思的基础上,观课者复盘观察课堂教学的过程,进一步发现和提出问题,从整体的视角进行深入的、系统的反思,及时记录,形成相对完整的反思性文本,就是一种整体性反思。

四、表达:转化输出专业的教学成果

表达是指观课者将观察和思考的结果以言语、图表或文字的方式反映出来的一种教育科学研究行为。从教育科学研究视角看,表达是一种文字性的、学术性的专业表达,即观课者将思考成果以学术论文的形式表述出来,形成学术性研究成果。专业表达可以通俗地理解为论文写作。论文写作是个技术活,技术含量高、写作难度大是一线数学教师的普遍共识。从观课议课到专业表达,不同的观课者大致会呈现三重境界:表述现象、提炼观点和专业表达。

1. 记录过程,表述现象

记录是呈现观课信息的最直接手段,是观课过程中的中心任务[4]。对于大多数观课者而言,最容易做到的事情就是将观察到的、有价值的现象记录到"听课本"上,以图文并茂的形式表述出来,形成"观课笔记"式的"论文素材"。比如笔者在观课前收集了两位教师的教学案和教学课件,观课中详细记录了两节课的教学流程、问题设计、教学方式、学生活动、例题选取、板书设计等内容,积累了大量的论文写作素材,为进一步的专业表达奠定坚实基础。表述现象主要体现了观课者看到了什么、听到了什么,只体现了信息的收集,没有体现信息的整理、加工、创造和输出的过程,是观课议课的第一重境界。

2. 明确选题,提炼观点

观课中收集到的信息往往是杂乱无序的,这就需要观课者对信息进行整理、分析、比较、加工,从中找出有价值的问题,进一步分析、思考、提炼,从而明确有价值的研究主题和方向,这就是所谓的选题。在对教学现象研究的基础上,提炼出鲜明的、有价值的教学观点,从而形成文题。比如从两节课的课题看,两位教师分别以"基本图形"和"折叠"为背景,表面上看,两节课的教学主题和教学设计完全不同,甚至超出了同课异构的范畴。但我们进一步分析、比较、思考后可以发现,两节课的复习目标都指向三角形相似的条件和性质,"折叠中的相似"的本质就是"基本图形"的构建和应用。因此,可以以三角形相似的"基本图形"为主题,对两节课的教学设计进行比较分析,从而提出具有普适性、价值性的教学观点。与表述现象相比,观课者对收集到的信息进行了深入的整合、加工和提炼,生成许多有价值的新思考、新信息,是观课议课的第二重境界。

3. 搭建框架,专业表达

观课者积累了丰富的教学素材,明确了选题,提炼了观点,接下来要搭建框架,通过具体的案例紧扣选题来阐释和佐证提出的观点,最后实现专业表达,为观课议课活动画上一个阶段性的、圆满的句号。若将本次观课议课的选题确定为"三角形相似的基本图形",我们对两节课进行比较研究,将论文题目拟定为"相似三角形基本图形的源与流——基于同课异构的对比分析",则可以搭建论文的框架结构(如表1)。

表1 "相似三角形基本图形的源与流"行文框架

一级标题	二级标题(内容)
1 问题提出	基本图形的重要性、必要性等
2 教学分析（聚焦基本图形）	2.1 教材理解
	2.2 学情分析
	2.3 目标解析
3 教学简述	A教师教学简录、B教师教学简录
4 课例对比与评析	4.1 创设情境环节
	4.2 探究活动环节
	4.3 例题教学环节
	4.4 板书设计环节
5 观课反思	5.1 教材中基本图形的梳理分析（源）
	5.2 基本图形的应用价值（流）
	5.3 指向基本图形的复习设计策略

按照论文的框架结构，将观课议课过程中的现象、思考和观点以文字语言的形式表述出来，形成论文成果，是观课议课的第三重境界。

总之，观课议课是教师专业成长过程中最常规的、最重要的路径之一。观课者要基于对观课议课的内涵理解，珍惜每一次观课议课的活动机会，从观察、思考、表达三个维度修炼内功（如图3）。在观课议课活动中做到善于观察、勤于思考、乐于表达，不断磨炼自我，提升教育科研能力，早日成长为新时代的优秀教师。

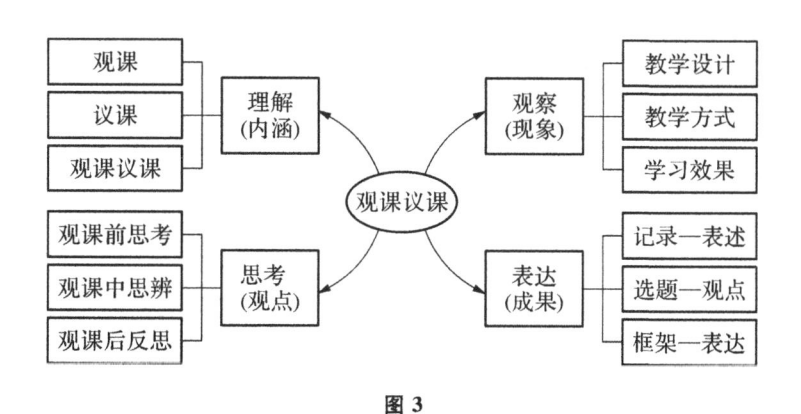

图3

参考文献

[1] 邵光华,董涛.教师教育校本培训与同事互助观课浅论[J].课程·教材·教法,2004(01):72-76.

[2] 陈大伟.观课议课的三个基本立场[J].上海教育科研,2017(01):67-70.

[3] 朱郁华.主题式观课议课:促进教师专业成长的一种有效方式[J].教学与管理,2007(01):36-37.

[4] 方燕雁.观课议课:教研活动中教学评价的新途径[J].教学月刊·中学版(教学参考),2016(09):36-40.

基于发展应用意识的概率教学探析

——以苏科版"确定事件与随机事件"教学为例

《义务教育数学课程标准(2011年版)》[以下简称《课标(2011年版)》]在课程目标中指出:要使学生"初步学会从数学的角度发现问题和提出问题,综合运用数学知识解决简单的实际问题,增强应用意识,提高实践能力"。"应用意识"作为课程标准的十大核心词之一,是评价数学核心素养发展情况的具体表征之一。数学应用意识就是一种用数学的眼光、从数学的角度观察和分析周围生活中问题的积极的心理倾向和思维反应。具体表现为有意识地用数学知识解释现实情境中的现象、解决现实情境中的问题,认识到现实生活中的问题可以数学化,用数学的方法予以解决。如何借助现实情境在概率的起始课教学中发展学生的数学应用意识,让学生体悟"有用的数学",笔者以苏科版数学八年级下册第8章的"确定事件与随机事件"教学为例,谈谈具体的做法与思考。

1 教学分析

1.1 内容分析

在生产生活中,严格确定的现象十分有限,不确定的现象(随机现象)却是大量存在的,概率是对生活现象的数学化,是对随机现象的一种数学描述,是对随机事件发生可能性大小的刻画。本节课作为初中数学概率的起始课,主要是引导学生对事件定性,为后续对随机事件的定量研究做铺垫。

1.2 目标及目标解析

目标:

(1) 通过具体实例感受生活中有些事件的发生是确定的,有些事件的发生是随机的;

(2) 会区分现实情境中的必然事件、不可能事件和随机事件;

(3) 经历猜测、试验、收集与分析的活动过程,学会与他人合作交流,培养合作精神,发展随机观念、数据分析素养和应用意识。

目标解析:

通过大量的生活实例及数学活动,引导学生感悟实际生活中的确定与随机现象,学习必然事件、不可能事件和随机事件等概念,再结合实际生活理解概念、应用概念,对确定事件与随机事件发生的可能性产生定性的认识,体会应用概率知识服务生活的意义。

2 教学过程

2.1 感悟概念,凸现学习的必要性

师: 同学们好,老师今天只带来了10颗牛轧糖,想分别发给10个不同的学生,大家帮我想想办法,怎样分发?

预设 学生有可能想到游戏法(石头剪刀布等)、抽签法、排序法等。

师: 说说你是怎样分发的?

生1: 按考试成绩。

生2: 抽奖的方法。

师: 现在把每位同学的名单放入抽奖箱,请一位同学从奖箱中抽出10个名单,你能对抽出的结果做出预测吗?

教学说明: 问题情境的创设不仅仅要呈现一个问题,更重要的是让学生通过问题情境体会进一步学习的必要性。以糖果分发问题为载体,唤起学生已有的生活经验,想到用抽签等方法解决问题,感受生活中的随机事件。在对抽奖结果的预测活动中,初步感悟必然事件、不可能事件和随机事件的现实意义。

2.2 抽象概念,凸显学习的现实性

师: 在某次国际乒乓球单打比赛中,甲、乙两名中国选手进入最后决赛。

(1) 该项比赛的冠军属于中国选手吗?

(2) 该项比赛的冠军属于外国选手吗?

(3) 该项比赛的冠军属于中国选手甲吗?

生3: 一定属于中国选手。

生4: 一定不属于外国选手。

生5: 不一定属于中国选手甲,有可能是中国选手乙。

师: (给出确定事件、随机事件等概念)想一想,如果进入决赛的甲、乙两名选手都是外国的,结果会是怎样的?

生6: 冠军一定属于外国选手,冠军一定不属于中国选手,都是必然事件;冠军属于

中国选手是不可能事件;冠军是外国选手甲是随机事件。

追问 如果进入决赛的是一名中国选手和一名外国选手,那么冠军属于中国选手吗?

师:我们认识了生活中的确定事件,在数学的学习中,有没有确定事件呢?请举例说明。

生7:两点确定一条直线。

生8:过直线外一点有且只有一条直线与已知直线平行。

生9:基本事实、定理等。

教学说明:引导学生通过丰富的现实问题情境,思辨确定、随机与随机事件的确定性、随机性。最后由生活现实转向数学现实,把学生的数学眼光引向数学内部,深化数学思考。

2.3 辨析概念,凸显学习的方法性

师:判断下列事件是必然事件、不可能事件,还是随机事件。

(1) 没有水分,种子发芽;

(2) 367人中至少有2人的生日相同;

(3) 小丽到达公共汽车站时,85路公交车正在驶来;

(4) 打开电视,正在播广告;

(5) 小明家买彩票将获得500万元大奖;

(6) 3天内将下雨;

(7) 在苏州母子医院里,下一个出生的婴儿是女孩;

(8) 中国篮球运动员周琦所在的休斯敦火箭队获得了当赛季的NBA总冠军。

生:(省略)

教学说明:以部分生活现实为素材,在辨析中理解概念。教师应引导学生抓住"一定条件下、事先、肯定、无法确定、发生"等关键词,进行准确的辨析。

2.4 应用概念,凸显学习的应用性

活动1 请每位同学分别举出生活中的必然事件、不可能事件和随机事件。再进行小组交流,然后各组派代表展示。

预设 学生的举例逐步延伸到生活的各个领域,有些事件的确定性与随机性的辨析是有难度的,甚至出现争议,此时教师应引导学生分析概念中"在一定条件下"的意义,帮助学生理解事件的自身属性。

生:举例(省略)

练习1

题1. 下列事件中,是必然事件的是(　　)。

A. 购买一张彩票,中奖　　　　　　B. 温度降到0℃以下,纯净的水会结冰

C. 明天一定是晴天　　　　　　　　D. 经过有交通信号灯的路口,遇到红灯

题2. "a是实数,$|a|\geq 0$"这一事件(　　)。

A. 是必然事件　　B. 不是确定事件　　C. 是不可能事件　　D. 是随机事件

教学说明:认识概念后还应引导学生经历数学概念生活化的过程,即回归"生活原型",用数学的眼光去观察生活、欣赏生活、体验生活,这是提升学生数学学科素养的有效做法,也是数学教育的基本要求。

活动2　一枚质地均匀的骰子的6个面上分别刻有1~6的点数,抛掷这枚骰子。

(1) 向上一面的点数可能是6吗?可能是0或8吗?

(2) 向上一面可能出现哪些点数?能事先确定出现哪一种结果吗?

(3) 如果一次抛掷两枚骰子,两枚骰子向上一面的点数和可能出现哪些点数?请试验验证。

生10:可能是6,这是随机事件;不可能是0或8,这是不可能事件。

生11:1~6点都有可能出现,事先无法确定,所以这是随机事件。

生12:点数和有可能是2~12,是随机事件。

教学说明:设计骰子试验活动,贴合学生的已有生活经验,有利于增强数学活动效果。先猜想抛掷一枚骰子,初步验证猜想,亲身感受真实的随机事件与确定事件,深化数学概念的理解。随后设计了抛掷两枚骰子向上一面点数和的试验活动,引导学生进一步感受确定事件与随机事件,为后续学习"可能性的大小"做铺垫。

活动3　一个不透明的布袋,袋中装有6个大小相同的彩球,其中4个黄色,2个蓝色,充分摇匀。

(1) 从袋子里任意取出2个球,取出的2个球都是黄色的是＿＿＿＿事件;

(2) 任意摸出3个球,会出现哪几种可能的结果?

(3) 现有大小相同的3个黄球、2个白球和一个不透明的布袋,请设计必然事件、不可能事件和随机事件。

练习2

题3. 一个不透明的袋子中装有形状、大小、质地完全相同的6个球,其中4个黑球、2个白球。从袋子中一次摸出3个球,下列事件是不可能事件的是(　　)。

A. 摸出的是3个白球　　　　　　　B. 摸出的是3个黑球

C. 摸出的是2个白球、1个黑球　　　D. 摸出的是2个黑球、1个白球

题4. 一只不透明的布袋,袋中装有6个大小相同的乒乓球,其中4个黄色,2个白色,充分摇匀。

（1）从袋子里任意摸出1个乒乓球,该球是红色的是什么事件?

（2）从袋子里任意摸出2个乒乓球,取出的2个球都是黄色的是什么事件?

（3）任意摸出3个乒乓球,猜猜会出现哪几种可能的结果?

（4）请你设计必然事件、不可能事件、随机事件。

教学说明:不透明的布袋充满神秘感,摸彩球活动能激发学生的学习兴趣,唤醒生活记忆,提升活动效果。自主设计确定事件和随机事件,驱使学生的思维状态从解决问题向发现和提出问题转变,促进学生从低阶思维向高阶思维发展。

活动4 在古代某地,有一个县令用抽"生死签"的方法决定犯人的生死。有一个犯人与该县令有私仇,县令为了报复他,偷偷在两张纸上都写下了"死"字。聪明的犯人知情后,将抽到的一张吞到肚子里,要求打开另一张,县令只好把另一张公示于众,犯人得以死里逃生。

师:请你用所学的知识分析犯人逃生的原因。

生13:打开另一张纸上写有"死"字,说明被吞进肚子里的那张一定是"生",这是一个必然事件,犯人得以逃生。

教学说明:概率起源于生活应用,在科学技术发展的迫切需要下飞速发展。在教学中呈现数学故事,引导学生一起分析犯人逃生的原因,用所学知识解释生活,感受概率在生活实际问题中的广泛性与应用性。

2.5 理解概念,体现学习的价值性

请用本节课所学的知识举例说明生活中的必然事件、不可能事件和随机事件。

教学说明:本节课教学流程是生活现实—数学抽象—探究感悟—回归现实,在课堂总结阶段引导学生运用习得的数学概念解释生活现象,用数学的眼光观察生活现实,用数学知识解释和解决生活问题,感悟数学的抽象、概括等基本属性,体会数学的应用价值。

3 教学思考

3.1 立足简单内容,培育应用意识

"确定事件与随机事件"作为概率的起始课,内容比较简单。一方面是由数学课程标准要求与课程内容的本身决定的,另一方面是因为学生在小学阶段已学习过概率的有关知识,能辨别简单的随机现象,并能列出所有可能发生的结果,对随机现象发生的

可能性有一定的认识。简单内容的学习应该给学生哪些收获？这得从概率学习的目的说起。概率与统计的基础知识是未来公民的必备常识，这就要求学生从义务教育阶段起，熟悉概率与统计的基本方法，了解随机现象，逐步形成数据分析观念，养成尊重事实、用数据说话的科学态度，学会用概率与统计的思想方法解决生活中大量的随机现象，以适应纷繁多样的现实社会。因此，以简单内容为载体，培育学生概率应用的意识，提升数学核心素养是本课的教学追求。具体表现为：通过对概率起始课的学习，数据意识进一步增强，在生活中能有意识地从数据分析的视角观察与思考随机现象，能主动应用数据分析做出合理的决策或对决策的合理性提出质疑。

3.2 精设问题情境，生长应用意识

合理的问题情境能激发学生数据分析的意愿，有助于学生从数学的视角发现和提出问题，运用已有的数学知识解决问题，经历数学概念的同化与顺应，在学习新概念的活动过程中发展数学思维。基于问题情境的数学活动是发展数学思维的沃土，是提升数据分析素养的有效途径。活动情境的设计应紧贴学生的生活实际和学生最近发展区，驱使学生经历"猜想—试验—收集数据—分析结果—得出结论"的活动过程，由表及里、去粗取精，理解概念。本节课精心设计的问题情境与活动，有效激发学生自主思考、协作试验、合作探究，主动经历数据收集、处理、分析和推断的过程，进一步认识随机现象，感受随机事件的特征，促进学生在数学思考中生长应用意识。

3.3 聚焦数据分析，发展应用意识

数据分析是统计的核心。数据分析是统计与概率的基础，是合理预测的依据。在教学中，根据学生的现有认知水平及阶段性心理特征，将数学知识与学生的生活实际紧密结合，寓教于乐，激发学生的学习兴趣，培养学生用数学的眼光观察生活、感受生活、热爱生活的意识。提供实践机会，学生积极参与数学活动，亲身体会解决概率与统计问题的过程，发展数据分析观念，提升数据分析素养。通过本节课的学习，学生体会到对收集到的数据进行分析，能解决生活中很多实际问题，感受统计与概率的实际价值，发展应用意识。比如在教学中，引导学生思考预测地震、泥石流、火灾等自然灾害的方法与意义，感受通过分析做出预测的重要性，体会数据信息的价值以及数据分析的重要意义，以帮助学生树立学好数学的信心，实现立德树人的目的。

基于深度学习的数学探究

——以"6.3 一次函数的图象(2)"教学为例

数学探究是基本的数学活动,是学生学习新知、积累探究经验的主要途径,也是学生进行深度学习的主要途径。《义务教育数学课程标准(2011年版)》[以下简称《课标(2011年版)》]指出:"教学中注重结合具体的学习内容,设计有效的数学探究活动,使学生经历数学的发生发展过程,是学生积累数学活动经验的重要途径"。因此,数学探究活动是数学课堂教学目标达成的重要过程,是学生深度学习、积累经验、发展思维的抓手。笔者最近执教了"6.3 一次函数的图象(2)"(苏科版《义务教育教科书·数学》八年级上册)这节课,基于教材理解,在体现《课标(2011年版)》对"一次函数的图象"教学要求的基础上,设计具有层次性的问题探究活动,让学引思、拾级而上,驱动学生自主进行深度学习,教学效果良好。在上课的基础上,笔者把这节课的教学实录与反思整理成文,以期与各位同仁研讨交流。

1 深度学习的内涵及其特征

深度学习的概念是瑞典学者 Ference Marton 和 Roger Säljö 在《学习的本质区别:结果和过程》一文中首次提出的,同时也提出了浅层学习的概念,它们是相对的概念。数学深度学习是指在教师的引领下,学生围绕具有挑战性的数学学习主题,全身心积极参与、获得发展的有意义的过程。深度学习是相对于浅层学习而言的。布鲁姆等人将认知领域学习目标分为识记、理解、应用、分析、综合和评价六个层级,其中识记、理解对应浅层学习,认知水平较低,属于低阶思维活动;而应用、分析、综合和评价对应深度学习,认知水平较高,属于高阶思维活动。后者更注重学生自主参与的学习和知识的理解与应用等。基于以上分析,在数学课堂教学中,应注重设计探究性数学活动,引领学生自主围绕数学问题,经历具有发展意义的学习过程,发展高阶思维能力,提升数学素养。

初中数学深度学习的特征比较鲜明,主要特征是相对初中数学教学中出现的被动式、孤立式、机械式的浅层学习而言的,是指在浅层学习基础上,由被动接受式学习向主动探究式学习转化,由简单直观型知识结构向复杂抽象型知识结构转化,由个体知识学习向整体知识建构转化,由低阶思维能力向高阶思维能力发展。在数学学习中能积极合作、交流,主动探究,抓住学习内容的关键特征,揭示数学本质,逐步完善数学知识结构,能将学得的知识与能力迁移与应用。

2 "一次函数的图象(2)"的教学要求

"一次函数的图象(2)"是苏科版《义务教育教科书·数学》八年级上册第六章"一次函数"中第三节的内容。学生在初一已经学习数轴的有关性质,知道数轴上的点与实数一一对应,点所表示的数从左向右越来越大等。在"一次函数的图象(1)"学习中,学生知道一次函数的图象是一条直线,掌握了一次函数图象的画法,即列表、描点、连线,初步感受 k、b 的值与函数图象的关系。"一次函数的图象(2)"的教学应引导学生主动地进行观察、操作、交流等探究活动,探索 $k>0$ 和 $k<0$ 时一次函数图象特征与数量关系的变化,学生从中体会数量与图象两者间的联系,感悟数学结合的思想,逐步学习掌握一次函数图象的性质。所以"一次函数的图象(2)"的教学要求是:

(1) 根据一次函数的图象和表达式 $y=kx+b(k\neq 0)$ 探索并理解 $k>0$ 和 $k<0$ 时图象的变化情况。

(2) 通过计算、列表、观察图象等方式,深入探究一次函数图象在平行、对称、垂直等位置关系时所蕴含的数量关系,深刻体悟特殊的"形"与特殊的"数"之间的关系。

(3) 经历探究过程,感悟数形结合思想,养成以形助数的思考习惯,掌握探究函数图象的一般方法,积累数学探究经验。

3 教学实录

3.1 情境引入

像上山越走越高那样(如图1),有些一次函数的图象从左向右不断上升;像下山越走越低那样,有些一次函数的图象从左向右不断下降。

图1

设计意图:以山的图片为情境,将上山、下山的道路与一次函数的图象特征相联系,帮助学生直观形象地从"形"上领会函数图象上升与下降的意义,为学习探究一次函数的图象的增减性做铺垫。

3.2 新知探究

问题 1 比较图 2、图 3 中两个一次函数的图象,你有什么发现?

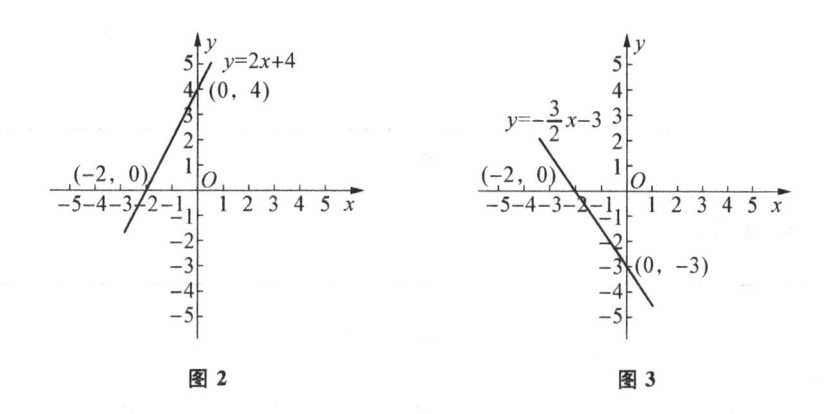

图 2   图 3

生 1:图 2、图 3 的 k 值、b 值不同,分别是 $k=2$,$b=4$;$k=-\dfrac{3}{2}$,$b=-3$。

生 2:$y=2x+4$ 的图象经过第一、二、三象限,$y=-\dfrac{3}{2}x-3$ 的图象经过第二、三、四象限。

生 3:两个一次函数图象的方向不同。

师:方向不同是什么意思?

生 4:类似于上山、下山的方向。

生 5:从左向右看,$y=2x+4$ 的图象方向指向右上方,$y=-\dfrac{3}{2}x-3$ 的图象方向指向右下方。

师:你们所说的方向可以用上升趋势或下降趋势来描述。函数图象上升或下降时,随着自变量值的增大,函数值会发生怎样的变化?

生 6:从左向右看,上升趋势的图象中,y 值随 x 的变大而变大;下降趋势的图象中,y 值随 x 的变大而减小。

师:我们发现,在一次函数 $y=kx+b$ 中:如果 $k>0$,那么函数值 y 随自变量 x 增大而增大;如果 $k<0$,那么函数值 y 随自变量 x 增大而减小。

问题 2 小组合作探究,完成表格(如图 4)。

187

$y=kx+b$ ($k \neq 0$)		\multicolumn{3}{c	}{$k>0$}	\multicolumn{3}{c	}{$k<0$}
		$b=0$	$b>0$	$b<0$	$b=0$	$b>0$	$b<0$
图象								
性质	经过象限						
	形状趋势						
	增减性						

图 4

生 7（合作探究后）：如图 5

$y=kx+b$ ($k \neq 0$)		\multicolumn{3}{c	}{$k>0$}	\multicolumn{3}{c	}{$k<0$}
		$b=0$	$b>0$	$b<0$	$b=0$	$b>0$	$b<0$
图象		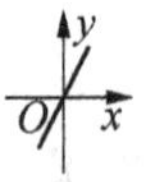	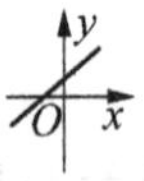	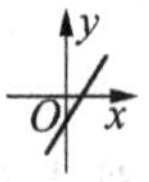	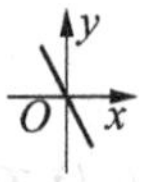	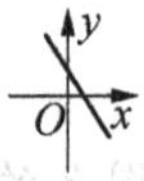	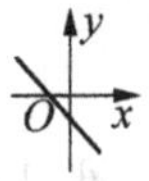
性质	经过象限	第一、三象限	第一、二、三象限	第一、三、四象限	第二、四象限	第一、二、四象限	第二、三、四象限
	形状趋势	\multicolumn{3}{c	}{上升}	\multicolumn{3}{c	}{下降}
	增减性	\multicolumn{3}{c	}{y 随 x 的增大而增大}	\multicolumn{3}{c	}{y 随 x 的增大而减小}

图 5

设计意图：活动目的是探究一次函数表达式中 k、b 的值对一次函数图象的影响。以具体的两个一次函数为例，引导学生发现并概括图象的特征与性质。教学中应引导学生关注图象的形态、位置、所在象限和增减性等性质与 k、b 值的关系，突出"形"的特征。通过填表活动把探究活动延伸至一般情况，归纳概括出一般结论。在探索函数的增减性时，应结合"图形"突出"数量"的变化特征，数形结合，以形助数，帮助学生理解掌握一次函数图象的性质。一次函数图象性质的探究对后续反比例函数图象和二次函数图象性质的探究具有积极的指导意义。一次函数图象性质的探究不能流于形式，应避免"蜻蜓点水"似的浅层次探究，通过数学探究活动引导学生学会函数图象性质探究的一般方法，在填写"性质表"过程中，引导学生思考探究什么？如何探究？以表格为载体,充分调动学生合作探究,使学生由单元探究走向多元探究,提高学生自主探究能力,积累活动经验,通达思维。

问题 3 在同一平面直角坐标系中分别画出正比例函数 $y_1=2x$ 与一次函数 $y_2=2x+3$ 的图象,你能说出这 2 个函数图象有怎样的位置关系吗?

生 8:2 条直线互相平行。

师:如图 6,从位置关系上看,它们是平行的;从数量关系上看,对于同一个自变量的值,一次函数 $y_2=2x+3$ 的值与正比例函数 $y_1=2x$ 的值有什么关系?

生 9:y_2 比 y_1 大 3。

生 10:函数 y_2 可以由 y_1 向上平移 3 个单位长度得到。

师:非常好,如果要画出一次函数 $y_3=2x-3$ 的图象,你打算怎样做?

生 11:把一次函数 $y_1=2x$ 的图象向下平移 3 个单位长度得到一次函数 $y_3=2x-3$ 的图象。

师:如图 7,把一次函数 $y_2=2x+3$ 的图象向下平移多少个单位长度能与一次函数 $y_3=2x-3$ 的图象重合?

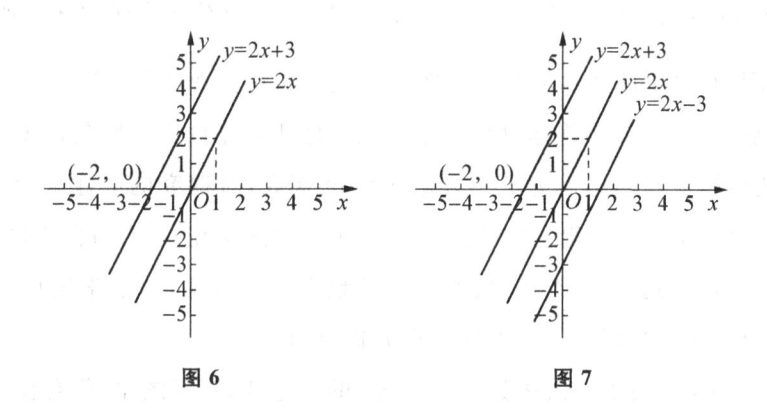

图 6　　　　**图 7**

生 12:把一次函数 $y_2=2x+3$ 的图象向下平移 6 个单位长度。

师:一般地,一次函数 $y=kx+b$ 的图象可以由正比例函数 $y=kx$ 的图象向上($b>0$)或向下($b<0$)平移 $|b|$ 个单位长度得到。在以上探究过程中,利用自变量 x 取相等的值的方法,发现对应 y 值的数量关系,以此发现正比例函数与一次函数之间的在"上、下"方向上的数量关系及位置关系,获得一般结论。你能用类似的方法,探索正比例函数 $y_1=2x$ 的图象与一次函数 $y_2=2x+3$ 的图象在左、右位置上的关系吗?

生 13:要探索左、右位置上的关系,应关注函数值 y 相等时自变量 x 之间的数量关系,以此探究函数图象在左、右方向上的位置关系。比如令 $y_1=y_2=0$,对应的 $x_1=0$、$x_2=-\dfrac{3}{2}$,发现一次函数 $y_2=2x+3$ 的图象可由正比例函数 $y_1=2x$ 的图象向左平移

$\frac{3}{2}$ 个单位长度得到。

师：很好！请同学们合作探究一次函数 $y=kx+b$ 的图象与正比例函数 $y=kx$ 的图象在左、右方向上的位置关系。

生14：表达式可分别变形为 $x=\frac{y}{k}-\frac{b}{k}$、$x=\frac{y}{k}$，当 y 值相等时，对应的 x 值相差 $\left|\frac{b}{k}\right|$ 个单位长度，即一次函数 $y=kx+b$ 的图象是正比例函数 $y=kx$ 的图象向左($b>0$)或向右($b<0$)平移 $\left|\frac{b}{k}\right|$ 个单位长度得到。

师：很棒！方法得当，结论准确。我们也可以这样思考，如果把正比例函数 $y=kx$ 变形为 $y=k(x+0)$，把一次函数 $y=kx+b$ 变形为 $y=k\left(x+\frac{b}{k}\right)$，可以发现当 y 值相等时，对应自变量 x 值相差 $\left|\frac{b}{k}\right|$ 个单位长度，即两个图象位置在左、右方向上相差 $\left|\frac{b}{k}\right|$ 个单位长度，我们可以利用这种方法探索左、右平移位置变化中蕴含的数量变化。

设计意图：教材上此活动的编写意图是探索 b 值对函数图像位置的影响，引导学生发现一次函数图象上、下平移运动的变化规律，通过研究自变量同值时对应的函数值的差异，归纳概括获得结论。为了引导学生深度探究，对探究的问题顺序与层次进行适度调整，引导学生运用习得的方法去探索一次函数图象在左、右方向上的位置与 k、b 值的关系，经历特殊到一般、类比、数形结合等数学思想方法，引发学生自主深度思考，也为后续学习二次函数图象的相关性质探究提供范式。

问题4 如图8，写出一次函数 y_1、y_2、y_3 的表达式，观察图象，你有什么发现？

生15：由待定系数法可得 $y_1=2x+2$、$y_2=-2x+2$、$y_3=2x-2$。

生16：一次函数 y_1、y_2 的图象关于 y 轴对称，一次函数 y_2、y_3 的图象关于 x 轴对称，一次函数 y_1、y_3 的图象互相平行。

师：这3个一次函数的 k、b 值有何关系？

生17：一次函数 y_1、y_2 的 k 值互为相反数，b 值相同；一次函数 y_2、y_3 的 k 值互为相反数，b 值也互为相反数；一次函数 y_1、y_3 的 k 值相同，b 值不同，通过上、下或左、右平移后能够重合。

师：小组合作探究一次函数 $y_1=k_1x+b_1$、$y_2=k_2x+b_2$ 的图象关于 x 轴或 y 轴对称时，k、b 值存在的数量关系。

生18：一般地，若一次函数 $y_1=k_1x+b_1$ 与 $y_2=k_2x+b_2$ 的图象关于 x 轴对称，则

$k_1+k_2=0, b_1+b_2=0$；若一次函数 $y_1=k_1x+b_1$ 与 $y_2=k_2x+b_2$ 的图象关于 y 轴对称，则 $k_1+k_2=0, b_1=b_2$。

设计意图：图形基本运动包括平移、翻折、旋转，设计关于对称的探究活动，意在引导学生关注在平面直角坐标系背景下一次函数图象对称时蕴含的数量关系，是对图形平移变换的一种补充，也是对点对称探索的一种延伸。有利于引导学生用图形变换的视角深度探究图象性质，整体把握知识结构，感悟特殊位置关系与特殊数量关系的内在联系。

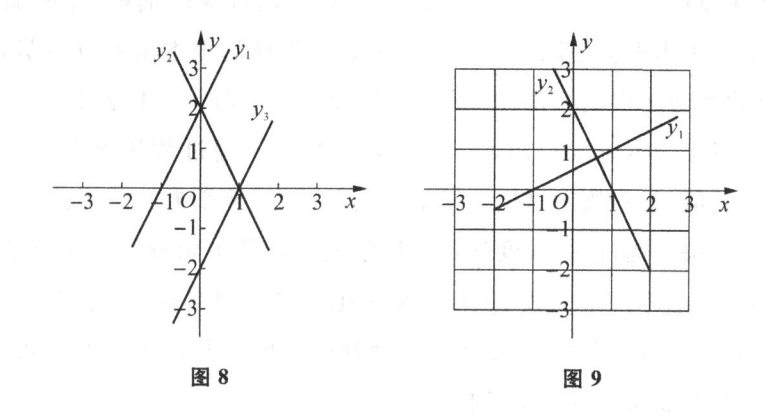

图 8

图 9

问题 5 如图 9，观察一次函数图象的位置关系，写出一次函数的表达式，你有什么发现？

生 19：借助网格线可以判断两条直线互相垂直，用待定系数法求得一次函数表达式分别为 $y_1=\dfrac{1}{2}x+\dfrac{1}{2}$、$y_2=-2x+2$。

生 20：发现 $k_1 \cdot k_2=-1, b_1 \cdot b_2=1$。

师：若把其中一条直线做上、下平移运动，它们的位置关系会发生变化吗？k、b 值的关系是否发生变化？

生 21：仍然是垂直的位置关系，$k_1 \cdot k_2=-1$，但 b 值没有恒定的数量关系。

师：一般地，一次函数 $y_1=k_1x+b_1$ 与 $y_2=k_2x+b_2$ 的图象在平面直角坐标系内互相垂直，可得 $k_1 \cdot k_2=-1$。

设计意图：在平面直角坐标系上呈现网格线，便于学生直观判断一次函数图象间的位置关系，为探究数量关系做铺垫。学生通过待定系数法求得一次函数的表达式，初步发现 k 值的数量关系，做出猜想，接着引导学生通过平移的方式深度探究两条直线互相垂直时 k 值的数量关系，遵循从具体到一般的探究路径，归纳生成一般结论。在活动中感悟一次函数图象"平移运动"与"垂直关系"的内在联系，用化归的思想方法探究数量关系中的变与不变，揭示数学本质，发展数学素养。

4 反思与感悟

4.1 深度学习应以生为本,让学引思

深度学习不是对知识的表层教学与机械训练,也不是盲目地增加知识的广度与深度,而是基于知识的内在结构和整体特性,以问题为主线、知识为载体,引导学生从知识学习走向思维发展。深度学习需要执教者对教学内容深度剖析、深度加工,以生为本,让学引思。以生为本就是以学生的发展为教学设计的根本出发点与落脚点。学生在初中阶段初次学习一次函数的图象性质,后续还会学习反比例函数、二次函数等函数图象的性质,以生为本就要提高教学立意,授之以渔,通过数学探究活动,不仅获得基础知识、基本技能、基本数学思想和基本活动经验,还要掌握数学思想方法和思维方式,学会分析与解决问题,进行深度学习。让学就是让学生亲身经历探究学习过程,引发、引导、引领学生思考。课堂教学中,教师要把课堂还给学生,让学生多一些探究与思考,在思考、讨论、合作、操作、验证等学习活动中实现自主学习、合作学习、探究学习,经历深度认知过程,获得深度认知结构。

4.2 问题引领数学探究

问题是数学的心脏,是思维的起点和动力。问题是数学课堂教学的主线,问题驱动探究,以问题为中心的课堂才是好课堂。教师要在理解数学的基础上设计开放性问题或具有层次性、灵活性、延伸性的问题,引导学生由浅入深、由表及里,适时提出有价值的问题,调动学生自主参与问题探究,提升高阶思维能力。本节课教学的基本要求是根据一次函数的图象和表达式探索并理解 $k>0$ 和 $k<0$ 时图象的变化情况,从布卢姆认知维度层次划分理论来看,这个要求是浅层次的认知水平,属于低阶思维活动。在探究活动中,借助知识关联的部分,提出深度问题,深层加工,引导学生掌握数学思想方法与数学本质。比如,由一次函数图象平行位置关系中的"上、下"数量关系延伸到"左、右"的数量关系,由一次函数图象的平行位置关系延伸至对称、垂直等位置关系,由具体的一次函数图象延伸至一般的一次函数图象等。

探究性问题的设计要贴近学生的认知水平,符合最近发展区,注重用开放性、层次性和启发性的问题引导学生逐步深入探究,在体验、建构和内化等思维活动中,引发深度思考,增强思维品质,提升思维境界。

4.3 梳理提炼思想方法,掌握图象性质探究基本套路

在一次函数图象性质的学习中,以问题为主线、知识为载体的教学中提炼数形结合、

特殊到一般等数学思想方法,是进行深度学习提高学生学力与理性思维的主要途径。在初中数学中,涉及一次函数、反比例函数和二次函数图象性质的探究,它们有哪些共同点?基本探究套路是什么?以一次函数为例,要探究图象与 k、b 的关系、图象的形状、特殊的点、图象所在象限、图象趋势、增减性、图象的平移、图象的对称等性质。对应的探究基本路径是:具体的一次函数(特殊化)—图象的有关性质(抽象化)—性质的提炼归纳(结论化、符号化)。在图象有关性质的探究活动中逐步养成套路意识,为后续函数图象性质的学习提供"类比源",帮助学生学会探究、学会学习。掌握探究套路,有利于学生运用类比的方法进行学习,在学习过程中潜移默化地习得数学思想方法,提高数学学习能力。

4.4 深度学习要把握好"度"

深度学习的本质是对新知识进行分层表征,实现将低级表征进一步抽象成高级表征。深度学习不等于超出学生实际认知水平的高难度学习。深度学习是以学生高阶思维能力的发展和数学问题的解决为目标,以数学知识为载体,围绕数学问题积极主动探究学习知识与思想,自主完善新的知识结构,能将已掌握的知识与能力迁移到新情境中的一种学习。因此,数学探究活动中应关注学生对知识的学习是否经历主动思考探究,是否自主联系旧知,是否学会分析、迁移与应用;关注学生在发现问题、提出问题、分析问题和解决问题过程中高阶思维能力的发展。切忌盲目提高数学问题的难度,增加学生学习负担。比如在教学一次函数图象互相垂直的位置关系时,由具体的一次函数图象垂直特例发现 k 值的数量关系,然后借助平移运动把特殊推广至一般,获得一般结论,这属于合情推理,无须引导学生用演绎推理的方法证明。基于深度学习的数学探究活动设计基础是理解,核心是建构,价值是迁移与应用。从教师方面看,理解学生、理解教材、理解数学是课堂教学设计之本;从学生方面看,理解数学知识是深度学习的基础。以理解为基础,在数学探究活动中学会建构、迁移与应用,经历深度学习,提升数学素养。

经历数学表达　体会模型思想

——以苏科版"从问题到方程"教学为例

1　问题的提出

数学教育的育人功能在教学中体现为提升学生的数学核心素养，引导学生会用数学眼光观察世界，会用数学思维思考世界，会用数学语言表达世界。所谓的数学语言，本质就是数学模型，用数学语言表达世界就是构建数学模型表示现实事物的本质、关系和规律。而能否将现实问题用数学语言正确地表达，是学生建构数学模型并体会模型思想的关键。模型思想作为初中数学十个核心概念之一，是一种基本的数学思想，是学生体会和理解数学与外部世界联系的基本途径。方程是渗透模型思想的良好载体，但在方程起始教学中往往出现对教学内容及其所反映的基本思想理解不够，教学站位不高、思想性不强的现象，使学生体会模型思想乏力，教学效益大打折扣。近期，笔者在全市范围内开设了一节"从问题到方程"的研讨课，下面结合对本节课教学内容的理解，谈谈引导学生在用数学语言表达现实问题的过程中，建构方程模型、体会模型思想的教学策略。

2　教学简析

2.1　教材理解

教材主编杨裕前老师在教材解读时指出："通过比较可以看出，用方程描述这种相等关系最简明"。这句话指明本节课教学的核心目标是引导学生初步认识"方程"这个数学模型，感悟用"方程"这种数学模型来表达现实世界中已知量与未知量间相等关系最简明，在数学表达中体会模型思想。因此，这节课的教学目标是让学生经历用方程来描述现实问题中的相等关系，体会方程模型的优越性，感悟模型。

2.2 对"测井深"的质疑

有研究者认为,教材上提供的古代问题(测井深)在表述上有歧义,建议删除或更换一个问题。也有研究者认为,测井深问题中数量之间的相等关系不是很清晰,与上面问题情境中数量之间相等关系的关联不够,不利于整体教学目标的达成。关于表述方面的问题可以这样解决,比如在问题中添加图形描述"三折"的意义,或者提醒学生"三折"的意思。测井深问题中的相等关系属于"相同量"特征,而天平问题、篮球赛积分问题都是描述的"相等量",在内容设置上是有区别的,在这里我们要理解教材编写者的意图,不要盲目地删减或更换。通过测井深问题,学生会明白可以用不同的数量关系描述同一个量,在联系用字母表示数的基础上用方程表达相等关系最简明,既感悟列方程与用字母表示数的关系,又体悟方程的本质。

2.3 教学理解

教学围绕为什么学、学什么、怎么学等基本问题展开。有教师建议在创设情境环节设计相对复杂的问题情境,让学生亲身经历问题的分析过程,感受学习方程的必要性。教学中以算术方法与方程方法的比较为教学主线,既感受为什么学的问题,又指明学什么、怎么学的问题。但笔者认为本节课的教学重点是数学表达和模型建构,课堂教学应聚焦于用数学语言建构方程模型的过程,教学中应适度减少算术法与方程法的比较过程,让学生感受到学习方程的必要性即可。因此,教学主线定位在如何审题、分析数量关系、用数学语言表达、建立方程模型、形成概念、体会模型思想上。

3 教学过程

(1) 问题激趣,直观感悟

师:同学们,我们在烧菜时会用到食用盐(400 g盐袋展示),你知道一袋食用盐的质量吗?

教学说明 估算盐袋质量,激发学习兴趣。让学生经历先猜想、再用天平测量未知盐袋质量的活动,直观感知相等关系。引发思考:如何描述含有"未知的量"和"已知的量"等数量之间的相等关系?引入新课,板书课题。

（2）探索归纳，建构模型

问题 1 如图 1，怎样表达天平平衡所表示的数量之间的相等关系？你从图上可以获取哪些信息？

学生分别展示图形描述、文字表达和符号表达（方程 $2x+1=5$）等。

师：我们通过比较图形描述、文字表达和符号表达可以发现，符号表达最简明。数学式子 $2x+1=5$ 你们认识吗？

师生共同回顾方程的定义，指出对数量之间的相等关系进行表达时，方程是最简明的。

图 1

教学说明 呈现天平平衡状态下的图片，图形中蕴含的信息可以通过文字或符号来表达，让学生感受图形信息、文字信息和符号信息之间的内在联系，体会符号表达（方程描述）最简明。

问题 2 篮球联赛规则规定：胜一场得 2 分，负一场得 1 分。某篮球队赛了 12 场，共得 20 分。怎样描述其中数量之间的相等关系？

师：读题后，你有没有不明白的地方？

生 1：负一场得 1 分是什么意思？打平了怎么办？

师：负一场得 1 分的意思是输一场也可以得到 1 分，在篮球比赛中没有平局，若在常规时间内恰好打平，需在加时赛中分出胜负。审清题意之后，你是如何表达相等关系的？

生 2：胜场得分＋负场得分＝20 分。

生 3：设该队胜 x 场，那么该队负 $(12-x)$ 场，可以用方程 $2x+1\times(12-x)=20$ 来表达。

追问：设胜了 x 场，你是怎样知道负 $(12-x)$ 场的？

生 4：胜的场数＋负的场数＝12 场。

问题2	胜场数	负场数	总数
场数			12
得分			20

师：说明问题 2 中含有两个相等关系，可用上表来分析表达，请你尝试并展示表达方法？

生 5：$12\times 2=24$（分），$24-20=4$（分），$4\div(2-1)=4$（场），说明负了 4 场，胜了 8 场。

生 6：设该队胜 x 场，负 y 场，可用方程组 $\begin{cases} x+y=12, \\ 2x+y=20 \end{cases}$ 来表达。

生 7：设该队胜场得分为 y 分，则负场得分为 $(20-y)$ 分，可用方程 $\dfrac{y}{2}+\dfrac{20-y}{1}=12$ 来表达。

经历数学表达 体会模型思想

师:比较一下算术表达与方程表达等量关系哪个更优越?在不同的方程表达中,哪种方法更简单?这与设未知数有关系吗?

教学说明 通过学生的展示,得到算术表达、文字表达、方程表达等结果,在方程表达中既有一元一次方程表达,也有方程组表达。学生经历方程模型的建构过程,体会方程的优越、简明。在探索活动中,不能满足于感悟方程的简明,还应关注问题中的未知量、已知量和相等关系,引导学生通过表格体悟设不同的未知数、选用不同的相等关系会得到不同的方程模型,通过反思性学习,自主感悟方程建模的对比与优化。让学生通过比较,发现算术的方法思考比较困难,但结果比较直接;二元一次方程组的方法思考比较简洁,但计算比较困难。以此启发学生思考、优化方程模型建构的方案。

问题3 我国古代问题:以绳测井,若将绳三折测之,绳多四尺;若将绳四折测之,绳多一尺。绳长、井深各几何?

这段话的意思是:用绳子量井深,把绳三折来量,井外余绳四尺(如图 2);把绳四折来量,井外余绳一尺。绳长、井深各几尺?

师:审题后,有没有不明白的地方?

生8:"三折来量"的"三折"是什么意思?

师:(用绳子演示三折)弄清三折的意思后,完成问题探索并展示。

生9:问题中的绳长与井深都是未知的量,设绳长为 x 尺,那么 $\left(\dfrac{1}{3}x-4\right)$ 尺与 $\left(\dfrac{1}{4}x-1\right)$ 尺表示的都是井深,于是可用方程 $\dfrac{1}{3}x-4=\dfrac{1}{4}x-1$ 来表达。

生10:若设井深为 y 尺,那么 $3(y+4)$ 尺与 $4(y+1)$ 尺都表示的是绳长,于是可用方程 $3(y+4)=4(y+1)$ 来表达。

教学说明 呈现我国古代问题,感悟数学的发展史,体会用方程解决问题的必要性、优越性。在问题分析的过程中,学会用数学语言准确表达数量关系,建构方程模型,浸润方程思想。

(3)尝试表达,体验建构

问题4 我们知道,按图3的方式搭 n 条"小鱼"需要 $[8+6(n-1)]$ 根火柴棒。搭 n 条"小鱼"用了140根火柴棒,怎样用方程来表达其中数量之间的相等关系?

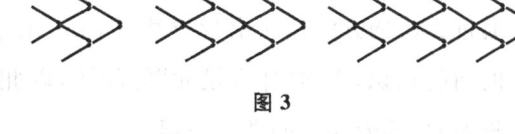

问题5 今年小红5岁,爸爸32岁。

(1) 用代数式分别表示 x 年后小红与爸爸的年龄；

(2) 如果 x 年后小红的年龄是爸爸年龄的 $\frac{1}{4}$，怎样用方程来表达其中数量之间的相等关系？

学生展示，得到方程：$8+6(n-1)=140$、$x+5=\frac{1}{4}(x+32)$。

教学说明 搭"小鱼"问题和年龄问题相对简单，在教学中应注重挖掘其潜在的教学价值。一是加强前后知识间的联系，体会用字母表示数与列方程的内在关系；二是体会单值对应的思想，即 n 或 x 确定时，火柴棒数量与年龄也对应确定，反之亦然；三是体会方程表达问题中的相等关系更简明、优越。

(4) 观察概括，形成概念

师：观察我们得到的这些方程，你能把它们分分类，并说说你是怎样分的吗？

$2x+1=5$、$2x+1\times(12-x)=20$、$\begin{cases}x+y=12,\\2x+y=20\end{cases}$、$\frac{y}{2}+\frac{20-y}{1}=12$、$\frac{1}{3}x-4=\frac{1}{4}x-1$、$3(y+4)=4(y+1)$、$8+6(n-1)=140$、$x+5=\frac{1}{4}(x+32)$。

生11：除了方程 $\begin{cases}x+y=12,\\2x+y=20,\end{cases}$ 其他方程是一类，我是以未知数的个数来分类的。

师：观察这一类方程有什么共同特征？

生12：这些方程只有一个未知数，并且未知数的次数都是1。

师：我们把只含有一个未知数（元），并且未知数的次数都是1（次）的方程叫作一元一次方程。对于这个概念，你有什么感兴趣的地方吗？

生13：老师，什么是"元"？

师：你真棒，有宝贵的问题意识。为什么把未知数称为元？在我国宋元时期，创立了天元术，在解决实际问题时"立天元一为某某"，相当于"设某某为 x"，后来我们把"元"看作未知数的统称。请你尝试给方程 $x+y=12$、$2x+y=20$ 下个定义。

生齐：二元一次方程。

教学说明 引导学生观察方程，归纳概括共同的特征，形成一元一次方程的概念。并通过类比的方法适时引导学生给出二元一次方程的概念。教学中通过追问培养学生的问题意识，提出"什么是元"的问题，以此为契机，渗透数学史、数学文化，培养学生追根溯源、热爱探究的学习习惯。

(5) 应用拓展、练习巩固（略）

4 教学思考

4.1 关注审题细节，突破教学难点

弄清题意是分析和解决问题的重要基础。教学中应关注学生的审题习惯培养，帮助他们学会审题、弄清题意。本节课设计了多个问题情境，特别涉及古代问题，对学生理解问题、弄清题意提出挑战。教师在指导学生审题时既要关注问题的整体条件，又要关注问题的具体细节。在整体理解语言表述的基础上，指出关键词或关键语句，弄清一些基本问题：未知的量、已知的量、相等关系等，同时还应弄清一些细节，比如教学中"负一场得1分""平局怎么积分""三折来量"等细节的处理。关注审题细节，深刻理解实际问题中文字或图形表述的信息，是正确进行数学语言表达、建构方程模型的保障，也是今后用方程解决实际问题的重要基础。

4.2 注重方法比较，感悟方程优越

"从问题到方程"教学核心是引导学生认识方程模型，感悟用方程模型表达现实世界中已知量与未知量间的相等关系是最简明的。如何凸显方程模型是最简明的？用比较的方法是最好的方案。从问题1开始，引导学生感受相等关系的表达方法有图形表达、文字表达、算术表达、方程表达；在后续的问题2、问题3探索活动中，根据学生展示的情况，适时引导学生思辨不同表达方法的特点，通过比较感悟方程模型的简明、优越。

4.3 把握课堂生成，精准教学实施

教学设计是对教学过程的"预设"，在执行教学设计方案时，师生的互动往往会"生成"一些非预设性的资源，需要教师及时把握生成的动向，因势利导，适时调整预设的教学方案。比如《义务教育数学课程标准（2011年版）》在课程内容及实施建议中的实例51中，建议在一元一次方程教学时，用四则运算的方法表达问题中的数量关系，意在引导学生比较并发现算术方法思考问题是相对困难的，一元一次方程表达是最简明的。笔者却在教学中发现，选用方程法的最多，而选用算术法的很少。因此，教学中应迅速发现和捕捉学生的思维动向，及时调整"预设"的流程和方案，甚至改变原有的设计，更加顺畅地实施教学过程，完成教学任务，实现教学目标。

4.4 经历数学表达，聚焦模型建构

模型思想与数学核心素养中的数学建模有密切的关系，在初中阶段的数学教学中

渗透模型思想是培养学生数学建模素养的有效途径。就方程的起始教学来说，要关注学生用数学思维分析、用数学语言表达现实问题中的数量关系能力的培养，更要注重模型思想的渗透。需要指出的是数学模型本质上是一种数学结构，从数学建模的范畴来看，本节课侧重的是数学模型的建构过程，即用数学的语言表达数学问题中的数量关系（用数学符号建立方程），凸显了数学模型的获得过程，这是数学建模最重要的环节，但它并不是完整意义上的数学建模（如图4）。

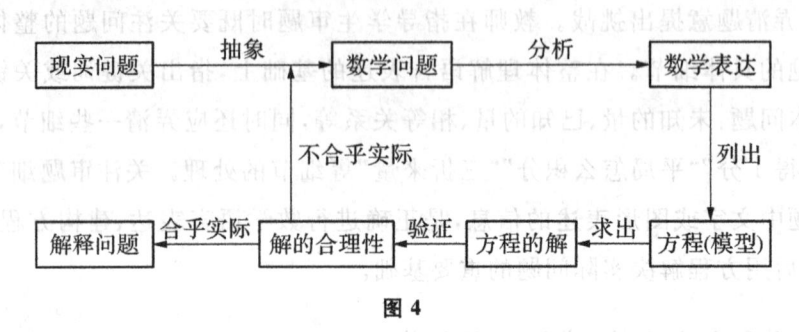

```
现实问题 ──抽象──→ 数学问题 ──分析──→ 数学表达
                    ↑                        │
              不合乎实际                      │列出
                    │                        ↓
解释问题 ←合乎实际── 解的合理性 ←验证── 方程的解 ←求出── 方程(模型)
```

图 4

比如在"测井深"的问题中，先由学生自主分析问题，弄清题意，经历把现实问题抽象成数学问题，用数学语言表达相关数量关系，用数学符号建立方程，获得数学模型。这样模型建构过程使学生系统掌握基础知识，感悟数学与现实世界之间的关联，使其加深对数学内容的理解，渗透模型思想。又如在一元一次方程概念形成过程中，了解、体会概念（即数学模型）的概括性、一般性，通过要素分析，引导学生把握一元一次方程模型的要点和结构，体会模型思想。

模型观念:内涵、培养路径及教学示例
——基于应用类问题教学的视角

摘　要:培养学生的模型观念是义务教育阶段数学教育的重要目标之一。基于模型观念的内涵理解,建议从以下三个途径优化应用类问题教学:紧贴生活,呈现实际问题的原生性;合作探究,经历数学建模的过程性;分层实施,体悟数学建模的阶段性。以"用一次函数解决问题"为例,给出培养初中生模型观念的教学示例。

关键词:模型观念;数学学科德育;数学建模能力;用一次函数解决问题

数学是一门逻辑性很强的基础科学,也是一种应用极端广泛的技术。数学的发展对现实生活中的诸多领域产生着积极影响,数学是现代科学技术领域的核心技术。数学应用性的实现途径主要是数学建模。近年来,国际数学教育界越来越重视数学建模,都将培养学生的数学建模能力作为重要内容写入数学课程标准。我国数学教育也尤为注重学生数学建模能力的培养,根据学生的心理特征和认知水平,新的数学课程标准在小学、初中、高中三个学段分别提出了模型意识、模型观念和数学建模的课程目标和教学要求。

为了凸显数学与现实世界的联系,初中数学教材中设置了大量与生活实际紧密联系的问题情境(尤其在数学概念和数学知识应用的内容部分),这些问题情境的教学目标单一,问题的数学化程度高,更侧重于建构标准数学模型求解问题,有利于培养学生模型观念的再现水平,但在模型观念的联系和反思水平上表现不足。在实际教学实施过程中,我们发现这些问题情境具有简化性、封闭性、确定性等特征,与综合性、开放性、不确定性的数学建模问题相比,这样的问题情境难以驱动学生完整经历数学建模活动过程,难以实现培养初中生模型观念的目标落地。

一、模型观念的内涵

1.对模型观念的理解

《义务教育数学课程标准(2022年版)》(以下简称"22义务课标")明确提出培养初

中学生的模型观念。模型观念是指初中生在解决实际问题时,对建立数学模型,求解模型并验证结果,最终阐释实际问题的过程有清晰的认识。具体要求为:学生对运用数学模型解决实际问题有清晰的认识,知道数学建模是数学与现实联系的基本途径,初步感知数学建模的基本过程,逐步建立模型观念。

模型观念是一种基于数学概念的理解,逐步形成的对数学模型特征、问题与思考方式的理性认识;模型意识是一种数学学习经验的积累,是学生经历简单数学建模活动中形成的感性认识;建模能力是一种稳定的心理特征,是学生经历数学建模活动,在问题解决的过程中形成的数学能力和思维品质。小学、初中、高中学生的数学建模表现如图1所示。相较于"数学建模的能力"而言,初中学生对"模型观念的认识"的要求稍微低一

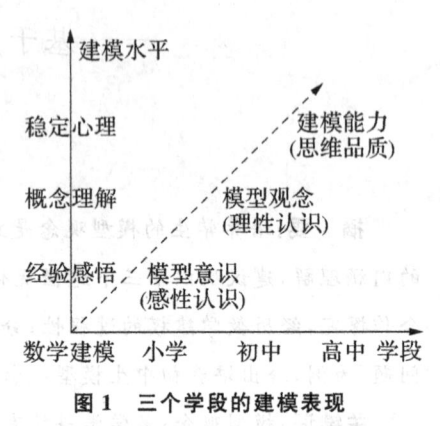

图1 三个学段的建模表现

些,这与初中生数学知识和能力水平不高以及掌握的数学模型有限等因素相关。从模型观念的"认识"的内容看,主要包括"运用数学模型""解决实际问题"两个方面;从"认识"的过程看,主要包括从实际问题中抽象出数学问题,用数学符号建立方程、不等式、函数、统计、概率等数学模型,求解模型获得数学结果,讨论结果的意义并阐释问题。模型观念的功能体现在让学生知道数学建模是数学世界与现实世界联系的基本途径,模型观念的意义在于在问题解决的过程中提高数学语言表达能力,感悟数学应用价值。

2.模型观念与数学建模的关系

"22义务课标"给出了数学建模的基本过程。研究发现,模型观念下的数学建模基本过程与"17高中数学课标"中数学建模的过程基本一致,一般将其简称为数学建模五阶段循环模型(如图2),具体包括:从现实原型简化出现实模型(实际模型),从现实模型数学化形成数学模型(数学形式),求解数学模型获得结果,用数学结果解释现实问题,解答并验证现实问题。

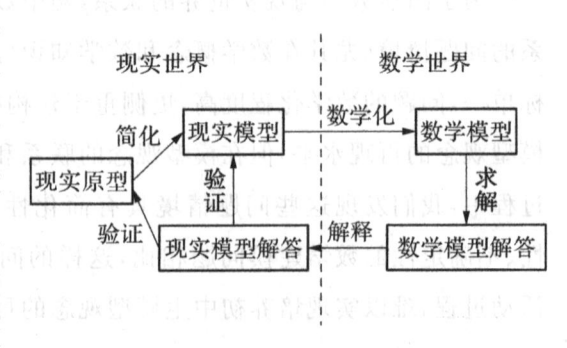

图2 五阶段数学建模循环模型

模型观念是对数学建模的一种认识,学生的模型观念必然形成于数学建模活动,

因此,开展数学建模活动是培养学生模型观念的重要路径。数学建模活动具有现实性、开放性、过程性、阶段性等特征。数学建模的关键环节是"现实原型—实际模型—数学形式"这一子过程。从这个维度看,苏科版初中数学教材上提供的数学概念类问题情境和数学知识应用类问题情境非常适合开展数学建模活动,但这些问题情境削弱了甚至缺失了数学建模的简化环节、数学化环节,教师在教学时可根据教学需要对其进行改编和优化。

二、模型观念的培养路径

创设真实、合适的问题情境是培养模型观念的基础,经历数学建模的基本过程是形成模型观念的必经路径。初中代数的许多应用问题具备了数学建模活动的部分特点,有助于学生形成与发展模型观念。在苏科版初中数学教材中,方程、不等式、函数、统计、概率等内容适合开展数学建模教学活动;从数学建模活动过程看,以现实原型为背景的数学应用类问题(以下简称"应用题"),适合开发和组织数学建模活动。基于对苏科版初中数学教材设置的问题情境的理解和认识,以教材提供的应用题为基础,建议从以下三个途径优化应用题教学,培养学生的模型观念。

1. 紧贴生活,呈现实际问题的原生性

原生性是对实际问题属性的一种描述,是指实际问题应源于学生身边熟悉的现实生活现象,不加任何简化、假设和修饰,表现出现实原型的原始样态。原生性的实际问题与传统的应用题相比,具有真实性、综合性、复杂性、开放性、挑战性等特点,在培养学生的数学化能力上具有重要价值。事实上,在现实生活中,我们遇到的绝大多数问题都是"原生态"的,就数学学科而言,往往需要问题解决者会用数学的眼光对实际问题进行观察和抽象,从而转化为数学问题,用数学的语言建立数学模型并求解。因此,在应用题教学中,应根据学生的认知水平,以教材上与现实生活紧密联系的应用题为基础,结合真实的现实生活对其加以"回溯",追根溯源,弱化数据信息,还原真实的问题原型,凸显实际问题的真实性、开放性、原生性,以更"原生"的样态呈现于学生,创设良好的数学建模情境。

2. 合作探究,经历数学建模的过程性

原生性的问题情境为学生提供了良好的建模载体,这种问题情境具有综合性、复杂性、开放性、挑战性的特征,适宜使用"自主+合作"探究的学习方式。教学中,教师应注重引导学生独立探究与合作探究相结合,积极参与相对完整的数学建模活动,经历数学建模的过程,数学建模活动过程一般包括以下几个环节:

① 原生性问题简化、假设,形成现实模型;
② 现实原型数学化,建立数学模型;
③ 求解数学模型,获得数学结果;
④ 运用数学结果解释现实原型;
⑤ 根据现实原型的解验证现实原型的解答。

学生只有经历相对完整的数学建模活动过程,才能从对数学建模的初步感知发展到对数学建模的清晰认识,从而逐步发展模型观念。

3. 分层实施,体悟数学建模的阶段性

国内外学者对数学建模内涵的认识是多维度的,比较有代表性的理解有三种:数学建模是一种活动过程、数学建模是一种数学思想、数学建模是一种数学能力。三种理解本质是学科视点的差异,虽侧重点不同,但没有本质上的差别。基于对"17 高中课标"中数学建模的理解,结合"22 义务课标"中关于"数学建模的基本过程"的分析,我们将数学建模理解为在数学建模活动过程中培养学生的模型观念。数学建模是一个相对完整的活动过程,在整个过程中大致可以分为五个阶段,每个阶段对模型观念培养的侧重点不同。比如,在将原生性问题(现实原型)简化现实模型阶段,教学侧重点在于引导学生分析和思考问题的相关影响因素,剔除次要因素,确定主要因素,对原生性问题进行必要的简化、假设、抽象,体会数学建模中简化环节的重要性。又如,在将现实模型数学化建立数学模型阶段,教学侧重点在于培养学生的数学化能力,具体包括关系梳理、主要因素分析、数据收集、主要问题筛选、提出问题、符号表征等。通过数学建模活动阶段性的分步实施,驱动学生体悟建模活动过程,发展模型观念。

三、教学示例

1. 教学内容

苏科版数学八年级上册第 6 章第 4 节"用一次函数解决问题"第 1 课时。

2. 教学目标

(1) 能从实际问题中建立函数模型,进一步确立一次函数表达式。通过用一次函数表述数量变化及其关系的过程,形成模型观念。

(2) 经历"现实问题——数学问题——建立模型——求解验证"的数学活动过程,积累数学建模活动经验。

(3) 能建构一次函数模型解决实际问题。在问题的解决过程中,感悟数学的抽象性、严谨性和应用的广泛性,体会数学的应用价值。

3. 教学过程

(1) 呈现原生问题

问题情境1：玉龙雪山

踏进丽江，首先映入眼帘的是那拔地而起的巍巍玉龙雪山。玉龙雪山为云南省丽江市境内雪山群，由13座山峰从南向北纵向排列组成，宛如一条"巨龙"腾越。远眺玉龙雪山，能看到一条黑白分明的分界线，人们把它称为"雪线"。雪线以上银装素裹，云雾缭绕，雪线以下山林密布，湖水相依（如图3）。近年来，很多游客包括丽江本地人都说，玉龙雪山上的雪，远不及以前壮观了。由于气候变暖等原因，观察发现玉龙雪山的雪线每年都在上升，这样下去雪线是否会退至山顶而消失？

图3 玉龙雪山

教学说明：呈现原生性的问题情境，引导学生用数学的眼光观察现实生活中的问题，从实际问题中抽象出数学问题，建构适切的数学模型并求解，会用求解的数学结果解释实际问题。在这里，将教材上的原问题情境中的数据剔除（主峰海拔5 596 m，雪线海拔4 500 m），意在呈现更真实问题的现实原型，凸显问题情境的现实性、真实性、开放性，激发学生对问题探究的兴趣。

(2) 简化现实原型

学生活动预设：小组合作尝试将原生性问题进一步抽象，进行数学化表达，转化为数学问题，制定解决问题的方案。

影响因素预设：全球性气候变暖；冰雪消融量增加，冰雪来源减少；大量游客涌上玉龙雪山与冰川亲密接触，使得冰川冰雪加快融化。

教学说明：因原生性问题中没有提供相关数据，学生一开始的思考是茫然的、手足无措的，随着对影响因素的分析，学生逐步认识到要收集主要影响因素的数据，对问题进行必要的简化和假设，从现实原型简化出现实模型，形成数学问题。

(3) 建构现实模型

提供数据：主峰海拔5 596 m，雪线海拔4 500 m，丽江玉龙雪山冰川与环境观测站观测发现2003年至2008年，玉龙雪山雪线上升约50米。

数学问题：玉龙雪山由13座山峰组成，主峰海拔5 596 m，在海拔4 500 m处的雪线平均每年上升约10 m。假设雪线的高度按此速度不断变化，几年后玉龙雪山的雪线将由现在的海拔 4 500 m 退至山顶而消失?

教学说明:在建构现实模型环节,学生经历数据收集、抽象、假设等阶段性建模过程,在探究中分析、筛选主要影响因素,确立时间与雪线海拔两个主要因素,为建立数学模型做铺垫。结合主要影响因素的数据信息,进一步对现实模型进行数学化表达,形成清晰的数学问题。

(4) 建立数学模型

建构模型:玉龙雪山问题情境中的数学模型具有一定的开放性,预设学生会建构不同的数学模型求解。

活动预设:模型1—算术模型:$(5\,596-4\,500)\div 10$;模型2—方程模型:设经过 x 年玉龙雪山的雪线将退至山顶,根据题意,得 $10x+4\,500=5\,596$(求解略);模型3—函数模型:设雪线海拔为 $y(m)$,时间为 $x(年)$,则函数表达式为 $y=10x+4\,500$。

教学说明:鼓励学生建立不同的数学模型求解数学问题,体现模型的多样性,引导学生比较不同数学模型的优劣,凸显函数模型的优越性。

(5) 求解数学模型(省略)

建议根据数学模型的求解结果,实施数学学科德育渗透。比如,建设观测站,修建湿地湖泊群,增加植被覆盖率,增加地表水体,限制旅游人数等。又如,低碳出行,保护水源,节约用水,保护动物等。

(6) 建模活动探究

问题情境2:停车场收费

某记者自驾前往玉龙雪山调查研究"雪线"最新的变化状况,准备将小轿车停放在山脚下的小型车停车场,停车场收费公示牌信息显示:半小时内免费,首小时4元,超过1小时后每半小时2元,不足半小时按半小时计算。

活动要求:根据提供的信息,自主提出有价值的问题,并尝试解决。(学生先独立探究,再合作交流,最后推荐组员展示小组的研究成果)

问题预设:小型车停车场是如何计费的?

教学说明:图片采集于玉龙雪山附近的停车场,以"原生"的样态直接呈现,给学生提供一种现实原型情境,有利于驱动学生自主发现和提出有价值的问题,分析问题,建立数学模型 ($y=kx+b$) 并求解,经历完整的数学建模活动过程。

问题情境3:湿地造林

为进一步保护玉龙雪山的生态环境,拉市海湿地公园计划在园内的坡地上种植一片混合林,需要购买A、B两种树苗2 000棵,经了解A、B两种树苗的相关信息如表1。

表 1　A、B 两种树苗的相关信息

品种	单价(元/棵)	成活率	劳务费(元/棵)
A	20	96%	5
B	25	98%	6

活动要求：根据问题情境 3 中提供的信息，自主提出要研究的问题，探索建构数学模型求解问题的路径。

问题预设：(1)混合林的总费用与 A 树苗棵数之间的函数关系；(2)树苗成活棵数与 A 树苗棵数之间的函数关系；等等。

教学说明：只提供了拉市海湿地公园购买树苗的相关信息，让学生从给出的信息中自主提出要研究的问题，自主探究、合作交流建构数学模型研究问题的策略，在实际问题的解决中感悟模型思想，培养模型观念。

(7) 建模作业布置

在确保安全的情况下，拍摄出租车的收费信息，作为数学建模素材，提出有价值的问题，收集相关信息，完成问题解决，并撰写研究报告。

教学说明：通过开放性的建模作业驱动学生综合运用数学和其他学科的知识与方法，在实际情境中发现和提出问题，抽象出合理的、有意义的数学问题，提出解决问题的思路，设计解决问题的方案，建立适切的数学模型并求解，从而经历数学建模的基本过程，发展学生的模型观念。

四、结束语

在初中数学教学中，培养学生的模型观念既是数学教育最重要的目标之一，也是培养学生数学核心素养的重要路径。学生模型观念的建立不可能一蹴而就，必然是一个综合性、长期性兼具阶段性的培养过程。这就要求我们初中数学教师既要做好以数学概念、公式、原理等为主的广义数学模型的教学，也要发掘好以数学应用题、综合实践活动等为主的狭义数学模型的教学，着重引导学生感受建立数学模型求解实际问题的过程，经历相对完整的数学建模活动，逐步培养初中生的模型观念。

数式类比探新知　厘清算理促生长
——以"去括号"教学设计的改进为例

近期,"生长数学研讨QQ群"组织初中数学草根学堂系列讲座第18期网络微研活动。活动由纪朋成老师主持,研讨主题为"去括号",主讲人是深圳的向伟老师,所讲内容为"去括号"教学课例。参与活动的特邀嘉宾有林日福、卜以楼、于新华、庞彦福、邱广东、高建峰、刘金钟等名师。微研活动前,组织方已在群内上传课例的视频资料,供大家观看研讨。向伟老师首先展示不同版本教材上"去括号"内容的编排与对它们的理解、教学构思、教学设计与意图等,随后大家围绕"生长数学"各抒己见,既有相互交锋的思维碰撞,又有相互交流的观念达成,参研者对生长数学有了更深刻的认识。无独有偶,笔者也曾开设过同课题的区级公开课,教学效果良好,受到同行认可。因此,在网络微研活动中,对专家们的点评与建议体会深刻。活动结束后,意犹未尽,笔者反复研读本次微研活动的文字记录,获益匪浅,欣喜之余,沉思良久,萌生对原教学设计进一步反思与改进的想法,现整理成文,以期与各位同仁交流研讨。

1　教材内容分析

"去括号"为苏科版数学七年级上册第三章"代数式"的教学内容。教材以"小亮假期勤工俭学售卖报纸,计算盈利"的现实情境引入,得到一个相对复杂且含括号的多项式,引发学生自然发现要把多项式中的括号去掉才能进一步计算、化简,简明合理地说明去括号的必要性。通过给定的具体的数填表计算代数式的值,总结发现结论后换几个数再试一试,作出猜想,再根据运算律验证猜想成立,即经历"填表→发现什么?换几个数试试→验证发现的结论"三个过程。教材编排意在引导学生经历由数到式、由具体到抽象、由合情推理到演绎推理的归纳过程,逐步总结去括号的法则。"卡通人"提示用运算律(乘法分配律)帮助学生理解去括号法则的本质,去括号是乘法分配律的特殊应用,是解决符号运算的依据,意在引导学生经历合情推理到演绎推理的探究过程,积累研究数学法则的活动经验,在推理过程中发展符号意识,生长数学知识,发展思维能力。

2 教学设计与改进意图

2.1 情境创设

在假期的勤工俭学活动中,小亮从报社以每份0.4元的价格购进 a 份报纸,以每份 0.5 元的价格卖出 b 份($b \leqslant a$)报纸,剩余的报纸以每份 0.2 元的价格退回报社,小亮盈利多少元?

提出问题:多项式 $-0.4a+0.5b+0.2(a-b)$ 能继续计算或化简吗?

设计意图:利用教材上"小亮假期勤工俭学售卖报纸,计算盈利"的现实情境得到含括号的多项式,形成认知冲突,感受"去括号"的必要性,认识到"去括号"是计算、化简的需要,是一种符号运算,解决本节课教学为什么学、学什么的问题。

预设不足:实际教学时,呈现问题情境后,部分学生不能快速分析问题中的数量关系,无法准确列出课前预设的多项式,情境创设目的未能顺利达成。这就说明解决该问题所需的数学能力稍高于大部分学生现有的数学能力水平,一些学生需教师的帮助才能顺利经历由生活化到数学化的抽象过程,获得课前预设的多项式。这样的问题情境会使部分学生产生畏难情绪,有违设计本意,不利于调动学生探究积极性,影响课堂教学效果。

改进设计:计算(1) $\frac{1}{2}+\left(\frac{1}{2}+\frac{1}{3}\right)$ (2) $\frac{1}{2}-\left(\frac{1}{2}+\frac{1}{3}\right)$ (3) $3+(a-2)$ (4) $a-(a-2)$

改进意图:本节课重点是探究去括号的法则,其本质是对符号运算的探究。符号运算的学习一般是建立在数字运算的基础上,因为它们之间有很多类似的地方,也适用相似的运算法则。第(1)(2)题是具体数的运算,学生既可以先算括号内的,也可以把括号去掉后再计算,其中第(2)题去括号的依据是减法性质。减法性质是指从一个数里连续减去两个数,可以减去这两个数的和,即 $a-b-c=a-(b+c)$,这里的去括号显然是对减法性质的逆用。以此让学生感受去括号有改变计算顺序、简便计算的功能,是数学运算的需要。第(3)(4)题以数式的形式出现,若进一步计算,含括号的代数式能否像数那样去掉括号呢? 先让学生尝试,初步感受数式相通,感悟去括号的方法。这样的情境创设符合学生最近发展区,有利于引发如何对数式去括号的认知冲突,感受去括号的必要性。在此处,还应介绍括号及括号前符号的功能,括号有改变计算顺序的功能,括号内的数式是一个整体,"+"或"−"括号内的"结合"体,有利于后续归纳概括去括号法则。

2.2 探究新知

填表。

a	b	c	$a+(-b+c)$	$a-b+c$	$a-(-b+c)$	$a+b-c$
5	2	-1				
-6	-4	3				
-9.5	-5	-7				

你发现了什么？再换几个数试试。

设计意图：探究新知活动选用教材上给出的一个填表活动，学生用具体的数代入不同的多项式，以具体的数的运算结果作为依据，发现有些结果是相同的，猜想结果：$a+(-b+c)=a-b+c$、$a-(-b+c)=a+b-c$，由数到式，体现数式通性。再换几个数试试，学生进一步发现猜想依然成立。通过数式类比探究，学生在活动中由具体的数运算逐步抽象概括代数式（符号）的运算结论，发展运算能力与符号意识。

预设不足：这节区级公开课是采用借班上课的形式开设的，在探究新知活动中，学生计算填表用了很长时间，甚至出现运算结果不一致的现象。探究活动不顺利，说明预设不充分，以致生成结果不可控、偏离主题。课后积极反思，重新审视填表探究活动。计算填表活动涉及之前学习的"求代数式的值"，求代数式的值难点是数值的规范代入，易错点是符号的处理与计算。此表所求的代数式含复杂的符号，提供的数值既有正数、负数，也有小数，计算量相当于12道代数式求值题，如果再换几个数试试，还会继续增加计算量，计算量与计算难度都很大，这是探究新知活动难以按课前预设顺利推进的本质原因。

改进设计：

填表。

a	b	c	$a+(-b+c)$	$a-b+c$	$a-(-b+c)$	$a+b-c$
3	2	-1				
2	-1	3				

你发现了什么？再换几个数试试。

改进意图：探究活动设计应充分预设活动时间、活动难度、学生完成情况等要素，基于原设计预设不足的分析，减少并简化原表格中的数字，降低计算难度，减少计算量，缩短探究活动时长，提高计算的速度与正确率，使不同层次的学生都能主动参与探究，积累活动经验。对于学有余力的学生可以换几个数试一试，根据计算发现并猜想$a+(-b+c)=a-b+c$、$a-(-b+c)=a+b-c$。

2.3 明晰算理

由乘法分配律可知 $a(b+c)=ab+ac$，你能用乘法分配律验证猜想吗？

(1) $a+(-b+c)$
     $=a+(+1)(-b+c)$
     $=a+(+1)(-b)+(+1)(+c)$
     $=a-b+c$

(2) $a-(-b+c)$
     $=a+(-1)(-b+c)$
     $=a+(-1)(-b)+(-1)(+c)$
     $=a+b-c$

设计意图：复习回顾乘法分配律，意在引导学生用乘法分配律证明猜想，经历演绎推理过程，揭示数学本质，发展思维能力。

预设不足：问题呈现后，多数学生无法自主完成验证。初一学生已能熟练使用乘法分配律对数进行准确计算，为何无法完成验证呢？分析发现有两个原因：一是要验证的代数式与乘法分配律的关系是隐性的，学生很难发现这二者的联系，想不到括号前的系数"+1"或"-1"；二是乘法分配律所呈现的数式与要验证的数式中都有符号 a，干扰学生的建模转化，因此无法自主完成验证。

改进设计：先计算 $a+2(a+b)$、$a-3(a-b)$，再验证 $a+(-b+c)$、$a-(-b+c)$

改进意图：先让学生自发使用乘法分配律解决括号前系数不为"+1"或"-1"的计算题，使学生初步感悟乘法分配律的去括号功能，再出示括号前系数为"+1"或"-1"的计算题，学生通过类比可完成验证。这样的设计能使学生体悟去括号是特殊的乘法分配律的应用，帮助学生搭建思维的脚手架，有利于厘清去括号的算理。

2.4 生成法则

师生共同归纳、概括去括号法则并解读。

设计意图：用文字语言概括获得的结论，生成法则。

预设不足：学生用文字语言概括性描述发现的结论是很困难的，学生在教师帮助下概括出法则后，学生的理解与识记也是困难的，因此教学效果一般。

改进设计：从填表活动开始，让学生尝试用文字语言描述数式 $a+(-b+c)=a-b+c$、$a-(-b+c)=a+b-c$ 的特征，在用运算律证明猜想后，再次引导学生用文字语言概括去括号的特征，哪些改变了，哪些不变，逐步把对符号的感性认识上升为文字语言的理性概括，最终生成规范、严谨的法则。

改进意图：去括号法则的归纳概括，实质上是对符号化简变化的概括。在法则教学时，应注重引导学生把括号前的"+、-"符号看成"十字、一横"，观察去括号前与去括号后符号的变化与不变，帮助学生更为直观地掌握去括号的法则。

2.5 板书设计

运算律、法则(文字、数式)、例题等教学重点的罗列。

改进设计：如图1。

```
                一般化
         ┌─────────────→┐      ┌──→ 运算能力(符号化简)
    数 ──┤    类比      ├─ 代数式 ─生成→ 法则 {a+(-b+c)=a-b+c
 (算术思维)├─────────────┤ (代数思维)            {a-(-b+c)=a+b-c
         │   运算律     │      └──→ 符号意识
         └──────────────┘
                符号化
```

图 1

改进意图：类比数的去括号运算，记录由数到式、由特殊到一般的探究过程，抽象概括探究发现的结论，完成验证，生成法则，发展符号意识，生长符号运算能力。直观形象显示去括号法则的生成过程，显示数学知识间的结构与逻辑关系，有利于学生深刻理解法则，厘清算理。

3 改进设计的几点思考

3.1 发展符号意识、提高运算能力是符号教学的基本要求

《义务教育数学课程标准(2011年版)》指出："符号意识主要指能够理解并且运用符号表示数、数量关系和变化规律；知道使用符号可以进行运算和推理，得到的结论具有一般性。"每一个数学符号都有它特定的意义，其本质是对数学抽象的结果，使学生理解数学符号的意义是数学学习的最基本的要求，也是符号意识的最基本要求。教学中出现的主要数学符号从其作用上可分为：元素符号、关系符号、运算符号、综合符号、辅助符号等。其中运算符号指的是按某种规定进行的计算的符号，如＋、－、×、÷、$\sqrt{}$、sin、cos 等。综合符号指的是表示改变运算顺序的符号，如()、[]、{}等。括号是一种数学符号，因此去括号本质上是符号化简，属于符号运算。在此之前学生已积累一些符号化简的经验，如＋(－2)、－(－2)、－|－3|、5－(－2)、(＋2)×(－3)等。本节课探究数式中有关括号的化简方法，是数学符号化简的补充。教学中要让学生明白，括号是一种综合性数学符号，括号的意义是表示"整体"，作用是改变运算顺序。对于数学符号的理解是学生学好符号化简、提高符号运算能力的最基本要求。去括号是进一步发展学生符号意识的有效途径，也是提升学生数学素养的有效途径。因此，教学设计应有的放矢、突出主题，把发展符号意识、提高运算能力、提升学科素养落到实处。

3.2 数式类比探究是数学知识自然生长的基本方法

从数字运算到代数式运算是学生符号意识的形成过程。代数式及其运算可以看成是数字运算的一种推广，它大大拓宽了运算对象的范围。代数式运算与数的运算虽有不同，但代数式的运算往往能用数的运算作模拟，代数式的学习往往是以数的学习作基础，二者主要的不同点是代数式的运算涉及符号运算，符号运算较之数的运算更抽象、更复杂。培养和提高学生的运算能力是学习去括号的基本要求。学生运算能力的生长是一个慢过程，伴随着数学知识的不断积累和深化，正确理解相关的数学概念，是逐步形成运算技能、发展运算能力的前提。学生运算能力的形成一般要经历由具体到抽象、由法则到算理、由常量到变量、由单向思维到多向、逆向思维的四个阶段。改进后的教学设计从数的运算引入探究活动，符合学生认知规律及心理特征，紧扣学生运算能力慢生成的四阶段，引导学生经历由数到式的抽象，由法则到算理的思考过程，逐步厘清算理，理解法则。在法则抽象概括过程中，应重视学生理解形成法则的过程，关注学生是否理解算理，抓住数式的外部表征，依据法则准确理解去括号运算的数学本质，生长数学能力、提升数学素养。

3.3 符号理解是生长数学智慧的基本抓手

数学课程改革的关键在课堂，课堂改革的关键是转变教师教与学生学的方式。研究者一致认为课堂教学的核心问题是学生如何学的问题，可见研究学生学情应该是课堂教学设计的立足点。学习去括号的运算基础是数的运算，类比数的运算实施去括号教学，符合学生最近发展区，便于学生理解去括号的法则与算理。去括号的对象是抽象后的符号，运算难度远高于具体的数的运算，教学中应重视符号表征的分析与解读，帮助理解符号的意义，依据法则掌握符号运算的方法。从以往教学实践来看，学生去括号运算的常见错误主要是括号前是"－"号的多项式化简和括号前是绝对值非1因数的多项式化简，前者是涉及法则，后者是涉及运算律，二者本质上都是符号的错误。因此教学中应尤为重视符号的理解及应用。学生在进行去括号运算时，会遇到两种基本形式，一种是括号前只有"＋"或"－"号，另一种是括号前含正因数或负因数的，去括号法则仅适应第一种括号形式，第二种括号形式需作运算整理后，符合法则特征方可使用，当然也可以直接使用运算律去括号。由此可见，去括号法则是特殊的乘法分配律运算，是一种特殊的符号运算，直观概括出特殊的去括号运算方法，形成法则，既简便又实用，这是学习法则的根本原因。结合以上分析，基于教材理解与学情分析，课堂教学应以符号理解为抓手，紧紧围绕符号运算的主题，选用符合学生现有认知水平的教学内容，改进教学设计，促进学生在数学学习中生长思维，生长能力，生长智慧。

数学探究学习:内涵、设计与思考

——以苏科版"去括号"为例

摘 要:探究学习是新课程改革所倡导的一种重要学习方式。文章分析了数学探究学习的内涵及特征,在精准理解教材的基础上,实施去括号法则教学设计,使学生在探究学习中经历提出问题、唤醒经验、归纳猜想、推理验证、应用结论等思维活动,指出做好探究准备、明晰探究对象、掌握探究策略是教师提高数学探究设计水平,发展学生探究能力、思维能力的有效路径。

关键词:探究学习;去括号;教学设计;教学思考

当前数学课程改革聚焦在数学核心素养的培育上,怎样的学习方式适切于学生数学核心素养的培养是一线教师普遍关注的问题。探究学习作为一种学习方式是对传统教学观的发展,在突出学生主体地位、激发学习兴趣、促进主动学习等方面具有积极作用。在我国,探究学习已成为基础教育课程改革积极倡导的学习方式,是落实数学课程标准的重要方式。近日印发的《中共中央、国务院关于深化教育教学改革全面提高义务教育质量的意见》中指出:坚持教学相长,注重启发式、互动式、探究式教学,教师课前要指导学生做好预习,课上要讲清重点难点、知识体系,引导学生主动思考、积极提问、自主探究。《义务教育数学课程标准(2011年版)》指出:教学中注重结合具体的学习内容,设计有效的数学探究活动,使学生经历数学的发生发展过程,是学生积累数学活动经验的重要途径。由此可见,探究式学习在培养学生思考力、探究力、创新力方面有着独特的价值,应引起一线教师的充分重视。

1 数学探究学习的内涵

探究学习的概念是我国学者根据国际上最新学习研究进展,并与我国传统教育观相结合而提出的。郑金洲指出,探究学习是指运用探究的方式进行的学习活动和过程,也就是在教师的指导下,主动地发现问题,以一种类似科学研究的方法对问题进行分析和探究,从而解决问题和获得知识的过程和活动。这里所谓的科学探究往往针对自然现象,其实从探究对象来看,还有社会探究、人造事物探究、心理探究和数学探究等。本文所述的探究对象是针对数学运算问题,是一种数学探究。在对探究学习内涵理解的基础上结合教学实践与思考,笔者认为数学探究学习(以下简称"探究学习")是指学生在真实问题的驱动下,基于原有认知经验,经历抽象、归纳、猜想、验证、演绎等数学思维活动过程,最终解决问题并获得结论的学习方式。与传统的接受学习、机械学习相比,探究学习具有问题性、过程性、自主性、开放性、反思性等特征。

问题性 探究学习特别强调问题在学习活动中的重要性。问题是数学的心脏,问题是学生学习的动力,是探究活动的教学起点,贯穿于学习的整个过程。好的问题情境能引发学生的认知冲突,驱动学生亲历问题的生成,体悟探究的必要性。

过程性 学习的目的是理解和掌握正确的结果,重结果的学习活动无可厚非。但是,若学生不经历一系列的观察、甄别、比较、猜想、判断,以及相应的抽象、分析、综合、概括、演绎等认知活动,结果的获得必然流于形式,学生的数学抽象、数学建模、逻辑推理等能力的培养只能是空谈。探究学习重结论,更重过程,所以倡导学生亲历整个探究过程。

自主性 探究学习强调学生学习的自觉性,这种自觉性往往表现为学习目的与动机。学生在学习过程中,能自我选择学习内容和选定合适的学习方法,自我解决学习中的问题,自主建构知识,获得学习结果。学生基于个人认知特点,分析学习内容、明确问题要求、探寻策略方法,自觉完成监控、修正、反思的过程,在心理学上称为"元认知"。

开放性 探究学习的环境应是和谐的、民主的、宽松的、开放的。这样的环境有利于学生基于原有认知经验,在实践中获取基础知识、习得基本技能,在探究中经历问题的提出、分析、综合、抽象、对比、概括、推理等思维活动,在数学交流中碰撞、思辨、深化,在开放的课堂氛围中增强探究能力。

反思性 探究学习的目标不仅仅是让学生获得知识和技能,更重要的是通过对具体问题的探究、发现和概括,主动反思,促进数学思维的重组或重构,在培养学生发现和提出问题、分析和解决问题能力的同时,将数学知识系统化、结构化、思想化。通过学生的反思掌握探究问题的一般方法和策略,为新问题、新探究、新发现奠基。

2 教学分析

2.1 教材分析

所授内容为苏科版数学七年级上册第 3 章第 5 节"去括号"。学生在此之前学习了字母表示数、代数式、代数式的值和合并同类项等内容,本节课要解决含括号的整式加减运算问题。教材上首先呈现了"小亮卖报"的问题情境,提出问题"如何合并多项式 $-0.4a+0.5b+0.2(a-b)$ 中的同类项?",以此引入新课。在"试一试"环节,呈现填表任务,意在通过具体数的运算,探究 $a+(-b+c)$ 与 $a-b+c$、$a-(-b+c)$ 与 $a+b-c$ 的数量关系,归纳推理形成结论,最后依据乘法分配律进一步说明,形成去括号法则。接着运用法则尝试解决"小亮卖报"的问题,最后通过例题教学引导学生经历完整规范的去括号过程,使学生明晰算理,熟练计算。

在理解教材编写者意图的基础上,笔者认为问题情境与填表探究两个教学环节需要改进。在问题提出环节,教材提供的"小亮卖报"的问题情境有两点不足:一是问题情境不符合当下生活现实,缺乏真实性,有伪情境之嫌;二是提出的问题与学生认知冲突"力度"不够,大部分学生根据乘法分配律能将代数式"$0.2(a-b)$"中的括号去掉,说明该情境在问题性、探究性和必要性等方面表现不足。在填表探究环节,学生对为什么要填表,为什么要计算 $a+(-b+c)$、$a-b+c$、$a-(-b+c)$、$a+b-c$ 等代数式的值感到茫然。显然,直接呈现表格进行探究的方式有违学生的认知发展规律,属于一种强加于学生的伪探究。

2.2 学情分析

学生在小学阶段有过对"数"去括号的体验,在此前有理数的加减运算中也有过去括号的经历,已经积累了丰富的去括号的直接经验。假设学生经历了有理数的加减运算学习后,是可以完成去括号的探究,笔者认为这是本课教学的出发点。

2.3 教学目标

(1) 经历去括号法则的探究过程,了解去括号法则的依据。

(2) 会用去括号法则进行简单的运算。

(3) 经历去括号法则探究的整个过程,体悟探究学习的一般策略。

3 教学过程

3.1 提出问题

问题1 如图1,已知数轴上两点 A、B 对应的数分别是 -2、1。若点 P 以 2 个单位长度/秒的速度从点 A 出发向右运动,同时点 Q 以 1 个单位长度/秒的速度从点 B 出发也向右运动,则 t 秒后 P、Q 两点的距离 $PQ=$ _____ 。(用含 t 的代数式表示)

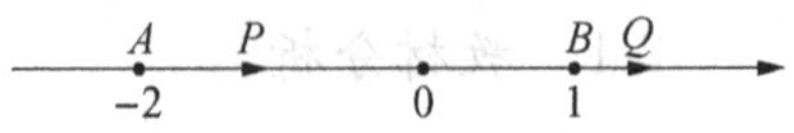

图1

设计意图:发现问题、提出问题是数学思维的起点。设计"数轴动点"的问题,把文字、图形、符号结合起来,呈现一个相对真实的数学情境,获得代数式"$(1+t)-(-2+2t)$"或"$(-2+2t)-(1+t)$",引导学生自主发现和提出问题,凸显探究学习的问题性、必要性。

3.2 唤醒经验

问题2 你有过去括号的体验吗？请举例说明。

设计意图:以开放性问题驱动学生自主唤醒已有的认知经验,积极回顾去括号的经历,再现去括号的过程。比如$2+(-1)=2-1$、$2-(-3)=2+3$、$10-(2+3)=10-2-3$、$3-(-3+8)=3+3-8$、$a-(b+c)=a-b-c$等。小学阶段的加法结合律和减法的性质是学生探究去括号的认知基础,即$a+b+c=a+(b+c)$、$a-b-c=a-(b+c)$,在此基础上联系有理数加减运算中的去括号方法,学生已积累去括号的直接经验,具备探究整式范围内去括号的能力基础。在学生举例过程中,教师适时引导学生观察左右数式的符号变化,明确去掉了符号"+( )"或"-( )",括号内的数式有没有变化(不变号或都变号),在具体的例证中感悟去括号的特点。

3.3 归纳猜想

问题3 你能用含字母的代数式概括我们本节课要探究的问题吗？并尝试写出结果。

设计意图:根据学生举例的数式,由具体到一般,引导学生概括、抽象出探究的对象:$a+(-b+c)$、$a-(-b+c)$,适时启发学生使用"$-b$"的目的是为了与括号前的"+"区分,避免在探究符号变化上的混乱。鼓励学生作出猜想:$a+(-b+c)=a-b+c$、$a-(-b+c)=a+b-c$。

3.4 推理验证

问题4 如何说明你的猜想呢？

设计意图:对猜想的结果进行说明,说明分为两个层次:一是学生借助具体的数代入验证猜想,完成初步说明(与教材上的填表探究活动是一致的);二是与演绎推理初步联系,依据乘法分配律进行相对严格的说明,明晰去括号法则的数学本质。具体说明为:$a+(-b+c)=a+(+1)(-b+c)=a+(+1)(-b)+(+1)(+c)=a-b+c$;$a-(-b+c)=a+(-1)(-b+c)=a+(-1)(-b)+(-1)(+c)=a+b-c$。最后总结归纳探究所获得的结果,形成去括号法则。

3.5 应用巩固

问题 5 先去括号,再合并同类项。

(1) $5a-(2a-4b)$;(2) $2x^2+3(2x-x^2)$;(3) $5m-[2mn-3(m-mn)]$。

设计意图:运用去括号法则完成整式的加减运算。教学中,引导学生首先判断去括号的类型,其次明确去掉了什么、括号内各项是否改变等,做到每一步计算有理有据。在题 2 教学时,引导学生体会化归的思想方法,根据乘法分配律把因数"3"先乘到括号内,转化为"+()"的形式,以适应法则的"原型",再根据法则完成计算。当然,也鼓励学生直接使用乘法分配律完成计算,以实现计算方法的多样性、灵活性。题 3 意在引导学生体验双重括号的计算问题,探究完成计算的方法,提高学生的去括号能力。

3.6 小结作业(略)

4 教学思考

4.1 做好探究准备

做好充分的探究准备是顺利实施探究学习的前提。所谓的探究准备包括教材分析、学情分析、教学分析等三个方面。分析教材、理解教材是设计教学的前提。老师在使用教材时,不能生搬硬套教材的结构线索,应从知识的形成过程去分析教材、理解教材、挖掘教材、读懂教材,创造性地使用教材,在教学中诠释教材承载的课标精神。学情分析是设计教学的基础,课堂教学的核心问题是学生如何学的问题。教学为谁设计?教学设计的主体是学生,正确分析学生的心理特征与认知水平,准确把握学情,也就把握住了教学设计的核心。在理解教材的基础上,以学生的原有认知经验为教学起点,设计符合学生最近发展区的数学活动,引导学生共同探究自我提出的数学问题,提高探究活动的实效。去括号法则的教学起点是数的去括号,基于学生对数的去括号的经验唤醒,由数到式进行自然过渡的设计,使知识的生成自然、和谐、合理,这样的探究才是真实、科学且符合学生认知规律的。

4.2 明晰探究对象

探究学习源于问题情境,在创设情境环节要处理好为什么学、学什么的问题。从探究内容维度来看,数学教材上的公式、法则、定理等内容作为探究问题,适合形成性探究。在法则教学设计中,设置的情境应具备问题性、真实性、指向性,创设的数学问题情境要为学生提供知识生长的"肥沃土壤",使提出的问题与学生已有的认知结构产生认知冲突,以此激发学生探究新知识、新方法的动力,明确探究的对象和方向,体会探究的必要性。比如在提出问题环节,因计算需要形成认知冲突,直接指明探究对象(整式的去括号),教师通过问题唤醒学生"数"的去括号经验,进行合理归纳、猜想,再完成推理验证,使学生经历完整的形成性探究活动过程。

4.3 掌握探究策略

在法则的探究学习中学生经历了类似于科学发现的过程,通过提出问题、概括对象、猜想探究、验证推理等高阶思维活动,发现规律,形成法则。整个过程学生的关注点由具体的数到一般的式,探究的侧重点聚焦于数学知识的生成和生长,在问题的驱动下,学生经历自主的、合作的探究活动,体验法则的发现与创造过程,解决情境创设中提出的问题。从理解教学的视角来看,通过探究活动获得去括号法则并用其解决简单的整式运算,属于较低层次的教学效能,而通过探究活动使学生经历提出问题、自主建构、合理猜想、验证推理等过程,掌握数学探究学习的一般策略,发展学生的探究能力和创新意识才是较高层次的教学追求。

夯实"四能"基础,促进模型建构
——对初中数学教学的一些思考

摘 要:"四能"作为能力的表征,本质上是数学模型建构的重要基础,可以认为没有了"四能"的支撑,数学模型的建构就无法有效展开。因此要想让数学教学的过程变得更加高效,在日常的教学当中就必须夯实"四能"基础,以促进学生更好地体验数学模型建构的过程。强调数学模型的建构必须以"四能"为核心,实际上是从形式与实质两个角度把握数学建模。数学建模的过程本质上意味着对复杂问题的简约化处理,其中涉及数学学科核心素养所强调的数学抽象与逻辑推理等要素。数学模型建构是一个综合性非常强的过程,当从生活情境中抽象出数学元素,然后经过相应的逻辑推理并建构出数学模型的时候,数学学科核心素养中的多个因素就能得到体现。

关键词:发现问题能力;提出问题能力;分析问题能力;解决问题能力;模型建构

在研究数学建模的过程中,笔者发现对于初中学生而言,模型建构既需要关注形式,也需要关注实质。

从形式的角度来看,数学模型包括几何模型、微分方程模型、图论模型、规划论模型、马氏链模型等。不同的模型有着不同的表征,学生在体验这些模型建构时,也会运用不同的表征语言,如几何模型通常都是通过几何图形来体现的,微分模型则是通过相应的解析式来体现的。相比较而言,初中数学知识体系中的模型,更多的是关于数和形的模型,前者往往对应着相关的关系式以及相应的语言描述,后者则对应着图形或者图像。当然这两种模型也不是截然对立的,事实上在很多数学模型中会同时通过数和形来描述其内涵。

从实质的角度来看,数学模型建构对于学生而言,除了能够让学生拥有模型去解析数学问题或者实际问题之外,还能够让学生在数学模型建构的过程中,实现思维的发展以及数学思想方法的理解与运用。在数学知识体系的视野之下,可以发现绝大多数数学模型的建构过程,本身都对应着问题解决的过程。问题解决不同于解决问题,问题解决是心理学中的一个专业概念,强调的是在解决问题过程中表现出来的思维特质。既然是解决问题中的思维表现,那么就涉及问题的发现与提出,同时也涉及问题的分析和解决。于是这里就涉及四种基本的能力,也就是发现问题的能力、提出问题的能力、分析问题的能力和解决问题的能力。考虑到这四种能力之间存在着一定的逻辑关系,同时这四种能力也往往同时存在于问题的解决进程当中,因此可以将这四种能力表述为"四能"。

很显然,"四能"作为能力的表征,本质上是数学模型建构的重要基础,可以认为没有了"四能"的支撑,数学模型的建构就无法有效展开。因此要想让数学教学的过程变得更加高效,在日常的教学当中就必须夯实"四能"基础,以促进学生更好地体验数学模型建构的过程。下面就这一课题,谈谈笔者的研究收获。

一、模型建构以"四能"为核心

初中数学教学中,模型建构是非常有意义的。但从教学实效的角度来看,模型建构的最大风险在于流于形式。从定义的角度来看,广义的数学模型包括所有的数学概念与规律,但是如果仅仅满足于这样的理解,那数学建模的教学又很容易矮化为概念的定义或者规律的数学语言表达的教学。这样的所谓数学建模过程,只具其形而无其神。之所以这么说,就是因为这样的模型建构缺少能力支撑,"四能"在其中没有得到充分的体现。因此笔者以为,初中数学教学中的模型建构应当以"四能"为核心。也就是说在初中数学教学中,教师要引领学生从生活、经验和实践出发,积极主动地建构数学模型,在模型建构的过程中,感悟数学模型建构的思想与方法。与此同时,数学模型建构过程中的思想与方法,本质上依赖于思维的展开,依赖于具体能力的支撑,而这里所说的能力自然也就是发现与提出问题的能力,以及分析与解决问题的能力。

进一步讲,强调数学模型的建构必须以"四能"为核心,实际上是从形式与实质两个角度把握数学建模。作为数学知识建构的过程表征,数学建模的意义不言而喻,让学生认识到数学概念或者规律是以模型的形式存在,意味着学生在理解这些概念与规律的时候,不再局限于机械的记忆;同样,数学建模的过程本质上意味着对复杂问题的简约化处理,其中涉及数学学科核心素养所强调的数学抽象与逻辑推理等要素。根据相关的研究发现,目前主要有"问题解决"建模过程和"现实/数学世界"建模过程两种,具体如图1:

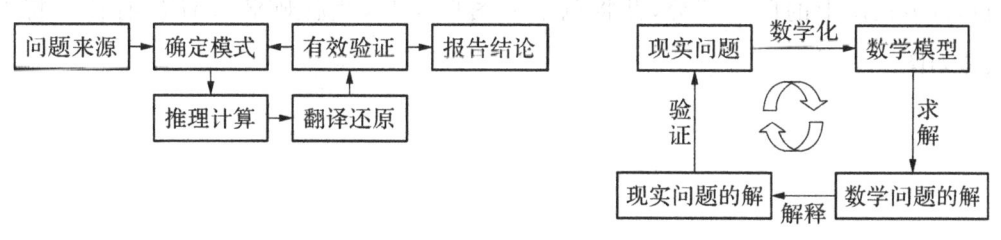

图1

通过这样的图示可以发现,作为一个完整的过程,数学模型的建构其实高度依赖于"四能"而存在。无论是"问题解决"建模过程,还是"现实/数学世界"建模过程,其中都有着清晰的"四能"体现逻辑。比如说在"问题解决"建模过程中,"问题来源"意味着寻找到了问题的发现与提出基础,其后在"确定模式""推理计算""翻译还原""有效验证"的循环过程中,问题会不断地得到分析,其中还伴随着证实与证伪的过程,直到最终解决,进而形成"报告结论"。可以说没有"四能"作为主线,数学模型的建构过程就无法有效展开。用同样的逻辑去分析"现实/数学世界"建模过程,可以发现答案也是如此。所以最终可以得出的结论是,数学模型的建构离不开"四能"的支撑,只有以"四能"为主要线索,才能让数学模型建构的过程成为学生能够充分体验且获得认知发展的过程。

二、基于"四能"实现模型建构

站在学生的角度看数学模型的建构,实际上就是要把握数学建模的外在体现与内在本质。也就是说要在模型建构的过程中突出模型建构,循序渐进,找出规律。这样学生就会领会方法,从而提高学生解决问题的能力和学科素养。面向学生的学习需要并且基于"四能"实现模型建构,可以依赖于日常的课堂教学去进行,在此过程中积累出来的教学案例,可以成为教学研究的有效抓手。

例如,"等腰三角形"这一知识的教学中,就有着数学建模的教学契机。在传统的认知里,等腰三角形就是"有两边相等的三角形",事实上不少版本的教材当中也正是如此定义的。但是作为教师必须认识到,这样的定义实际上是仅从图形外在表征的角度所下的,在其背后还有着丰富的思维要素,也有着问题的发现与提出、问题的分析与解决的过程,可以说只有有了这样的思维以及方法支撑,才能够让学生拥有一个完整的关于等腰三角形的模型认知。基于这样的思考,在帮助学生建构等腰三角形模型认知的时候,可以设计这样几个教学环节:

其一,引导学生动手做,让学生"做中学"。

具体创设的情境可以是:给学生一个长方形的纸片,然后让学生沿纸片中的虚线对折,再剪去图中的阴影部分,并将剩下的图形展开,然后观察△ABC 有什么特点。(具体如图 2)

图 2

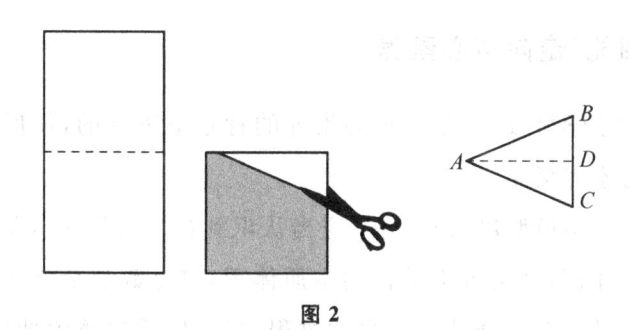

其实类似于这样的动手做的过程,在学生学习此知识之前的生活当中,就已经有相关的体验了。通过这样一个动手做的过程,学生能够得到一个等腰三角形。当然这个时候学生对三角形是等腰的这一特征的判断,完全是基于自己的直觉。这个时候相当一部分学生都是能够发现问题的,那就是:如何证明这个三角形是等腰三角形?

当学生提出这个问题并顺利进行表达的时候,学生的发现问题与提出问题的能力就能够得到培养。而在这一基础之上,数学模型的建构也就夯实了基础。

其二,在直觉判断的基础上进行逻辑推理,建立"等腰三角形"的模型认知。

首先要说明的是,在这个环节教学的目的是为了帮助学生建立"等腰三角形"的模型认知。模型认知与图像认知是不同的,后者基于学生的几何直观就可以进行判断,而前者则依赖于逻辑推理。尽管几何直观和逻辑推理都是数学学科核心素养的组成要素,但是两者在逻辑运用以及能力体现上,有着显著的水平高低区别,在学生良好的几何直观的基础上,发展学生的逻辑推理能力,是学生数学素养得以提高的有效途径,同时也是数学模型建构的最终目的。

在上面的例子中,证明所得到的三角形是等腰三角形,很关键的一点就是要将动手做的过程中的"动作",转化为具体的数学关系。比如说"对折",意味着将一个平角转化为两个直角,同时也意味着对折的线就是一根对称轴;又比如说"对折"后的"剪去",意味着得到的是两个直角三角形;再比如说"展开"意味着两个直角三角形拼成了一个新的三角形。很显然从直观的角度来看,这两个直角三角形是全等的,借助于显而易见的等量关系,学生可以通过证明两个三角形全等,来证实最终得到的三角形是一个等腰三角形。

上述过程实际上就是分析并解决问题的过程。有了这一过程,学生对等腰三角形的认知就不只停留在几何模型上,同时还走向了数形结合,这样学生对等腰三角形的认知,就能够实现从感性到理性的跨越。与此同时,这时候得到的等腰三角形认知,其实就是在几个直观判断的基础上进行的逻辑推理。如此学生在建构等腰三角形模型的过程中,就体验了问题的发现与提出、问题的分析与解决等过程。可以说正是"四能"的支撑,使得学生体现了这样一个数形内涵非常丰富的模型建构过程。

三、经由"四能"走向核心素养

今天的初中数学学科教学,是在核心素养的背景下进行的,任何教学的努力都必须有着明确的核心素养指向。

事实上在研究数学模型建构的时候,应当认识到数学模型建构就对应着数学学科核心素养中的数学建模,这是数学学科的本质体现,也是数学学科异于其他学科的特征。数学模型建构是一个综合性非常强的过程,当从生活情境中抽象出数学元素,然后经过相应的逻辑推理并建构出数学模型的时候,数学学科核心素养中的多个因素就能得到体现。同样在数学模型建构的过程中,既然学生是从具体情境出发的,那么学生在加工情境中的素材时,必然会激发学生的问题意识,而学生在发现了问题之后,又必然会进行相应的表达——这就对应着问题的提出。学生在提出问题的时候往往会直觉地运用生活语言而不是数学语言,这个时候教师就要引导学生学会用数学语言来描述自己的问题。当数学语言描述的问题出现在学生面前时,往往会使得学生发生认知失衡,于是学生又会自然地去分析问题和解决问题。一旦"四能"代表的过程得到体现,那数学模型的建构也就实现了,数学学科核心素养的落地自然也就实现了。

初中数学教学中"问题"诱发的实践研究

摘 要：我们常说，提出问题比解决问题更重要，那么，落实在具体的教学中，如何在课堂上进行有意识的内容创设、有主动性的节奏把控，有目的性的问题诱发，对学生的终身发展尤其是创新能力的发展而言，就显得尤为重要。同时，在问题诱发的教学中，我们还要遵循适切的原则，科学、适度、合理诱发，才能取得预期的成效。

关键词：问题诱发；原则；策略；成效

1 "问题"诱发的提出

问题是数学的"心脏"，也是数学思维的起点。爱因斯坦说过：提出一个问题往往比解决一个问题更重要，因为解决问题也许仅仅是一个教学上或实验上的技能而已。而提出新的问题新的可能性，从新的角度去看旧的问题，都需要有创造性的想象力，标志着科学的真正进步。《义务教育数学课程标准(2011年版)》(以下简称《课标2011年版》)从四个方面描述了义务教育阶段的数学课程总目标，其中一个重要的变化就是将"解决问题"改变为"问题解决"。

笔者在一次教师考核中，曾出了这样一道答辩题：《课标》(2011年版)为什么将"解决问题"改为"问题解决"？不少教师在答辩时不知所以然，顾左右而言他。我们常说，教师的教学思想决定了教学行为，可是在一些初中数学课堂上，教师重视学生解决问题有余，学生提出问题引导不足。具体表现为问题由教师单方面给出、问题设计程式化，缺乏生机，学生的"问题解决"被人为异化、简化为"解题"。久而久之，学生的数学思维僵化，创新能力得不到应有的发展。

事实上，对从"解决问题"到"问题解决"的认识，不是词语中动宾位置改变那么简单，而是教学理念的发展、突破与更新。"解决问题"的过程是寻找已有问题答案的过程，而"问题解决"则包含了"发现问题、提出问题、分析问题和解决问题"的全过程，其中"发现问题"和"提出问题"正是创新能力的最好体现，也是学生自主探究、合作交流等学习方式的有效运用，因而"发现问题"和"提出问题"能力的培养，应该成为数学教学的重中之重。

基于此,笔者从培养学生发现问题和提出问题能力的目标出发,开展了初中数学教学中"问题诱发策略"的实证研究。

2 "问题"诱发的原则

2.1 过程性原则

所谓"诱发"即"诱导启发","启"由"导"而生,"发"因"诱"而成,诱导是因,启发是果。即在数学教学中教师要基于问题解决的全过程和学生素养形成和发展的自然性,有效设置"过程性"环节,关注诱发过程,逐步深入,不留痕迹地渗透问题意识,让学生在潜移默化中形成提出问题和解决问题的能力。

2.2 主体性原则

所谓主体性原则,就是要充分考虑学生的主体作用,在数学概念、公式、法则、定理、例题、习题等显性目标的教学中,基于学生的已有认知水平,合理地设计内容,有意识地营造良好的"提问"氛围,让学生在个体活动中有问题想问,有问题能问。只有学生切实感觉到自己要问"是什么""为什么是""怎样是"的时候,学生的思维才真正得到发展,学生的问题意识的培养才算有了抓手,创造思维和创新能力才能得到提高。

2.3 差异性原则

学生的数学认知和思维能力差异是客观存在的。有一个现象:课堂上往往是数学认知能力较强的学生提出有质量的问题,而学困生经常无问题可提。教学中要充分考虑并尊重学生的个体差异,针对不同学生的认知水平,通过适当的内容设计和语言表述,运用不同的诱发方式,启发他们提出适合自我认知层次的问题,让每个学生都能得到有区别但却充分的发展。

2.4 激励性原则

"发"因"诱"而成,让"问题"能真正发生,并且发生得有价值有意义,教师的激励与引导至关重要。在教学中,教师要始终保持"不缺位",并适时地"站出来",用适当的方式给学生生疑、质疑以鼓励和启发。如营造宽松和谐的课堂氛围,采取适当的奖励措施,鼓励学生大胆表达自己的思考,说出自己的困惑。

3 "问题"诱发的策略

从实践层面看,数学问题从哪里来、如何诱发,作为数学教师,需要可借鉴、可操作的方法与策略。笔者针对初中阶段不同年级学生年龄特点、能力水平、数学素养的差异,开展了数学"问题"诱发策略的研究,并根据初中数学不同课型(概念课、习题课、活动课、复习课)和教学环节特征,初步形成了"问题"诱发七个抓手:一是在情境导入中诱发新问题;二是在课堂追问中诱发新问题;三是在概念形成中诱发新问题;四是在实验操作中诱发新问题;五是在解决问题中诱发新问题;六是在归纳建构中诱发新问题;七是在释疑纠错中诱发新问题。

其中,在"情境导入"环节,除了激发兴趣、感受数学价值外,一个重要的目的就是提出数学问题;在"课堂追问"环节的主要目的是让学生思维处在愤悱状态,从而引发学生质疑、生成问题,并形成顿悟;"释疑纠错"环节本身就是发现并解决问题的过程。以上基于具体课堂教学环节的问题诱发研究和思考,笔者将陆续撰文呈现。本文主要阐述四个策略。

3.1 在概念形成中,触发"认知冲突"

数学概念是基于数学问题发生与认知冲突而出现的,因此,问题可以在概念形成过程中诱发。

案例1 一元二次方程的概念教学

课始,教者通过实例引导学生列出如下方程:① $2x^2=18$;② $x^2+(x-1)^2=25$;③ $x(19-2x)=24$;④ $5(1+x)^2=45$。

此时学生最关心什么?肯定不会关心这是什么方程,而是关心方程如何解?教师顺应学生认知,让学生自主解方程。方程①可以用观察法直观得到解;方程④也可直接用开平方的方法;而方程②、③,学生将方程整理得 $2x^2-2x-24=0$、$2x^2-19x+24=0$,此时学生会回顾已有知识经验,对比发现,方程②、③都不是学习过的一元一次方程、可化为一元一次方程的分式方程和二元一次方程组,说明这是一个新方程,困惑产生了:这是什么方程呢?如何解呢?如此,新问题出现。

基本策略(流程)为:

现实情境 →数学化→ 数学问题 →回顾检索→ 认知冲突 →新定义→ 概念形成

图1

3.2 在实验操作中,聚焦"启思引探"

实验操作是培养学生观察想象和逻辑思维能力的重要载体。通过观察操作中的现象,可以猜想数学结论,也可以通过操作,验证逻辑推理得到的结论;还可以通过操作运用与巩固数学结论。

案例2 折叠正方形纸片

如图2,将正方形纸片 $ABCD$ 按如下步骤折叠:

步骤一:将正方形 $ABCD$ 纸片对折,使边 CD 与边 AB 重合,展开,折痕为 EF;

步骤二:将正方形 $ABCD$ 纸片折叠,使点 C 落在 EF 上的 C' 处。

此时你发现了什么?你的发现正确吗?为什么?(观察折叠的图形发现 $\angle PBC=30°$,或连接 CC',$\triangle C'BC$ 为等边三角形。)

这个过程中,观察折叠现象,猜想结论,发现并提出新的问题。基本策略(流程)为:

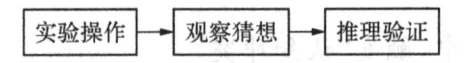

实验操作 → 观察猜想 → 推理验证

图2

3.3 在解决问题中,关注"质疑探究"

数学的学习过程就是发现问题、提出问题,并在解决问题中建构数学知识、形成数学能力的过程。

案例3 如图3,求直线 $x+y=2$ 上离原点最近的点的坐标。

教师出示问题后,行间巡视发现大部分学生用的是几何解法。即作点 O 到直线 $x+y=2$ 的垂线段 OC,用面积法很快得到 C 点坐标为 $(1,1)$。

由于问题安排在二次函数一章的习题部分,此时有学生提出质疑:"老师,此题与二次函数有关系吗?为什么要放在此处呀?"进而提出了用二次函数知识解决问题。

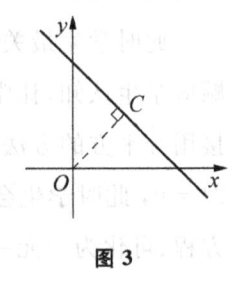

解决问题中的问题诱发策略是:

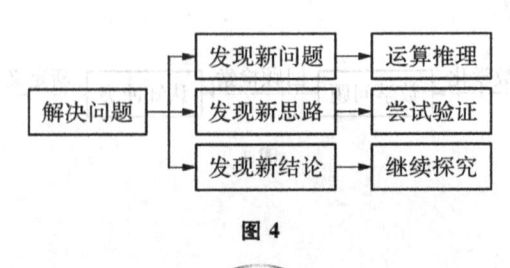

解决问题 → 发现新问题 → 运算推理
　　　　　→ 发现新思路 → 尝试验证
　　　　　→ 发现新结论 → 继续探究

图4

228

3.4 在归纳建构中,重视"问题生成"

归纳建构是数学课堂教学中的重要环节,这个环节除了将所学知识、方法、思想体系化、结构化外,还有一个任务,就是诱发新问题,激发学生继续探究的欲望,让课堂回味无穷,为新的学习打下伏笔,做好铺垫。

案例 4　平行四边形教学

在平行四边形一节学习时,对概念、判定和性质进行小结之后,提出如下问题:

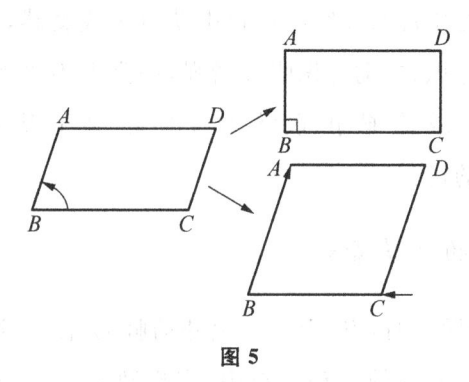

图 5

如图 5,在保持四边形 ABCD 为平行四边形的情形下作如下变化:

(1) 将 □ABCD 的边绕着点 B 旋转,使∠B＝90°;

(2) 变化 AB、BC 的长度,使 AB＝BC。

分别得到什么图形?对这样的图形你有何认识?

学生必然根据已有经验知道这得到的图形分别是长方形、菱形,并会思考:除了具有平行四边形性质外还有什么性质,并仿照平行四边形的研究路径进行研究。

知识经验 → 归纳构建 → 数学建模

图 6

4 "问题"诱发策略研究的三个主要成效

初中数学课堂"问题诱发策略"的实践研究,在数学教师的教学理念的更新、教学行为的改变和学生的学习方式的优化等方面都取得了明显的成效。具体表现在以下三个方面。

4.1 改变了教师的教学行为

教育培养的是人,而不是考试机器。"考生"是以"学会"为目的,寻求的是已知世界的现成答案,是会解答问题的人,人是以"会学"为手段,寻求的是对未知世界的认识,这是人的发展与生命成长的根本保证。通过实践研究,课堂中,强化了学生的主体地位,以教师的教为主变为了以学生的学为主,教师的不断设问变为了学生的"主动探求",课堂的机械训练变成了学生的灵动生成。

4.2 优化了学生的学习方式

"以问题为主线"的教学方式使学生的学习方式得到了进一步的优化。通过启发、引导、激励的教学,学生在质疑与探究的过程中获得了成就感,学习的主动性和创造性有所提高。尤其是提问意识、主动意识明显增强,课堂上不再像过去那样有如履薄冰、战战兢兢之感,而是敢想、敢说、敢争、敢辩,敢于怀疑、敢于否定,数学学习的过程变成了思维发展和生命成长的过程。

4.3 提升了学生的数学素养

通过数学教学中"问题"的诱发,引导学生开动脑筋,激发学生的创新意识,让学生在思考和提问中,在教学内容的主动参与中,实现数学思维与数学方法的自我完善。学生在数学技能与数学思维得到发展的同时,数学素养也逐步得到提高。

立足单元整体教学,发展学生关键能力

摘　要:核心素养概念的明确提出,意味着初中数学学科教学的目标有了新的变化,那就是培育学生的必备品格与关键能力。对于具体的学科教学而言,关键能力的培养是基础。以逻辑推理能力为例,单元教学促进学生逻辑推理能力发展,可以梳理出其中的两个逻辑:其一,单元教学可以让学生有更多的机会理解数学概念以及规律之间的联系,这种联系的建立奠定了逻辑推理的基础。其二,数学视野下,关键能力中逻辑推理能力的发展,可以促进学生更好地进行单元学习。以单元教学作为关键能力发展的具体路径,就可以实现两者之间过程的相互促进与结果的相得益彰。

关键词:初中数学;关键能力发展;单元教学

核心素养概念的明确提出,意味着初中数学学科教学的目标有了新的变化,那就是培育学生的必备品格与关键能力,核心素养是学生应具备的、能够适应社会发展与终身发展的必备品格与关键能力。很显然,对于具体的学科教学而言,关键能力的培养是基础,必备品格的培养必须建立在关键能力培养的基础之上。那么在实际教学中如何有效发展学生的关键能力呢?这取决于教师的教学选择。教学选择是一个宽泛的概念,其涉及学科教学理念的建立、教学方式的选择、课程资源的开发、课程的开发等。概念的宽泛原本给教师提供了更为多元的选择,但是要注意的是,从当前教学一线的实际情况看,多元的信息影响了课堂教学,也使课堂教学或多或少存在着过程方法模糊、教学目标不实、知识技能异化、时间安排欠妥、教学效益不高等现象。因此,如何适度有效地把握课堂教学要求成为教学研究的重点。

笔者在教学研究中发现,要回避这些不足,对于一线教师而言,最为现实的选择应当是研究学生学习数学知识的特点,寻找可以提升教学质量,以及发展学生关键能力的空间。笔者通过研究发现,传统的初中数学教学目标的确定往往是学生应试能力的培养,在当前的评价体制之下,这样的选择无可厚非。但是从学生发展的角度来看,这样的选择又显得有些狭隘,重视应试而不满足于应试,基于应试而超越应试,进而真正立足于发展学生的关键能力,应当是核心素养培育背景下初中数学教学的正确选择。

基于这样的思路,笔者在教学中尝试走出日常教学碎片化的思路,从单元教学的角度形成教学的视角,生成新的教学方式。从教学结果的角度来看,这样的选择是有益的,立足于单元教学,是可以催开学生关键能力的发展之花的。

1 单元教学促进关键能力发展的理论分析

通过单元教学可以发展学生的关键能力,对于这一判断,首先必须建立两者之间的理论逻辑,只有理论逻辑建立起来了,后续的教学实践才有现实可能。考虑到数学学科中的关键能力,主要体现在学科核心素养的要素之上,笔者这里以逻辑推理能力为例,谈谈两者之间的理论联系。从宏观的角度来看,逻辑推理能力的具体表现主要包括两个方面:一是从已有的事实出发,凭借经验和直觉,通过归纳和类比等推断某些结果;二是从已有的事实(包括定义、公理、定理等)和确定的规则(包括运算的定义、法则、顺序等)出发,按照逻辑推理的法则证明和计算。很显然,在初中数学教学中,逻辑推理的表现与第二种理解更为接近,无论是在新的数学概念学习中,还是在数学问题解决的过程中,基于已有的数学概念或者关系,推理得出新的概念或者解决问题的过程,都是逻辑推理的具体表现。那么单元教学是如何促进学生逻辑推理能力发展的呢?笔者以为可以梳理出以下的两个逻辑。

1.1 单元整体教学有助于学生理解数学概念和规律之间的联系

这种联系的建立奠定了逻辑推理的基础。单元教学相对于碎片式教学而言,最大的特点就在于其整体性。对于教师而言,在单元教学的过程中,所关注的不只是某一节的内容;对于学生而言,在单元教学的过程中,所获得的则是对一个知识体系中涉及的数学概念之间的关系的把握。当师生同时关注一个整体知识时,它们之间的联系就更容易体现出来,对这种联系的认识与把握,体现着学生对数学概念与规律之间关系的把握,最终也就赋予了学生足够的逻辑推理空间,从而可以发展学生的逻辑推理能力。

1.2 关键能力的发展可以促进学生更好地进行单元学习

关键能力的重要体现之一就是学生离开了教师的引导之后,还能够运用自己的逻辑推理能力去建构新的概念或者解决新的问题。相比较而言,初中数学知识体系中,概念与规律之间的联系还是比较密切的,数学知识与生活知识之间的联系也是比较紧密的,因此学生有着足够的空间,运用自己的逻辑推理能力去自主学习。

通过以上分析可以发现,逻辑推理能力与单元教学之间实际上可以形成一个相互促进的关系。既然从理论上来看,这种关系是可以确立的,那立足关键能力的发展是促进学生在单元教学的过程中更好地学习,就应当是初中数学教师努力的方向。

2 单元教学促进关键能力发展的实践探索

在具体的教学实践中,利用单元教学来促进学生关键能力的发展,需要建立在课堂教学案例的基础之上。由于核心素养是当前一个热门概念,在学科教学中如何培育学生的核心素养,如何发展学生的关键能力,不少同行都在进行类似的研究。有同行认为,基于数学核心素养的教学目标设计,不仅要关注课时教学目标设计,更要关注单元教学目标设计。采用布卢姆教育目标分类学原理,有利于精准制订单元教学目标并直观地表达出来,对提高课堂教学质量具有重要的价值。事实上,布鲁姆教育目标分类学原理有着密切的关系,布鲁姆将知识分成4种类型,分别是事实性知识、概念性知识、程序性知识、元认知知识。将这4种知识与初中数学教学联系起来,很明显可以得出一个结论,那就是逻辑推理与程序性知识和元认知知识的关系最为密切。基于这4种知识确定教学目标,进而以单元教学促进学生的关键能力发展,理论上是可行的,实践上是必须践行的,这里笔者以"全等三角形"的教学为例,谈谈具体的实践和思考。

2.1 教学分析

"全等三角形"是初中数学知识体系中的一个重要知识,在这一单元知识的教学中,笔者立足整体,以与全等三角形相关知识的教学为基础,以关键能力培养为线索,设计了20多个课时的教学,现以其中的一些重要环节为例进行阐述。

2.2 教学过程

环节一:教学目标确定

基于知识学习与关键能力中的逻辑推理能力培养之间的关系,确定本课目标如下:(1)理解全等形的概念,能识别全等三角形中的对应边、对应角等对应元素;(2)掌握判定三角形全等的条件及全等三角形的性质;(3)会利用基本作图作三角形,了解作图的道理;(4)体会通过合情推理探索数学结论、运用演绎推理加以证明的过程,发展合情与演绎推理的能力。

环节二:全等形概念的建立

(1)问题情境

下面图1的图片中,有"一模一样"的图形吗?这些图形是怎么画出来的?

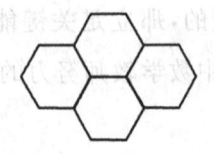

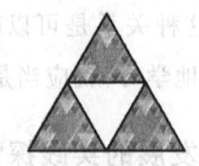

图 1

（2）建构活动

通过对情境中的图片进行观察、对比、分析等活动，引导学生理解"一模一样"的含义，从而对全等图形有一个感性认识。接着通过图形的变换，让学生感受"一模一样"的本质就是可以"完全重合"。

（3）数学认识

能够完全重合的两个图形叫作全等形。

强调两个特征：形状相同；大小相等。

除了生活认识之外，在这个环节还可以设计一个学生体验的活动，或动手操作的方法，去获得一个与已知图形全等的图形。这种类似于数学实验的体验活动，不仅可以丰富学生对全等形认识的经验，还可以为后面逻辑推理的运用奠定基础。

环节三：全等三角形的判定

如同本文一开始所指出的那样，逻辑推理实际上是借助于逻辑关系，从一个数学概念或者规律走向另一个数学概念或者规律。在全等三角形的判定这一知识的教学中，最关键的就是寻找到判定三角形全等的科学依据。相对于传统的教学而言，在这个环节笔者高度重视证伪的教学，如跟学生一起证明：为什么"边边角"不能作为三角形全等判断的依据？

通过自主思考与合作学习，学生发现"边边角"之所以不能作为三角形全等判断的依据，是因为其有"反例"的存在，当将如图 2 所示的图形呈现给学生时，不少学生恍然大悟。很大程度上，学生经历着一个顿悟的过程：在此之前认真思考而找不到反例，反例一旦出现，立刻打通了学生的思维，学生也就建立了逻辑认

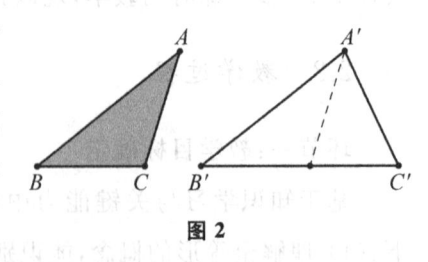

图 2

识。这种逻辑认识有两个层次：一是数学知识上的，二是推理方法上的。从数学知识的角度来看，只有寻找到的判定方法能够保证三角形"完全重合"，那判定方法才能变成判定法则；从推理方法的角度来看，只有从已知条件出发推理得出的结果，与三角形全等之间存在唯一可能的关系，那这个推理过程才是科学的。说得通俗一点就是只有没有反例，那逻辑关系才是成立的。本单元当中，"角的平分线的性质"的教学类似于此，不再赘述。

环节四:引导学生进行反思。在学习之后进行反思是本课题研究高度重视的一个环节。初中学生是具有一定的反思能力的,但在传统的初中数学教学中,又是不太重视学习反思的。事实上学生在反思的过程中,可以让自己的学习思路变得更加清晰,如果反思的线索是逻辑推理能力,那学生对逻辑推理的认识就会更加深刻,逻辑推理能力的养成也就有更大的可能。

以上四个环节贯穿于本单元教学的始终,贯穿的线索就是逻辑推理能力的发展。在数学学科核心素养当中,逻辑推理有着承上启下的作用,是影响着数学学习效果的真正的关键能力。在初中数学教学中,理论上只要有逻辑推理的机会,那就应当让学生去感受逻辑、实施推理,只有这样才能切实发展学生的逻辑推理能力,进而奠定关键能力发展的基础。

3 立足于关键能力发展的单元教学思考

在初中数学教学中,立足于关键能力的发展去开展单元教学,可以说是一个"强强结合"的选择。

3.1 单元教学是落实关键能力发展的具体路径

关键能力是核心素养的重要组成部分,关键能力具体到数学学科当中,又可以被解读为数学学科核心素养的要素。逻辑推理既是传统数学教学中重视的一个对象,同时又是数学学科核心素养的组成要素,应当说在核心素养时代来临之时,培育学生的关键能力是初中数学教学的必然选择。只是要注意的是关键能力的发展是需要具体的路径的,而单元教学就是这样的路径。比如"全等三角形"这一单元的教学中,要注重引导学生经历运用三角形全等的判定条件的过程,从中体会分析问题的方法,协调发展学生的合情推理与演绎推理的能力。

3.2 关键能力的落实主要依赖于对整个单元知识的整合

从概念的角度来看,单元教学并不是一个新概念,而从意义丰富与作用发掘的角度来看,单元教学又有着新的价值有待发掘。实际上,数学课堂教学活动需要历经教学设计的准备工作,其中"单元结构教学设计"是重要的途径之一。要求教师在对教材单元整体分析的基础上,把握单元中数学知识的各个元素,并确定其中核心要素,再借助所具备的教学能力,经由学生心理上发生知识的环节将知识自然地传授给学生。基于这一判断认识单元教学的价值,就可以发现它确实存在超越传统教学的地方。再比如,在"全等三角形"教学中,要重视平移、翻拍、旋转在认识全等三角和用全等三角形研究图形性质中的作用。它们不仅揭示了全等三角形的本质属性，同时为正确识别全等三角形及其对应顶点、对应边、对应角提供了方法，还可以让学生自己逐步感悟平面几何是如何对现实生活的物体进行抽象的。

将关键能力的发展与单元教学联系起来，在认识到两者之间可以相互促进的基础之上，以关键能力的发展为初中数学教学的目标，以单元教学作为关键能力发展的具体路径，就可以实现两者之间过程的相互促进与结果的相得益彰。当然需要注意的是，单元教学不是日常碎片式教学的简单累加，对于教师而言，单元教学的最大挑战在于教师站在整体的视角，去对知识进行有机的、模块式的组构，这个过程也与逻辑推理密切相关。因为教师只有通过逻辑推理才能发现原本处于碎片式的数学知识之间的逻辑关系——不仅是数学知识之间的逻辑关系，也包括数学知识衍生过程之间的逻辑关系，后者与教学相关，与教师对学生认知特点的把握有关。

总体而言，数学单元教学设计就是基于一定的目标或主题，以数学教材为基础，整合内在联系紧密、共同特征多的教学内容，在此基础上实施的教学就是单元教学。一般认为，数学单元可以根据不同的主线分为不同的类型：以数学核心知识为主线的主题类单元，以数学概念和思想方法为主线的专题类单元，以数学关键能力和核心素养为主线的素养类单元。数学单元教学从功能上可分为数学单元新授课教学和数学单元复习课教学。无论如何分类，只要进行数学单元教学，那对学生的数学关键能力的培养及学生的数学素养的提升必然会有较大的推动作用，这是能够被理论与实践证明的。

精心设计单元教学,培养学生关键能力

——以初中数学教学为例

摘 要:核心素养是作为教学目标而存在的,在具体的学科教学中,关键能力的培养应当是重中之重。在教学实践中,通过精心设计单元教学的方法来培养学生关键能力的思路,并且积极进行了实践,取得了一定的收获。认识单元教学之于关键能力培养的意义,可以有这样几点:一是与传统教学相比,单元教学能突破以往的碎片式教学,能够用整体观的思想对教学内容更好地把握;二是单元教学中蕴含的能力要素更多,可以为关键能力的培养奠定坚实的基础;三是在单元教学中可以寻找数学学科核心素养培育的主要线索。单元教学的运用并不直接导致关键能力的培养,而要实现这个目的,需要关注这样两个注意点:一是进行单元教学设计的时候,教师必须建立明确的关键能力培养的主线;二是以单元教学实现关键能力的培养,必须坚持以学生为中心。

关键词:初中数学;单元教学;关键能力

2014年,教育部发布《关于全面深化课程改革落实立德树人根本任务的意见》,"意见"明确提出,要"研究制订学生发展核心素养体系和学业质量标准",并将核心素养明确定义为"学生应具备的适应终身发展和社会发展需要的必备品格和关键能力"。目前比较认同的一点是,核心素养是作为教学目标而存在的。在具体的学科教学中,关键能力的培养应当是重中之重,相比较而言,必备品格的培育更多地应当依赖关键能力的养成。从这个角度来看,培养学生的关键能力是当前学科教学的当务之急。具体到初中数学学科中,反观当前的初中数学教学现状,可以发现目前在初中数学课堂教学中存在学习意识差、问题意识不强的问题,这些问题的出现影响了学生的学习质量,同时也影响了课堂教学质量。很显然,在这样的基础上要想培养学生的关键能力,还存在一定的挑战,换句话说,要想让学生的关键能力培养能够真正落到实处,就必须优化教学。从这个逻辑出发,笔者提出在教学实践中通过精心设计单元教学的方法来培养学生关键能力的思路,并且积极进行了实践。通过不断的学习与实践,取得了一定的收获,在此以"精心设计单元教学,培养学生关键能力"为主题,谈谈笔者的探究以及心得。

一、单元教学是培养关键能力的有效途径

站在核心素养的视角之下思考关键能力,很显然必须认识到这种"能力"应当是"关键"的。就数学学科而言,当前对数学学科核心素养的描述是从数学抽象等六个角度来进行的,于是很自然地就可以认为数学抽象能力就是关键能力之一。

能力的培养依赖于自己的教学方式。绝大多数情况下,初中数学教师采用的教学方式多少带有碎片化的情形,教师教学设计与实施的思路往往是以一节课为单位的,尽管课与课之间有衔接,但总体而言都没有站到"单元"的高度去认识教学,这导致的直接结果就是学生在数学学习的时候,对数学概念或者规律的认识层次相对较低,也就很难真正培养学生的关键能力。反之,如果站在单元的角度去设计单元教学,其最大的好处就是可以让教师对一个时间段所教学的单元内容,有高屋建瓴的认识,有全面的把握。这种全面的把握意味着对所学内容的高度概括,以及所学内容中数学概念之间、规律之间、概念与规律之间联系的掌握。站在这个高度引领学生去建构数学知识,并且形成对数学知识体系的认识,不仅可以培养学生的概括能力,还可以在概括的基础上培养学生的数学抽象能力。

数学抽象是数学学科核心素养的重要组成部分。一般认为,数学抽象能力具体表现主要包括四个方面:一是感悟现实生活中数的意义,估计运算结果;二是用符号表示数、数量关系和变化规律;三是从数量与数量关系、图形与图形关系中抽象出数学概念;四是借助符号进行运算和推理抽象出一般规律和结构。基于这一理解去认识单元教学之于关键能力培养的意义,笔者认为可以有这样几点认识:

一是与传统教学相比,单元教学能突破以往的碎片式教学,能够用整体观的思想对教学内容更好地把握,同时也能撬动课堂转型,从而有利于学生情感态度价值观的培养和思维的发展,很显然是培养学生关键能力的一个重要抓手,是培养学生核心素养尤其是关键能力的一个很好落脚点。

二是单元教学中蕴含的能力要素更多,可以为关键能力的培养奠定坚实的基础。如同上面提到的概括能力,其实就是关键能力之一,只有当学生对不同的事物具有高度概括的能力时,他们才能发现这些不同事物当中具有的共同特征,从而完成抽象。如果在抽象的过程中所运用的是数学工具,那这就是一个数学抽象的过程,数学学科核心素养中的数学抽象要素也就能够得到有效的培养。

三是在单元教学中可以寻找数学学科核心素养培育的主要线索。以数学抽象为例,在好多数学知识的教学中,都能寻找到数学抽象的影子,如进入初中后,学的第一个单元知识的内容就是"有理数"。通常情况下,有理数这一单元应当包括这样一些知

识点:正数和负数、有理数、有理数的四则运算、有理数的乘方等。从单元教学的角度来看,很明显可以看出,本单元的核心在于有理数概念的建立以及运算,而如果引导学生认识到这一点,就可以在这一核心认识的基础上以简驭繁,这样不仅可以顺利地实现有理数概念的建立,还可以让学生经历分析与综合、归纳,以及概念建立过程中的数学抽象过程,从而真正形成关键能力。

二、立足于关键能力培养的单元教学例析

基于以上认识,笔者认为在初中数学教学中,要立足于关键能力的培养去设计单元教学,必须坚持理论联系实践的思路,真正以教学案例作为分析的对象,去寻找出符合关键能力培养需要的单元教学策略。有研究者指出,在当前学科关键能力培养的背景下,数学教学的过程中要从创设数学教学情境、强化基本训练、渗透数学学科思想以及联系社会生活实践等视角来对学生的学科关键能力进行培养。下面就以"有理数"这一内容的教学为例进行分析。

考虑到单元教学与布鲁姆教育目标分类学有着千丝万缕的关系,因此在确定"有理数"这一单元的教学目标时,确定了这样一些教学目标:理解有理数的概念,知道有理数的组成,并且能够在数轴上用点表示有理数;让学生经历探究有理数运算法则的过程,理解有理数运算的意义与运算法则;能运用有理数的知识解决相关的实际问题。

确定了这些教学目标之后,具体的单元教学包括这样几个环节(限于篇幅,这里只通过第1课时的教学来阐述单元教学的总体思路)。

环节一:创设情境,建立有理数的概念

考虑到在生产生活的实际中,经常遇到的问题之一就是数的表示与运算,而其中又与有理数密切相关,引用这些素材,可以创设一个良好的有理数学习情境。比如:在倡导绿色生活、垃圾分类的背景之下,张明同学通过家庭垃圾的分类与出售,能够在文具方面实现收支基本平衡。下表是张明同学第一个月的收支情况:

日期	收入或支出名称	收入或支出数额	结余
2日	卖易拉罐和塑料瓶	20元	20元
10日	买笔	-10元	10元
20日	买本子	-12元	-2元(借父母2元)

请同学们研究张明这张收支情况表,并且用自己的语言描述他的收支情况。

在这样的情境当中,学生的注意力会自然地集中在收入与支出的数额上,不少同

学由于生活经验,往往知道支出前面的"一"读作"负",而且对负数具有一定的前概念认识。但是在情境当中,学生能够更好地将"一"与"支出"联系在一起,从而赋予"负数"以意义,这个赋予意义的过程,其实就是建构"负数"概念的过程,有了这个过程,就可以为有理数概念的建立打下扎实的基础。

环节二:基于问题的解决,初步感知有理数的运算

上述例子当中,不仅蕴含着负数概念认识的内容,还蕴含着有理数运算的素材:第一次卖易拉罐和塑料瓶收入与结余是一致的;第二次买笔表现为支出,于是20元中就"减"去了10元;第三次买本子仍然是支出,但是10元已经不够12元的支出,于是结果就成了－2元。那么如何用运算关系表示这样的收入与支出过程呢?这是学生自然产生的一个问题,学生也能够根据自己的猜想去初步判断一次收入与两次支出之间的关系应当是20－10－12＝－2。当然考虑到这是单元教学的第一课时,教师此时没有必要把大量精力花在对学生这一猜想的判断上。但是可以肯定的是,这样一个问题解决的过程,已经能够让学生初步感知有理数的运算,以及有理数运算过程中表现出来的基本法则。事实表明,此时教师如果适当进行点拨,学生还有可能提出有理数乘除的运算问题,这样的问题也可以为后续的教学埋下伏笔。

环节三:反思学习过程,为关键能力的培养积淀营养

这个环节主要是对前两个环节学习过程的反思,反思的重心有两个:一是对负数和有理数概念的理解与建构;二是对有理数运算的初步认识。在笔者以课题的形式进行研究的时候,重点围绕概念的形成以及运算法则的猜想进行,目的在于帮学生概括知识生成的过程,从中寻找数学方法与数学思想的元素。事实证明这一策略也是有效的。

从关键能力培养的角度看上述单元教学(第一课时)的三个环节,笔者以为有这样几点可圈可点:一是情境的创设以及问题的提出,可以让学生迅速进入负数和有理数学习的情境,在这个情境中完成概念的建构与下定义的过程,很大程度上就是一个数学抽象的过程。将情境中与数学无关的元素去除,只留下与"数"及"数的运算"相关的素材,不仅激发了学生运用数学语言描述新的概念的认识,还激活了学生问题解决的动力。学生自发地进行正负数的加减运算,实际上就是对有理数运算法则的一种自然探究。这样一个过程中形成的能力,能够为后续好多知识的学习奠定基础,因此这样一种能力就是关键能力。而反思这一教学设计,学生在这个学习过程中的关键能力之所以能够得到培养,很大程度上源于教师的单元教学设计,这种第一课时的设计思路与传统不同,它涵盖了与有理数概念相关的若干个基础知识,这种齐头并进式的教学,可以让学生的思维变得更加宽泛,从而保证关键能力能够得到培养。

三、利用单元教学培养关键能力的注意点

应该说单元教学并不是一个全新的概念,在初中数学教学中曾经有过与单元教学相关的研究。而当初中数学教学进入核心素养培育的新时代之后,当初中数学教学有了明确的核心素养培育需要的时候,当教师需要致力于寻找核心素养落地的途径之后,就必须思考单元教学在促进核心素养尤其是关键能力落地过程中的作用。在这个过程中,笔者以课题的形式进行了细致的研究,相关的实践研究表明,单元教学与关键能力培养之间并不存在直接的因果关系,换句话说,单元教学的运用并不直接导致关键能力的培养,而要实现这个目的,需要关注这样两个注意点:

一是进行单元教学设计的时候,教师必须建立明确的关键能力培养的主线。只有当关键能力培养成为教学的主线时,单元教学与关键能力培养之间才能建立直接的关系。笔者在研究中发现,这是一个前置性、前提性的工作,像上面"有理数"这一单元的教学中,笔者首先确定的就是数学抽象这一能力培养,正是基于这个思路,才选择了学生能够理解的生活素材作为创设情境的素材,进而所涉及的问题也能够驱动学生进行数学抽象,于是数学抽象这一素养的落地,自然也就有了保证。

二是以单元教学实现关键能力的培养,必须坚持以学生为中心。事实证明,学生在学习数学知识时,首先要完成的是数学概念或者规律的建立与记忆。教学经验表明,在中学数学教学过程中,单元知识可以让学生迅速接受,但是,如何让学生把握好这些分散点的记忆,已经成为初中教师必须面对的问题,从这个角度来看,单元教学就是针对这样的问题而设计的。只要单元教学真正坚持以学生为中心,那就能保证学生是单元教学的主体,从而也就成为核心素养培育以及关键能力培养的主体。上面所举的"有理数"这一单元教学的例子中,创设情境的素材必须是学生熟悉的素材,所提出的问题必须能够让学生有一定的自主思考空间,能够让学生的猜想有一定的方向感知……事实也证明,正是坚持了学生主体地位,学生对情境素材的加工以及问题的解决,才体现出高度的自主性,也正因为如此,关键能力才真正成为学生的关键能力。

当然,基于单元教学培养学生的关键能力需要注意的远不止这两点,但是可以肯定的是,只要注意到这两个基本点,课题研究的目的就能够有效实现。同时,作为一项课题研究,在坚持理论与实践结合的同时,通过扎根课堂案例,确实可以在一线教学中,通过单元教学去培养学生的关键能力的相关研究,寻找到关键能力培养乃至于核心素养培育的有效途径。

让问题在"情境导入"中自然诱发

摘　要：数学学习中,学生能自发地提出一个有价值的问题是难能可贵的。"发现问题"和"提出问题"能力的培养是数学教学中的重头戏。数学课堂是充满各种"情境"的课堂,也是挥洒诗意激荡思维的课堂。在课堂中,通过创设"现实情境"来催生问题,实施"操作情境"来推理问题,铺设"思维情境"来生成问题,以不断助推学生在数学学习中自主产生"问题意识",进而催生"问题解决"的迫切欲望,从而培养学生的数学学科核心素养。

关键词：问题诱发；情境导入；策略探究

文[1]从问题诱发的提出、问题诱发的原则、问题诱发的策略和问题诱发策略研究成效等四个方面较为系统地阐述了初中数学教学中问题诱发的实证性研究与思考等成果。特别在问题诱发策略的研究上,分别从"概念形成中触发认知冲突""实验操作中聚焦启思引探""解决问题中关注质疑探究""归纳建构中重视问题生成"等四个侧面较为详尽地阐述了笔者的研究与思考。本文拟从数学课堂"情境导入"环节如何诱发学生自主而又自然地提出问题方面进行更深入的思考,以助推学生在数学学习中自主产生"问题意识",进而催生"问题解决"的迫切欲望,培养学生的数学学科核心素养。

1 "情境导入"需要数学问题

一堂课的"序曲"首先表现在导入情境的创设上。上课伊始,教师若能抓住学生好奇心强的心理特点,巧妙借助"情境"有效导入,给新课蒙上一层神秘的"面纱",自然能促使学生处于一种"心求通而未达,口欲言而未能"的状态。

在我们日常的数学课堂教学中,一般来说创设问题情境用得较多。也可通过观察现象、演示教具、实际操作等来创设联系实际的现实情境；也可通过实验、猜想、发现、探究、类比等方法来创设思维情境；也可通过悬念、疑问、思索、议论来创设激疑情境；更有一些数学教师通过编制一些有趣的错误而创设谬误情境等,让学生在情境中自我辨析、自我纠正,从而达到自我掌握、自我内化知识的目的。上述种种"情境"的创设导入中,离不开问题的铺垫,也离不开问题的预设,更离不开问题的解决。如何珍视这一课堂机遇让学生自然触发问题诱因,进而促进问题生成,这是一种教学的智慧,也是一种教学内涵的积淀,更是教学素养的直接体现。

2 "情境导入"诱发数学问题的策略探究

《义务教育数学课程标准》(2011年版)明确提出:"数学教学活动,特别是课堂教学应激发学生兴趣,调动学生积极性,引发学生的数学思考,鼓励学生的创造性思维。"如何引发学生的数学思考?这显然离不开问题的触动与诱发。

2.1 巧用"现实情境导入"催生问题

美国心理学家布鲁纳·罗杰斯认为,在教学过程中,教师的作用是要形成一种使学生能够独立探究的情景,而不是提供形成的知识。教学中教师应努力创设具有直观启示性的"现实情境",以"情境中的问题"发现来激发学生的求知欲,由此推动学生主动探究、寻求问题解决途径与方法的学习热情。

案例1 "有理数的加法"教学

师:请张浩杰同学上来,根据要求具体示范走一走。

(要求:在一条东西走向的直线上,先向东走2米,再走3米。)

师:同学们能否确定他现在的位置位于出发点的哪个方向?与原来出发点的位置相距多少米?

生:张浩杰在出发点位置向东5米处。

师:好!请同学们想一想,老师这样让张浩杰同学示范着走,想说明啥问题?

(经老师这样一问,学生兴奋之际,猛然悟到我该想到什么?该提出哪些问题来?经过短时间的快速思考,自然想到我得对走法进行不同情形的分类,在分类的基础上进行相应情形的概括提炼。)

学生叙述各种不同的走法:

① 先向东走2米,再向东走3米;② 先向东走2米,再向西走3米;③ 先向西走2米,再向东走3米;④ 先向西走2米,再向西走3米。

笔者认为这样的引导与启发,可催生学生的问题意识,赢得宝贵的思维触动时机,提高教学效率,也有利于培养学生分类讨论的意识的形成。

师:同学们能把刚才四种不同情形的走法抽象转化为数学表达式吗?

生(众):能。

师:好。那么在列式之前,我们还要做啥呢?

生:规定正方向。

师:求两次运动的结果,应该用哪种运算?

生:是加法运算。

师:哪位同学上来将算式在黑板上表达出来?

一个学生根据实际意义写出算式的结果,分别得到四个等式:$(+2)+(+3)=+5$;$(+2)+(-3)=-1$;$(-2)+(+3)=+1$;$(-2)+(-3)=-5$。

师:很好!这位同学所列的式子就是两个有理数相加求和的问题。

改变学习模式,寻找教学突破口,不妨从"现实情境类问题"入手。教师要对现实情境的相关视角巧妙设疑,巧妙发话,善于引导学生去发现问题、提出问题,逐步让学生树立质疑设问意识。引导要得体、到位,教学中必须强化双边互动,充分调动学生思维积极性,善于借助载体充分展示学生思维的过程。只要教师有意识地沿着学生思维的轨迹去因势利导,学生才能于平常的教学活动中体悟到数学的思维和数学的方法。因此成功创设"现实情境",巧妙诱发学生"自觉想、主动问"的思维情感,充分激发学生的思维活力,学生的"思问提问发问"潜能才能不可估量地被发掘与激发。

2.2 巧用"操作情境导入"推理问题

于漪老师曾说过:"课的第一锤要敲在学生的心灵上,激发他们思维的火花,就像磁石一样把学生牢牢吸住。"由于操作情境兼具直观有形、形象生动、真实发生等诸多优势,广大教师在课堂教学中运用得较为普遍。如何让"操作情境的导入"有效助推学生问题的生成,的确大有文章可做。

案例2 "平行四边形的判定"教学

课堂伊始,老师取出一张事先准备好的平行四边形纸片,在同学们的默默注视下,缓缓地将该纸片一撕为二,如图1所示。

师:同学们,假如这张纸片是一块玻璃,不小心破了,巧的是刚好从 A 这个顶点处破裂,现在要去店里配一块同样的玻璃,你准备带哪一块去?

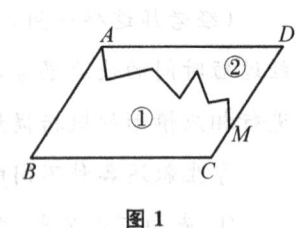

图1

生:带①去就行。

师:为什么?

生:老师,我说不清楚,但我可以画出来。

师:好啊,请你上来画一画。同学们可要看仔细了,他是如何画的。

(该生在全班同学的注视下,从容地拿起两块三角板,用推平行线的方法画完该图形。)

生：我是过点 A 用两块三角板尺推 BC 的平行线交 AB 对边的延长线来得到点 D 的。

师：能说说你这样画的依据吗？

生：我是根据定义两组对边分别平行的四边形是平行四边形来画的。

师：很好。现在只给你一把有刻度的直尺，你还能补好这个平行四边形吗？

（该生动手尝试，很快找到了方法：延长 CM，在延长线上量取 $CD=BA$，连接 AD，得到平行四边形 $ABCD$。）

师：依据呢？

生：……

师：四边形 $ABCD$ 已经满足什么条件？

生：一组对边 AB、CD 平行且相等。

师：为什么可以确定四边形 $ABCD$ 一定是平行四边形呢？

（此时学生思路受阻，难以回答。）

师：现在我们只能依据定义来证明一个四边形是平行四边形，结合已知条件，还需要再证明什么？

生：证 $AD\parallel BC$ 即可。

师：那么如何证明呢？

学生经过分析讨论后，尝试连接 AC，通过证 $\triangle ABC\cong\triangle ADC$，证得 $\angle DCA=\angle BCA$，从而得到 $AD\parallel BC$。

师：通过证明，说明用这样的方法来修补是成功的，你还能从中得到什么结论？

生：说明"一组对边平行且相等"的四边形一定是平行四边形。

师：很好！同学们发现没有，刚才我们能够顺利完成平行四边形的复原，完全依赖于"从 A 这个顶点处破裂"这个关键条件，如果离开了这个条件，如按图2或图3这样情形的破裂，我们还能复原平行四边形吗？

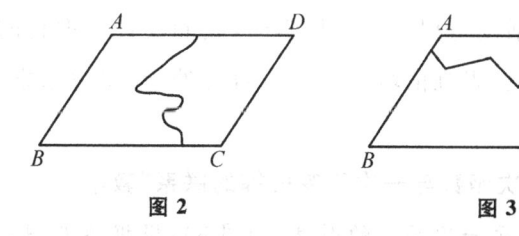

图2   图3

生：老师，你说的情况片面了，不一定需要这个关键条件的！比如这样破裂，我们也能够复原平行四边形的。（该生边说边走上来，拿起粉笔画出了破裂的图形。如图4—图7）

模型建构:初中数学学科实践的创新

图4

图5

图6

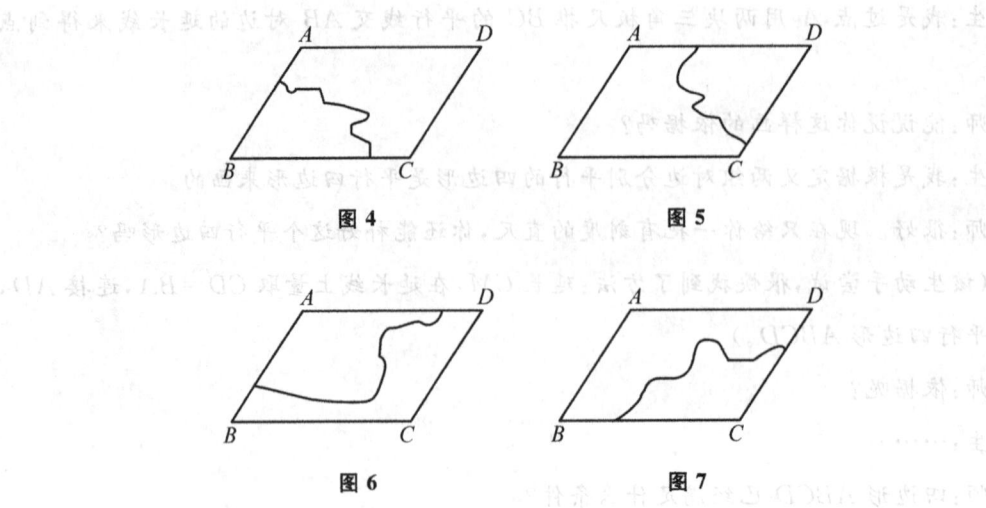

图7

师:太棒了!那么同学们,根据刚才的操作,我们要复原平行四边形,真正的关键条件是什么?

生:(再次陷入沉思。短暂沉默后,众生议论纷纷,"三个顶点"的声音不绝于耳。其中一位学生兴奋地站起来,高声说:必须有"三个顶点"在同一块玻璃碎片中。)

师:太厉害了!那么你能说明其中的理由吗?

生:……

教师通过上述"操作情境"的创设,引导学生自主探索问题、思考与发现问题、推理论证问题、提炼和解决问题。案例中,老师故意抛出所谓的"关键条件",让学生去自主发现此"关键条件"的真伪,进而去探索真正的"关键条件"是什么。这样创设操作情境,让每一位学生实时体验知识的发现和"创造"过程,在操作中不断萌发问题的"种子",在不断地追问思考中不断发现问题的要害,在操作中不断引发探索问题、生成问题与解决问题的欲望,更在操作中不断体验成功的喜悦、学习的快乐!

2.3 巧用"思维情境导入"生成问题

数学是一门思维的科学,思维从问题开始。课堂教学中,学生应当经历实验探究、生疑猜测、计算推理等思维活动过程。设计教学时,我们要针对教材的关键、重点和难点,借助恰当的载体巧妙创设"思维情境",使学生暂时处于"思虑求索"状态,进而引发学生进行积极的数学思考。

案例3 "一次方程、一次函数与一次不等式等的联系"教学

师:同学们,这是某个一元一次函数的图象(如图8),根据示意图,你可以得到哪些结论?

生1:可以得到这个一元一次函数的解析式为$y=\frac{3}{2}x-3$。

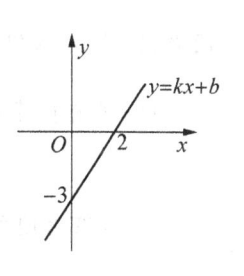

生2:可以得到这条直线与坐标轴的交点坐标分别为(2,0)与(0,-3)。

生3:可以求出直线与坐标轴围成的三角形面积为3。

师:还有吗?

生:……

师:暂时没有了?现在是不是这样,请同学们尝试着来提问题,老师来回答,如何?

(一部分学生低声呼应:好!)

生4:老师,我将它与一元一次方程联系起来,就可以直接观察得到方程$\frac{3}{2}x-3=0$与方程$\frac{3}{2}x-3=-3$的解。

师:很好,你将一元一次函数与一元一次方程联系起来了,需要老师解答吗?

生4:不要。

生5:老师,我也可以将它与一元一次不等式联系起来。

师:好啊,请你提出相应的问题。

生5:好。结合图象,直接说出不等式$\frac{3}{2}x-3\geqslant 0$与$\frac{3}{2}x-3\leqslant 0$的解。

师:对这种简单的小问题,老师就不解答了啊。根据图象请某位同学直接说出不等式$\frac{3}{2}x-3\geqslant 3$的解。

生6:$x\geqslant 4$。

师:你是直接解不等式得出来的?

生6:我没解不等式,我是通过三角形的全等推理出来的!

师:很好!与三角形的全等都扯上关系了!现在老师再添上一条直线,请同学们继续提出相关的问题来。(如图9)

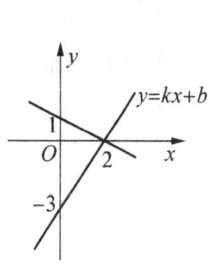

生7:可以求出这条直线的表达式,也能够求出这两条直线与y轴围成的三角形的面积,还可以求出……

师:停停停!老师想让同学们提出问题来相互解决呢。

生8:我求出这条直线的函数表达式为$y=-\frac{1}{2}x+1$,所以我的问题是：当 x 取何值时,函数 $y=-\frac{1}{2}x+1$ 的值大于函数 $y=\frac{3}{2}x-3$ 的值?

师:很好!牵出了函数的值,其实也可以看成是不等式的求解问题。

生9:根据图象求二元一次方程组 $\begin{cases} y=-\frac{1}{2}x+1, \\ y=\frac{3}{2}x-3 \end{cases}$ 的解。

师:不错!把二元一次方程组的求解都联系上了。还可以提什么问题?

生10:……

一元一次方程、二元一次方程组、一次函数与一次不等式及一元一次不等式组等知识间的联系十分紧密,借助于平面直角坐标系平台,可有效实现"资源共享、信息互通"的目标。教学中要求教师基于相关数学知识的内在联系,提供适切的、符合实情的、对接地气的教学素材供学生探究,在探究中触发"思维灵感",在探究中迸现"思维火花",在探究中诱发"问题因子",从而生成数学问题,解决数学问题。

3 结束语

有效的数学课堂教学,不仅能体现并提升教师组织课堂教与学活动的有效度,而且能促进学生学习方式的大转变,进而促进学生的可持续发展。教学中通过适切情境的创设与导入,要求体现所创设的情境对知识学习、意义建构、知识系统梳理及数学内在问题的生成起重要促进作用。要通过对"现实情境"的导入来催生数学问题,要通过对"操作情境"的导入来推理数学问题,要通过对"思维情境"的导入来生成数学问题。形成一串串的"数学化"问题,促使学生积极开动脑筋,激发学生反复思索的内在驱动力,努力追寻"为什么",积极参与"怎么办"的学习与探究。在不断探索和总结科学学习方法的基础上,提高理解数学本质知识的能力。在课堂教学的积极参与中,展开讨论、发现问题、分析问题,并引导学生创造性地提出问题和解决问题。只有这样,才能提升学生的创新素养,培养学生的创新意识,提高学生的创新能力,促使学生保持旺盛而持久的"内驱学习力"。

参考文献

[1] 刘光建.初中数学教学中问题诱发的实践研究[J].中学数学教学参考,2019(Z2).4-6.

让问题在教学追问中自觉触发

摘　要：数学学习中,学生能自发地提出一个个有思维含量、有思维价值的问题是难能可贵的。"发现问题"和"提出问题"能力的培养是数学教学中的重头戏。数学课堂教学离不开师生双方的互动追问,更离不开师生双方的智慧思辨。通过恰当的设疑追问可以使学生的注意力迅速指向教师预期的教学目标,将学生关注的焦点引向学习的重点、难点、疑点和关键之处;通过高质量的教学提问,激发学生学习新知的兴趣,培养学生积极探索的精神;通过富有灵气的征询探讨式追问,诱发学生主动获取对知识与数学问题的真理解。以此进一步助推学生问题意识的自觉养成,激发学生对数学问题的自主解决,培养学生的数学学科核心素养。

关键词：数学思维；教学追问；问题生成

本文拟从数学课堂的"互动追问"环节如何诱发学生自觉而又自然地提出问题方面进行更深入的思考,以进一步助推学生问题意识的自觉养成,激发学生对数学问题的自主解决,以此培养学生的数学学科核心素养。

1　课堂教学追问可以催生数学问题

学生问题意识的培养是一个渐进的过程,不可能一蹴而就。想问是动因、敢问是基础、能问是过程、善问是技术、释问是目标。在问题意识的培养过程中,教师要循循善诱、严密分析、适时优化,极大地提高提问的质量与智慧,从而促成学生善问、乐问。要让学生真正成为数学学习的主人,成为知识与真理的探求者、发现者。在教学中,我们要给学生留出足够的思维空间和自我表现时间,才能促成学生"想问、敢问、会问、善问、乐问"等素养的不断提升。在这一过程中,教师智慧的教学追问对学生问题意识的自发培养,在学生"敢于提出问题,善于提出问题,勇于解决问题"方面所发挥的作用日益显现,成效明显。

2　课堂追问自觉触发数学问题的策略探究

《义务教育数学课程标准》(2011年版)明确提出："体会数学知识之间、数学与其他学科之间、数学与生活之间的联系,运用数学的思维方式进行思考,增强发现和提出问题的能力、分析和解决问题的能力。"如何引发学生的数学思考？这显然离不开问题的有效触发与灵活解决。

2.1 设疑追问——于疑惑产生处不断生成新问题

"学起于思,思源于疑"。质疑是思维的导火索,是学生学习的内驱力,是探索和创新的源头。我们总是提倡"授人以鱼,不如授人以渔"。学会是前提,会学才是最终目的。设疑追问有利于学生在一个个疑惑的不断解决中获得对知识的真正理解与掌握。

案例1　二次函数图象的问题教学

问题:图1是二次函数$y=ax^2+bx+c(a\neq 0)$的图象。

师:根据图象,你们想提出哪些问题？

生1:判断a,b,c的符号或者一些特殊代数式如$b^2-4ac,a-b+c$等的符号。

师:很好！同学们能够判断吗？（给学生一定的思考时间后解决）还有吗？

生2:由图象可以要求我们求出函数的解析式,还可以求出图象的对称轴和顶点坐标。

师:求解析式你会采用什么方法？怎么求？还有其他问题吗？

生3:可以用交点式来求函数的解析式,对称轴可以直接观察出来,是直线$x=1$。

生4:还可以求出函数的最小值。

生5:还可以由图象直接观察得到一元二次方程$ax^2+bx+c=0$的两个根。

……

师:同学们提的这些问题都非常棒！我们最近几节课刚学过二次函数图象的性质,从这个角度出发,大家再仔细想想还可以解决哪些问题呢？

生6:结合二次函数的图象性质,也可以由图象直接观察得到不等式$ax^2+bx+c>0$或$ax^2+bx+c<0$的解集。

生7:是的。比如可以这样来设计问题:当$x\geqslant 0$时,求函数值y的取值范围。反过来,当$y\geqslant -3$时,求x的取值范围。

生8:还可以这样设计问题:当x取什么值时,y随着x的增大而增大？

师:同学们提的这些问题基本上都可以通过观察图象直接得到解决。我们是否可以进一步思考,让所提问题的思维含量更加深入点？比如说在图上利用几个确定的点作出几条直线来,引入一次函数的相关知识后,你又想到哪些问题?

生9:我可以求出直线 AD 与直线 BC 的交点坐标,也可以求出一些三角形的面积来。

师:如果在第四象限的抛物线上引入一个动点 P,你还能提出哪些问题呢?

生9:让我想想。

生10:我可以这样设计问题:当四边形 $ACPB$ 的面积达到最大时,试求出点 P 的坐标,并求出四边形 $ACPB$ 的最大面积。

师:你所想到的问题一般可以采用什么方法或途径来解决?

生:……

问题是思维的起点,探索的开端,没有问题,思维就成了无源之水,无本之木。"问"的前提是有想法、可生疑,生疑往往由好奇而产生。在本案例中,教师提供合适的教学载体,适度搭建脚手架,让学生始终参与其中,成为探究学习的主角。教师进行适度的引导与启发,鼓励学生大胆猜想、大胆质疑,使学生既敢于提出自己不理解的问题,也勇于提出自己进一步思考后所产生的新困惑、新问题。同时鼓励学生间互相提问,合作讨论,能充分培养学生提出问题的自信心。这当中,要尊重学生质疑问题的精神,因势利导,创造条件,帮助学生经历提出问题、探索问题、优化问题、梳理问题、解决问题的全过程,实现学生对问题的不断探究。亚里士多德有句名言:"思维是从疑问和惊奇开始的。常有疑点,常有问题。才能常有思考,常有创新。"我们要充分相信学生的质疑能力,一个有价值的问题往往能成为学生积极思考的新动力。学生所提出的问题虽然有些是粗糙的,简单的,或许有些也是我们教师认为没有必要讨论的,与教学重点关联不大的,表述不准确的,此时作为教师应该恰当地引导、适时地点拨,指导学生把握住问题的关键与方向。特别是在学生闪烁着思维和智慧的火花却又似懂非懂时,教师的启发往往会带来令人意想不到的效果。

2.2 优质提问——于问题解决中不断诱发新问题

思维由问题产生,从疑问与惊奇开始。问题是科学研究的出发点,也是积累知识、生成思想方法的逻辑力量。在学生问题意识的培养中,教师要循循善诱、严密分析、适时优化,极大地提高提问的质量与智慧,用一个个优质的问题来促成学生善问、乐问,于问题解决中不断诱发新的问题。

案例2 《直线与圆的位置关系》例题教学

问题:已知 A 为 $\odot O$ 上一点,B 为 $\odot O$ 外一点,顺次连接 A、B、O 三点,得到

△ABO，且 $\sin B = \frac{1}{2}$，能否判定直线 AB 和 ⊙O 相切？试说明理由。

生（众）：相切。

师：这么快就得出结果？哪位同学来说说理由。

生1：因为 $\sin B = \frac{1}{2}$，所以△ABO 是直角三角形，即 OA⊥AB。所以 AB 是⊙O 的切线。

师：为什么 $\sin B = \frac{1}{2}$，△ABO 就一定是直角三角形？

生1：因为 $\sin B = \frac{1}{2}$，所以∠B=30°，∠O=60°，因此∠OAB=90°。

师：由∠ABO=30°，你是如何推出∠O=60°的？

生1：因为是在直角三角形中，所以∠ABO=30°，进而可以得到∠O=60°。

师：可是题目中没有说明是在直角三角形中啊，若已经给出△ABO 是直角三角形了，还需要根据∠B=30°，∠O=60°来证明∠OAB=90°吗？

生1：这很简单。因为 $\sin B = \frac{1}{2}$，锐角三角函数值只能在直角三角形中求出来，所以△ABO 是直角三角形。已知直角边等于斜边的一半了，怎么会不是直角三角形呢？（学生1回答声音低沉，似乎已经明白但又没有真正明白。）

师：锐角三角函数值为什么只能在直角三角形中求出来？那么 sin45°等于多少？这个45度只能存在于直角三角形中吗？（此时同学们似乎已经明白了错误所在，开始议论了。）

师：你有不同的想法吗？

生2：还不知道是直角三角形，就默认是直角三角形了。

师：是的，问题就出在这里！那么 $\sin B = \frac{1}{2}$，能说明什么呢？

生2：只能说明∠B=30°。其他的角度数还是不能确定的。

师：那么要使直线 AB 和⊙O 相切，同学们觉得还应该添加什么条件？

生3：老师，这个简单，我们可以添加条件 $\sin O = \frac{\sqrt{3}}{2}$ 就行，这样就保证了∠O=60°。

……

著名科学思想史专家波普尔说过："知识的增长，永远始于问题，终于问题——愈来愈深化的问题，愈来愈能启发大量新问题的问题。"对于学生因似懂非懂而提出的疑问,教师不能压制、阻塞学生的思路,应让他们把心中的疑惑说出来,即使学生提出的问题有些幼稚,不合情理,甚至没有思维价值,教师也应给予精神上的鼓励和肯定。特别对那些不循常规、独辟蹊径,思维具有创意的学生,教师更应该给予充分的肯定和赞赏,以激励其他同学的积极思维。因此课堂教学中教师要注重学生提问方法的培养,一种和蔼的态度、鼓励的目光、亲切的笑容、肯定的手势、娓娓的诱导,都会给学生带来莫大的精神鼓励,使学生乐于思考,敢于提问。从而知道"问什么""怎么问",在问题解决中不断诱发生成新问题。

2.3 征询追问——于问询探讨中不断派生新问题

数学是一门思维的科学,思维从问题开始。巴尔扎克也说过:"打开一切科学之门的钥匙毫无疑问是问号。"学生只有善于发现,能够自主地提出问题,才能真正走进科学殿堂,充分将所学知识灵活运用,否则就只能成为知识的机械记忆者与固有者。在融洽愉悦的课堂中,增强学生的问题意识,引导学生自主提问,发表对相关问题的剖析与看法,这是新课程标准背景下数学学科教学的目标之一。要实现这一目标,就必须转变以往的机械式教学灌输,突出学生学习的自主性与主动性,通过教学中的征询追问,于平等友好的互动探讨中为学生提供更为宽广的生成数学新问题的平台。

案例3 《分式方程》例题教学

问题:解分式方程:$\dfrac{1}{x-1}=\dfrac{2x}{x^2-1}$

师:请两位学生板书解答。

学生1的板书如下:
解:$\because x^2-1=(x+1)(x-1)$,
两边同乘 $(x+1)(x-1)$,得
$x+1=2x$,解得 $x=1$。
检验:当 $x=1$ 时,$x^2-1=0$。
所以 $x=1$ 不是原方程的解。
即原分式方程无解。

学生2的板书如下：

解：$\because \dfrac{2x}{x^2-1} = \dfrac{2x}{(x+1)(x-1)}$

$= \dfrac{x+1}{(x+1)(x-1)} + \dfrac{x-1}{(x+1)(x-1)}$

$= \dfrac{1}{x-1} + \dfrac{1}{x+1}$,

原方程变形为：$\dfrac{1}{x-1} = \dfrac{1}{x-1} + \dfrac{1}{x+1}$,

移项得：$\dfrac{1}{x-1} - \dfrac{1}{x-1} = \dfrac{1}{x+1}$,

所以 $\dfrac{1}{x+1} = 0$。

两边同乘 $(x+1)$，得 $1=0$。

故原方程无解。

（对于学生2给出的解答过程，其他学生都感到很诧异。）

教师：大家先来看学生1的解法，经过去分母，解整式方程，检验，回答，整个过程对吗？（学生表示一致通过）再来看学生2的解法，大家对1＝0这个结论有疑问吗？（这个矛盾关系式也让老师有点意外）我们不妨来听听学生2是怎样想到用这种方法求解的。

学生2：解方程 $\dfrac{x+2}{x+1} - \dfrac{x+4}{x+3} = \dfrac{x+6}{x+5} - \dfrac{x+8}{x+7}$ 时，就是像上面一样变形让分式方程中的分子不含有未知数 x，从而简化方程达到求解目的。

教师：学生2用联想已有的知识和方法来解决现有的问题，这是可行的！这一点值得我们大家一起学习。那么大家对这个结果有疑问吗？（学生们议论纷纷）

学生2：老师，我觉得我找到错误的原因了，在对 $\dfrac{x+1}{(x+1)(x-1)}$ 与 $\dfrac{x-1}{(x+1)(x-1)}$ 进行约分时，必须要满足 $x+1 \neq 0$ 且 $x-1 \neq 0$ 的条件。

教师：你说得很对！我们在利用分式的基本性质进行约分变形时，一定要保证分母不为零这个前提条件。

在教学过程中学生能够自己发现的问题，教师绝不包办，学生能够自己思考的问题，教师绝不暗示。以问促思、以思促问，逐步增强学生的问题意识，提高学生解决问题的能力。从本案例的教学过程中，学生经过一系列的发言、提示、讨论、交流，不但说明了解分式方程时验根的必要性及去分母时的易错点,而且也帮助学生建立起勇气,通过反思找出疑问所在根源。同时,教师在教学中要给学生留有足够的发现、分析、质疑、释解的时间和空间,善于捕捉学生的疑点资源,巧妙应用疑点,对学生提出的问题给予恰当的评价,从而充分发挥学生的主观能动性。教学中,我们老师不妨多一点征询,多一点探讨,多一点商量,学生在如此融洽的课堂氛围中就能充分放飞思维的灵动性,不断派生出智慧与问题解决的灵感。

3　结束语

问题是教学的起点,也是教学的主线,它能激发学生的学习欲望,引发学生深层次的思考。而设疑式追问、优质问题主问与征询式提问等追问方式的采用与跟进,可有效助推学生思维方向的正确发展,进而进一步发挥学生主体思维线路的正确性,起到优化学生思维,增强逻辑思维能力和辨析能力,提高应答的深度等作用,从而使学生在问题教学中真正成为主角。同时精当的教学追问,还能有效拓展学生思路,有序发散学生思维,挖掘问题背后所隐含的关键知识点,帮助学生有机建构新旧知识间的联系,促使学生多角度、多途径地思考研究问题,提高学生数学思维的缜密性和创新性,促使我们广大一线教师在数学问题教学中更具有思维针对性和教学实效性,真正让问题在教学追问中自觉触发,快速生长。

注重活动过程教学　培养学生创新意识

摘　要：数学创新意识是在学生参与各种数学活动的过程中形成和发展起来的。教师要结合具体教学内容，精心设计问题系列，引导学生经历数学化的活动、数学思考的活动以及运用数学知识解决问题的活动。

关键词：数学过程；数学思考；问题解决

《义务教育数学课程标准(2011年版)》[以下简称《课标(2011年版)》]在"课程设计思路"中提出了十个核心概念，其中之一便是创新意识。数学教学中培养学生的创新意识是数学教学的重要任务之一。许多老师认为这是一个"虚"任务，具体教学时不好落实，究其原因，是因为这些老师对创新意识认识不全面。

1　对创新意识的认识

创新意识是对自然界和社会中的数学现象具有好奇心，不断追求新知，独立思考，会从数学的角度发现和提出问题，进行探索和研究。创新能力的要求比创新意识的要求高。

所有学生都具有创新意识，只不过这种意识在有些学生身上表现得"强"一些、有些学生身上表现得"弱"一些而已。经验告诉我们，创新意识"强"的学生，具有下列一些基本特征：

（1）对数学学习有好奇心和求知欲

对数学有好奇心的表现是喜欢学习数学，有探究数学知识、解答数学问题的积极性，能质疑一些数学结论，对于一些现象能从数学的角度进行分析与思考等。这是学生能主动学习数学知识的内在动机，是学生在数学学习中有创造性表现的基础。

学生在数学学习中有强烈要求得到数学结果的欲望。有了这种求知欲望，才能在数学学习中，认真听讲、独立思考、虚心向老师和同学求教，积极探究新的数学知识。

（2）对数学学习有较浓厚的兴趣

创新意识强的同学对数学有着浓厚的兴趣。只有当学生对数学感兴趣时，他才能全神贯注地投入到数学学习中,才能积极主动地围绕教师事先设计好的问题去进行观察、思考、计算、猜想等活动,在活动的同时才有可能产生"创新"的火花。

(3) 数学思维能力强

数学思维是一种高级形态的抽象思维,是现代思维和科学思维的重要工具、标志和支柱。在数学思维中,不仅存在抽象思维,也存在形象思维。数学思维能力指能够用数学的观点去思考问题和解决问题的能力。在数学学习中,常见的"一题多解""一题多证"以及利用一个"通法"解决一类题型等都是数学思维能力强的具体表现。

(4) 能不断地发现和提出问题

创新意识强的同学,在学习中不仅仅满足于会分析和解决教师布置的"现成"问题,而且在发现和提出"新"问题方面表现得也更为突出。学生发现和提出新问题只有在做出深入的思考之后才能完成。这个思考、探索的过程对于培养和形成学生的创新意识是非常必要的。

总之,在数学学习中,只要能认识到创新是很重要的,对数学有好奇心,有学好数学的内在需求,不满足于教师的讲解,能不断地发现问题、提出问题,逐步学会用数学的眼光观察现实世界,会用数学的思维思考现实世界,会用数学的语言表达现实世界,就已经具有很强的数学创新意识了。有了这种意识,随着数学学习过程的不断深化,知识的逐步增加,各种数学能力(当然包括创新能力)的不断提高,数学核心素养才能不断得到培养和提升。

2 培养学生创新意识的宏观途径

《课标(2011年版)》指出"学生自己发现和提出问题是创新的基础;独立思考、学会思考是创新的核心;归纳概括得到猜想和规律,并加以验证,是创新的重要方法。"这些观点既强调了培养学生创新意识的重要性,又向我们指明了培养创新意识的宏观途径。

笔者在认真研读、深入思考的基础上,结合多年的教学实践,认为培养学生创新意识的根本途径有以下三条。

2.1 引导学生经历探究发现的过程

张孝达先生曾说过"明确培养学生创新意识和创新能力作为数学教育的一个目标,是推动这个转变的一个动力,而让学生主动地参与数学活动的全过程,则是实现这个目标唯一的、至少是最主要的方法。"

这里的"过程"指"观察、实验、猜测、计算、推理、验证等活动过程"。我们认为,在数学中,让学生经历的过程主要有两大类:

一是让学生经历数学知识(概念、公式、法则、定理)的形成过程;二让学生经历利用数学知识解决实际问题的过程。无论是在掌握知识还是在利用知识解决问题的过程中,学生的创新意识都会得到培养和发展。所以说让学生"经历过程"是培养学生创新意识的重要途径。

案例1 平行四边形判定定理3的探究发现过程

《课标(2011年版)》对平行四边形的三个性质定理和判定定理的要求都是"探索并证明"。各个版本的教材都是先学习性质,后研究判定。为引导学生通过自己的探索,发现这个判定定理,我们设计了下面的问题:

(1) "平行四边形的对角线互相平分"的条件是_____;结论是_____;这个命题的逆命题是_____。

(2) 如图1,任意画两条相交的直线 l_1, l_2,设它们的交点为 O,在 l_1 上截取 $OA=OC$,在 l_2 上截取 $OB=OD(OA \neq OB)$。顺次连接 AB, BC, CD, DA,四边形 $ABCD$ 是怎样的图形?相互交流你们的看法。

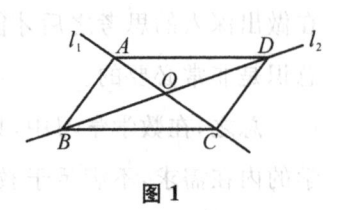

图1

(3) 怎样证明你得到的结论?

【教学导引】 平行四边形的性质和判定是《课标(2011年版)》界定的"图形与几何"方面的一个重要内容,本节课的前一节课学习的性质定理1和判定定理2与互为逆定理。本设计首先通过构造平行四边形性质定理的逆命题,然后证明这个逆命题是正确的,从而发现新的定理。

针对案例设计的三个问题,教学的要点如下:

在引导学生思考第(1)个问题时,让学生首先在认真阅读、理解、分析命题"平行四边形的对角线互相平分"的基础上,正确地确定出它的条件和结论,然后交换这个命题的条件和结论的位置,得到它的逆命题;教学问题(2)时,重在引导学生通过动手操作画出符合逆命题条件的四边形,然后观察、猜测出它是平行四边形。教学问题(3)时,引导学生用严格的逻辑方法论证自己的发现,按照数学证明的格式独立写出规范的证明过程。

学生通过探究平行四边形判定定理3的过程,再一次经历了"数学现实——提出猜想——画图验证——演绎证明——得到定理"的过程。学生在上述过程中,能产生对数学的兴趣,增强探究数学问题的欲望,不断提高发现问题和提出问题的能力,增强他们的创新意识。

2.2 引导学生学会数学思考

所谓数学思考,就是在遇到各种各样的问题情境时,能够运用数学的知识、方法、思想和观念去分析、探究,从而发现其中存在的数学现象和数学规律,并运用数学的知识和方法加以解决的过程。

在数学教学中最有价值的行为就是帮助学生学会数学思考。无论是掌握《课标(2011年版)》界定的基础知识,形成基本技能,感悟基本思想,还是积累基本活动经验都离不开数学思考。学生没有数学思考就不可能发现问题并提出问题。学生只有通过数学思考,才能真正感悟到数学的本质,发展创新意识。

案例2 研究"几分钟发一趟电车"问题

小凯在电路轨道旁边与路轨平行的路上骑车行走,他发现每隔6分钟就有一部电车从他的后面超过他,每隔2分钟便有一部电车迎面而来。假设电车和行人的速度分别是 v_1,v_2(都不变化),请问车站每隔几分钟(用 t 表示)发出一趟电车?

【教学导引】 本题是行程问题,为引导学生正确解答问题,我们可以用下面的小问题启发学生进行数学思考活动,在思考的过程中完成对问题的解答:

(1) 速度有快有慢的两个同学沿相同的方向运动时,二者相遇,意味着速度_____的同学追上速度_____的同学。

(2) 一个人向北运动时,迎面遇到另一个同学,这个过程可以看成_____问题。

对于这两个问题学生可能一时不能给出正确的回答,教师可引导学生通过讨论、交流自己的看法,必要时给出点拨,直至得到下面正确的结论。在学生得到上面问题的结论后,教师用下面的问题进一步启发学生思考:

(3) 每隔6分钟有一部电车从小凯的后面驶向前面可以看成是_____问题,由此可建立方程_____。

(4) 每隔2分钟有一部电车从小凯的对面驶向后面可以看成是_____问题,由此可建立方程_____。

学生在探究、思考、交流后不难得到(3)是追及问题,得到的方程是 $v_1 t = 6(v_1 - v_2)$;(4)是相遇问题,得到的方程是 $v_1 t = 2(v_1 + v_2)$。

由上面的两个方程可得到 $v_1 = 2v_2$,从而得到 $t = 3$(分钟)。

从前面的解答看,正确建立方程模型是解答本题的关键,数学模型是联系数学与实际问题的桥梁,建立数学模型是一个思考、探索、创新和完善的过程,这个过程可以有效地提高学生学习数学的兴趣、感悟数学思想,培养学生应用意识和创新意识。

2.3 实施"问题解决"教学

问题解决是数学课程的目标,是一种能力,它包括从数学的角度发现问题、提出问题、分析问题和解决问题四个层面。从本质上讲,问题解决的过程是一种创造性的活动。在教学中,教师应根据课程内容,结合学生的实际,努力创设"对人类具有智力挑战特征的,没有现成方法、程序或算法可以直接套用的那类问题"。要解决这样的问题,需要学生经过深层次的数学思考、分析、抽象、概括等过程,在这个过程中,学生可以真正认识、感悟和理解数学,发展自己的创新意识。因此,问题解决已成为数学教育的核心内容之一,也是培养创新意识的一个重要途径。

案例3 矩形菜园面积的最大值问题

在足够大的空地上有一段长为 a 米的旧墙 MN。某人利用一边靠旧墙和另三边用总长100米的木栏围成一个矩形菜园 $ABCD$。

(1) 如图2,若 $a=20$,所围成的矩形菜园 $ABCD$ 的面积为450平方米时,求所利用旧墙 AD 的长;

(2) 已知 $0 < a < 50$,且空地足够大,如图3,请你合理利用旧墙及所给木栏设计一个方案,使得所围成的矩形菜园 $ABCD$ 的面积取得最大值,并求出面积的最大值。

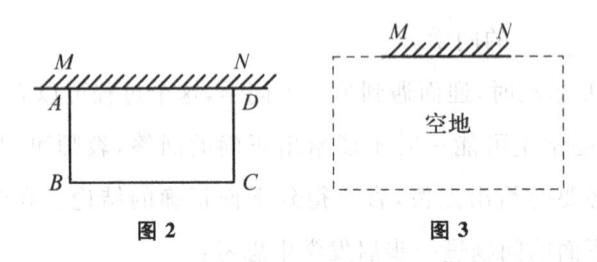

图2　　　　图3

【教学导引】为引导学生通过建立方程模型解答问题(1),可以这样引导学生:

① 若设 $AD=x$ 米,则 $AB=$ _____ ;

② 根据矩形菜园 $ABCD$ 的面积为450平方米,可以得到怎样的方程?

③ 你能解这个方程吗?

对于问题(2),设 $AD=x$ 米,矩形 $ABCD$ 的面积为 S 平方米,请思考下面的问题:

① 如果按图2的方案围成矩形菜园,请列出矩形 $ABCD$ 的面积 S 与 x 之间的关系式,并根据关系式确定什么时候 S 取最大值,最大值是多少?

② 如果按图4的方案围成矩形菜园,你能得到 S 与 x 之间的关系式吗?相互交流自己的看法。

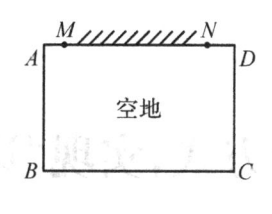

对于图 4 中的这个问题，在引导学生通过思考、讨论后得到正确的关系式：

$$S = \frac{x(100+a-2x)}{2} = -\left[x-\left(25+\frac{a}{4}\right)\right]^2 + \left(25+\frac{a}{4}\right)^2, a \leqslant x < 50+\frac{a}{2}$$ 后。

教师要进一步启发引导学生，针对上面的问题需要分 $0 < a < \frac{100}{3}$ 和 $\frac{100}{3} \leqslant a < 50$ 两种情况讨论，从而正确解答这个实际问题。

学生通过解答本题，其阅读理解能力、分析问题的能力、计算能力、探究能力都得到提高和发展，创新意识也在不断形成和发展。

培养学生的创新意识，对于学生的发展至关重要。在教学中教师要认真研读《课标(2011年版)》和教材内容，客观分析学生实际接受能力，精心设计问题情境，以此引导学生经历数学化的过程，积极进行数学思考活动，并学会利用所学知识解决有关的问题，在经历一系列数学活动的过程中培养和提高学生的创新意识。

创新教学方式,实现"让学引思"

——以"苏科版七年级数学下册第七章'平面图形的认识二'"为例

在国家"素质教育"和"课程改革"大方向的指引下,目前江苏省盐城市正全面铺开"让学引思"的新模式建设,推动中小学的课程改革,促进学校教育方式的改革及发展。全市各学校积极响应,组织相关学习、研讨、观摩,大力推进"让学引思"新模式在实际教学活动中的应用。

在这样的大背景下,如何以问题驱动课堂教学开展,推进"让学引思"在教学过程中的应用,进而达到构建学生数学核心素养的目标,便是我们每一位数学教师应该思考的问题。

1 "是什么"——"让学引思"是什么

"让学引思"在本质上是针对目前现代教育出现的弊端所提出的一种课程改革新理念。"让学"是关于教育本质和核心的一种理论,放在具体的教学实践过程中,则是要求我们每一位教师通过对课堂教学的合理控制,从而使学生能够亲身经历学习过程,让学生能够从中体会到自主学习所带来的成就感、满足感、幸福感,使学生爱上学习,能够自主地进行学习。而"引思"则是指教师在教学过程中能够通过适当的方法,引发、引导学生对教学内容进行自主思考,保证学生关于教学内容的思维活动能够深入进行。总的来说就是通过在课堂中以小组活动为载体、以导学案为抓手,精心设计问题,进而引导学生自主思考、自主讨论、自主合作探究,对学生进行多维度训练,从而使学生养成思考的习惯,提升学生在学习上的主观能动性,使学生能够达到学习和思考相统一的地步。

2 "怎样做"——怎么样通过具体操作实现"让学引思"

2.1 课前阶段:体现以学定教,尊重"教"与"学"的规律

教师的课前准备直接关系到整堂课的开展以及教学目标的实现与否,而且是"让学引思"中的基础性阶段,因此每一名教师都应该在每堂课前做好准备工作。

2.1.1 明确教学目标

教师在备课时首先应该认真研究课本内容和教学大纲,厘清编写者的编写理念,摸清课程内容的主要脉络,把握本章的教学目的,做到对课程的教学内容有一个完整的了解和掌握,从而保障在实际教学过程中能够更好地控制课堂进程,完成既定的教学目标。以"苏科版七年级数学下册第七章'平面图形的认识二'"为例,我们要确定我们的教学目标:① 让学生通过观察、比较、联想,引导学生掌握平行线的性质;让学生通过探究、分析、归纳,引导学生应用性质解决相关问题。② 让学生通过概括、猜想、验证,引导学生学会数学思考。③ 通过学生主动探索平行线的性质,引导学生建构初步的数形结合思想方法和数学建模能力,逐步培养学生的创新意识和创新精神。重点:让学生去探究、理解、概括和应用平行线的性质。难点:怎样引导学生进行探究和应用。通过本章的学习,学生不仅能够对平行线有充分的了解,而且在以后的学习中也能够熟练地运用平行线的性质进行证明题的解答。

2.1.2 精心设计问题

教师应该在课前对整个教学过程进行模拟,然后再根据模拟教学开展过程中出现的关键节点设置适当的问题,使引导性的问题成为课堂发展的重要驱动,从而带动学生自主学习、独立思考。比如我们在教授苏科版数学七年级下册的7.2节之前,都应该根据之前教学过程中所积累的经验和对学生水平的了解,模拟在实际教学过程中学生可能会遇到哪些"瓶颈",例如:是否会有学生由于空间感不强,无法根据(1)两条直线被第三条直线所截,如果同位角相等,那么这两直线平行。(2)两条直线被第三条直线所截,如果内错角相等,那么这两直线平行。(3)两条直线被第三条直线所截,如果同旁内角互补,那么这两直线平行,这三条判定定理进行平行线性质的判定等问题。而在课堂中,我们面对这样的学生,应该通过什么样的方法来进行帮助?是画图还是拿角尺进行操作演示。

2.1.3 合理制定课堂形式

我们教师应该通过什么样的教学形式来实施教学。就目前的课堂形式而言,主流的是"传统形式"(即老师讲授,学生接受),除此之外还有"讨论形式"(即通过将学生划分为课堂学习小组进行合作探究)、"习题形式"(即以题促学,在做题中发现并解决问题)等其他形式。而要实现"让学引思"这一目标,便要求我们在课堂教学中,尽可能多地选择"讨论形式"或者"混合教学形式"(即以"讨论形式"为主,以"传统形式"为辅)。例如在7.1这一节中,本章节明确地提出了"探究平行线的条件",而"探究"便要求学生动手。因此我们可以在备课时便确定适合本节教学的"讨论形式",然后选定通过"画图建模"的实践方法让学生进行实践操作,进而达到通过学生自主思考和合作探究相结合的方式来促进"让学引思"理念实现的效果。

总之,课前在深度理解课标和教材的基础上,应及时了解学生的思维动态,努力去研究学情,看学生短在何处,去研究规律,明确真正的学习是什么,去研究学习状态,预设学生究竟会学得如何,做好充分的教学设计。

2.2 课中阶段:扎实推进"让学引思",追求"让"与"引"的最大效益

2.2.1 在实际的课堂教学中,以小组活动作为基础载体

"让学"是"引思"的基础,做好"让学"这一步是极为重要的。在实际的课堂教学中,小组学习是一个发挥学生自学能力的主要平台和锻炼学生合作能力的重要途径。因此在"让学引思"的大背景下,合理地运用小组学习模式,既是"让学"的基础载体,也是"引思"的重要方式。教师不应该将学习小组作为一种偶尔采用的或者是不被重视的方式,而应该将学习小组变为"长期化"和"高效化"运作。接下来以我们在"7.2节"的课堂教学实践为例,对如何利用小组实现"让""引"进行具体分析。

要实现课堂教学的"让",就是一个教学过程是以学生的自学而开始,在此过程中,老师应该主要起到一个指引的作用。具体而言,就是老师要为学生指明自学的方向和自学的方法。老师应该在要求学生开始自学前,对学生提出具体的方法指导:"任意画出两条平行线并画一条截线与这两条平行线相交,然后标出8个角"。然后老师应该通过提出研究性问题或者确立目标为各学习小组指明自学的方向。同时对于研究性问题的选择,最好选择一组渐进的、系统的问题,如:

① 指出图中的同位角,并度量这些角;

② 将画出图中的同位角任选一组剪下后叠合;

③ 再画出一条截线,让学生再次进行尝试。

而要实现"引",则是在"让"的基础上,通过各学习小组根据自学得出的数据与操作得出的结果进行归纳猜想:两直线平行,同位角相等。并通过探究性问题三,自主思考之前的猜想结论是否仍然成立。最后通过这种思考,得出结论。

通过分析我们可以看出,在"让学引思"要求下的小组学习,要把课堂真正还给学生,应该遵循"指导+合作探究+自主思考+讨论交流"的原则,达到加深该知识点印象的目的,保障学习目标的高质量完成。通过有效地组织和引导,营造互帮互助共同受益的学习组织和学习氛围,达到充分利用同学之间的学习资源,促进学生数学核心素养的构建。

总之,我们要努力从关注教转向关注学生的学,通过合作学习和分组教学,基于学

生对数学的兴趣与爱好让学生学起来,基于对学生学习态度与意志的培养让学生学进去,从学生学习效果与成就上保证学生从学会到会学。

2.2.2 坚持以问题作为课堂教学的驱动

根据"让学引思"的要求,课堂教学主要应该是以学生的自主学习和思考为主。在前文已经提到,教师在"让学引思"的过程中,必须要做好引导的工作。而提高自学效率和引导思考最好的方法就是提问,让学生带着问题自学,让学生在自学成果的基础上进行思考。接下来以"7.5 三角形的内角和与三角形的外角和"一节的教学过程为例进行分析:

教师:同学们,拿出你们的直角三角板、等腰三角板和量角器,然后测量一下你们三角板三个角的度数。(指明自学方法,在讲课开始前让学生进行动手自学)

学生:等腰三角板两个角45度、一个角90度;直角三角板一个角30度、一个角60度,还有一个角90度。(学生通过自学获得自学成果)

教师:那么这些值加起来等于多少度?(提问引导学生进行思考)

学生:180度。

教师:那么大家再随意画一个三角形,看看除了这两种三角形以外的三角形的角度加起来是不是180度。(通过提问引导学生进行深入学习)

学生:画的三角形的内角和也是180度。

教师:那么我们可以看出三角形有什么共同的性质?(通过提问引导学生自主总结归纳)

通过分析我们可以看出,要实现通过提问的方式促进"让学引思"的开展,就要通过提问让学生进行自学、通过提问引导学生思考,而且所提的问题必须要准确精练,并且是渐渐深入的、向外扩散的。坚持以问题作为课堂教学的驱动,将教学内容设计以"问题"为纽带,以知识形成、发展和学生思维过程为主线,定能有效激发学生思维,提高课堂教学效益。

2.2.3 在课堂教学中坚持以备课的导学案作为抓手

教师应该让导学案成为一个"剧本",然后以"剧本"来作为整个课堂教学改革中的一个突破口。换句话说就是要让导学案在课堂教学中发挥支点的作用,并且是可以被我们所掌控的进而通过改变控制整个课堂进程的支点。但需要特别指出,发挥导学案的支点作用并不是指教师的教学要完全、完整地依赖导学案,导学案上没有准备的东西或明确指出的东西,我们也应该做到心中有数,并且能够根据课堂发展的实际需要,及时引导。比如在整个第七章的学习中,或许会有同学提出关于其他多边形或者特殊三角形的问题,虽然这些问题是其他章节的学习目标,但假如学生提出来了,我们就不能死板地坚持依据导学案进行讲课,进而忽略这些表明学生兴趣的问题,这对于学生的学习积极性和学习主动性是一种严重的打击。因此,在教学目标走偏时,在开展小组合作学习时,在学生学习有障碍时,要有适当的精讲和追问、点拨和点评,引导和鼓励学生能够继续学下去,学进去,直至进入深度学习,从而保护和促进学生自主学习、自主思考和自主探究的积极性,促进学生数学核心素养的构建和形成。

2.2.4 以揭示数学本质,发展学生的思维作为根本

人的思维活动是在一直变化发展的,而且人的思维在面对一个全新的问题时很容易陷入"死胡同"中,假如没有及时地进行引导,单靠其自身是很难从中脱身的。特别对于初中生而言,其思维更活跃,而且还有部分同学会因为青春期逆反心理而故意背道而驰,这也就更容易导致学生背离课程学习的内容,陷入思维困局。因此,教师在课堂教学过程中,应该及时了解并把握学生的思维动态,在学生思维卡壳时,在思想方法提炼时,在预设遭遇麻烦时,在听课感觉疲倦时,在学生发生争论时及时引导。例如:在"7.3 图形的平移"中,部分学生很有可能无法理解如何进行平移或者想用自己的方法不按步骤进行平移,对此类现象,我们教师不应该单纯地就是一句"这是错误的"来解决,而应该带领学生对他的想法进行分析,并在分析中指出其错误所在,以一种循序渐进的方法,揭示数学本质,带领学生重归"正途",引导学生发现规律,发展思维。

2.3 课后阶段:巩固与预习并举,做好"学"与"思"的延伸

2.3.1 合理布置习题和作业,深度引思于课后

目前我们大部分的老师都习惯于为学生布置不少的课后练习题,想借助学生大量的"刷题"来提高学生的学习成绩和考试技巧。但这种做法就像是给一个每顿饭只需要吃一块面包的人强行再喂一个面包,久而久之,这个人必然会对每天多出来的一个面包感到厌恶,最终导致对于所有面食的厌恶。这个道理同样可以用在教学上,如果我们的学生每天只需要做一页练习册就能很好地掌握当天所学的知识,那么除了这页练习册就不要布置其他的习题作业了。

2.3.2 加强预习方法教授,有效让学于课前

很多老师会在一天的课堂教学结束后说一句:"请各位同学,预习××单元××课,并完成××习题。"其实即便老师第一天已经强调了预习内容,第二天上课的时候,大部分学生依旧对于内容不是很了解,就像根本没有进行过预习工作。

在"让学引思"的要求下,我们应该力争做到让数学学习深入学生的生活中去。固

然学生在课后进行知识上预习是极其必要的,但是学生对于相关运用方法的预习也是极为重要的。所以我们应该对学生的预习方法进行引导,以"7.2 节"为例:

在预习方法上指导学生进行"课内知识"和"课外知识"预习。"课内知识"预习不再赘述,而"课外知识"预习则是要求学生主动地关注与本章有关的其他知识,例如:平行线性质的判定、平行线性质的运用等。通过这样的预习,首先锻炼了学生的自学能力,为我们课堂上"让学引思"中的"让学"奠定了基础;其次是让学生能够自主思考"平行线的判定和运用是否是一样的"等问题,锻炼了学生的思维能力。

可见,有效而实在的预习,能启动学生主动地学,能够让学生意识到学习是属于自己的,而不是在帮教师的忙。有了这个起步,不仅为后面的学习提供知识基础,让学生的"自学能力"得到锻炼,对整个学习过程负责任,而且也拓展了学生的知识面和进一步求知愿望。

3 "为什么"——为什么要深入开展"让学引思"

3.1 基于对现实课堂问题的反思和课改典型经验的取舍

目前课堂教学的症结是学生学习活动的缺失:没有了考试就没有了教学,没有了作业就没有学习。学生学习没有热情,没有兴趣,没有参与,没有投入,学生学习是被动的,学生的思维水平根本没有得到应有的发展。如何吸引学生真正参与课堂,已成为教学改革的头等大事。

通过在长期教学实践中的观察和思考,我们意识到要想让学习在课堂上真正发生,就是要让学习活动起到改变自身行为、引导自身发展的作用。以"让学引思"作为课堂教学改革的一个方向,是课堂教学变革的一条路径,更是当代课堂应有的一种生态,也为我们提出了新要求,为我们提高教学水平提供了一个方向上的引导。教师通过设计学习环境,变革学习方式,重建课堂文化,让学习在课堂上真正发生,达到培养学生核心素养的目的。从前对于小组学习只不过是将其当作收发作业的一个工具或者只是一个形式上的东西,而在新要求下,通过小组教学、提问等方式,明显感觉到学生对于数学的学习兴趣更高,知识掌握和方法掌握更加牢固,直观表现出来就是数学成绩有了显著提高。我们认为:以学生发展为本,"让"是一种立场,以自主探究为要;"学"是一个历程,以思维发生为的;"引"是一门艺术,以观点形成为标;"思"是一种素养。深入开展"让学引思"定能积极推动教师进一步转变教学观念,突破课改瓶颈和教学思维,改进教学策略与方法,提升课程的思维含量,构建和发展学生的核心素养。

3.2 基于对课堂教学本质的理解和培养学生核心素养的回应

随着课程改革的纵深推进和素质教育的全面铺开,我们初中数学的教学工作有了新的要求和指导。教学的本质是以促进学生发展为目的的教师指导学生有效学习的活动。深入开展"让学引思"不仅可以灵活地设计个性化的探究活动,将学生的学习生活、社会实践和个人经验都纳入学习过程之中,而且可以引发学生探究性学习的兴趣,锻炼学生探究能力,促进学生创新精神和实践能力的培养,最终促使学生形成数学核心素养。在此要求下,我们的课堂教学必须逐步从"以教为中心"的传统课堂向"以学为中心"的现代课堂转变,使我们的数学课堂"活起来""动起来",让学生在观察、模仿、想象中经历、体验、促进学生获得广泛的丰富的数学活动经验;在积极参与教学过程,独立思考、合作交流。在继续保持促进学生理解数学的基本知识、训练学生掌握数学的基本技能的同时,有效启发学生领会数学的基本思想,积累数学活动的基本经验,逐步形成适应个人终身发展和社会发展需要的必须品格和关键能力。"让学引思"是为培养学生的核心素养而教,为发展学生的心智而教,为发展学生的学习力而教,为学生学会认识自己、管理自己、发展自己而教。

在这样的情况下,我们应该在数学课堂教学上坚持"让学引思",以问题作为课堂开展的驱动、以导学案作为课堂教学的抓力点、以学习小组作为教学形式,并以此来解决学生在学习过程中主体性缺失、探究不充分等问题。将先进的教学理念和数学课堂教学实践有机结合起来,不断探索,从而积累一定的实践经验和课堂教学范例。

注重数学阅读教学,提高学生核心素养

摘　要:学生的数学阅读能力是数学核心素养的重要组成部分,数学教学需要注重培养学生的阅读能力。数学语言的特殊性决定了数学阅读有着自己的特性,认识这些特性有利于更好地培养和提高数学阅读能力。教学中重视阅读材料的学习,针对不同的课型指导学生采取不同的阅读方法,重视基础知识教学,加强对数学语言的训练,不断提高学生的数学阅读能力。

关键词:数学阅读;数学语言;课型阅读;过程化教学

在《义务教育数学课程标准(2011年版)》[以下简称《课标(2011年版)》]中多次提及"阅读"二字,例如,在"实施建议"中要求"对于学有余力并对数学有兴趣的学生,教师要为他们提供足够的材料和思维空间,指导他们阅读,发展他们的数学才能。"在"评价建议"中指出"为考查学生从具体情境中获取信息的能力,可以设计阅读分析的问题;"可见,《课标(2011年版)》非常重视对学生阅读能力的培养问题。事实上,数学阅读能力已经成为数学核心素养中一个不可或缺的组成部分。为指导教师更好地培养学生的数学阅读能力,笔者谈以下两个认识。

一、深层次认识数学阅读

笔者认为:数学阅读是一个完整的活动过程,包含对数学语言符号(文字、数学符号、术语、公式、图表等)的感知和提取、对数学概念的同化和顺应,也包括对给定材料的理解和记忆等多种因素。

1. 数学语言是数学阅读的基础

"数学教学也就是数学语言的教学",我们知道数学语言是数学学习、交流和传播的载体,学生只有借助数学语言才能有效、准确、简便地进行探索、思考、交流、发现等活动,达到在活动的过程中发现、理解、掌握数学知识的目的,并且可以相互交流自己的看法和想法。

数学问题中给出信息的方式主要有:(1)语言文字型;(2)数阵信息型;(3)表格信

息型；(4)图形(象)型；(5)混合型。

在解答数学问题之前,需要通过阅读进行审题,通过阅读要求同学们能对文字语言、符号语言、图形语言进行相互转化。能否准确地进行转化决定着数学自学、思考探索、分析归纳等能力的提高和发展的高低。

转化体现在多个方面,在学习几何知识时,常见的数学问题是用抽象的数学语言表示的,要求学生把文字语言转化为图形语言。例如"平面内三条直线两两相交"可以转化为图1的两种直观形式(1)和(2)。

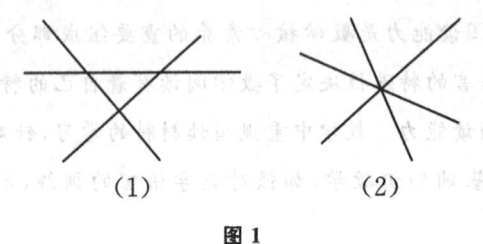

图1

学生阅读时,如果读不"懂"关键的词语,不能熟练地对各种数学语言进行相互转化,就不能深层次理解题意,从而出现这样或那样的问题。

案例1　每周用手机的人数是几何

某中学开展了"手机伴我健康行"主题活动。他们随机抽取部分学生进行"使用手机的目的"和"每周使用手机的时间"的问卷调查,并绘制成如图2和图3的统计图。已知"查资料"人数是40人。

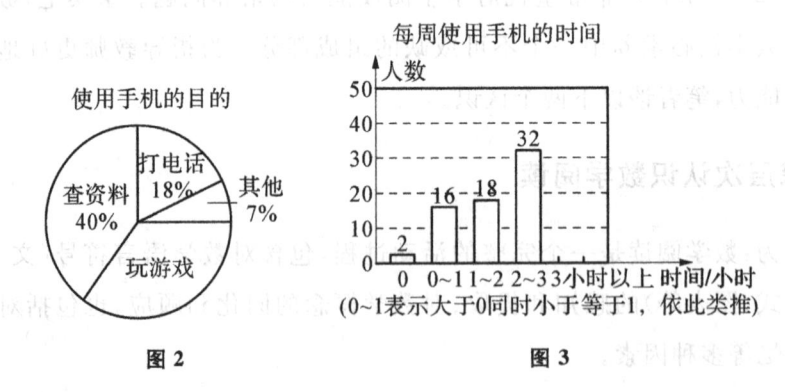

图2　图3

请你根据以上信息解答以下问题：

(1) 在扇形统计图中,"玩游戏"对应的圆心角度数是_____。

(2) 补全条形统计图。

(3) 该校共有学生1 200人,估计出每周使用手机时间在2小时以上(不含2小时)的人数。

本题把文字信息与图表信息有机地融为一体,给出信息的方式属于"混合型",这两种方式给出的信息之间互为补充和依赖。学生只有准确获取并合理利用文字和表格提供的信息,并能将相关信息进行转化才能解答。

学生解答时由于阅读过程中不能正确获取有关的信息,容易出现两个错误:

(1) 不能正确计算出"玩游戏"人数对应的圆心角为126°。原因是不能通过阅读获取隐含在扇形统计图中的信息——扇形统计图给出的各种情况所占百分比之和为1。得不到这个隐含信息,就不能计算出"玩游戏"人数所占的百分比,从而不能正确地求出"玩游戏"对应的圆心角为126°。

(2) 不能正确补全条形统计图。原因是不能通过观察图2获取每周使用手机"3小时以上的人数"。

2. 数学阅读要求认真细致、科学准确

数学语言有着极其严格的含义,我们可以用"增之一分则太长,减之一分则太短,著粉则太白,施朱则太赤"来形容它的简练性。数学中一字之差,所表示的含义往往有很大的差异,如"除"与"除以"的表达运算结果是不同的;圆的"切线"与圆的"割线"表示两种截然不同的直线,形象、准确地表达了直线和圆的位置关系;">"与"<"意义完全相反;"="与"≈"表示的是"精确"和"不精确"的结果;$\triangle ABC \cong \triangle DEF$ 表示三角形 ABC 与三角形 DEF 能完全重合,即这两个三角形不仅形状形同,而且大小相等,$\triangle ABC$"∽"$\triangle DEF$,则仅仅表示这两个三角形的形状相同,没有指明大小关系。数学中的每个数学概念、数学符号都有着非常精确的含义。学生在阅读学习时,必须了解其中每个数学术语、符号的精确含义,不能忽视或省略其中的任何一个词汇。

数学语言是数学阅读的基础和载体,数学语言本身具有的符号化、逻辑化、严谨性、抽象性等特点,给学生的数学阅读带来了一定的困难,所以教师要加强指导。

案例2 小明的解答错在哪里

李老师班共有40个同学,他计划用1000元的班费给每个同学购买一个文具盒或一本工具书。已知文具盒的价格是每个28元,工具书的价格是每本20元。要求剩下的钱不少于100元,但不超过120元。请你设计购买方案。

小明的解答如下:设购买文具盒 x 个,则购买工具书$(40-x)$本,根据题意得

$$\begin{cases} 1\,000 - [28x + 20(40-x)] > 100, \\ 1\,000 - [28x + 20(40-x)] < 120. \end{cases}$$ 解得 $10 < x < 12.5$。

因为 x 是文具盒的个数,所以只能取整数,故 $x=11$ 或 $x=12$。

购买方案有两个:购买文具盒11个,工具书29本或购买文具盒12个,工具书28本。

小明出错的原因在于阅读时没有很好地理解"不少于100元且不超过120元"这句话的含义,也就是没有真正理解"不少于""不超过"的含义。事实上,"不少于"用数学符号表示就是"≥",而"不超过"则为"≤",所以不等式组应为:

$$\begin{cases} 1\,000 - [28x + 20(40-x)] \geqslant 100, \\ 1\,000 - [28x + 20(40-x)] \leqslant 120. \end{cases}$$ 解得 $10 \leqslant x \leqslant 12.5$。

因为 x 是文具盒的个数,所以只能取整数,故 $x=10$ 或 $x=11$ 或 $x=12$。

购买方案有三个:购买文具盒10个,工具书30本或购买文具盒11个,工具书29本或购买文具盒12个,工具书28本。

同学们在阅读学习中一定要认真阅读题目给出的材料,逐字逐句地分析,对于一些关键词,要反复推敲,千万不可似是而非,马马虎虎。

3. 数学阅读是一个抽象概括的过程

数学是一门高度抽象和概括的学科,抽象性和概括性容易给学生的阅读造成困难。例如,学生在学习三角函数 $\sin A = \dfrac{a}{c}$ 时,经常出现只形式地记住这个符号,而不能理解该公式本质含义的情况。因此,学生进行数学阅读时,必须学会进行抽象概括活动,只有经过从具体到抽象的概括过程,学生才能达到既掌握形式上的数学结论,又能理解结论背后丰富事实的目的。

4. 数学阅读是读写相互协调的过程

《课标(2011年版)》指出,在数学学习中"学生应当有足够的时间和空间经历观察、实验、猜测、计算、推理、验证等活动过程。"学生在阅读时,也将经历上述系列活动过程。因此,学生在阅读时应全身心投入,做到"手眼脑"并用;读写、读思和读悟三者相互结合,在进行数学观察、思考、计算、推理、交流等活动的过程中,发现、猜想,直至概括出有关数学结论,而不是直接去阅读结论。

例如,在确定 8.23×10^5 精确到_____位时,有很多学生阅读时,凭感觉错误地认为 8.23×10^5 精确到百分位。出错的主要原因是忽略了 10^5 所代表的数位,只要动笔把 8.23×10^5 写成 $8.23 \times 10^5 = 8.23 \times 100\,000 = 823\,000$,即可得到 8.23×10^5 是精确到千位的近似数的正确结果。

二、提高数学阅读能力的主要方法

1. 指导学生阅读教材中给出的阅读材料

课堂教学中,学生数学阅读的内容主要有二:

(1) 数学教科书的正文;

(2) 数学教科书中提供的阅读材料。

《课标(2011年版)》在"教材编写"要求"提供一定的阅读材料,包括史料、背景材料、知识应用等,供学生选择阅读。""设计一些课题和阅读材料,引导学生借助算盘、函数计算器、计算机等工具,进行探索性学习活动。"由于学生发展的差异和各地区发展的不平衡性,教科书的编写体现出一定的弹性,这种"弹性"表现在多个方面,其中之一就是根据课程内容适当穿插了一些阅读材料。

例如,青岛版初中数学教材在九年级上册分别用"小资料""知趣园""广角镜""史海漫游"等栏目给出了22个阅读材料。苏科版在九年级上册用"数学实验室""读一读""数学活动""课题学习"给出了10个阅读资料。

这些阅读材料对于学生的学习有重要的帮助作用,例如可以帮助学生澄清一些模糊的认识、拓展学生的知识面、感悟一些常用的数学思想、熟练掌握和使用现代信息技术等。因此,教师在教学中应充分利用教科书提供的材料,培养学生的数学阅读能力。

如青岛版初中教材8年级下册第8.2节"一元一次不等式",教材首先给出不等式的解和解集的概念,并且利用数轴形象直观地表示不等式的解集。紧接着这个内容,教材用"加油站"栏目给出了一个阅读材料,内容如下:

日常生活中,常听到"不早于6时""不晚于7时"等说法,如果用 t 表示时间,就是"$t \geqslant 6$","$t \leqslant 7$",这里符号"$\geqslant$"表示">"或"=",读作"大于或等于",也可说成"不小于";符号"$\leqslant$",读作"小于或等于",也可说成"不大于"。用符号"$\geqslant$"或"$\leqslant$"表示不等关系的式子,也是不等式。

设置这个阅读材料的目的有两个,一个扩展学生对不等关系和不等式的认识;二是澄清对不等关系和不等式的模糊认识。教学时,教师应引导学生认真阅读这个材料,并组织学生相互交流自己的认识及阅读收获,这样有利于学生进一步理解这些词语的含义及符号表示,发展学生的符号感。

2. 指导学生用不同的方法阅读不同的课型

数学课主要分为概念课、定理课、练习课和单元复习课四种课型。在阅读不同的课型时,阅读的方法是不完全相同的。因此,教师可根据具体课型提出不同的问题,以此引导学生进行阅读。

(1) 对于概念课,教师可提出下面的问题引导学生阅读:

① 为了引入这个概念,教材提供的生活实际背景是什么?

② 这个概念的形成过程是怎样的?

③ 你认为这个概念有怎样的作用?

④ 在利用这个概念解决问题时,应该注意什么问题?

学生带着上述问题阅读时,能经历数学概念的形成过程,掌握概念的本质含义,明确概念的用途以及利用概念解决问题时应注意的事项。只有这样,才能说学生真正掌握了这个数学概念。

(2) 对于定理课,可设计下面的问题指导学生阅读:

① 定理的条件是什么?结论是什么?

② 证明定理的基本思路是什么样的?

③ 该定理证明的基本过程是什么样的?

④ 利用这个定理能解决哪些问题?

⑤ 你能把定理的结论进行推广吗?

(3) 练习课的阅读,教师可用下面的问题引导学生去思考:

① 题目的已知条件是什么?结论是什么?你能用数学符号表示出来吗?

② 题目涉及哪几种运算,这几种运算之间有怎样的关系?

③ 你能按照规范的解题格式把解答的过程写出来吗?

(4) 对于复习课,用下面的问题引导学生阅读:

① 本单元的主要内容是什么?重点和难点是什么?

② 本单元的知识与以前学过的哪些知识相关,你能用一个网络图表示出来吗?

③ 从本单元知识的学习中,你能感悟到哪几种数学思想方法?

3. 重视数学基础知识的教学

《课标(2011年版)》给出的课程内容都是学生应该掌握的"基础知识",能熟练地理解、掌握这些基础知识是顺利进行数学阅读的前提。案例1中"扇形统计图给出的各种情况所占百分比之和为1"就是非常基础的知识,属于隐含在扇形统计图中的固定知识,是学生必须牢牢掌握的知识。部分学生不能正确解答的根本原因就是基础知识不扎实,所以,培养学生数学阅读能力,必须强化数学基础知识的教学,这一点务必请老师们注意。

4. 强化数学语言训练

数学阅读与"听说读写"密不可分,学生的数学阅读能力是在对各种数学语言训练的过程中提高和发展起来的。学生只有正确理解并能熟练使用数学语言,才能真正理解材料中所遇到的各种问题的含义,并且灵活地利用数学语言相互交流。数学语言的训练是一个缓慢的过程,在整个训练过程中,必须向同学们讲清楚有关术语的含义。

案例 3　证明：对顶角相等

对于这个问题，所含文字很少，教师要引导学生通过阅读，找出命题的条件和结论，画出图形，标注字母，再按照图形和标出的字母，根据条件和结论，写出已知和求证。把文字语言转化为图形语言。

已知：如图 4，$\angle AOC$ 和 $\angle BOD$ 是对顶角。

求证：$\angle AOC = \angle BOD$。

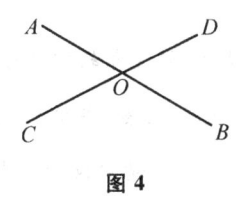

图 4

数学语言之间类似这样的互化训练，教学中要结合具体内容经常进行。久而久之，学生就能准确地对各种数学语言进行相互转化，从而能借助于"数形结合"的思想解答有关问题。学生的数学阅读能力也将得到不断地提高和发展。

经历知识形成过程　培养数学抽象能力

摘　要：提高学生数学核心素养是数学教育教学的根本目的，数学抽象能力是构成数学素养的重要组成部分。数学抽象能力是在观察、实验、分析、思考、猜测、推理、概括等数学活动的过程中产生和发展起来的。教学中教师精心设计问题情境，引导学生经历数学知识的形成过程和模型的建立过程，逐步培养学生的数学抽象能力。

关键词：数学抽象；数学知识；形成过程

《义务教育数学课程标准》(2011年版)[以下简称《课标(2011年版)》]在前言中提出"数学作为对于客观现象抽象概括而逐渐形成的科学语言与工具，不仅是自然科学和技术科学的基础，而且在人文科学与社会科学中发挥着越来越大的作用"。这句话指出了数学的本质特征是抽象，抽象是数学的基本思想方法。

数学抽象能力是数学核心素养的重要组成部分，加强对学生数学抽象能力的培养是全面提高数学核心素养的需要。引导学生经历知识的形成过程是培养数学抽象能力的重要举措，知识的形成过程主要指下面三个。

一、概念的建立过程

数学在本质上是玩概念的，不是玩技巧的，"玩"与"过程"密不可分。数学概念是在抽象的过程中建立起来的，在概念的教学中，引导学生经历建立过程是培养和发展数学抽象能力的重要途径，也是突出数学本质的具体表现。

史宁中教授指出，抽象是从许多事物中舍弃个别的、非本质属性，得到共同的、本质属性的思维过程，是形成概念的必要手段。

徐利治教授认为，数学研究中的抽象思维过程可分为四个阶段：第一阶段主要研究数学现象问题；第二阶段主要是对各种具体数学属性进行分析，逐步去掉非本质属性；第三阶段，对于已经了解其结构的数学事实，确定其本质属性或特征；第四阶段，对基本上被确定的数学概念进行不断纯化。

案例1　一元二次方程概念的建立过程

根据上面的理论论述,在一元二次方程概念的建立过程中,采取让学生在经历"问题情境—思考分析—抽象概括"的过程中建立概念,培养学生数学抽象能力。

【问题情境】

(1) 某学校举行班级排球比赛,要求参赛的每两个班之间都要举行一场比赛。如果初中一年级有 x 个班,共比赛45场,可列方程_____。

(2) 一个两位数,十位上的数字比个位上的数字大3,大小等于个位上的数字与十位上的数字之乘积的3倍减10,如果设十位数字为 y,可列方程_____。

(3)《九章算术》中有一题:今有竹高一丈,末折抵地,去根六尺。问折高者几何?

意思:一根竹子,原高一丈(一丈=10尺),一阵风将竹子折断,其竹梢恰好抵地,抵地处离竹子底部6尺远,问折断处离地面的高度是多少?如果设断处离地面的高度为 t 尺,则可列方程_____。

【思考分析】

(1) 把上面的三个方程整理成"左边按字母降幂排列,右边等于0"的形式;

(2) 观察整理后的三个方程,说出它们的特点。

【抽象概括】

(3) 归纳、概况这三个方程的本质属性,相互交流。

(4) 尝试给出一元二次方程的定义,并相互交流。

【设计意图】 "抽象概括"活动"伴随"在学生建立一元二次方程概念的过程之中,为了达到在建立一元二次方程概念的同时,提高其数学抽象能力,我们设计了上面的案例。

整个案例分为"问题情境—思考分析—抽象概括"三个环节,"问题情境"环节给出三个问题:其中第(1)个问题基于学生的"学习现实",这样的问题能激发学生的兴趣,引发数学思考活动;第(2)个问题基于"数学现实",能引导学生积极开展思考与探索活动;第(3)个问题是从"数学史实"中选取的,有利于拓展学生的视野,让学生受到数学文化的"熏陶"。学生通过分析、思考、探索等活动,根据三个数学问题,容易得到下面的三个方程:

$\frac{1}{2}x(x-1)=45; 10y+(y-3)=3y(y-3)-10; t^2+6^2=(10-t)^2$。

"思考分析"环节给出了两个问题,首先引导学生整理三个方程,然后引导学生观察、分析整理三个方程的特点,这个环节中,学生能说出方程的很多特点:如每个方程都只含有一个未知数、这些未知数分别用 x,y,t 表示、未知数的最高次数都是2等等。

"抽象概括"环节的第一个问题是引导学生针对上一个环节中学生得到的三个方程的特点进行抽象、概况活动,直至归纳出这些方程的三个本质属性:(1)方程的两边都是整式;(2)每个方程都只含有一个未知数;(3)未知数的最高次数是2。

数学抽象只关注"事物"的本质属性,这三条属性就是一元二次方程的本质属性,至于它们是从怎样的实际问题中抽象得到的,用什么字母表示未知数等都是非本质的"属性",不是我们关注的内容,应予以剔除。

在学生有了这样的认知后,教师鼓励学生尝试给出一元二次方程的定义(第二个问题)及其一般表述形式。

教学中要向学生重点强调:对于任何一个具体的一元二次方程,通过整理(如去分母、去括号、移项、合并同类项等),都可化为 $ax^2+bx+c=0$ 的形式,这里,方程的左边是关于未知数 x 的一个二次三项式,右边是0。其中 a,b,c 是实数并且 $a\neq 0$。

本案例立足于"数与代数"方面的内容,从实际"问题"出发,引出一元二次方程概念,体现了《课标(2011年版)》要求的"经历知识形成过程"的精神。学生在这种导学设计下,不仅掌握了一元二次方程的概念,还提高了自己的阅读理解能力、抽象概括能力等数学素养。能进一步体会"方程是刻画现实世界数量关系的有效模型"的实质。

在初中数学教材中大约有400个数学概念,这些概念是构成教材的主体。概念教学"贯穿"于数学教学的全过程,数学教学就是引导学生学习概念或者应用概念解决问题,在数学概念教学过程中,培养并发展学生的数学抽象能力。

二、数学规律的探索发现过程

本文中的"数学规律"包含数学性质、运算律、法则、定理、公式等。《课标(2011年版)》在具体阐述对这些数学规律的要求时,是用"经历""体验""探索"等行为动词进行表述的,如"经历估计方程解的过程","体会刻画数据离散程度的意义"(体会与体验是同类词),"探索线段、平行四边形、正多边形、圆的中心对称性质"等,这些规律都与"过程"有关,它们的学习、理解、应用,一刻也离不开数学抽象活动。

案例2 不等式性质1的探索发现过程

不等式的基本性质与等式的基本性质既有联系又有区别。根据《课标(2011年版)》提出的要求"探索不等式的基本性质",不等式有三条基本性质,教师要精心创设问题情境,引导学生通过思考与交流,利用类比的方法抽象概括得到。例如,对于等式的基本性质1,可以用下面的问题引导学生去思考与交流:

(1)小泽林今年 a 岁,小森林今年 b 岁,如果小泽林的年龄比小森林的年龄大,请用 a 与 b 表示他俩年龄的大小关系。再过 c 年后,小泽林和小森林谁大?你能用不等式表示出来吗？c 年以前呢？

(2) 如图1,在数轴上点 A 与点 B 对应的实数分别为 a 和 b,设点 A 在点 B 的右边。请表示 a,b 之间的大小关系。

① 如果将点 A 和点 B 同时向右沿 x 轴移动 c 个单位长度,点 A 和点 B 分别到达点 A' 和 B'。请思考点 A' 和点 B' 所对应的两个数的大小关系,并用不等式表示出来。

② 如果将点 A 和点 B 同时向左沿 x 轴移动 c 个单位长度,请在数轴上分别标出点 A 和点 B 到达的点 A'' 和 B'',此时这两个点所对应的两个数的大小关系如何？

(3) 由(1)(2),你得出了什么结论？请用不等式表示出来,并相互交流。

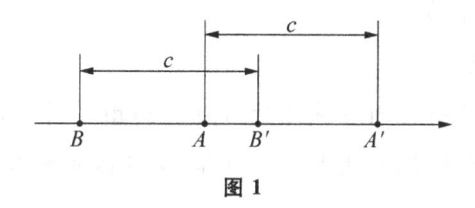

图1

【设计意图】根据《课标(2011年版)》提出的"素材应贴近学生现实"的要求,我们从"数与代数""图形与几何"方面分别选取了一个问题,问题(1)是年龄问题符合初中学生的实际,学生很感兴趣,并且能很快给出答案。学生在解答问题(2)的过程中,几何直观起了关键作用,反映了"利用图形描述和分析问题"的过程,正如《课标(2011年版)》指出的"几何直观可以帮助学生直观地理解数学"。学生通过思考解答这两个问题,对于问题(3)很容易概况出"不等式的两边同时加上(或减去)同一个整式,不等号的方向不变",这就是不等式的基本性质1。学生探索、发现、概况出基本性质的同时,其数学抽象能力得到了培养和提高。

基本性质2和3也可以类似地探索得到。学生在探索、发现不等式基本性质的同时,不仅提高了自己的数学抽象能力,还能进一步感悟到"数形结合"思想,加深了对"数学是研究数量关系和空间形式的科学"的理解与认识。同时学生还能体验到学习的成功,从而提高学习积极性,激发其探索的欲望。

总之,对于教材中的数学规律,教师要精心设计问题情境,让学生"有足够的时间和空间经历观察、实验、猜测、计算、推理、验证等活动过程",在过程中获得"四基",理解数学的实质,发展数学抽象能力,积累概括数学知识的经验,养成良好的学习习惯。

三、数学模型的建立过程

数学模型就是把实际问题抽象成一个数学问题,利用形式化的数学语言,建立起的一种数学结构。没有抽象活动,就不能把实际问题转化为一个数学模型,在建立数学模型的过程中"抽象"起着决定性的作用。学生在建立数学模型的同时,数学抽象能力也会得到培养和提高。

例如,欧拉在解决哥尼斯堡七桥问题时,是这样进行抽象分析的:把人们步行过桥的问题抽象成一个"一笔画"(图2)的模型问题。这个由"走桥"问题转化为"画模型"的问题跨越了一个很大的"鸿沟",没有很强的数学抽象能力是不可能"逾越"这个"鸿沟"的。

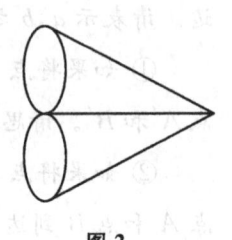

图2

一般学生难以抽象出如此"经典"的模型,在实际教学中,教师可根据学生学习的知识,设计一些通过建立数学模型解决一些实际问题,从而培养学生的数学抽象能力。

案例3 井深有几何

《九章算术》中记载了一种测量井深的方法。如图3所示,在井口B处立一根垂直于井口的木杆BD,从木杆的顶端D观察井水水岸C,视线DC与井口的直径AB交于点E,如果测得$AB=1.6$米,$BD=1$米,$BE=0.2$米,根据这些数据,你能求出井深AC的距离吗?怎样求?

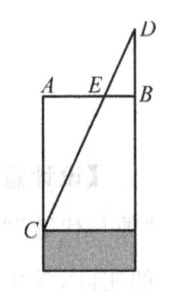

解析:根据$BD \perp AB$,$AC \perp AB$,得到$BD \parallel AC$,从而推出$\triangle ACE \backsim \triangle BDE$,所以$\dfrac{AC}{BD}=\dfrac{AE}{BE}$,代入有关的数据可以求出$AC=7$(米)。

图3

【设计意图】本题取自《九章算术》中记载的测量井深的方法,目的是让学生根据给定的数据求出水井的深。本案例是一个简单的计算题,用到的主要知识是相似三角形的判定和性质定理,解答的关键是通过观察、思考把欲求的线段转化到一个比例模型$\dfrac{AC}{BD}=\dfrac{AE}{BE}$中。学生在解答本题的过程中,抽象能力和建立模型的能力都将得到提高和发展。

数学学习中常见的模型有:(1)方程(组)模型;(2)不等式(组)模型;(3)函数模型;(4)几何模型(或三角模型);(5)统计模型;(6)概率模型等。

教学中要结合具体内容,设计实际问题,引导学生通过建立上述模型加以解决。这样不仅能让学生体验到数学与日常生活及其他学科的联系,而且能增强学生应用意识,发展数学建模能力和抽象能力,不断提高学生的数学核心素养。

我们通过三个具体案例说明只有让学生充分经历知识的形成过程,才能更加有效地培养学生的数学抽象能力。在实际教学中,教师要根据学习内容,精心筛选问题并设计导学方案,引导学生经历上述三个过程,让学生在过程之中发展数学抽象能力,从而达到提高数学核心素养的目的。

在数学建模中学会数学表达

——以苏科版"用一元一次方程解决问题(1)"为例

摘　要:数学建模与数学表达互相交融、彼此促进,数学建模活动是培养初中生数学表达能力的有效路径。文章分析了数学建模与数学表达的关系,以苏科版"用一元一次方程解决问题(1)"为例,呈现以实际问题解决为主线的数学建模教学设计及分析,提出在数学建模中培养初中生数学表达能力的策略:规范化表达、多元化表达、数学化表达和结构化表达。

关键词:数学建模;数学表达能力;用一元一次方程解决问题

《义务教育数学课程标准(2022年版)》指出数学课程要培养的学生核心素养主要包括三个方面:会用数学的眼光观察现实世界、会用数学的思维思考现实世界、会用数学的语言表达现实世界。从数学内部看,这三句话分别对应数学抽象、逻辑推理、数学建模等方面,观察、思考和表达的对象都是现实世界。从现实世界看,"三会"包括将现实世界引入到数学内部,用数学语言抽象、推理、建模,从而解决问题的过程;从宏观上看,这本身就是一种数学建模和数学表达的过程。因此,在数学建模中培养初中生数学表达能力是有效路径之一。

1　数学建模与数学表达的关系

数学表达是指用数学的语言表达数学思维的过程,以数学的方式表征和求解问题[1]。吕传汉教授提倡通过"教思考、教体验、教表达"(简称"三教")培养学生的数学核心素养,其中"教表达"是指学生学会用数学的语言表达现实世界。学生用数学语言表达现实世界,实质上就是学生运用所学数学知识构建数学模型应用于外部世界,用数学模型刻画现实世界中研究对象的关系与规律[2],从而解决问题。事实上,数学语言的本质就是数学模型,用数学语言表达现实世界的过程中必然经历将现实世界引入数学内部,即数学化的过程,而数学化的过程必然要用专业的数学符号系统表达和阐释现实事物的本质、关系和规律。从这个角度看,数学建模与数学表达有着互相交融、彼此促进的关系。

数学建模是指将现实世界中的实际问题转化为数学问题并用数学的知识解决问题[3]。数学建模能力是指利用形式化的数学模型去表达现实问题中的关系结构,通过对数学模型的求解和检验,解决现实问题的能力。数学表达可以看作用数学语言表达现实世界的简称,是指运用数学语言表示思考对象和解决问题的过程,阐明自己的观点和意见。数学表达能力是使用数学语言的能力,包括口头表达能力或书面表达的能力[4]。2017年版高中数学课程标准指出数学建模活动是一种过程,分为现实问题的数学抽象、数学表达、建构模型求解问题三个阶段[5]。基于以上含义的理解,我们可以看出数学表达始终伴随着数学建模活动,从现实世界到数学内部的数学化表达,建立数学模型求解获得数学结果,再将数学结果反数学化阐释现实世界,本质上都属于数学表达范畴。因此,可以说数学建模能力是数学表达能力的重要组成部分,在数学建模活动中培养初中生数学表达能力是切实可行的。

2 数学建模教学设计

2.1 选题说明

苏科版初中数学教材注重选择与学生的生活现实紧密联系的学习素材,教材上设置了大量的现实生活背景。"一元一次方程"章节是初中阶段第一个相对独立完整的代数型模型,包括从现实情境中获得一元一次方程模型,探索模型求解的方法以及用一元一次方程模型解决实际问题,使学生体会方程是刻画现实世界数量关系的有效模型。学生完整经历引入模型、建立模型、求解模型、验证模型的数学建模过程,体会数学模型的应用价值。

基于以上分析,苏科版数学七年级上册"4.3 用一元一次方程解决问题(1)"为初中生首次提供了相对完整的数学建模活动,学生经历的数学表达和数学建模活动过程,对后续实际问题类的分析和求解影响深远。因此,笔者从数学建模和数学表达的视角谈谈"用一元一次方程解决问题(1)"的教学设计与思考。

2.2 教学分析

2.2.1 内容简析

教材上提供了四部分内容:数学实验室(月历情境);问题1(桌子用料问题);方法总结(一般步骤);练习题(4道题)。以月历为情境,设置一些问题,驱使学生探索月历中的数量关系,体会用字母表示未知的数的必要性和优越性,为用代数式表达数量关系、列出方程奠定基础。问题1取材于现实生活,如何引导学生建立一元一次方程模型是教学活动的重点。方法总结是对实际问题求解过程的梳理和归纳,是学生理解和掌握建立数学模型求解实际问题的一般步骤。

2.2.2 教学目标

能建立一元一次方程模型解决简单的实际问题,包括列方程、解方程,并能根据实际问题的意义检验结果,提高分析和解决问题的能力;经历"实际问题—建立模型—求解模型—验证解释"的建模过程,培养数学表达能力。

2.3 教学过程

2.3.1 关联情境,感受数学表达的延续性

代数式模型是方程模型建立的认知基础,代数式的学习经验和学习水平直接关系到方程学习的质量。教学引入环节设计得好不好,其中一个关键要素是能否体现学生知道什么、还可以知道什么,即符合学生的最近发展区,为新知识的生成、生长做好铺垫。

问题1 小明和小丽在玩火柴棒搭"小鱼"的游戏,要求用火柴棒按以下方式搭"小鱼"。

图1 搭"小鱼"游戏

(1) 搭 n 条"小鱼"需要多少根火柴棒?

(2) 用602根火柴棒能搭多少条"小鱼"?

教学分析:在本课前,"搭'小鱼'"问题情境已经在教材上代数式章节的"章头图"和"3.3 代数式的值"两处出现,每一次出现都肩负着不同的使命。前者使学生感受字母表示数的优越性,后者使学生获得函数的感性认识,感悟模型思想。在教学引入环节,将"搭'小鱼'"问题情境再现,有利于激发学生的学习兴趣,唤醒代数式模型建立的经验,通过建立代数式模型,进一步建立一元一次方程模型。两个问题的设置遵循了知识的生长规律,由浅入深、从无到有,体现了代数式到方程模型的生长过程,有利于学生体会代数式与方程的内在联系。

2.3.2 解决问题,感悟数学表达的完整性

"用一元一次方程解决问题"中的"解决问题"是指解决现实世界的实际问题。将

实际问题转入数学内部,用数学的知识、思想和方法建立模型并解决的过程就是数学建模。在此过程中既要关注数学建模活动过程的完整性,也要关注每个活动环节学生数学表达的简洁性、条理性、规范性等。

问题 2 一张桌子有一张桌面和四条桌腿,做一张桌面需用木料 $0.03\ m^3$,做一条桌腿需用木料 $0.002\ m^3$。用 $3.8\ m^3$ 木材可做多少张这样的桌子(不计木材加工时的损耗)?

教学分析:在该问题教学中,教师应从两个维度考量教学过程:一是从数学建模维度,引导学生经历"实际问题—数学问题—数学模型—数学模型的解—实际问题解答"的建模活动过程,使学生初步了解数学建模的一般流程;二是从数学表达维度,引导学生经历"审题、设未知数(数学化表达)—找等量关系、列方程(列方程表达)—解方程(求解)—检验(验证)—作答(解释)"的数学表达过程。如图 2,呈现了数学建模循环模型背景下的数学表达流程。

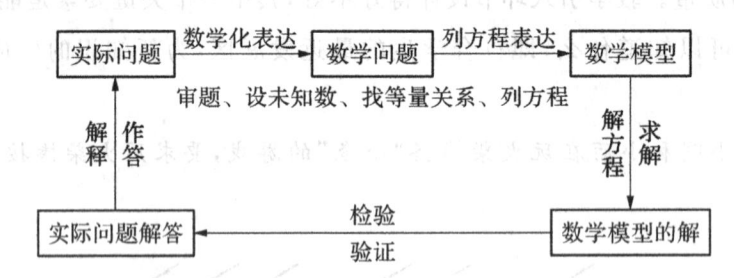

图 2 数学建模循环模型背景下的数学表达流程

2.3.3 归纳过程,重视数学表达的规范性

数学表达包括口头表达和书面表达。在数学表达活动中,应引导学生用恰当的数学语言阐释数学理解,从而发展学生关于数学表达的专业性语言体系。这就要求教师关注学生口头表达和书面表达的简洁性、规范性,帮助学生说得准确、清晰、有条理,写得简洁、规范、有逻辑。

问题 3 (1)"桌子加工"问题中有哪些数量关系?请用合适的数学语言表达出来。
(2)根据相等的数量关系,建立恰当的数学模型求解问题。

教学分析:通过问题(1)驱动学生审题、理解题意,简化问题情境,梳理并表达出以下数量关系:一条桌腿用料×4=一张桌子的桌腿用料;一张桌面用料+一张桌腿用料=一张桌子用料;所有桌面用料+所有桌腿用料=总用料为 $3.8\ m^3$;一张桌子的用料×桌子张数=总用料为 $3.8\ m^3$。然后用字母表示适当的未知数,并用含有字母的代数式表达其他相关的量,根据数量之间的相等关系建立一元一次方程模型,然后求解方程模型,检验并写出问题的答案。

在表达数量关系时,应关注学生的表达方式,适时引导学生体悟文字语言、符号语言、图形语言三种表达方式的特征。问题(2)充分预设了学生建立数学模型的多样性,比如有学生会建立算术模型直接求解,也有学生选用不同的等量关系建立不同的方程模型等,但最终教师应引导学生认识到方程模型的优越性。

在这个环节,教师要给出用一元一次方程解决问题的规范性解答示范,引导学生学会清晰、条理、规范地表达问题求解的过程及结论。这里的教学重点是引导学生将实际问题进行数学化表达,分析和理解问题中的数量关系,并用代数式或方程表达,从而建立方程模型。在问题解决后,教师引导学生总结归纳用方程解决问题的一般步骤:审题、设未知、找等量、列方程、解方程、检验、作答。

2.3.4 深度思考,理解数学表达的结构性

一般而言,数学模型本身是一种稳定的数学结构。从整体上看,整个章节提供的72个实际问题情境,都指向一元一次方程模型的建构。从局部上看,每个问题情境中的数量关系的结构类型却不尽相同,但进一步梳理可以发现两种基本的结构模型,引导学生抽象出实际问题中数量关系的结构模型,是一种高阶思维参与的探究活动,有利于实现深度学习。

问题4 "搭'小鱼'"和"桌子加工"两个问题中的数量关系有什么共同的特征?

教学分析:"搭'小鱼'"和"桌子加工"问题中的数量关系分别为:"鱼尾"根数(2根)+"鱼身"根数=总根数;桌面用料+桌腿用料=总用料。两种数量关系可以概括为"$a+b=c$"型结构模型。其中一个"鱼身"根数×"小鱼"条数="鱼身"总根数、一张桌面用料×桌子数量=桌面总用料、一张桌腿用料×桌子数量=桌腿总用料。这些数量关系可以概括为"$ab=c$"型结构模型。教学中应引导学生讨论交流,提炼并表达出以上结构模型,从而实现深度探究、深度学习。正是基于结构模型教学需要,本节课教学舍弃了教材提供的"月历"问题情境。

3 培养数学表达能力的思考

3.1 注重规范化表达示范

规范化表达是指用数学语言清晰、条理、规范地表达对问题的数学思考、求解过程以及结果的合理解释。在数学教学中,我们经常遇到学生表达不规范的现象,这种现象在解题作答时表现得尤为突出,也是广大一线教师颇为烦恼的事。这种现象表明学生数学表达的规范性有待加强。这就要求教师在数学课堂教学中,应帮助学生认识到

规范表达的重要性,有意识地引导学生规范化表达,逐步养成规范表达的习惯。比如,在列一元一次方程求解问题时,教师先给出规范的表达过程,做好示范,随后在练习中关注学生表达的规范性,发现问题及时提醒并矫正,反复训练,提高学生的规范化表达能力。

3.2 重视多元化表达引导

多元化表达是指使用不同的数学语言进行有效表达。数学表达的关键是对数学语言的掌握与使用能力。数学语言的形式是多样的,数学的语言一般可以概括为文字语言、符号语言和图形语言三类。提高学生数学语言的使用能力,一定程度上可以看成是提高学生三类语言互译的能力。比如,在分析与表达"桌子加工"问题中的数量关系时,可以引导学生使用文字语言、符号语言、图表语言进行表达,如图3,以此提高学生多元化表达能力。

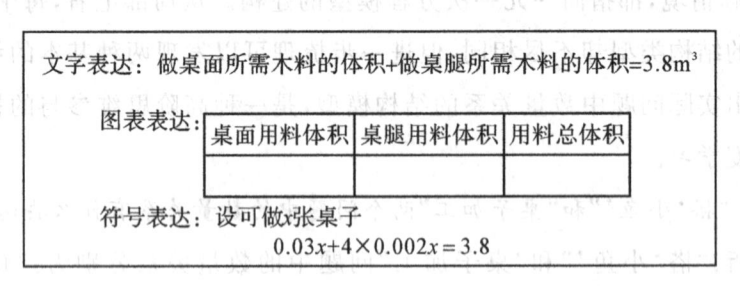

文字表达:做桌面所需木料的体积+做桌腿所需木料的体积=3.8m³

图表表达:

桌面用料体积	桌腿用料体积	用料总体积

符号表达:设可做x张桌子
$$0.03x+4\times 0.002x=3.8$$

图3 多元化表达的板书

3.3 经历数学化表达过程

数学化表达多用于数学建模活动过程,是数学建模的关键环节。从数学建模过程看,数学化表达分为两个阶段:横向数学化表达和纵向数学化表达。从实际问题中抽象和建立数学模型属于横向数学化表达,在数学内部探究数学模型的认识和求解属于纵向数学化表达。在本节课中,运用数学语言从实际问题中建立一元一次方程属于横向数学化表达,求解一元一次方程获得数学结果属于纵向数学化表达。在此活动过程中要注重对学生数学化表达能力的培养,事实上,这也是培养学生数学建模能力的关键。

3.4 关注结构化表达进阶

结构化表达是指将实际问题中的数量关系的结构进行模型化表达,从而深刻理解问题的结构化特征。在对问题解决的反思中,进一步提炼问题中蕴含数量关系的结构,有利于培养学生的结构化表达能力。研究发现教材上提供的很多题目中的数量关系都包括"$a+b=c$""$ab=c$"这两个最基本的结构,稍复杂的数量关系可以看作这两个基本结构的复合结构。指向实际问题解决的建模教学应关注结构化模型的进阶,从大单元视角对不同实际问题中的数量关系进行结构化统整,从而形成简约、统一、优美的结构模型,以此提高学生的结构化表达能力。

参考文献

[1] 陶晓洋.让学生的数学表达更精彩[J].江苏教育,2020(25):75+77.

[2] 邓清,夏小刚.数学思维视域下"教表达"的再认识与思考[J].数学教育学报,2019,28(05):47-50.

[3] 孙凯.从问题类属谈初中生数学建模能力培养[J].数学通报,2020,59(12):30-33.

[4] 白严旭.初中生数学表达能力培养的教学实践与思考[J].中学数学教学参考,2021(14):68-70.

[5] 孙凯.初中数学建模活动的内容设计与组织原则[J].教学与管理,2021(22):46-48.

生长能力:知识教学的应然追求
——以苏科版"圆的内接四边形"为例

1 问题的提出

《义务教育数学课程标准(2011年版)》[以下简称《课标(2011年版)》]指出:数学知识的教学,要注重知识的"生长点"与"延伸点",把每堂课教学的知识置于整体知识的体系中,注重知识的结构和体系,引导学生感受数学的整体性。因此,在平时的知识教学中,找准知识的生长点,选好生长路径,教给学生具有生长力的数学尤为重要。"圆周角"是初中数学教学中的一个经典课题,尤其是圆周角的概念及定理经常被选作各级各类教学比赛的课题,受到广大一线教师的关注,研究成果颇丰。在中国知网以"圆周角"为关键词,搜索到相关论文有数百篇之多。苏科版数学九年级上册"圆周角"共安排3课时教学内容,分别为"圆周角概念及定理""圆周角定理的推论""圆的内接四边形"。其中"圆的内接四边形"作为"圆周角"的第3课时,主要探究的是内角间的数量关系,学生通过猜想、操作、验证、归纳等数学活动,经历合情推理到演绎推理的思维活动过程,教学目标很容易达成。笔者在备课时重点思考了以下几个问题:圆的内接四边形作为简单的教学内容,如何挖掘其内涵与外延,让其最大化地发挥教学价值;如何使学生的知识生成自然流畅,明晰前后知识间的内在联系,促成知识的结构化、链条化、整体化;通过本节课的学习,我们要明确数学教学的落脚点在哪。

2 教材简析与聚焦的问题

"圆的内接四边形"是苏科版数学九年级上册第二章对称图形—圆的2.4圆周角第三课时的教学内容。本节课之前,学生已经学习了圆周角定理及推论,具备了探索圆的内接四边形的知识和能力基础。教材上呈现的教学内容分为四个板块,一是圆的内接四边形的定义,二是思考探索对角的数量关系,三是例题教学,四是练习巩固。教材编写意图是类比圆的内接三角形,给出圆的内接四边形的定义,然后引导学生探索对角间的数量关系,经历由特殊到一般的思考与探索过程,体会由特殊到一般,再由一般到特殊的数学思想,形成圆内接四边形的性质定理,最后应用定理解决问题。结合以上分析,笔者在构思教学设计过程中,主要聚焦于以下三个问题:为什么要学习圆的内接四边形(为什么学的问题)?怎样学习圆的内接四边形(如何学的问题)?通过本节课的学习后学生有哪些收获(学什么的问题)?

3 教学设想

美好的开始是成功的一半,良好的课堂教学引入设计是一节好课的基本要素。本节课若类比圆的内接三角形的相关概念延伸至圆的内接四边形,新知识的引入自然流畅,定义的形成一蹴而就。这样的设计直奔主题,效率很高,达成预定的教学目标是没有问题的。但笔者认为如此设计没有指明圆的内接四边形的来龙去脉,没有给学生传递一种探究的精神,没有高价值问题引领学生的高阶思维活动,没有抓住时机帮助学生形成完整的认知结构等。《课标(2011年版)》指出:"数学知识的教学,应注重学生对所学知识的理解,体会数学知识之间的关联。"因此,圆的内接四边形的教学应注重知识的前后联系,突出数学知识的整体结构,注重学习方法的指导与思想的浸润,突出数学能力的有效提升,实现明晰知识生长脉络,掌握基础知识,内化知识结构,串珠成链,发展数学关键能力的教学效果。

4 教学片段

片段1 由点到线,串珠成链

问题1 点与圆的位置关系有哪几种?哪一种关系比较特殊?如图1,点A在圆上,你想到什么?

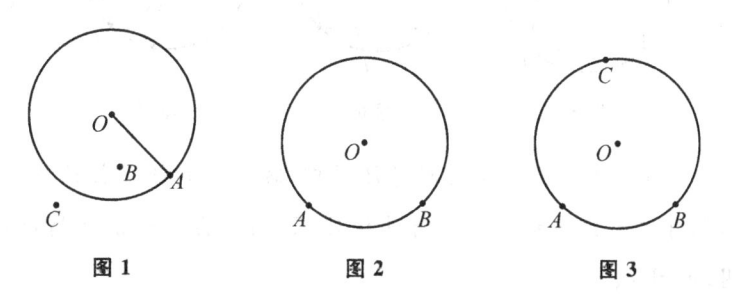

图1 图2 图3

设计意图:复习回忆点与圆的位置关系,引导学生思考感悟两方面内容:一是我们近期学习圆的有关内容都是在点与圆的位置关系的大背景下完成的,二是研究点在圆上的相关知识是因为其相对特殊的位置关系,进一步感悟数学研究对象的特殊化与具象化。

问题2 根据前面圆的学习经历,结合图2、图3分别说说圆上有2个点、3个点时,你想到哪些相关的数学知识?并用数学语言予以描述。

追问 圆上有4个点呢?你想到什么?

设计意图:在问题的引导下,学生结合图形自主回忆旧知,自觉整理知识的内在联系,优化知识结构,明晰本节课之前所学内容的内在主线,从宏观上把握所学内容,体会圆的内接四边形作为学习对象的必然性与必要性。从2个点到3个点再到4个点甚至延伸至5个点,自然生长出本节课探究的主题。在整个问题互动过程中,学生不仅明晰知识间的内在联系,更为未来学习指明方向。

问题3 圆的内接四边形作为探索对象,我们探索什么?

预设 学生会想到边、角、对角线等。

设计意图:问题的提出意在引发学生思考并确定探索方向与策略,培养学生问题意识、策略意识、探索意识。教学中应引导学生首先回忆探索"四边形"的经历,思考有没有可借鉴的经验或方法,"内接四边形"又该如何探索?驱动学生积极参与思考,更为学有余力的学生指明进一步探索的方向,比如相交弦定理、托勒密定理等。

片段2 猜想探索,推理归纳

问题4 如图4,圆的内接四边形的对角存在什么关系?你是如何说明的?

预设1 学生能猜想出对角互补的数量关系,但无法自主完成证明。教师在教学中,引导学生以"圆周角"的视角去分析,探索并交流后,确立两种说明途径:圆周角定理和特殊圆周角(90°),如图5、图6。

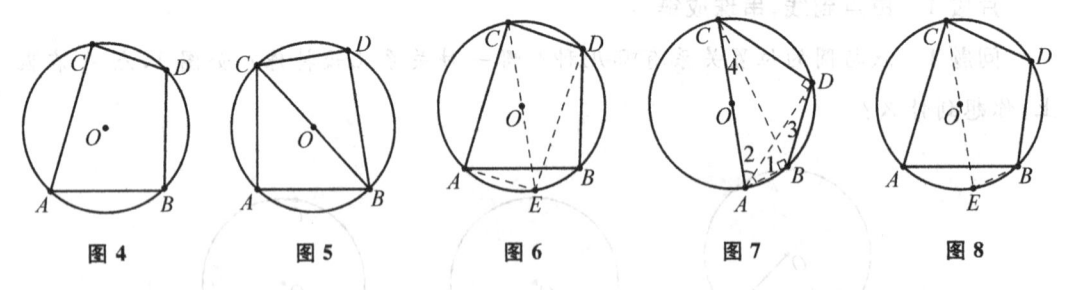

图4 图5 图6 图7 图8

预设2 在如何探索对角关系的思考活动中,容易想到的是把圆周角特殊化(或对角线特殊化),也有学生会想到把弦做特殊化处理,然后再把一般化情况转化为特殊化情况予以证明,如图7、图8。

设计意图:教师明确本节课探索主题为"角",逐步明晰探索对象为"对角",即内角——圆周角,随之引导学生从圆周角特殊化的视角逐步确立由特殊到一般的探索路径。根据课堂的生成情况,适时引导学生从弦特殊化的视角完成探索与说明,体会化归的数学思想方法,经历合情推理与演绎推理等活动过程,发展学生的数学探究能力。

问题 5 如图 4,在 ⊙O 的内接四边形 $ABCD$ 中,$\angle A$、$\angle B$、$\angle C$ 和 $\angle D$ 还有怎样的数量关系?

设计意图:引导学生感悟在四边形内角和为 360°的背景下,引入圆的内接四边形对角互补的性质定理,此时四边形的四个内角关系形成新的特征,比如比例关系等,以实现新知识再生长的目的。

片段 3 学以致用,浸润思想

问题 6 如图 9,在 ⊙O 的内接四边形 $ABCD$ 中,$AB = AD$,$\angle C = 110°$。若点 E 在 $\overset{\frown}{AD}$ 上,求 $\angle E$ 的度数。

追问 1 $\angle DEF = _____°$,你有什么猜想或发现?

追问 2 $\angle BOD = _____°$,你又有什么发现?

试用代数式描述你的发现。

设计意图:在圆的内接四边形中设计求角的问题,有利于驱动学生自觉使用圆内接四边形的性质定理,学以致用,感受性质定理的优越性。同时图形中的内接四边形需要学生自主建模,体会化归的数学思想方法。通过追问,引领学生自主探索获得新发现,收获生长之果的同时感受特殊到一般的探索策略,体验数学之美,使数学思想的浸润达到润物无声的效果。

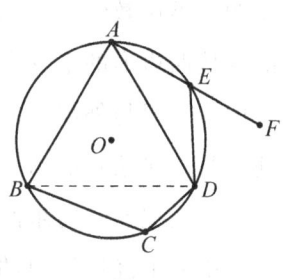

图 9

5 教学思考

5.1 生长知识:学为中心的自然要求

众所周知,学生数学知识的习得包含两个基本过程:其一是知识的产生、发展与形成的过程,其二是学生对知识的认知过程。生长教学提倡学为中心的课堂设计理念,教学设计要求尊重学生的认知水平,遵循知识的生长规律。学为中心的课堂教学是指基于学情分析,聚焦学生的学习起点,关注达成教学目标的教学方式、教学方法和教学路径,围绕学生实施教学组织的教学形式。聚焦学习起点,使知识的生成、生长符合学生的认知规律,是践行学为中心教学理念的自然要求。圆的内接四边形源于圆上任意 4 点,"由点到弦"是本节课知识教学的"生长路径",因此,圆上的点是学生本节课学习的起点。从圆上的任意点的视角,让学生经历由点到弦的知识生长过程,经历一点到多点和一弦到多弦的生成过程,体悟圆的平行弦、相交弦、垂直弦和内接四边形等知识的来龙去脉,也为后续圆的内接多边形、内接正多边形等知识指明生长路径。以"圆上的点"作为生长教学的"生长源",形成知识的"生长链",能帮助学生建立数学知识间的横向和纵向联系,进一步深化对新知识的理解。

5.2 生长脉络:知识教学的必然诉求

"无知者无能",没有数学知识就不可能有数学能力。基础知识的教学是课程标准总目标的具体体现,是课堂教学的基本要求。教材是教师实施教学的"蓝本",理解教材是课堂教学的立足点。研究教材文本不难发现,本节课在知识层面要求学生了解圆的内接四边形的定义,探索并掌握圆的内接四边形的性质定理。采用开门见山、直奔主题的类比教学设计,就知识目标而言,是容易达成的。但遗憾的是学生并不明白圆的内接四边形的来龙去脉,也不明白为什么要学习它或者它有什么研究价值?生长源于内在渴望与外部环境的作用,学生的数学学习体系也要让其在一定环境中自内而外地生长。弗莱登塔尔反复强调:学习数学唯一正确的方法是实行"再创造",也就是中学生本人把要学的东西自己去发现或创造出来。为帮助学生厘清知识的生长脉络,在问题引领下经历知识的"再创造"过程,整体把握圆各章节知识的内在联系,落实生长教学的理念,笔者以"圆上的点"为生长教学的主线,抓住知识的"生长点"与"生长路径",精心设计问题,引导学生以"生成、生长"的视角整体把握知识,内化知识结构,明晰知识的生长脉络,自主完善知识体系,使知识系统化、结构化、整体化(如图10)。让学生在生长知识的过程中,既解决为什么学的低阶问题,又体悟怎么学的高阶问题。

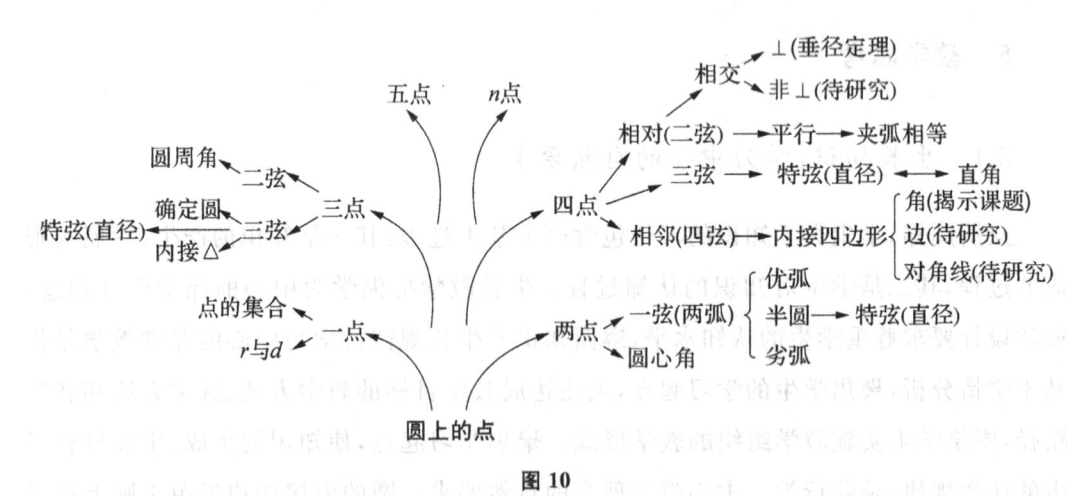

图 10

5.3 生长能力:思维教学的应然追求

数学能力是数学核心素养的重要组成部分。曹一鸣教授指出:数学核心素养在一定程度上表现为某些数学学科能力。数学教学中,注重"探索发现"和"演绎证明"的有机结合,有利于实现"增强学生发现和提出问题的能力、分析和解决问题的能力"的课程总目标。本节课就能力的生长而言,认知能力是课堂教学的"聚焦点",认知能力的生长是通过思维教学的路径达成的。在问题 4 的教学中,给学生的探索提供足够的空间与时间,使其经历独立思考、探索发现、合情推理、演绎证明等高阶思维活动,在掌握基础知识、基本技能的同时,积累数学活动经验,学习数学思想方法,发展学生的推理能力。比如从一般到特殊,再从特殊到一般的数学思想,合情推理与演绎推理的有机结合等。若把知识的教学看作一堂课的起点,那么能力的发展就是一堂课的终点,更是一堂课的应然追求。在问题 3 的教学中,在确立探索"角"的主题方向时,可适度引导学生提出一些有关"边""对角线"的数学问题或数学猜想,供学有余力的学生课后探索之用,在充分挖掘"生长源"的潜在教学价值时,发展学生的探究意识和探究能力,培养学生的创新意识和创新能力,最终实现生长智慧的目的。

指向高观点的模型建构教学

摘 要：指向高观点的模型建构教学能居高临下、深入浅出，有效揭示数学本质，实现有意义的建构。结合"一元一次方程单元复习"教学设计，以问题为载体，以模型建构为主线，指出高观点的模型建构教学应从立足"四基"、问题引领、探究驱动、意义建构四个方面实施设计，使学生在复习教学中获得新认识、新发展。

关键词：高观点；模型建构；一元一次方程；单元复习

一、问题的提出

"高观点"是指居高临下、深入浅出地对知识、思想、方法等进行统领、关联、建构的深度教学观点。"高观点"即能直击问题命脉，揭示事物本质，见地很高的观点[1]。单元复习课不是对已学数学知识的简单叠合，而是对研究过的数学内容的一种再认识，能使学生获得新认识、新发展。因此，单元复习教学应注重设置核心问题情境，引导学生在探究活动中对问题形成知识统整、认知完善、反思提炼，从而生成高观点。

苏科版七年级数学上册第四章一元一次方程共涉及三个方面的内容：概念、解法、应用。整章学习结束后，设计一节能体现整个章节的核心知识，贯穿整个章节、揭示数学本质的高观点、高立意的单元复习课，帮助学生重构知识结构和方法系统，发展数学运算、数学建模等数学能力，是一线教师的共同追求。围绕指向高观点的一元一次方程单元复习课的设计，已有一些研究者提出了自己的看法：有人认为单元复习课应结合学生实际情况，重新整合教学内容，除了关注学生知识体系的整合，还要关注解题方法的提炼和优化，更要注重思想方法的渗透；有人以一元一次方程的基本概念和解法为主线，以问题解决为中心，先通过提问引导学生整理和建构整个单元知识结构图，再通过习题对相关重点知识进行强化；有人以探寻方程的解"$x=a$"为教学主线，串珠成链，帮助学生建立良好的认知结构。

笔者对现有的苏科版一元一次方程单元复习课例进行文献研究发现：执教者在整体知识体系建构、基本技能达标、例习题变式教学、数学思想渗透等方面做得较好，一些研究成果可为广大一线教师提供有益借鉴;但对概念、解方程、方程的解、应用等组块内容的统整不够,表现为"点对点"式零碎式复习,缺乏整体性、关联性、逻辑性、系统性,未能凸显方程模型建构的核心地位。下面笔者以苏科版《一元一次方程单元复习》为例,对指向高观点的模型建构教学进行探讨。

二、教学实践探索

单元复习教学涉及整章的数学知识,这些知识杂乱无序地散落在各章节,其中既有陈述性知识,也有程序性知识,如何在一节复习课中将整章知识融合在一起集中呈现,是执教者要解决的重要问题。基于指向高观点的复习理念,笔者认为应从宏观上把握整个单元的教学内容,挖掘数学知识的横向联系和研究方法的纵向关联,基于学生已有的认知经验,遵循学生的认知规律实施教学设计。沿着字母表示数(字母的值)—代数式(代数式的值)—方程(一元一次方程)的知识序列,自然呈现知识生成、生长的过程,引导学生感悟字母的值(方程的解)、代数式的值、一元一次方程之间内在的逻辑关系,凸显整个单元知识的整体性、关联性、逻辑性和系统性,使学生认识到后续实际问题的解决(数学问题、现实问题)其本质就是建构一元一次方程模型,通过模型求解确定字母的值,最终用字母的值解释实际问题。

(一)情境创设

教材在"解一元一次方程"的教学内容中设置了"填表"活动,其目的是使学生体会字母的取值、代数式的值、方程的解三者之间的关系。受此启发,在引问中设计填表活动,将代数式求值与方程求解的问题统整起来,帮助学生理解求代数式的值与解方程的互逆关系,体会填表问题中的方程模型。

引出问题 填表、观察(表1),你有什么发现?

教学说明:通过填表,使学生体会代数式的值是随代数式中字母的取值变化而变化的,如果字母的值确定,那么代数式的值也随之确定;反过来,若代数式的值确定,建构出一元一次方程模型,求解一元一次方程从而确定字母的值。引导学生感悟字母的值、代数式的值、一元一次方程之间的逻辑关系,把握一元一次方程的数学结构特征,初步感悟方程模型建构的必要性。

表1

x	-1	
$x+1$		1
$2x-1$		

（二）学习探索

问题 1 已知 $(m-1)x^{|m|}+2=0$ 是关于 x 的一元一次方程：

（1）m 的值为 _____；

（2）若 $|y-m|=2$，求 y 的值；

（3）若关于 x 的一元一次方程 $x-2(x-a)=3$ 与 $(m-1)x^{|m|}+2=0$ 的解互为相反数，则 $a=$ _____。

教学说明：3个小问题涉及一元一次方程、方程的解等概念，学生在解决问题时经历问题表征、根据概念的内涵建构方程模型从而解决问题，感悟一元一次方程概念中蕴含的模型思想，初步完成相关核心概念的再学习。

问题 2 解下列关于 x 的方程：

（1）$2-3x=4-2x$；

（2）$\dfrac{x+1}{2}-\dfrac{2-3x}{3}=1$。

变式 1 关于 x 的方程 $\dfrac{x+1}{2}-\dfrac{2-3m}{3}=1$ 的解与方程（1）的解相同，求 m 的值。

变式 2 关于 x 的方程 $2-3m=4-2x$ 与 $\dfrac{x+1}{2}-\dfrac{2-3m}{3}=1$ 的解互为相反数，求 m 的值。

变式 3 你能提出一个类似的问题吗？

教学说明：所授班级学生的数学学习基础较好，探索活动共分为三个阶段：第一阶段求解两个具有代表性的一元一次方程，回顾解一元一次方程的一般步骤，明晰算理，掌握算法，理解解方程的本质就是根据等式的基本性质把一元一次方程转化为"$x=a$"的形式，从而确定字母 x 的值。教学中鼓励学生点评同学板演的解题过程，强调"无分母的项""括号前为'－'号且分子为多项式"等细节的处理，提高运算的正确率。第二阶段是对方程（2）进行变式，把"$-3x$"变为"$-3m$"，引导学生思考这会产生什么问题？即无法确定 x 的值，也无法确定 m 的值，需要增加一个条件，教师此时给出条件：与方程（1）的解相同，引发学生思考方程的解的概念及功能。第三阶段是对方程（1）的变式，把"$-3x$"也变为"$-3m$"，此时关于 x 的两个方程的解相同，如何确定 m 的值？你还能提出新的问题吗？

通过变式问题，引导学生拾级而上、层层深入地把解"数"的方程延伸至解"字母"（参数）的方程，灵活使用方程的解，会解含"字母"的一元一次方程，在探究活动中反思提炼，明晰建构一元一次方程解决问题的策略，使学生对方程的求解在原有的认知基础上更深入、深刻,思维螺旋上升,推进单元复习走向深度学习。

(三)应用延伸

问题3 某市电力部门对居民用电按月收费,标准如下:① 用电不超过100度的,每度收费0.5元;② 用电超过100度的,超过部分每度收费0.8元。

(1) 小明家2月份用电84度,应缴费_____元;3月份用电120度,应缴费_____元。

(2) 小明家4月份电费为90元,则他家4月份用了多少度电?

(3) 小明家5月份和6月份共用电240度,共缴费141元,并且6月份的用电量超过5月份的用电量,那么,他家5、6月份各用了多少度电?

教学说明:问题遵循从特殊到一般、从简单到复杂的设计策略,兼顾不同学生的认知水平,驱动学生经历数、式、方程等数学模型的建构过程,在实际问题的分析和解决中体悟分类思想、方程思想、模型思想。在解决问题的策略上,引导学生经历波利亚解题的四步骤,凸显方程模型的建构过程,培养学生分析和解决问题的能力。

(四)当堂检测

题1 若关于 x 的方程 $2x^{2m-3}+m=0$ 是一元一次方程,则 $m=$ _____,方程的解是_____。

题2 解方程:$\dfrac{x+3}{4}-\dfrac{2-3x}{8}=x$。

题3 某校八年级近期实行小班教学,若每间教室安排20名学生,则缺少3间教室;若每间教室安排24名学生,则空出一间教室。问这所学校共有教室多少间?

教学说明:在课堂教学的评价反馈环节,共设计了3道题,分别对应一元一次方程的概念、解法及应用,当堂考查学生自主建构数学模型解决问题的能力,及时评价与反馈学生对核心知识的掌握情况,帮助学生提高一元一次方程的认知高度。

(五)课堂小结

回顾复习过程,绘制整章知识结构图,展示交流。

教学说明:采用自主归纳式小结,促进学生完成知识梳理,提炼数学思想方法,体会方程模型在整章中的核心地位及应用价值。

三、教学反思

指向高观点的模型建构教学要着重解决两个问题:一是将整个单元涉及的概念、性质、解法、应用等数学知识统整起来,以问题为载体,将复杂的、抽象的数学知识以生动的、直观的形象呈现在学生面前[2]。二是通过数学活动驱动学生"动"起来,自主完成单元知识的再学习和模型的再建构,使学生获得新认识、新发展,提升数学核心素养。

(一)立足"四基"

《义务教育数学课程标准(2011年版)》在课程目标中提出"四基",即基础知识、基本技能、基本思想、基本活动经验。教师正确理解和把握"四基",对实现教学目标、课程目标至关重要。在进行单元复习课的教学时,既要从宏观上理解单元教学内容在整个教材中的地位和作用,也要从微观上把握单元教学内容所蕴含的"四基",深入理解教材,统整核心教学内容,挖掘教材在"四基"上的教学内涵。本节单元复习课涉及的基础知识有概念(一元一次方程、方程的解、解方程)、等式性质等;基本技能有数式的运算能力(解一元一次方程)、探究能力、提出问题能力和解决问题能力等;基本思想有数学抽象、数学建模、转化等;基本活动经验主要是方程模型建构的经验。这些内容是教学设计的基点,是课堂教学的基石。

(二)问题驱动

问题是数学的心脏。数学课堂教学本质上是对问题的教学。问题设计的优劣直接影响课堂教学的有效性。好的问题应基于学生的认知特点和认知水平,符合最近发展区,能驱动学生主动思考、积极探究、互动交流。好的问题应符合教师的教学风格,有利于教师引导学生实现高观点和高立意。好的问题能把培养学生的问题意识、提高学生提出问题和解决问题的能力贯穿于教学的全过程。在这节课中设计了4个主问题,每个问题都有清晰导向。引问意在引导学生领悟字母(字母的值)、代数式(代数式的值)、一元一次方程三者之间的内在联系,从本质上理解数学知识;问题1引导学生复习巩固一元一次方程概念,体悟概念中蕴含的方程模型;问题2引导学生回顾一元一次方程的解法及注意事项,并通过问题变式指向含有"参数"的方程求解,将学生的低阶思维引向高阶思维;问题3引导学生经历数学建模的完整过程,体会一元一次方程模型的应用价值,培养学生的数学建模能力。

(三)主动探究

一节数学课设计得好不好,关键要看学生的学习是否有效。学生在课堂上若能表现出主动、互动、能动等"动"起来的学习状态,毋庸置疑,这就是一节好课。如何让学生"动"起来?研究表明,设计具有一定挑战性的探究活动,能有效驱动学生"动"起来。学生主动参与探究活动,在活动中自主思考、合作探究、交流提升,有利于发展数学思维能力。比如在问题 2 的变式活动环节,逐步呈现变式问题,由低到高螺旋上升。在问题的驱动下,学生的自主思考、合作探究、互动交流得到很好的体现,学生的思维一直处于活跃状态。其中变式 3 是对学生是否处于"能动"状态的一个很好的考查,学生能提出一些"创造性"的问题并解决,是培养学生高阶思维的有效做法。

(四)意义建构

指向高观点的模型建构教学应能帮助学生从知识结构、方法体系、数学模型等方面实现有意义的建构,使学生在原有认知基础上获得新发展。在知识结构的建构上,应注重引导学生整体建构知识,进而实现结构化关联的知识链,形成一个相对完整的、合理的知识网。在方法体系的建构上,有必要再次引导学生回顾各章节的学习内容、学习路径、学习方法等经验性知识。学生在一元一次方程的学习中经历了概念→性质→解法→应用的学习策略,形成相对完整的方法体系,积累了学习经验,为后续学习分式方程、一元二次方程提供范式。在数学模型的建构上,教学要紧紧围绕方程模型建构展开。本节课几个问题的解决都是通过建构方程模型而实现的(图1)。整节课以问题为载体,以方程模型建构为主线,教师引导学生亲身经历实际问题的数学化、模型化的建模过程,体验建构一元一次方程解决问题的必要性、优越性,培养学生的数学建模能力。

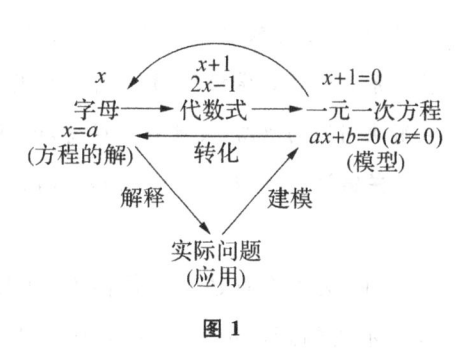

图 1

参考文献

[1] 杜继渠.例谈数学解题的高观点立意和低起点切入[J].数学通报,2015,54(07):44-47+54.

[2] 杭静."高观点"视角下的初中数学教学[J].数学教学通讯,2019(26):64-65.

培养模型观念的初中函数教学实践
——以"用一次函数解决实际问题"复习课为例

摘　要：初中阶段培养模型观念，需要借助具体的教学内容，针对"用一次函数解决实际问题"一课进行教学实践，既关注数学与实际的结合，让学生体会一次函数是刻画现实世界数量关系的有效数学模型，加深对模型观念的认识与理解，又让学生借助函数图象分析问题，形成解决问题的思路，发展模型观念，会用数学语言表达现实世界。

关键词：模型观念；一次函数；函数图象；教学实践

在《义务教育数学课程标准（2022年版）》中明确指出函数教学目标：能用适当的函数表示法刻画简单实际问题中变量之间的关系，理解函数值的意义；能确定简单实际问题中函数自变量的取值范围，并会求函数值；能结合函数图象对简单实际问题中的函数关系进行分析。由此可见，实现目标的关键能力是关注数学知识与实际的结合，让学生在实际背景中理解数量关系和变化规律，经历从实际问题中建立数学模型、求解模型、验证反思的过程，形成建模观念。

1　教学价值

"用一次函数解决实际问题"是初中数学（苏科版）首次运用函数知识解决实际问题的标志性内容，是学生进入初中后学习"用图象解决问题"的难点。笔者针对这一难点，以行程问题为载体进行一次函数应用专题复习教学实践，期望帮助学生打开突破口，培养模型观念和应用意识。并且一次函数应用题是历年来中考的常考题型，它常把应用题与一次函数融合在一起，又高于应用题，它需要学生具备一定的综合能力。

2　问题思考

学生在解决与实际生活密切联系的一次函数应用题时，其主要的困惑有：(1) 不知道先去想象实际情境，不能还原实际情境，导致不知道题目说的是什么意思；(2) 不知道从图像上何处获取信息，怎样获取信息；(3) 习惯用算术或方程方法，不知道建立函数模型解决问题,所以对于过程比较复杂,量的变化比较多的题目,无法处理这些量之间的关系。然而解决这类问题往往需要通过读图识图、借助数形结合来帮助学生分析、解决问题。鉴于此,教学实践分别从以下三个部分进行。

3 教学实施

3.1 基于理解,紧扣变量,看图说话

问题 1 请你把这个故事说完整。

图 1 中的线段 OA 和折线 $OBCD$ 分别表示一列慢车和一列快车沿直线从甲地开往乙地。

学生 1:在一条直线上有甲、乙两地,一列快车和一列慢车从甲地同时出发开往乙地,慢车以 50 km/h 的速度匀速行驶 6 小时到达乙地,快车以 100 km/h 的速度匀速行驶 3 小时到达乙地后停留了 1 小时,再以 150 km/h 的速度匀速行驶 2 小时返回,慢车到达乙地时快车正好返回到甲地。

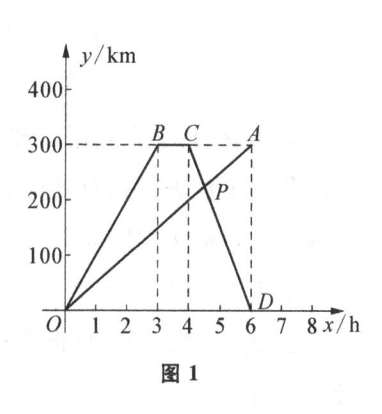

教师追问:要想把这个故事说完整,你是如何分析函数图象,从图中获取信息的?

教学说明:引导学生根据图象把故事说完整再进行追问,师生交流得到从图象获取信息的关键是基于对图象的三个理解:首先要理解变量 x、y 的实际意义;再理解特殊点的实际意义,即根据特殊点的坐标明确每段路径中的时间、速度等相关的数量;最后理解点与点之间的关系,即实际情境中每段具体的行驶路径。"看图说故事"活动的设置是将实际生活情境与图象进行对接,让学生学会阅读图象,从而使问题得到解决。

3.2 依据经验,借助手段,转化信息

问题 2 请画出一些关键时刻两车行驶的线段示意图。

学生 2:

教师追问:选择的时刻和图象中哪个点是对应的?为什么?

学生 2:因为变量 y 表示两车距离甲地的距离,所以当两车距离甲地的路程相等时,即两车相遇。

教学说明:根据以往的学习经验,对于行程问题可以借助线段示意图帮助理解两

车之间的行驶路径,把函数图象上某一特殊时刻的实际情境用线段图来表示,从而把图象信息向实际情境进行转化,进而深刻理解题意,帮助学生强化综合与分析的策略。

3.3 聚焦探索,注重提炼,应用信息

问题 3:请提出一些问题并解决,并说说你是怎么想到这些问题的。

学生 3:怎样求出各段的函数表达式?

慢车:$y_{OA}=50x(0 \leqslant x \leqslant 6)$

快车:$y_{OB}=100x(0 \leqslant x \leqslant 3)$

$y_{BC}=300(3<x \leqslant 4)$

$y_{CD}=300-150(x-4)(4<x \leqslant 6)$

教学说明:学生利用已知点的坐标,运用待定系数法或数量关系法都可以求出每段图象的函数表达式及其他各点的坐标,求出相关图象的函数关系式,后面可以利用函数关系式解决实际问题。

学生 4:两车何时相遇?

当 $y_{OA}=y_{CD}$ 时,列出方程 $50x=300-150(x-4)$,解得 $x=4.5$,即两车在出发 4.5 时后相遇。

教学说明:求两车相遇的时间就是求图象上点 P 的横坐标。

学生 5:若甲、乙两地之间有一丙地距甲地 100 km,两车经过丙地的间隔时间是多少?

令 $y_{OA}=50x=100$,解得 $x=2$;令 $y_{OB}=100x=100$,解得 $x=1$;令 $y_{CD}=300-150(x-4)=100$,解得 $x=\dfrac{16}{3}$;第一次时间间隔是 1 小时,第二次时间间隔是 $\dfrac{10}{3}$ 小时。

教学说明:"两车经过丙地的间隔时间"就是在纵坐标相同时,图象上的点的横坐标的差,只要把 $y=100$ 代入两车的函数关系式中得到 x 的值相减即可。

学生 6:两车何时相距 50 km、100 km、150 km 等?

以相距 100 km 为例:

当 $0 \leqslant x \leqslant 3$ 时,列得 $100x-50x=100$,解得 $x=2$;

当 $3<x \leqslant 4$ 时,列得 $300-50x=100$,解得 $x=4$;

当 $4<x \leqslant 6$ 时,列得 $50x-[300-150(x-4)]=100$,解得 $x=5$;

教师追问 1:"两车之间的距离"能在图象上表示出来吗?

图 2

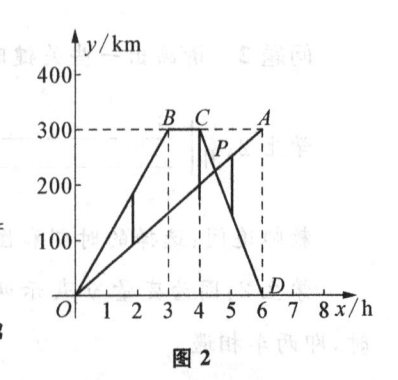

教师追问 2：这些问题如何变成一个问题？能不能从函数的角度研究这个问题？

教学说明："两车之间的距离"就是在横坐标相同时，图象上的点的纵坐标的差，只要把两车的函数关系式相减，即可表示出两车之间的距离。利用函数模型解决问题就是将实际问题转移到图象上，把问题中涉及的量转化为图象上点的坐标，再利用函数关系式可以快速求得结果。

学生 7：两车之间的距离 $s(km)$ 随 x 的变化而变化，$s(km)$ 是 $x(h)$ 的函数。

教师追问 3：如何画出 s 与 x 之间的函数图象？

教学说明：s 与 x 之间的函数是两个一次函数的差，所以整个过程 s 与 x 之间的函数仍然是一次函数。通过对图1的分析可知图象分为四段，确定出每一段与每一段之间的拐点的时间与距离，第一段（OB 段）：两车从甲地同时出发，图象看出两车之间的距离在不断增大，直到快车到达乙地，此时两车之间的距离为 150 km，对应的时间是 $0 \leqslant x \leqslant 3$ h；第二段（BC 段）：快车到达乙地后停留了1小时，两车之间的距离在慢慢变小，直到快车返回甲地，对应的时间是 $3\,h < x \leqslant 4\,h$；第三段（CP 段）：两车相向而行，直到相遇，这时 $s=0$，对应的时间是 $4\,h < x \leqslant 4.5\,h$；第四段（$PD$ 段）：两车相遇后继续行驶，快车到达甲地的同一时刻慢车到达乙地，这时两车相距 300 km，对应的时间是 $4.5\,h < x \leqslant 6\,h$，根据以上信息描出相应的点，就可以画出图象。

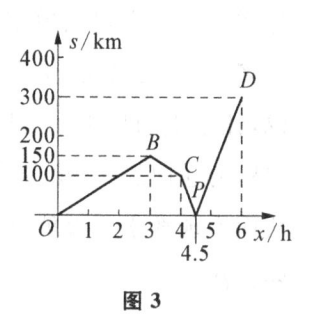

4 对培养模型观念的函数教学思考

4.1 整体教学是模型观念培养的重要教学方式

《课标（2022 年版）》要求数学教学要重视围绕单元进行整体教学设计，既要体现各学科知识之间内在的逻辑关系，又要关注数学知识点与核心素养之间的外在关联。本节课例是一次函数的应用，教师需要引导学生站在整个"一次函数"单元乃至"函数"大单元的高度合理建构一次函数模型，运用一次函数的图象与性质解决实际问题。学生在本章的学习和研究中，已经掌握了一些应用数学模型解决现实问题和建构数学建模的基本路径，本节课的教学重难点是借助函数图象解决较为复杂的现实问题，帮助学生进一步加深和巩固数学模型的意识和能力。案例中学生4和学生5提出的问题都是可以用方程模型来解决的，甚至还有学生运用算术方法，但在教师的追问下，引导学生深入思考和体会"两车之间的距离 $s(km)$ 随 $x(h)$ 的变化而变化，s 是 x 的函数。"这样，教师逐步引导学生站在模型观念的高度，结合已有经验，运用不同模型解决问题，最终回归函数模型。

4.2 "自"构情境，注重数学化过程，发展模型观念

发展模型观念需要选择好的载体，而好的载体依托好的情景，教师可让学生自主搭建情景，使其更贴近学生的最近发展区。问题1要求学生自主设计问题情景，目的是逆向为学生提供模型建构过程。开放性问题让学生主动参与到模型建构中来，一图多景，各美其美，美美与共，都用一个图象表示。活动过程中每一个同学都有话可说，让学生的思维在与同伴的对话和老师的交流中涌出来。这一过程是用函数解决问题的逆向思考，培养学生的发散思维，进而加深对数学模型的理解，积累建模经验从而实现教学不仅能从条件推演结果，也可以从结果想象条件，这是数学建模的重要方法。

4.3 自主探究，提升"四能"，发展模型观念

模型建构的过程离不开学生的问题意识，教师设置自主探索活动，由学生自己提出不同思维层次的问题。比如学生3的问题突出基础，利用已知点的坐标和待定系数法或数量关系法，求出每段的函数表达式及其他各点坐标；学生4和学生5、学生6三位同学能够将实际情境与图象结合，挖掘图象信息，提出了行程函数问题与方程、不等式的密切联系的问题；最后教师引导学生体会用函数的观念解决问题，利用图像直观看出两人相距问题，其实就是在横坐标相同时，图像上的两点的纵坐标之差，利用函数关系式运算即可得到结果。在进一步培养模型观念的过程中，"四能"所涉及的能力自然得到提升，而且这四项能力的提升同时在培养模型观念过程中表现出较为高效。

4.4 渗透数学思想方法，发展模型观念

近年来，中考对函数的考查开始回归自然、回归函数的本质，重视对函数建模思想和函数对称性、增减性及最值等主要性质实际应用的考查，较好地体现了"问题情境—建立模型—解释、应用与拓展"这一知识形成与应用过程，对一线教师起到了正确的导向作用。在教学中引导学生自主建构模型、准确理解模型、熟练应用模型，既有利于学生深刻认识相关内容的核心，还能让学生少走弯路，减少负担。

第四章

教学成效的评估与反思

探究教学:错因分析、教学改进及教学启示

摘　要:文章以数学探究教学中产生的一个错误探究结论为例,呈现教学片段,从迁移经验化、探究形式化和教师权威化三个方面分析错误生成的原因,给出教学改进方案,指出探究教学应兼顾整体设计与细节处理、注重自主探究与合作交流、加强批判性思维的培养。

关键词:探究教学;数学模型;错误资源;对顶角

在平时的初中数学课堂教学中,教师非常关注学生的错误,关于学生的错误资源开发与利用的研究成果丰硕。人非圣贤,孰能无过,教师在课堂教学中也难免会出现错误,及时分析研究错误产生的原因,对提高教师教学素养具有积极意义。近期,笔者观摩了一节苏科版七年级上册"6.3 对顶角"的随堂课,课上在形成对顶角概念后,执教者(以下简称"教者")组织学生探索相交直线条数与对顶角对数的关系(以下简称"数对顶角"),在此课之前,学生曾经历过探究线段上 n 个端点共有多少条线段、有公共端点的 n 条射线组成的图形中共有多少个角两个活动(以下简称"数线段""数角"),类比"握手模型",获得探究结论,积累了探究经验。在"数对顶角"的探究活动中,教者类比"数线段""数角"的方法,在启发引导环节出现偏差,形成一个错误的结论。现把其教学片段记录如下,从迁移经验化、探究形式化和教师权威化三个方面分析错误产生的原因,并给出教学改进及教学启示。

1　教学片段

问题1　如图1,直线 AB、CD 相交于点 O,图中共有多少对对顶角?请分别把它们表示出来。

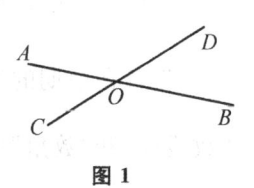

教师:说说你的结论。(注:本课探究的对顶角不包括平角)

学生1:两对对顶角,分别是 $\angle AOC$ 与 $\angle BOD$、$\angle AOD$ 与 $\angle COB$。

图1

问题 2 如图 2,直线 AB、CD、EF 相交于点 O,图中共有多少对对顶角?请分别把它们表示出来,并与同学交流。

教师:这里一共有 3 条直线,如何确定对顶角的对数呢?能不能类比"数线段"的方法,先确定角的个数,随之确定对顶角的对数?

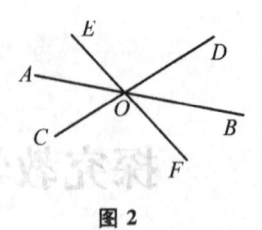

学生齐:可以。

学生 2:有 3 对。

学生 3:有 5 对。

教师:把图 2 的部分遮挡起来得到图 3,在图 3 中以 O 为端点的射线有 4 条,角的个数为 $\dfrac{4\times(4-1)}{2}=6(个)$,所以对顶角一共有 6 对。

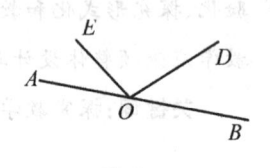

学生 4:老师,这不对,在图 3 的 6 个角中有一个是平角,所以应该是 5 个角。

教师:你说得很好,那应该是 5 对对顶角。

问题 3 如图 4,直线 AB、CD、EF、GH 相交于点 O,图中共有多少对对顶角?若有 5 条直线相交于一点,一共有多少对对顶角?n 条直线相交于一点呢?

学生 5:按照刚才的方法,4 条直线相交于一点,共有 $\dfrac{5\times(5-1)}{2}-1=9(对)$ 对顶角。5 条直线的情况下,应该是 14 对。

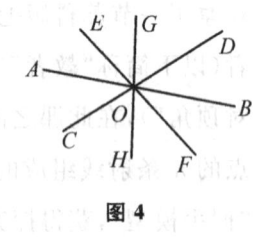

教师:n 条直线相交于一点,共有 $\left(\dfrac{n(n+1)}{2}-1\right)$ 对对顶角。

2 错因分析

2.1 迁移经验化

教者在前期的线段、角的教学中,曾经引导学生构建"握手模型",使用模型进行"数线段"和"数角"的探究活动,得出结论为:若线段上有 n 个端点,则共有 $\dfrac{n(n-1)}{2}$ 条线段;若角中共有 n 条射线,则共有 $\dfrac{n(n-1)}{2}$ 个角。所谓"握手模型",是指 n 个学生互相握手,共握手 $\dfrac{n(n-1)}{2}$ (不重复)次。把这种"模型"引入到"数线段"或"数角"的问题解决中,能起到事半功倍的效果。因此,教者在课堂上尝试用"握手模型"解决"数对顶角"的问题。

教者基于以上探究的经验与结论,在"数对顶角"的探究活动中,认为问题情境与之前的图形探究是一致的,想当然地把这种探究经验与规律迁移到新的探究活动中。如何数出所有对顶角呢?教者首先想到类比"数线段""数角"的方法,即"握手模型"。在教学时,让学生遮挡住一部分图形(如图3),共有4条射线,根据"握手模型"可求得共有$\frac{4\times(4-1)}{2}=6$(个)角,因为最终答案是6对对顶角,所以草率地得出了"数对顶角"与"数线段""数角"的方法和结果是一样的结论。在学生的提醒下,发现6个角中有一个平角,最终得出$\frac{n(n-1)}{2}-1$的错误结论。事实上"数对顶角"的问题情境与"数角"有着本质上的不同,数对顶角的图形情境更为复杂,在运用"握手模型"确定角的个数时,会出现"漏角"现象,导致错误结论。

2.2 探究形式化

教材上设计的探究活动是三条直线相交于一点(如图2),要求学生探究图形中对顶角一共有多少对?并分别表示出来与同学交流。这个活动旨在学生识别相对复杂图形中的对顶角,并正确表示出来。教者在探究环节设计了3个问题,由易到难,螺旋上升,是对教材的灵活处理,试图通过变式问题,由特殊推广到一般,在探究活动中发展学生的思维能力。

在探究活动初期,学生大多情况下属于无序地数,所以给出的答案有3对、4对、5对等。但在具体的探究过程中,没有给学生提供充分的时间和空间,学生的自主探究、合作探究流于形式,忽略了如何数对顶角的核心问题,学生并未经历从"无序数"到"有序数"的有意义的建构过程,再加上教者的错误导向,加速了错误结论的生成。

2.3 教师权威化

新课程改革提倡启发式、互动式和探究式的课堂教学。从教学简录我们可以发现,教者的讲授贯彻整个课堂,学生的主体地位落实不到位,导致出现学生盲目跟从、机械接受、被动思考的学习现象。课堂是学生的课堂,这不是一句空话,是要在具体的教学实践中落实的。在探究活动环节,教者没有让学生独立自主地完成探究,而是盲目地把学生导向"握手模型"的迁移与建构,试图用已有的知识经验快速解决新的问题,最终弄巧成拙,导致错误的发生。

一节课上得好不好,最根本的衡量标准就是看教者眼里有没有学生。在教学中能把学生的学习任务、学习体验、学习收获、思维发展放在教学的核心位置的课肯定是一节好课。事实上,初中学生的探究能力、发现能力甚至是创造能力已经有了坚实的发展基础,适时、适当、适切地设置问题情境,为他们搭建好探究发现的平台,他们会"回报"你一个"奇迹",师生互生成长,此所谓教学相长也。

3 教学改进

3.1 无序—有序:在探究中发现并表达规律

基于以上错误产生原因的分析,笔者建议沿用当时的探究设计流程,从引导上做改进,使学生从无序地数到有序地数,经历由少到多、由特殊到一般的探究过程,发展探究、归纳、概括等数学能力。

问题 1 如图 1,直线 AB、CD 相交于点 O,图中共有多少对对顶角?请分别把它们表示出来。

学生 1:有 2 对,分别是 $\angle BOD$ 与 $\angle AOC$、$\angle DOA$ 与 $\angle BOC$。

教师:两条直线相交于一点时,按逆时针方向看,以射线 OB 为边的角有 1 个($\angle BOD$),以射线 OD 为边的角也有 1 个($\angle DOA$),所以对顶角的对数为:2(两条直线)×1(个)=2 对。

问题 2 如图 2,直线 AB、CD、EF 相交于点 O,图中共有多少对对顶角?请分别把它们表示出来,并与同学交流。

教师:想一想怎样有序地找出对顶角?

学生 2:一共有 3 条直线相交于一点,按逆时针方向看,以射线 OB、OD、OE 为边的角分别有 2 个,所以一共有 3×2=6(对)对顶角。

教师:非常棒,用这种方法找到的角有没有重复或者遗漏的情形?

学生 3:不重不漏。

问题 3 如图 4,直线 AB、CD、EF、GH 相交于点 O,图中共有多少对对顶角?若有 5 条直线相交于一点,一共有多少对对顶角?n 条直线相交于一点呢?

学生 4:根据以上探究发现的规律,4 条直线相交于一点,共有 4×3=12(对)对顶角,5 条直线就会有 5×4=20(对)对顶角,n 条直线就是 $n(n-1)$ 对对顶角。

3.2 转化—建模:在探究中识别并应用模型

从错误的产生过程中可以发现,"握手模型"是导致教者在课堂上犯错的"罪魁祸首",那么"握手模型"到底是否适用于"数对顶角"的问题探究？笔者认为"握手模型"完全适用于该问题探究。需要指出的是"握手模型"不能直接解决确定对顶角数量的问题，而是解决了直线两两相交的所有可能的情况，最终回顾到最基础的两直线相交于一点的基本问题，从而解决"数对顶角"的问题。

最基本的问题是：两条直线相交于一点形成 2 对对顶角，在此基础上，我们只需解决多条直线相交于一点共有多少种不同的两条直线相交的结果，根据"握手模型"，求得 $\frac{n(n-1)}{2}$ 种不重不漏的结果，其中每种结果都是一个基本问题（2 对对顶角），所以一共有 $\frac{n(n-1)}{2} \times 2 = n(n-1)$ 对对顶角。（限于篇幅，其他探究的方法不再赘述）

4 教学启示

4.1 兼顾整体设计与细节处理

本节课的课题是"对顶角"，整体上遵循了几何概念教学从一般程序逐步展开，使学生经历生活原型—数学抽象—概念形成—概念辨析—性质探究—概念应用的完整学习过程，既收获基础知识和基本技能，又增长探究发现、有序思考、推理表达等数学能力，掌握几何概念学习的一般路径。从细节上引导学生感悟对顶角的来源，通过与余角、补角的对比，凸显对顶角在"位置上的特殊关系"，最后由特殊的位置关系转化为特殊的数量关系，通过逻辑推理培养学生的理性思维。尤其在对对顶角与直线数量的关系探究上，把教材上的内容先"弱化"（三线变两线）再"强化"（三线变多线），是一种符合学生认知特点的设计，也是实施变式探究教学，提高学生概括、化归等高阶思维能力的有效做法。但是，在对细节的处理上，要防止问题设置的盲目化、探究思路的经验化、师生互动的权威化，课前要对每一个问题进行细致分析，充分预设，做到胸有成竹，应对自如。

4.2 注重自主探究与合作交流

学生获得的数学知识产生于大量个体性过程知识的参与，没有这种过程知识的参与，就不会有任何数学事实和数学问题的确定，也就无从谈起数学的发现和再发现活动[1]。探究活动是学生获得过程知识的载体，学生只有真正参与到自主探究、合作交流的数学探究活动中，学习才真实、自然。探究活动指向学生发展，因此，以生为本、让学引思是探究活动设计最基本的原则。以生为本就是以学生的发展为教学设计的根本出发点和落脚点。本节课在探究对顶角的对数时,没有落实以生为本的探究原则,学生的探究活动流于形式,时间、空间上没有保障,互动交流更无从谈起,导致探究结论错误。倘若在探究活动时,充分信任学生,给予学生动手画、动脑想、动口说的时间,学生经历自主探究、主动思考、合作交流的真实活动过程,学习智慧得以充分发挥,错误是完全可以避免的。

4.3 加强批判性思维的培养

批判性思维的培养主要发生在课堂问题探究教学中[2]。在探究教学中,培养学生的质疑、论证、反思等思维品质尤为重要。本节课在问题探究阶段,学生的质疑意识、论证思维表现不足,比如"握手模型"能不能适用于"数对顶角"的问题情境？老师得到的结论和自己的发现是否一致？这样的结果到底对不对？等等。在课后调查发现,很多学生并没有发现课堂上的探究结论是错误的,说明学生的质疑、论证、反思等批判性思维品质有待加强培养。建议在后续探究活动中,设置良好的问题情境,在问题提出、问题探究、问题解决等不同阶段,引导学生主动思考、敢于质疑、积极论证、反思结论,提高探究质量,培养批判性思维。

参考文献

[1] 马一新.基于过程知识的数学探究学习展开的几个环节[J].数学教育学报,2008(06):12-15.

[2] 李金露,李纯.问题探究教学中批判性思维培养的问题及对策研究[J].中小学教师培训,2019(02):35-40.

初中生数学建模能力测评分析与启示

摘　要：培养初中生数学建模能力是初中数学教育的重要目标之一。文章基于测评结果的分析，建议在初中数学教学中应注重培养学生数学阅读理解能力、数学化能力，开展真实的建模活动，综合提升初中生数学建模能力。

关键词：数学建模能力；学业质量监测；测评分析；数学表达

1　研究背景

进入21世纪以来，各国与各地区启动的新一轮课程改革都将学生数学模型思想的形成，以及数学建模能力的培养作为数学教育的重要目标之一。能力通常是指一个人能够以知识性和反思性的方式解决一类困难。初中生数学建模能力（以下简称"数学建模能力"）是指初中学生利用形式化的数学模型去反映现实问题中的关系结构，通过对数学模型的求解和检验，解答现实原型中某些问题的能力。数学建模能力作为初中生（以下简称"学生"）最重要的数学能力之一，理应引起一线初中数学教师的重视。数学建模能力如此重要，那么学生的数学建模能力水平怎么样？学生数学建模能力水平的影响因素有哪些？怎样培养学生的数学建模能力？这些问题亟待研究和解决。

2　测评分析

2.1　测评对象

测评对象为某市辖内某区域全部初中学校的八年级学生，采用学业质量监测学科抽测的方式采集样本，从7 092名学生中抽测了2 389名学生，抽测比率为33.7%。抽测试题为两道典型建模试题，分别涉及"数与代数""图形与几何"两个领域，每题12分，根据学生的答题情况，分别赋0—12分。

2.2 测评维度

为更好地分析和评价学生在学业质量监测中数学建模能力的具体表现,把学生在测试中表现出的数学建模能力水平划分为 4 个层级,并根据答题中具体的能力表现,将学生的试题得分(每题 12 分)相应划分为四个得分段(如表 1)。

表 1 初中生数学建模能力水平的具体表现

数学建模水平	数学建模能力的具体表现	试题得分 x
水平 1	不能读懂问题情境中的数学信息或者不能有效提取问题情境中的数学信息;不能描述数学对象或用数学对象对问题情境中的现象进行解释,或描述、解释不完整,有明显错误。	$0 \leqslant x < 4$
水平 2	能读懂问题情境中的数学信息;能将实际问题初步完成数学化;能用数学符号表示具体情境中的数量关系,建立部分或完整的数学模型。	$4 \leqslant x < 8$
水平 3	能读懂问题情境中的数学信息;能通过数式、图表等分析问题情境中的数量关系;能选取适当的数学形式进行表达,建构单一或组合的标准模型完成求解。	$8 \leqslant x < 10$
水平 4	能从问题情境中获取有效信息;能将实际问题数学化,提出数学问题;通过分析问题情境中的数量关系,用数学符号建立组合的数学模型,正确完成计算求解,检验计算结果和完善模型、分析和解决非常规问题。	$10 \leqslant x \leqslant 12$

2.3 试题设计

试题 1("数与代数"领域) 某市推广绿色家园理念,准备建立绿色无公害水果基地。现有老李、老王两家种植户,种植苹果、橙子两种果树,两家种植户种植的果树棵数与年总收入如表 2:

表 2 种植的有关信息

种植户	种植苹果树 (单位:棵)	种植橙子树 (单位:棵)	年总收入 (单位:万元)
老李	20	10	7
老王	20	20	10

说明:两家种植户种植的同一种果树,每棵果树的平均年收入相等。

(1) 苹果、橙子两种果树,每棵果树的平均年收入各是多少万元?

(2) 若有一个种植户准备种 50 棵果树,为了使总收入不低于 13.5 万元,且苹果树、橙子树至少要各种植10棵,那么该种植户所有种植方案共有多少种?该种植户最高年收入可以达多少万元?

试题说明:试题是以现实生活中的果树种植为载体的应用类问题,从情境类别来看属于个人生活情境(另外三类为社会生活、职业生活、科学)。为了符合学生的认知特点,将问题情境作适度的抽象、简化,以"文字+图表"的形式给出相关信息,使该问题有着浓厚的"现实味"和"建模味"。对学生而言,这是一道源自现实原型的建模试题,从考查内容维度看,其涉及"数与代数"领域的"方程与不等式"的内容。从考查能力维度看,主要考查学生的数学建模能力、数学运算能力。其中数学建模能力主要考查学生建构"方程与不等式"模型分析和解决问题的能力,具体的数学模型是二元一次方程组、一元一次不等式(组)。试题主要考查学生从文本信息和表格信息中正确获取有用信息并抽象出数学问题,用数学符号建立方程、不等式模型解决问题的能力。

试题2("图形与几何"领域) 近年来,很多国家都在积极发展无人机技术,拓展无人机的行业应用。现阶段,民用无人机被广泛应用于消防、农业、地质、气象、电力、抢险救灾等各领域。

(1) 某次军事演习中,一架无人机停在空中对地面目标点A(如图1),点B进行侦察。已知点A、点B在水平地面l上相距600米,若要求点C处的无人机与两个目标点同时保持500米距离,则该无人机最高飞多高?

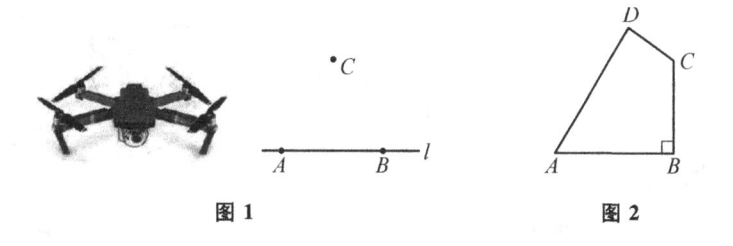

图1   图2

(2) 工业级无人机一般都配备了自动驾驶仪,不需要操作人员手动控制,仅需要在地面控制站上下达指令即可。比如指定航线,无人机就能按照航线自动飞行。某农业部门利用工业级无人机进行土地测绘,无人机从点A出发,沿$A \to B \to C \to D \to A$的顺序绕四边形地块$ABCD$飞了一圈,测得$AB=2 \text{ km}, BC=1.5 \text{ km}, CD=0.7 \text{ km}, DA=2.4 \text{ km}$,且$AB \perp BC$,求地块$ABCD$的面积。(见图2)

试题说明:试题是以现实生活中的无人机为载体的应用类问题,从情境类别来看属于科学情境,以"文本+图形"的形式给出信息。从试题涉及的几何模型看,是对数学问题的一种"回译",即将数学问题回译至现实生活,赋予数学问题现实背景及意义,将其转变成数学建模问题,使学生经历运用数学知识解决源于现实世界的实际问题,体会数学建模的意义。从考查内容维度看,其涉及"图形与几何"领域的"等腰三角形性质、勾股定理及逆定理"等数学知识。从考查能力维度看,主要考查学生数学建模、逻辑推理、数学运算等能力,其中数学建模能力主要考查建构"勾股定理及逆定理"模型并解决问题的能力。

3 结果与分析

3.1 答题情况

试题 1 从答题内容统计看,存在以下现象:很多学生不能从"文本+图表"的信息中提取有效信息,无法完成从具体情境中抽象出数学问题;不能理解具体情境中的数量关系,无法完成用数学符号系统对数学问题的表征;不能完成或者只能部分完成方程(组)模型或不等式(组)模型的建构;数学模型求解出现错误;用数学模型求解的结果解释实际问题出现失误。从答题数据统计看,学生得分情况如图3,数学建模四个水平分布如图4。数学建模水平1占比33.2%,其中得分为0的学生高达19.8%;数学建模水平2占比20.2%,其中得5分的学生居多;数学建模水平3占比7.2%;数学建模水平4占比39.4%,其中完全正确率(满分)为总人数的20.8%。

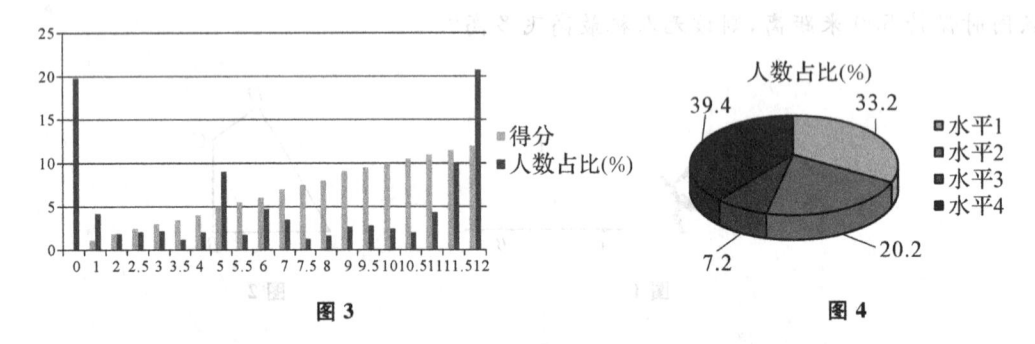

图3

图4

试题 2 从答题内容统计看,存在以下现象:很多学生不能从"文本+图形"信息中提取任何有效信息,答题区域空白;将实际问题转化为数学问题时,出现理解错误;在建构数学模型求解时,模型建构不当或者对模型求解出现错误;答题不规范,答题不完整。从答题数据统计看,学生得分情况如图5,数学建模四个水平分布如图6。数学建模水平1占比25.4%,其中得0分的学生为16.9%;数学建模水平2占比19.6%,其中得4分的学生占比最多;数学建模水平3占比5.2%;数学建模水平4占比49.8%,其中完全正确率(满分)为总人数的33.9%。

图 5　　　　　　　　　　　　图 6

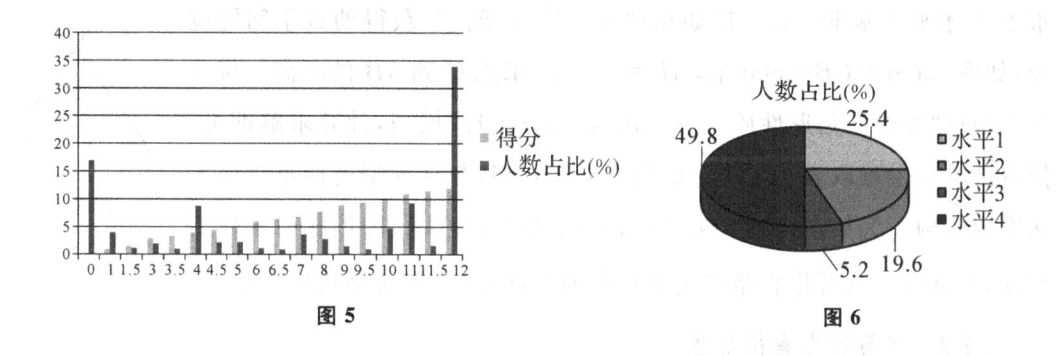

3.2 结果分析

数学建模能力包括:阅读理解能力、逻辑推理能力、数学化能力、计算能力和自我监控能力。从学生的答题情况看,存在的问题主要聚焦在阅读理解能力、数学化能力、计算能力等三个维度上。

3.2.1 阅读理解能力参差不齐

从学生答题情况看,学生的阅读理解能力参差不齐,其中大约20%的学生阅读理解能力较强,能快速、准确地获取图文信息,顺利地完成数学建模。处于数学建模能力水平1的学生中,大约19%的学生存在阅读障碍,甚至出现"密集文本信息恐惧"现象,表现出两种行为特征:一是心理上抵触文本信息量大的应用类问题,难以集中精力阅读理解信息甚至直接放弃阅读,导致实际问题数学化难以达成,无法完成答题;二是能认真完成阅读,只能理解和获取部分有效信息,能用数学符号表达实际问题中的部分数量关系,完成数学建模过程的某个环节。这些表现与数学建模能力水平1吻合。比如在试题1中,部分学生读不懂表1提供的信息,找不到这些数量之间的关系。又如一部分学生对"为了使总收入不低于13.5万元,且苹果树、橙子树至少要各种植10棵"这句话不太理解,不知道如何进行数学表达。再如试题2中"该无人机最高飞多高"的不当表述放大了学生的阅读障碍,导致约26%的学生产生了思维障碍,甚至束手无策。这些现象表明学生的数学阅读理解能力和数学表达能力有待提高。

3.2.2 数学化能力表现出较大差异

学生求解数学建模试题的首要任务是在阅读理解的基础上将实际问题数学化,即将实际问题转化为数学问题,并进行数学表达,这是能否有效建立数学模型并解决问题的关键。然而很多学生在这个环节出现错误,表现为不能将实际问题正确表达为清晰完整的数学问题,导致建构数学模型不当甚至出现错误。这些表现与数学建模能力水平2、水平3基本一致。比如在试题2第(1)问中,获得的数学问题应为:如图7,$CA=CB=500$米,$AB=600$米,求点C到AB的距离。接着学生根据"等腰三角形性质"作高,建构"勾股定理"模型,计算求解即可。但有部分学生难以表达出清晰的数学问题,导致数学模型建构不当或无法完成建构。又如在试题2第(2)问中,学生对$\triangle ADC$的形状尚未作出判断,就直接将其看作直角三角形进行面积计算,出现模型建构失误。

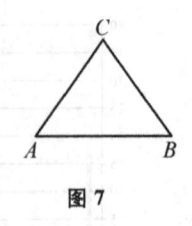

图7

3.2.3 计算能力有待加强

完成数学模型建构意味着实际问题已成功地转入数学内部,对数学模型的计算求解并检验是重要环节。处于这一阶段的数学建模能力水平对应水平4。从学生计算求解情况看,试题1中出现很多计算错误现象,比如方程组求解出现错解、不等式组求解出现错误、求解结果的综合判断出现错误等;试题2中也出现一些面积计算上的错误现象。这些问题表明学生的数学运算能力有待加强,但仅从数学建模能力发展水平看,其水平属于较高层次。

4 思考与启示

4.1 注重数学阅读理解能力培养

数学阅读是从背景、数据等材料中获取信息的心理活动过程,包含对数学语言(文字、符号、图表等)的感知和认读、新概念的同化和顺应、阅读材料的理解和记忆等各种心理活动因素。数学阅读理解是数学建模过程的重要组成部分,数学阅读的价值和目标在于建构数学模型解决问题。教学中,要以教材上应用类问题为载体,加强对学生的数学阅读理解训练。一方面帮助学生克服对阅读的抵触情绪,坚定信心,踏实认真地逐字逐句完成阅读,读懂题意。另一方面帮助学生掌握阅读技巧,对文字、图表、图形等不同素材采取不同的阅读策略,弄清楚材料中的每一个关键词语,每一个数量关系,理解题目中的每一个重要信息,使学生想读、能读、会读,熟练进行文字、图形、符号三种数学语言的转换,促进数学建模能力水平尚处于水平1的学生向水平2或水平3进阶。

4.2 注重数学化能力的培养

《义务教育数学课程标准(2011年版)》明确要求学生初步形成模型思想,"通过用代数式、方程、不等式、函数等表述数量关系的过程,体会模型思想",并且"结合实际情境,经历设计解决具体问题的方案,并加以实施的过程,体验建立模型、解决问题的过程"。初中生数学建模所面对的现实问题一般分为三类:现实原型、实际模型、数学形式。教材上的应用题和试卷上的建模试题都属于实际模型,对学生数学化能力要求并不高,学生只需建构熟悉的数学模型即可解决问题。对于实际模型类问题(应用题),教师要将模型思想融入教学中,把常规的数学问题、数学模型放在不常规的背景下,根据问题的实际背景、数学意义对学生的求解方案进行评价,有意识地引导学生经历"实际模型—数学模型—求解验证—现实结果"的问题解决过程,强化数学计算技能,提高学生综合运用数学知识解决非常规问题的能力,为学生达成数学建模能力水平4奠基。

4.3 注重开展真实的建模活动

教材上那些传统的文字题(应用题),只是用现实世界的辞藻给纯数学问题加了层"外衣"。在这种情况下,所谓的数学建模只是"去掉外衣"(自然语言翻译成数学语言),适合问题解决的数学模型就在手边。从两道试题内容及设置的问题看,尚属于一般的数学问题解决,不同于真正的数学建模问题。在初中阶段的数学学习中,开展数学建模活动是培养学生数学建模能力的有效途径。为解决实际模型类问题在培养学生数学化能力上的欠缺,我们建议以现实世界的问题解决为抓手,每学期开展1—2次适合初中生的综合实践活动或数学建模主题活动,在完整的数学建模活动中促进学生形成模型思想,提高数学建模能力。比如开展"出租车收费问题"主题活动,自由组建数学建模团队,经历问题分析、调查、数据收集、提出假设、构建模型、模型计算、分析结果、模型验证、模型改进等数学建模过程,在以实际问题解决为指向的数学建模活动中培养学生的数学建模能力。

指向关键能力发展的初中数学单元教学的价值分析

摘　要:在核心素养的背景之下,初中数学学科教学也担负着发展学生关键能力的任务,完成这个任务需要具体的途径。在初中数学教学中,数学抽象存在的空间是较大的,如果让学生用数学视角去研究相关问题,数学抽象也就发生了,数学抽象的能力也就能够得到发展。单元教学可以为数学抽象能力的发展提供系列的运用空间。单元教学有三个方面的价值:单元教学可以赋予学生足够的关键能力发展空间;单元教学可以提升学生的数学学习能力与品质;单元教学可以促进学生进行积极的自我评价。核心素养培育是当前学科教学最重要的主题,关键能力的培养是初中数学教学的重要目标,单元教学是发展关键能力的重要途径。

关键词:初中数学;关键能力;单元教学;价值分析

在初中数学教学中推行单元教学,目的是为了规避传统碎片式教学的不足,为了让师生站在单元的角度去思考一个单元的知识如何教与学。相比较而言,单元教学更能够让学生形成较强的概括能力,且能够让学生在整体视角之下去建构数学概念以及数学知识体系。在核心素养的背景之下,初中数学学科教学也担负着发展学生关键能力的任务,完成这个任务需要具体的途径,能否在关键能力发展与单元教学之间寻找到有效的衔接,也成为笔者重点研究的内容。应当说单元教学在初中数学教学中,已经有了不少的探索者,著名特级教师李庾南老师的教学法中,就有"重组教材内容,实施单元教学"的重要思想。应当说单元教学既是教学形式的改变,也是教学思想的转变:传统的教学更多地关注每一节课堂,关注的是一城一池的得失;单元教学关注的则是整个知识及其体系的建构,关注的是整个战争的成败。从这个角度来看,单元教学更需要学生学习能力的支撑,反过来在这个过程当中,又能够培养学生的学习能力。很显然,从学习品质的角度来看,这种学习能力就是关键能力的重要内容。

同时,从数学学科的角度来看,《义务教育数学课程标准》指出,"在数学课程中,应当注重发展学生的数感、符号意识、空间观念、几何直观、数学分析观念、运算能力、推理能力和模型思想。为了适应时代发展对人才培养的需要,数学课程还要特别注重发展学生的应用意识和创新意识。"这是人们常说的初中数学中的10个核心概念;与此同时,在研究数学学科核心素养的时候还可以参照《普通高中数学课程标准(2017年版)》,此中数学学科核心素养的6个要素分别为数学抽象、逻辑推理、数学建模、直观想象、数学运算、数据分析。将初中与高中的数学学科核心素养结合起来看,其实是可以发现交集的,而且笔者认为用高中数学学科核心素养中的数学抽象、逻辑推理以及数学建模来描述关键能力,也是非常恰当的。本文所阐述的关键能力,主要就从这三个要素进行。

一、初中数学单元教学之于关键能力发展的理论意义

在初中数学教学的视野之下理解单元教学,可以是这样的:单元教学是运用系统方法,对某个教学单元所涉及的各种课程资源进行有机整合,对教学过程中的各个部分做出整体安排的一种构想,即为达到整个单元教学目标,对教什么、怎样教、达到什么目标等进行的教学策划。在规划的基础上实施具体的教学就是单元教学的过程。数学单元教学设计是单元教学的前提,单元教学设计也称为数学主题教学设计,一般包括模块教学设计、章节教学设计、几章整合性教学设计等。笔者在研究的过程当中,考虑到初中学生的认知特点以及学习能力,更多的是从章节教学的角度进行设计与实施的。在此过程中重要的教学线索就是发展学生的关键能力。

上面已经指出,本文所阐述的关键能力是从数学抽象、逻辑推理以及数学建模三个要素的角度进行的。以其中的数学建模能力发展为例,一般认为数学建模能力具体表现为三个方面:一是在实际情境中从数学的视角发现问题,用数学语言表达问题;二是在实际情境中发现和提出问题,针对问题建立数学模型;三是运用数学知识求解模型,并尝试基于现实背景验证模型和完善模型,最终解决实际问题。对于初中数学教学而言,如何在单元教学的过程中,体现出数学抽象能力发展的这些方面,值得认真探究。而作为一项完整的研究,这个探究首先应当是理论层面的探究。对此笔者有两个结论:

其一,在初中数学教学中,数学抽象存在的空间是较大的,好多数学概念的建构都是从生活事物引入的,这个时候学生就有在实际情境中发现数学问题的可能,而如果让学生用数学视角去研究这些问题,数学抽象也就发生了,数学抽象的能力也就能够得到发展。从单元教学的角度来看,数学抽象情境的设计应当具有前后一致性,也就是教师可以通过对一个单元知识的把握,设计出具有前后联系的数学抽象情境,让学生在每次抽象的过程中都能步步深入,这样单元教学自然就促进了学生数学抽象能力的发展。

其二，单元教学可以为数学抽象能力的发展提供系列的运用空间。但是教学包括教与学两个层面，学不只是单向地接受，也包括数学知识的输出与运用。当教师立足于单元教学的高度时，就可以发现某一个单元知识的教学过程中，总存在前后具有联系的知识运用契机，捕捉这些契机并以发展数学抽象能力为线索，就可以设计出能够发展学生关键能力的教学过程。

需要指出的是，虽然这里阐述的是数学抽象，但是逻辑推理和数学建模也可以遵循同样的思路，以在单元教学的过程中实现发展。也就是说，促进学生关键能力的发展，在理论上是可行的，而理论上的可行性要变成实践上的现实性，还需要在研究的过程中进行经验积累与案例分析。

二、初中数学单元教学之于关键能力发展的实践意义

笔者的研究是以课题的形式进行的，在课题研究的过程中，笔者发现单元教学之于关键能力发展的实践意义也是显著的。下面通过几个案例来说明。

1. 单元教学可以赋予学生足够的关键能力发展空间

在上面进行理论探究的时候，强调了可以通过数学概念的形成过程以及数学知识的运用过程去发展包括数学抽象在内的关键能力。实际上这是一个很大的空间，在这个空间中如果学生有足够的时间，那就可以建立一个充分的数学抽象过程。

例如，在"相交线与平行线"这一章的教学中，包括相交线和平行线及其判定、平行线的性质、平移等知识，在其中的相关概念与规律的教学中，存在着较多的数学抽象时机。从剪刀的使用可以抽象出直线的相交与角的变化，从旗杆与地面的关系可以抽象出垂直，从铁轨可以抽象出两直线平行，从生活中一些具有规律的图案可以抽象出平移……更重要的是在这些概念或者规律的学习过程中，在教师举出相关例子之后，在学生形成了相关的表象与认识之后，还可以通过让学生自己举例的方法，去深化对本章概念与规律的理解。从单元教学的角度来看，上面所举的抽象例子贯穿了本章的教学，也就是说在教学的过程中学生可以不断地经历数学抽象的过程，这其实不是一种同水平的重复，事实上学生在前面经历了数学抽象的过程之后，所形成的抽象能力可以驱动后续知识的学习。从纵向的角度来看，在不断递进的数学抽象过程中，教师的指导越来越少，而学生的自主活动越来越多，这在客观上证明了学生的数学抽象能力确实得到了增强，从而也就证明了单元教学让包括数学抽象能力在内的关键能力得到持续不断的发展。

2. 单元教学可以提升学生的数学学习能力与品质

数学抽象不只是学习过程，也是数学学习能力与品质生成的机会。数学学习能力

与数学学科核心素养之间是什么关系？对这个问题的回答,笔者的答案是:前者是后者的综合。进一步讲,在不同数学知识的学习过程中,当学生通过数学学科核心素养六个要素的选择与使用,从而成功地建构起数学概念、规律以及知识体系时,就是学习能力与品质的体现。

在上面所举的"相交线与平行线"这一章的教学中,笔者特地在本章学习完毕之后,跟学生一起梳理本章知识体系的建立过程。这实际上是一个学习后的反思过程,学生通过反思发现,基本的概念可以通过数学抽象完成,平行线的性质与判定更多地依赖于逻辑推理,而学生在相关的数学问题解决过程中运用概念和规律时,这些概念与规律某种程度上讲又是一种数学模型——考虑到初中学生的认知水平。在学习反思的过程中笔者并没有将这些概念说出来,而是用学生能够听得懂的生活语言来进行概括,比如学生选用"同位角相等,两直线平行"来判定直线平行时,笔者就称这一判定方法为"工具",当数学知识具有工具性作用时,实际上就是指代其模型功能。尽管运用的是非专业概念,但同样可以让学生生成默会知识。大量研究表明,在数学学习过程中学生的默会知识越多,知识的建构过程就会越顺利,进而也就表现为学习能力与品质得到提升。毫无疑问,这种以数学学科核心素养要素作为支撑的学习能力,是影响初中生数学学习的关键能力,而这个关键能力的形成,正得益于学生所经历的单元教学过程。

3. 单元教学可以促进学生进行积极的自我评价

评价是一个宏观概念,当初中数学教学立足于学生关键能力培养的时候,可以将其与学生的自我评价结合起来,说得具体一点就是当学生在对自身学习过程进行评价时,能够从上述第二点中所提到的、与数学学科核心素养要素相关的默会知识角度相结合,既能够深化自己对关键能力的发展,还能够提升自己的学习品质。

同样以"相交线与平行线"的教学为例,在单元复习的过程中,给学生提出一些问题,如:两直线相交可以得到4个角,那这4个角有什么样的位置关系以及数量关系？如何度量点到直线的距离？怎样判定两条直线是否平行？平行线具有什么样的性质？能否通过比较发现平行线的性质与平行线的判定方法之间的异同？除了这些与知识直接相关的问题之外,还可以给学生提供一些具体的数学习题。其后学生的主要任务就是回答这些问题,解答相关习题,此时教师的主要任务就是对学生的这一过程进行引导,引导的重点之一就是自我评价——感觉自己解决问题或者解答习题的过程怎么样？有哪些是需要坚持的？有哪些是需要改进的？事实证明,通过这些问题的回答,学生不仅会关注问题是否成功得到解决,还会关注这些问题是如何得到解决的,也就是说在关注结果的同时又关注过程,这显然可以让学生更为理性地认识自己的学习,从而产生一种积极的心理倾向。相比较而言,这也是关键能力的重要组成部分,而其得益于单元教学的视角选择与具体运用。

三、用单元教学促进关键能力以及数学核心素养落地

核心素养与数学学科核心素养是上下位概念的关系,关键能力作为核心素养的重要组成部分,与数学学科核心素养关系更为密切。运用单元教学来促进关键能力以及数学学科核心素养的落地,需要教师在实践过程中寻找到具体的路径。

从已有的教学研究及其结果来看,在中学数学教学过程中,单元知识可以让学生迅速接受,但是,如何让学生把握好这些分散点的记忆,也是初中数学教师必须面对的问题。单元教学就是针对这样的问题而设计的。实际上在核心素养的背景之下,单元教学不仅可以促进学生将分散的知识点整合起来,更可以在这个过程当中,让学生的关键能力生长能够植根于知识的整体建构。原江苏省中小学教学研究室董林伟先生在相关的研究中明确指出数学学科的关键能力就是数学学科核心素养的6个要素。相关的调查数据表明,对于初中学生而言,不同要素的能力基础是不一样的,尤其值得注意的一点是,不同地区学生在数学学科核心素养的不同要素上,有时候会存在明显的差异。比如说数学运算这一核心素养要素,表征的是学生的运算能力,在初中数学教学的视野里,运算能力当然是关键能力的重要组成部分,而事实上不同地域的数学运算能力可能会存在着明显的差异,这就提醒初中数学教师,学生的运算能力确实与具体的教学过程相关。由此也提醒初中数学教师,关键能力的培养与具体的教学方式一定密切相关,因此立足于关键能力的培养去优化单元教学,就应当是非常必要的一个选择。

总的来说,核心素养培育是当前学科教学最重要的主题,关键能力的培养是初中数学教学的重要目标,单元教学是发展关键能力的重要途径。认识到这一点就能厘清初中数学教学的基本规律,从而可以实现基于关键能力发展的高效单元教学。

苏科版初中数学教材中的数学建模内容分析

摘　要：数学教材上提供的数学建模内容是帮助学生形成模型观念的有效载体。研究者梳理苏科版初中数学教材中的数学建模内容，重点关注教材中方程、不等式、函数等内容，从内容领域分布、章节内容结构、内容呈现方式三个维度研究数学建模内容，并提出建模教学建议。

关键词：数学建模；模型观念；数学建模内容；初中数学教材

一、问题提出

数学教材上提供的数学建模内容是帮助学生形成模型观念的有效载体。从数学建模内容形式看，初中数学建模所面对的现实问题一般分为三类：现实原型、实际模型、数学形式。现行初中数学教材中提供的实际问题情境大多属于"实际模型"类，是一种标准数学模型的回译。研究初中数学教材中蕴含的数学建模内容是更好地开展数学建模教学研究的基础。下面笔者以江苏凤凰科学技术出版社（以下简称"苏科版"）出版的初中数学教材为例，梳理与数学建模直接相关的章节内容，以期能为初中数学教师开展数学建模教学提供参考。

二、初中数学教材中数学建模内容梳理

《义务教育数学课程标准（2022年版）》对数学建模的表述为："初步感知数学建模的基本过程，从现实生活或具体情境中抽象出数学问题，用数学符号建立方程、不等式、函数等表示数学问题中的数量关系和变化规律，求出结果并讨论结果的意义"。因此，数学建模内容分析应重点关注方程、不等式、函数等内容领域，兼顾"几何与图形"和"统计与概率"内容领域。

苏科版初中数学教材（2012年版）共设置32章内容，其中"绪言"（1章）、"数与代数"（15章）、"图形与几何"（11章）、"统计与概率"（5章）、"综合与实践"（未单独设章节，以"数学活动""课题学习"的内容形式镶嵌于各章节）。下面以苏科版初中数学教师

参考用书为主要依据,根据整章的"课标要求"和课时的"教学目标"中是否涉及"现实情境(现实生活)""应用""模型"等关键词对教学内容进行区分,将与数学建模直接相关的章节内容梳理如下。(见表1)

表1 苏科版初中数学教材与数学建模直接相关的章节

章节	本章内容	课标要求	教学目标
七年级上册第1章	数学与我们同行	经历对现实生活中具体事例的观察与思考,体会数学与生活之间的联系。	通过对生活中常见的图形、数字的观察和思考,感受生活中处处有数学。
七年级上册第3章	代数式	借助现实情境了解代数式,能分析具体问题中的简单数量关系,并用代数式表示。	理解现实情境中字母表示数的意义,会用字母表示一些简单问题中的数量关系和变化规律,感悟模型思想。
七年级上册第4章	一元一次方程	能根据具体问题中的数量关系列出方程,体会方程是刻画现实世界数量关系的有效模型;体会模型的思想,建立符号意识,体会数学的价值。	通过对多种实际问题中数量关系的分析,学生初步感受方程是刻画现实世界的有效模型;能用一元一次方程解决简单的实际问题,经历"问题情境—建立数学模型—解释、应用与拓展"的过程,体会数学的应用价值。
七年级下册第10章	二元一次方程组	能够根据具体问题中的数量关系,列出方程(组),体会方程(组)是刻画现实世界的有效模型;能根据具体问题的实际意义,检验方程(组)的解是否合理。	经历分析实际问题中数量关系的过程,进一步体会方程是刻画现实世界的有效数学模型;进一步体会数学的应用价值;能检验所得问题的结果是否符合实际意义,提高学生分析和解决问题的能力。
七年级下册第11章	一元一次不等式	能根据具体问题中的数量关系,列出一元一次不等式,解决简单的问题。	能够根据实际问题中的数量关系,列出一元一次不等式,解决简单的问题,体会一元一次不等式的应用价值。
八年级上册第3章	勾股定理	探索勾股定理及其逆定理,并能运用它们解决一些简单的实际问题。	能运用勾股定理及其勾股定理的逆定理解决一些简单的实际问题,增强应用意识。
八年级上册第6章	一次函数	能用一次函数解决简单的实际问题。	能用一次函数解决简单的实际问题,经历"问题情境—建立模型—求解验证"的数学活动过程,体会模型思想,增强应用意识。
八年级下册第8章	认识概率	在具体情境中了解概率的意义,体会概率是描述随机现象的数学模型。	通过具体实例了解概率的意义,认识到概率是对随机现象的一种数学描述,刻画随机事件发生的可能性的大小。
八年级下册第11章	反比例函数	结合具体情境体会反比例函数的意义,能用反比例函数解决简单的实际问题。	能利用反比例函数的相关知识分析和解决一些简单的实际问题;进一步体会和认识反比例函数是分析、解决实际问题的一种有效的数学模型。

续 表

章节	本章内容	课标要求	教学目标
九年级上册第1章	一元二次方程	能根据具体问题中的数量关系,列出方程(一元二次方程),体会方程(一元二次方程)是刻画现实世界数量关系的有效模型。	引导学生经历和体验用一元二次方程解决实际问题的过程;进一步体会一元二次方程是刻画现实世界数量关系的有效模型,增强学生的数学应用意识;能检验所得的结果是否符合实际意义。
九年级下册第5章	二次函数	通过对实际问题的分析,体会二次函数的意义;能应用二次函数解决简单的实际问题。	能用二次函数的有关知识解决实际问题;进一步感受二次函数应用的广泛性,提高将实际问题数学化的能力。
九年级下册第6章	图形的相似	会利用图形的相似解决一些简单的实际问题。	会利用相似三角形解决一些简单的实际问题。
九年级下册第7章	锐角三角函数	能用锐角三角函数解决一些简单的实际问题。	能把实际问题转化为数学问题,能借助计算器进行有关三角函数计算,并能对结果的意义进行说明。
九年级下册第8章	统计与概率的简单应用	了解统计、概率在生活和科学领域中的应用,并能解决一些简单的实际问题。	经历探索变量间的相互关系,将实际问题数学化的过程,感受统计在解决实际问题中的作用;通过对具体实例的研究,澄清生活中的一些错误认识,并能运用概率知识正确评判一些方法、规则是否合理、公平;进一步体会概率是描述随机现象的数学模型。

三、初中数学教材中数学建模内容特点

1. 建模内容分布侧重于"数与代数"领域

通过对苏科版初中数学教材中与数学建模直接相关内容的梳理,发现32章教材内容中与数学建模直接相关的内容有14章,占比43.8%。在6册数学教材中分布情况如下:七年级上册3章、七年级下册2章、八年级上册2章、八年级下册2章、九年级上册1章、九年级下册4章。从数学建模内容在"数与代数""图形与几何""统计与概率"三个内容领域的分布看,"数与代数"内容中有9章,"图形与几何"内容中有3章,"统计与概率"内容中有2章。整体来看,苏科版初中数学教材更侧重于将数学建模内容融入"数与代数"内容领域,以代数式、方程、不等式和函数等具体内容为载体,使学生感受代数式、方程、不等式和函数都是刻画现实世界数量关系的有效模型。

2. 章节内容结构呈现"外—内—外"特征

苏科版初中数学教材中与数学建模内容直接相关的章节在结构布局上有以下特点。"数与代数"内容领域的章内容结构一般为:概念—性质—解法—应用。以八年级

上册第6章"一次函数"为例,"6.1 函数""6.2 一次函数"是从丰富多彩的现实情境入手,通过填表、列式等方式,引导学生了解常量、变量的意义和变量之间关系的共同特征,从中认识和理解函数的意义,从而研究具体问题中的数量关系和变化规律。在了解变量意义的基础上运用数学语言抽象出函数的概念,再指向特定的实际情境,帮助学生理解函数的概念,进一步揭示实际情境中蕴含的变化规律和对应关系,用数学符号归纳和抽象出一次函数模型。"6.3 一次函数的图像"是从"形"的角度研究"数",进而研究数量和图形之间的内在联系,揭示一次函数的性质。"6.4 用一次函数解决问题"是用一次函数知识和思想方法解决生产、生活中的实际问题,引导学生经历将实际问题数学化的过程,建立一次函数模型并求解实际问题,培养学生的模型观念,发展符号意识和应用意识。"6.5 一次函数与二元一次方程""6.6 一次函数、一元一次方程和一元一次不等式"是进一步研究一次函数的应用,教材内容设置以数学内部应用为主,兼顾数学外部实际问题的应用,注重数形结合思想和模型思想的渗透。

从数学建模过程的视角看,"6.1 函数""6.2 一次函数"属于对实际问题的横向数学化,是从实际问题中抽象出数学模型;"6.3 一次函数的图像""6.5 一次函数与二元一次方程""6.6 一次函数、一元一次方程和一元一次不等式"属于对数学模型的纵向数学化,是从数学内部研究一次函数模型的性质或解法;"6.4 用一次函数解决问题"属于解决实际问题范畴,是从实际问题中抽象出数学问题,建立一次函数模型(或方程模型、不等式模型)并根据图像和性质求解的过程。从数学建模循环模型看,整个章节是沿着"由外到内——由内到内——由内到外"的内容结构布局的。

3. 建模内容呈现方式符合学生认知水平

苏科版初中数学教材中数学建模内容一般集中出现于数学概念引入和数学外部应用两个板块,问题情境的表述多以"成品"问题的样态呈现(一般称其为"应用题"),表现出问题情境简单、结构良好、条件不多不少、数学模型清晰、易于求解、结论封闭等特点。以九年级上册第1章"一元二次方程"为例,全章共出现44个实际问题情境,具体分布如下:"章引言"中有1个、"1.1 一元二次方程"中有9个、"1.4 用一元二次方程解决问题"中有24个,"复习题"中有10个。从问题情境的功能看,用于引出数学概念的问题情境4个,用于例题教学的问题情境6个(其中有1个为数学情境),用于巩固的练习和习题的问题情境24个(其中有6个为数学情境),用于复习提高的问题情境10个(其中有3个为数学情境)。全章共出现以现实生活为背景、指向实际问题解决的问题情境34个,所有的问题情境都属于"成品"型问题样态。

四、研究结论

1. 优化问题情境设计,凸显数学建模属性

数学建模内容在苏科版初中数学教材中各册各章节分布合理,有利于集中进行模型思想的渗透,培养学生的模型观念和应用意识。但从问题情境呈现的内容及方式看,问题情境的类型基本都是"成品"型问题,少有"原坯"型问题或"半成品"型问题。从驱使学生经历完整数学建模过程和培养数学建模能力看,"成品"型问题情境的功能有明显欠缺。另外,教材中虽然设置了"数学活动"和"课题学习"等综合实践活动,但多数"数学活动"和"课题学习"指向数学内部问题的解决,属于竖直数学化范畴,缺乏横向数学化的要求,整体的数学建模属性较弱,在培养学生数学建模能力方面功能欠佳。因此,建议优化问题情境设计,将"成品"型问题情境进行适度地现实性回译,弱化数学化特征,尽可能贴近真实的现实情境,使学生增强问题意识和模型观念,从而培养学生的数学建模能力。另外,建议教师指导学生观察现实世界,从现实生活中提出有价值的实际问题,在讨论、交流和教师指导下,确立选题,以小组合作的形式开展主题综合实践活动。

2. 联系现实生活情境,发掘图形应用价值

从数学建模内容在初中数学教材四个内容领域分布看,各内容领域的分布不均,"数与代数"内容领域占比较大,而"图形与几何""统计与概率"内容领域分布较少。在"图形与几何"内容领域,仅有"勾股定理""相似三角形""锐角三角函数"三个章节涉及显性的数学建模内容,而"轴对称图形""中心对称图形""对称图形(圆)"等章节内容中缺失数学建模内容。因此,在教学时,笔者建议教师从丰富的现实生活中选择建模素材,发掘以"图形应用"为主题的建模教学内容,以图形类实际问题解决为主线,开展数学建模教学,增强学生应用图形解决实际问题的意识和能力。

3. 重视数据分析应用,明确统计模型特征

"统计与概率"内容领域的问题情境几乎都源于现实生活,却很少提及"应用"或"模型"。以九年级上册第3章"数据的集中趋势和离散程度"和第4章"等可能条件下的概率"为例,整章内容涉及的问题背景全部来源于现实世界,都属于实际问题解决范畴,但教材和教师参考用书中都没提到"应用""模型"等词语,一定程度上削弱了这些实际问题在培养学生数学建模能力的功能。事实上,运用数学知识或构建新的数学知识解决实际问题的过程就是数学建模,既然整章内容都是围绕实际问题展开的,建构数学模型是必然的,也是非常重要的。因此,笔者建议在"统计与概率"内容领域的教学中,教师适当增加"应用""模型"等词汇的使用量,更好地发掘教材的教育教学功能,设置良好的实际问题情境,促进教师将培养学生数学建模能力的目标落到实处。

五、结语

梳理苏科版初中数学教材中蕴含的数学建模内容及特点,有利于教师把握建模教学的整体性、阶段性和系统性,以教材中数学建模内容为载体,渗透模型思想,将培养初中生数学建模能力落到实处。教材是学术形态的呈现,而教师要做的是教育形态的落实。这就要求教师在理解教材的基础上,明确数学育人的目标,发掘教材的教学价值,将学生数学关键能力的培养目标落地。

初中生数学建模能力评价框架的构建

摘　要：数学建模能力是数学关键能力的重要组成部分。初中生数学建模能力评价框架的缺失影响到初中数学建模教学实施。文章从综合能力和特征子能力两个维度分析初中生数学建模能力内涵，梳理国内外数学建模能力评价框架的研究概况。在文献研究的基础上，结合初中生的认知经验和心理特征，从问题情境、数学内容、建模过程、任务类型、建模水平五个维度构建初中生数学建模能力评价框架，并给出初中生数学建模能力测评试题的编制示例。

关键词：数学建模；建模能力；教育评价；初中数学

数学建模能力是数学关键能力的重要组成部分，是学生必备的数学关键能力之一。在初中数学教学中，广大一线教师对数学建模的认识大多停留在"模型思想"层面，对初中生数学建模能力的内涵认识不足，影响了初中生数学建模能力培养目标的落实。评价是落实课程目标的基础与保障，教育评价具有重要的导向和诊断功能。初中生数学建模能力评价框架的缺失，使得初中数学建模教学的导向不明，难以及时发现建模教学中存在的问题，导致对初中生数学建模能力培养成效的评价极为困难，进一步加剧了培养目标与教学实施之间的差距。因此，开展初中生数学建模能力评价研究极为必要。

一、初中生数学建模能力的界定：综合能力和特征子能力

数学建模能力是一种能使数学建模活动得以顺利完成、并且直接影响数学建模成效的心理特征。数学建模能力是一种综合的数学能力，完成一项建模任务往往要用到各种数学建模特征子能力，如理解简化、数学化、数学求解、反数学化、验证。布鲁姆和加尔布雷斯列出了完成数学建模过程所需的五个数学建模特征子能力：结构化情境（RS→RM）、数学化（RM→MM）、求解模型（MM→MR）、解释和回译（MR→RR）、验证与反思（RR→RS）。基于对数学建模能力组成要素的分析，结合初中生的心理特征和认知水平，将初中生数学建模能力界定为：初中学生利用形式化的数学模型去反映现

实问题中的关系结构,通过对数学模型的求解和检验,解答现实原型中某些特定问题的能力[1]。从数学建模过程看,初中生数学建模能力就是初中生运用数学知识完成数学建模活动中表现出的数学能力,是由简化原型能力、建立模型能力、求解模型能力、阐释模型能力、评估反思能力等建模特征子能力构成的综合能力[2]。

二、数学建模能力评价框架的研究概况

学生数学建模能力的培养与评价日益受到研究者的重视,一些学者研究并提出了数学建模能力评价框架,评价框架的内容主要涉及问题情境、知识技能、建模阶段(数学化)、建模水平四个方面。

在国外,毕卡德等研究者通过认知能力、情感能力和元认知能力三个方面建构了建模能力测评框架。詹森构建的数学建模能力测评框架包含三个维度:覆盖率、活动范围和技术水平。布鲁姆和加尔布雷斯将数学建模能力划分为理解建模(认识建模过程、理解建模意义)、独立建模(分析和简化现实问题,建立数学模型,求解模型,检验结果并解释现实问题)、反思建模(对建模过程进行元反思,评估模型,阐释建模结论)三个水平等级。PISA2015在数学建模能力评价框架中分别采用了"Formulate(表述)""Employ(使用)""Inter-pret(解释)"描述建模的关键步骤,构建了以"横向数学化、纵向数学化、解释-应用-评价"三个建模特征子能力为核心的行为指标。PISA2021数学素养测评框架是以问题情境为基调,以"数量、不确定性与数据、变化与关系、空间与图形"四个数学内容领域为依托,构建以数学推理为核心,表达、应用、阐释与评估为过程的问题解决与数学推理关系模型。

在国内,郭洪林聚焦学生问题解决能力的评测,给出了关于解决实际问题的能力评价细目表;张德勤进一步微调和丰富了郭洪林的评价细目表;徐稼红提出数学建模能力评价途径和方法,从建模的过程阐述数学建模能力的3个水平层次;徐斌艳从情境和内容范围、数学建模特征能力和建模能力水平三个维度构建了数学建模能力测评框架,以评价义务教育阶段学生的数学建模能力。曹一鸣从3个能力要素(学习理解、实践应用、创造迁移)、9个一级框架(观察记忆、概括理解、说明论证、分析计算、推测解释、简单问题解决、综合问题解决、猜想探究、发现创新)以及若干二级具体指标构建了数学建模活动的能力表现框架。朱娅梅建构了包含4个要素的义务教育阶段数学建模能力评价框架。

在国家课程标准方面,《普通高中数学课程标准(2017年版2020修订版)》中明确提出数学建模素养,指明了数学建模的内涵、过程、功能、表现及价值,并将数学建模素养划分为三个水平,从情境与问题、知识与技能、思维与表达、交流与反思等四个方面

进行表述,初步形成了高中生数学建模能力评价框架,为高中生数学建模能力的有效测评提供重要依据。《义务教育数学课程标准(2011年版)》[以下简称《义务课标(2011版)》]中指出对问题解决的评价形式和方法要从单一走向多样,要尤为重视在平时教学和具体的问题情境中进行评价。对《义务课标(2011版)》中关于问题解决评价的举例说明部分进行分析和梳理,获得对问题解决评价的不同层次:第一,理解题意,提出解题策略,通过表征、列表、画图进行尝试;第二,有序表达;第三,在观察、比较、分析的基础上,发现数量关系或变化规律,建立数学模型,猜测问题的结果;第四,求解数学模型,验证结果;第五,解决问题,反思问题解决的过程。从数学建模过程维度看,对问题解决评价的五个层次与建模五阶段循环模型是对应的。

分析以上文献发现,现有数学建模能力评价框架大多是理论层面的宏观建构,既缺乏中观性的理论解读,也缺乏微观性的实践阐释,更缺乏对初中数学建模教学的适应性、实操性。因此,有必要在现有的评价框架成果基础上,根据初中数学内容和初中生认知特点,构建具有初中学段特征的数学建模能力评价模型,以引导广大初中数学教师重视培养学生的数学建模能力,实现初中数学建模教、学、评的一致性。

三、初中生数学建模能力评价框架的构建:五维模型

基于课程标准的教育教学目标要求,结合初中生的认知经验和心理特征,从问题情境、数学内容、建模过程、任务类型、建模水平五个维度构建初中生数学建模能力评价框架模型,如图1。

图1 初中生数学建模能力评价框架:五维模型

1.问题情境维度

数学建模起始于意义丰富的现实情境。现实情境一般具有真实性、复杂性、综合性等特征。现实情境一般来源于数学建模问题产生的领域和学生的生活领域,包括个人情境、社会情境、职业情境和科学情境。个人情境是指个体家庭或建模团队面对的

现实问题情境,比如家庭生活中家具的摆放问题。社会情境是指以社会生活服务为背景的问题情境,包括区域的、国家的甚至是全球的,比如出租车收费问题。职业情境是指以工作场域为背景的问题情境,比如自行车的稳定性结构设计问题。科学情境是指与应用数学高度关联的科学技术领域,比如疫情传播与防控问题。事实上,在建模过程中情境本身或许并不重要,但作为数学建模的起点,很有必要对建模涉及的一系列广泛情境进行梳理分类。对初中生而言,以上四种现实情境通常表现为三种形态:现实原型、实际模型和数学形式。

2. 数学内容维度

数学内容是实施数学建模的认知基础,因而将初中数学内容作为评价框架的重要维度进行梳理很有必要。数学建模是用数学知识、思想和方法解决现实世界中的实际问题。这里所指的数学知识、思想和方法都属于数学内容维度。在初中阶段,数学内容既包括数与代数、图形与几何、统计与概率、综合与实践四个显性的知识内容,也包括抽象、推理、化归、数形结合、分类讨论等隐性的思想方法内容。从数学模型的视角看,四个显性的知识内容统摄初中阶段常见的 7 类数学模型:算术模型(有理数运算等)、代数模型(代数式、方程、不等式、函数模型等)、图像模型(一次函数图象、反比例函数图象、二次函数图象等)、图形模型(三角形、四边形、圆等)、统计模型(平均数、中位数、方差等)、概论模型(古典概型、几何概型等)、混合模型。因此,本评价框架的数学内容维度主要包括数与代数、图形与几何、统计与概率、综合与实践四个模块。

3. 数学建模过程维度

数学建模不同于一般的数学问题解决,它是以现实问题情境为起点、以问题解决为终点的活动过程。关于数学建模活动过程,现有研究结果主要有数学建模的四阶段循环模型、五阶段循环模型和七阶段循环模型。2011 版义务教育数学课程标准、各版本初中数学教材及教师参考用书中基本都选用了数学建模的四阶段循环模型(现实问题——数学问题——数学模型——求解验证)。这种循环模型适应于教材上设置的实际问题的解决,但不适应于真实的、复杂的现实问题情境。现实问题(也称为"现实原型")往往是原生的、复杂的,将"现实问题"抽象为"数学问题"不是一蹴而就的,我们将其称为"数学化"。研究发现在将现实问题数学化的过程中,还有一个关键的中间状态——"实际模型",这便是布鲁姆提出的数学建模五阶段循环模型。事实上,数学化环节是整个数学建模过程的核心环节,其中表现出的数学化能力是最重要的数学建模特征子能力。

初中数学建模五阶段循环模型(如图2)对应了建模五步骤:① 理解现实原型情境;

②简化、假设、结构化现实原型,形成实际模型;③用数学语言表征实际模型,进一步数学化形成数学模型;④用数学方法求解数学模型,获得数学结果;⑤运用数学结果解释和检验现实原型情境中的问题。这里没有把检验和修正数学模型作为一个独立的步骤,是出于对初中生数学建模过程中认知特点的考虑:一是初中阶段的数学建模内容比较匮乏,尚不具备直接分析求解复杂的现实问题的数学、物理等跨学科知识,遇到修改、优化数学模型的机会相对较少,对于简单的结果验证和模型修改可划入步骤⑤;二是数学建模是一种认知过程,验证和修改模型甚至重新建立模型的过程属于对建立模型解决问题的"反思"范畴,是一种元认知过程,整个建模过程来看,其本身就是一种元认知活动。因此,根据初中生心理认知特点、数学知识水平、建模内容和建模要求,我们以建模五步骤为依托,构建初中数学建模能力评价框架的数学建模过程。

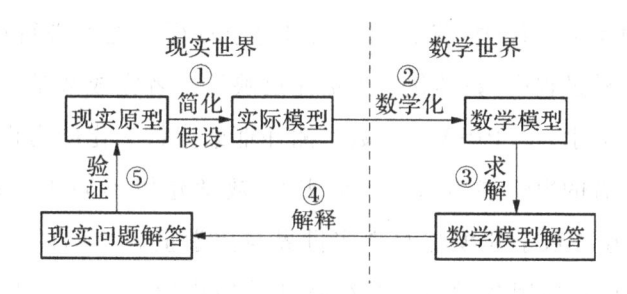

图 2 初中数学建模五阶段循环模型

4. 测试任务类型维度

数学建模过程包含一系列建模子过程,数学建模能力是由学生在完成每个建模子过程中所需要的简化原型能力、建立模型能力、求解模型能力、阐释模型能力、评估反思能力等建模特征子能力组成的。事实上,受制于初中教材建模教学内容匮乏和初中生数学知识水平偏低,在初中数学教学中很少开展相对完整的数学建模活动,学生更多经历的是局部性、阶段性的数学建模活动,单纯用严格的数学建模流程来测评初中生数学建模能力可能失之偏颇。因此,将建模测试任务类型分为子能力测试和完整能力测试两种类型。

子能力测试任务类型是指测评初中生的某个或某些建模特征子能力。子能力测试题型既可以是选择题、填空题等客观题,也可以为解答题等主观题,这类测试题的现实情境通常以"实际模型"的形态呈现,比如苏科版初中数学教材中"栅栏围矩形场地面积"问题,是一种对"现实原型"简化后的"实际模型",这与原生态的现实世界是有差异的,但这种呈现形态更适合初中生的认知特点。从测试任务类型看,这类问题属于子能力测试类型,主要评价学生完成建立模型、求解模型、阐释模型等建模特征子能力。

完整能力测试任务类型是指测评初中生完整完成数学建模的能力。完整能力测试题型通常为开放题形式，现实情境的呈现形态通常为"现实原型"，即只给出一个单独的现实情境，没有任何关于建模步骤的提示，看不出任何明显的数学内容或数学结构，需学生独立完整经历建模五阶段循环模型的测试任务。比如现实生活中的"停车场计时收费"问题，需要学生自主提出有价值的问题，将现实问题抽象、简化为实际模型，进一步数学化获得数学模型，完成求解、阐释、评估、反思，形成研究报告，即经历了引模、识模、建模、解模、验模的完整过程。通过观察学生完成数学建模的阶段性和完整性，评估学生完整的数学建模能力。

5. 数学建模能力水平维度

数学建模水平是对建模过程中所需要的数学建模能力的反映和刻画，但数学建模能力包含五个建模特征子能力，我们不可能对每个特征子能力进行逐一反映和刻画。研究发现在数学建模过程中，数学化能力更能反映被试者完成数学建模的数学能力需求和真实的建模能力水平。PISA2012数学测评框架把数学化能力作为数学的一种基本能力来区分测评者的数学能力水平。事实上，数学建模不同于一般的数学问题解决，最明显的不同在于数学建模是对现实世界与数学世界之间的来回翻译。将现实情境简化为实际模型，再用数学语言系统将其结构化形成数学模型的能力称为数学化能力。数学化是数学建模过程的核心环节，数学化能力是数学建模能力的最关键成分。因此，我们根据现实情境的呈现形态，按照数学化的复杂程度将初中生数学建模能力水平划分为三个水平（如表1）：再现（水平1）、联系（水平2）、反思（水平3）。

表1 初中生数学建模能力水平划分

建模水平	建模能力表现
水平1 再现	能够在熟悉的现实情境（实际模型）下，识别出标准数学模型，直接将实际模型抽象为数学模型。
水平2 联系	能够在关联的现实情境（情境熟悉但问题非常规）下，识别并建构单一的或组合的标准数学模型。
水平3 反思	能够在综合的现实情境（现实原型、杂乱无序）下，简化、假设、结构化现实原型，设计数学模型，求解、解释、验证模型，反思、修正和优化数学模型。

四、初中生数学建模能力测评试题的编制

根据初中生数学建模能力评价框架，可以从情境、内容、过程、任务类型、建模水平五个维度设计建模测试任务。经过我们的预测和讨论，编制三道测试题：

试题1　红绿灯问题

九(2)班的小明同学每天骑自行车上学,一路直行到学校要经过3个装有红绿灯的十字路口。假设每个路口红灯和绿灯亮的时间相同,问小明从家到学校通过3个十字路口都是绿灯的概率是多少?

试题2　商品供需问题

商品价格和我们的生活息息相关,商品价格的变化会对我们的生产和生活带来影响。在假定其他影响因素不变的情况下,某种商品需求量 y_1（吨）与价格 x（元）、供给量 y_2（吨）与价格 x（元)的函数关系可用图3中的线段来表示。解答下来问题:

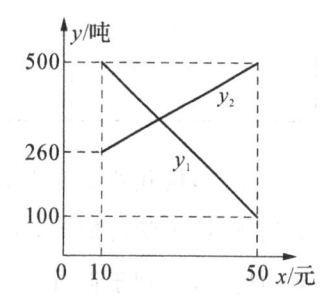

(1) 求出该商品的需求量 y_1 与价格 x 的函数关系式。

(2) 该商品的价格定为多少元时,商品市场的需求量和供给量相等?

图3　供、需量与价格的函数关系

试题3　舞台设计问题

小丽是个优秀的室内设计师。最近,她在设计一个礼堂的内部图纸。她想要在礼堂内设计一个正方形的舞池,上面镶有图案,图案是以正方形四个顶点为圆心,10 m 为半径画成的(如图4)。观众席要离舞池 8 m,这样观看效果最佳。为方便观看,观众席以三层阶梯的形式呈现,与舞池同宽。第一层和第二层,考虑到观众席所携带的包包及观看舒适度,宽为 0.75 m,第三层为 0.5 m。每一层高为 0.5 m,场地是一个长方形,长为 20 m、宽为 10 m。

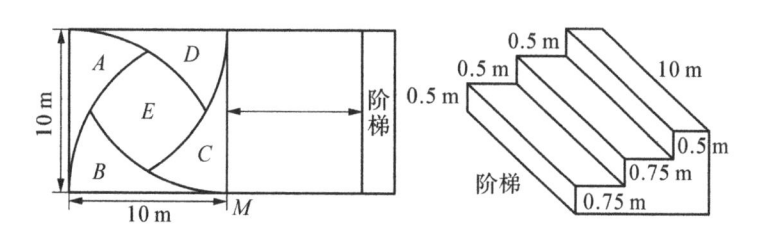

图4　舞台设计图纸

问题1　小丽想要在观众席阶梯上铺盖红色地毯,请问她应该购买多少平方米的毯子?

问题2　小丽想要用五种颜色油漆正方形舞池的图案。如果想要用黄色油漆来涂满 A 区,请问需涂满的面积是多少平方米?

上述试题涉及的评价框架的五个维度见表2。

表2　初中生数学建模能力测试题结构分析

任务名称	情境	内容	建模过程	测试形式	拟定水平
试题1　红绿灯	个人生活	统计与概率	②—⑤	子能力测试 主观解答	水平1
试题2　商品供需	社会生活	数与代数	②—⑤	子能力测试 主观解答	水平2
试题3　舞台设计	职业生活	图形与几何	①—⑤	完整能力测试 主观解答	水平3

总之,构建科学合理的教学评价框架有利于指引教学方向、评估教学效果、诊断教学问题、评价学习成效,实现"教—学—评"一致性。通过初中生数学建模能力评价框架的构建,有利于促进广大一线初中数学教师了解初中生数学建模能力评价的研究概况,认识数学建模能力的内涵及其结构特征,理解初中生数学建模能力评价框架的五维模型,掌握命制和分析数学建模能力测评试题的一般方法,为更好地开展初中数学建模教学实践,培养初中生的数学建模能力奠定坚实基础。

参考文献
---

[1] 孙凯.从问题类属谈初中生数学建模能力培养[J].数学通报,2020,59(12):30-33.

[2] 林子楦,胡典顺.基于因子分析的学生数学建模能力结构研究[J].数学的实践与认识,2020,50(04):50-58.

初中数学小专题课的教学策略分析
——以"一次函数图象下的三角形面积问题"教学为例

摘　要:初中数学小专题课是初中数学复习教学的常用课型,是提高复习教学效益的重要课型。通过对初中数学小专题课内涵的界定与分析,结合教学实录,指出小专题课的教学策略应以问题为主线、以知识为载体、以素养为目标、以活动为过程、以信息为手段。

关键词:小专题课;教学策略;核心素养

1　问题的提出

初中数学小专题课(以下简称小专题课)是初三第二轮复习教学的常用课型,是初一、初二复习教学的重要课型。小专题课具有综合性、结构性、联系性、发展性等特点,还有不"挑"学生、不"挑"教材,易于组织,善于发挥等优点。前者是小专题常见于初三复习课的主要原因,后者是小专题常见于公开课、研讨课、展示课等数学研讨活动的根本原因。近期笔者有幸参加一些初中数学教学研讨交流活动,执教者所授课型多以小专题课为主,在观课时发现执教者在选题、教学素材整合、例习题选择、信息融合等方面设计得当,但也存在有待商榷的地方。例如课堂教学问题主线不清晰,教学目标定位不准确,学生参与度不高,数学思想方法提炼不够等问题普遍存在。执教者对小专题课缺乏正确与深刻的认识,对基础重视不够,教学立意不高,教学效果甚微。笔者认为,小专题课作为一种使用率很高的课型,有必要深入研究其内涵与一般的教学策略,以此提高小专题课的设计水平,提高课堂教学效益。

2　初中数学小专题课的内涵

初中数学小专题课是指围绕初中某个数学知识或特定的数学问题,以问题解决为研究目标的教学课型。小专题课研究的对象以小问题、小现象为主,其鲜明的特征是"小"与"专"。"小"是小专题之本,从小事情、小现象、小错误、小困惑、小问题入手,关注的是数学教学问题中的"某点"或"某个细节",针对小问题、小现象,剖析、研讨、探索解决问题的有效途径和方法,帮助学生解决具有共性的问题或困惑。"专"是指研究集中在某一方面的问题,专题是指专门研究探索具有一定集中性、代表性的数学问题。这个特点决定了专题课在一定程度上不受教材版本、教学进度的制约,受到广大一线教师的青睐,被广泛使用于公开课、展示课、研讨课等。

小专题课是对学生数学学习过程中产生的数学问题或数学困惑的集中呈现,教师课前整合相关知识,以小专题的形式,有针对性地精心设计数学活动,以"问题"引领学生深度思考,以活动驱动学生自主思考、合作探究。小专题课不是对所学知识的简单重复,而是对学生认知水平的深化和提高。在问题探究中梳理零散的知识点,建构知识体系,有利于学生整体把握知识结构,弄清知识之间的内在联系,提高学生发现与提出问题、分析与解决问题的能力,感悟数学思想方法,提高数学思维能力与数学学科素养。在初中数学教学中如何设计小专题课,是笔者最近一直在思考的话题,近读一些相关文献,结合观课反思和教学实践,笔者认为小专题课的设计应以问题为主线、以知识为载体、以素养为目标、以活动为过程、以信息为手段。下面结合"一次函数图象下的三角形面积问题"的教学实录浅析小专题课的教学策略。

3 教学实录

3.1 提出问题

教师:三角形的概念及组成元素是什么?

学生1:三角形是由3条不在同一直线上的线段,首尾依次相接组成的图形。三角形有3条边,3个内角,3个顶点。

教师:按角的大小可以将三角形分为哪几类?

学生2:锐角三角形、直角三角形、钝角三角形等。

教师:我们把锐角三角形和钝角三角形统称为斜三角形,怎样计算三角形的面积?

学生3:$S = \frac{1}{2}ah$(面积=底×高÷2)。

教师:你喜欢计算哪种三角形的面积?为什么?

学生3:直角三角形,两直角边乘积的$\frac{1}{2}$,比较简单;斜三角形的底和高有时需要求解确定,比直角三角形面积计算复杂。

教师:如图1,在求不同类型的三角形面积时,你有什么发现?

图1

学生4：斜三角形的面积既可以直接求解，也可以借助直角三角形面积的和或差来间接求解。

教师：很好。我们知道一次函数的图象是一条直线，而平面直角坐标系中的横轴与纵轴也是直线，把它们放在一起会发生什么？这节课我们一起来探索一次函数图象下的三角形面积问题。

3.2 探索问题

3.2.1 一线两轴

教师：如图2，直线 $y=2x-4$ 与坐标轴交于 A、B 两点，你来求出 $\triangle OAB$ 的面积。

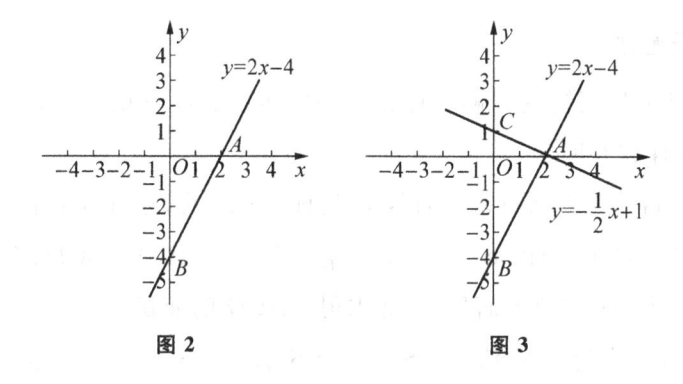

图2　　**图3**

学生5：$\triangle OAB$ 是直角三角形，先求出直线 $y=2x-4$ 与 x 轴、y 轴的交点坐标为 $A(2,0)$、$B(0,-4)$，求得线段 OA、OB 的长，可求得 $Rt\triangle OAB$ 的面积。

3.2.2 两线一轴

教师：在图2中添加一条直线 $y=-\dfrac{1}{2}x+1$（如图3），如何求 $\triangle ABC$ 的面积。

学生6：$\triangle ABC$ 的底为 BC，高为 OA，先求交点 A、B、C 的坐标，再求得 $\triangle ABC$ 的面积。

教师：把直线 $y=-\dfrac{1}{2}x+1$ 向上平移1个单位长度，与直线 $y=2x-4$ 交于点 D（如图4），求 $\triangle BCD$ 的面积。

图 4　　　　　　　　　图 5

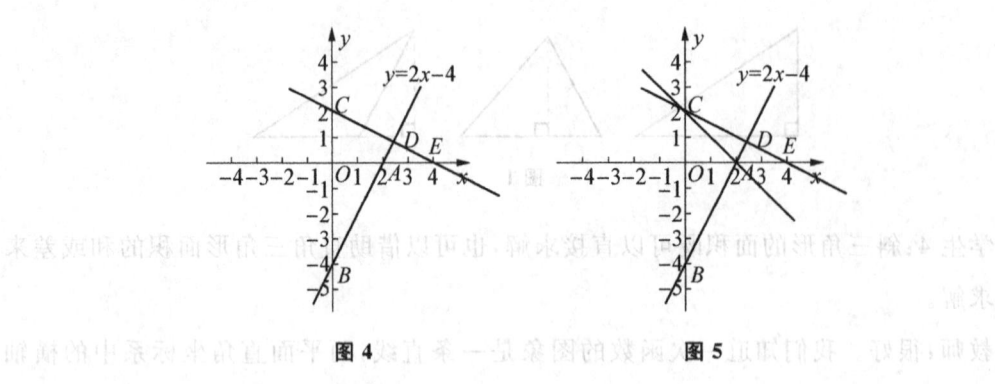

学生 7：直线 $y=-\dfrac{1}{2}x+1$ 向上平移 1 个单位长度后的表达式为 $y=-\dfrac{1}{2}x+2$，与直线 $y=2x-4$ 组成方程组求出交点 D 的坐标，可知△BCD 的高，再求直线与 y 轴的交点坐标，求得线段 BC 的长，以此求得面积。

教师：非常好，在图 5 中还有由"两线一轴"组成的三角形吗？若有，写出来并求出它的面积。

学生：……

3.2.3　三线无轴

教师：将直线 CE 围绕点 C 顺时针旋转一定角度后经过点 A，如何计算△ACD 的面积？小组合作探究并展示。

学生 8：根据待定系数法可求得直线 CE、直线 CA 的表达式，学生 7 前面通过列方程组已经求得交点 D 的坐标，$S_{\triangle ACD}=S_{\triangle BCD}-S_{\triangle BCA}$，其中△BCD、△BCA 都属于前面研究的"两线一轴"型三角形面积，由此求得△ACD 的面积。

学生 9：我们合作讨论后认为，$S_{\triangle ACD}=S_{\triangle OCE}-S_{\triangle OCA}-S_{\triangle ADE}$，其中△OCE、△OCA 属于"一线两轴"型三角形，△ADE 是"两线一轴"型三角形，分别求之，可得△ACD 的面积。

学生 10：如图 6，连接 OD，$S_{\triangle ACD}=S_{四边形OCDA}-S_{Rt\triangle OAC}$，其中 $S_{四边形OCDA}=S_{\triangle OCD}+S_{\triangle OAD}$，△OCD 和△OAD 都是"两线一轴"型三角形，△OAC 是"一线两轴"型三角形，面积均可求之。

教师：非常好！把"三线无轴"型面积问题转化为"两线一轴"和"一线两轴"型面积问题，是对化归方法的灵活应用，是解决这一类问题的重要方法。同学们还有不同的解法吗？

图6　　　　　　　　图7

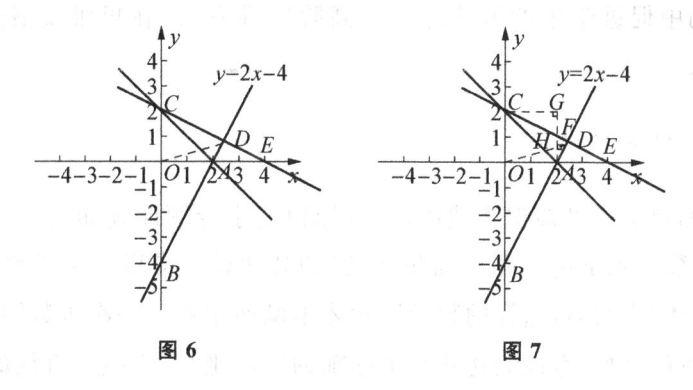

学生11：如图7，作 $AF /\!/ y$ 轴，交直线 CE 于点 F，作 $CG \perp AF$、$DH \perp AF$，则有 $S_{\triangle ACD}=S_{\triangle ACF}+S_{\triangle ADF}$，即 $S_{\triangle ACD}=\frac{1}{2}AF \cdot CG+\frac{1}{2}AF \cdot DH=\frac{1}{2}AF \cdot (CG+DH)$。

教师：这种求解方法的关键是点 D 的坐标，在斜 $\triangle ACD$ 中（如图7），线段 AF 把它分割成两个三角形，我们把线段 AF 的长称为"铅垂高度"，点 C 与点 D 水平方向上的距离称为"水平距离"，通过计算及推理我们发现 $S_{\triangle}=\frac{1}{2} \times$ 铅垂高度 $\times$ 水平距离。

4　小专题课设计的一般策略

4.1　以问题为主线

数学课堂教学离不开教师的主导，学生学习主体地位的落实离不开教师的引导。《义务教育数学课程标准(2011年版)》[以下简称《标准(2011年版)》]指出："教师的引导作用主要体现在通过恰当的问题，或者准确、清晰、富有启发性的讲授，引导学生积极思考、求知求真，激发学生的好奇心。"小专题课的教学目的是解决某一特定的数学问题，教师的引导作用必然体现于以问题为主线的教学，体现于引导学生发现问题与提出问题、分析问题与解决问题。小专题课的选题内容应指向数学的核心知识、核心问题，选题要遵循切口小、程度深的策略。在确定小专题课的选题后，着重思考以什么样的问题为主线，引导学生在以问题解决为主要路径的学习活动中提高学习效果。"一次函数图象下的三角形面积问题"应着重解决三角形的形成、分类、求值策略等问题，教学中旨在通过问题引导学生思考三角形面积、平面直角坐标系、一次函数图象三者之间的内在联系，探寻解决一次函数图象下三角形的面积问题，在问题探究活动中感悟点、线、面之间的确定与被确定的关系。从一条直线 $y=2x-4$ 构成的"一线两轴"面积问题着手，通过对直线的平移、旋转等运动将简单的面积问题拓展到"两线一轴"面积问题，再延伸至"三线无轴"面积问题。整堂课问题主线清晰，由浅入深，拾级而上,在活动中促进学生的低阶思维向高阶思维发展,在思维发展过程中生长数学知识与能力。

4.2 以知识为载体

小专题课的教学应以知识为载体,没有知识的小专题课犹如空中楼阁,可望而不可即。"一次函数图象下的三角形面积问题"的教学设计应以一次函数图象和三角形面积两个"知识体"为载体,这样的数学课堂才丰满而多彩。一次函数图象与小专题相关的知识包括点的坐标、直线表达式与坐标轴的交点坐标、直线与直线的交点坐标、直线上动点的坐标等;三角形的面积与小专题相关的知识包括三角形的构成元素、锐角三角形面积、直角三角形面积、钝角三角形面积等。把三角形放在平面直角坐标系中,从"坐标"的视角去研究三角形面积,是数形相结合的典范。比如教学中将直线进行平移、旋转等运动,唤醒学生对一次函数图象运动变化与 k 值、b 值的关系等知识的记忆,在解决问题时自主建构待定系数法确定直线表达式,在解决"三线无轴"面积问题时,由三角形面积计算的旧知识、旧思想、旧方法,生成一次函数图象下的斜三角形面积计算的新知识、新思想、新方法。

4.3 以活动为过程

教学是以活动为基础的教与学的过程,教学活动由教师教与学生学双边活动构成。活动能吸引学生的注意力、唤起学生的好奇心,精心设计的数学活动能有效提高学习效果。《标准(2011年版)》指出:"数学活动经验的积累是提高数学素养的重要标志"。数学活动经验的积累需要在"做数学"和"思数学"的过程中积淀,是在数学探究活动中逐步积累和形成的。当前教学改革主要任务是改变教与学的方式,把学生主体地位落到实处,如何使学生真正做到自主学习、合作学习,是课堂教学改革的根本问题。以活动为过程的小专题课,能引导学生在探究活动中真思考、真探究、真合作。在活动过程中让学引思,教师的组织者、引导者、合作者的地位才能真落实,学生的主体地位才能真实现。教学中,在探究"两线一轴""三线无轴"面积问题时,组织学生合作探究一类具有共性特征的问题解决策略,在探究活动中培养合作意识,发展探究能力。在小专题课教学中,应遵循学生的认知规律,设计符合学生最近发展区的数学探究活动,引领学生自觉主动参与到数学学习中,改变传统的教学方式,使学生在以活动为过程的学习中学会独立思考、合作探究,积累活动经验,提升数学思维能力。

4.4 以素养为目标

数学核心素养是数学课程目标的集中体现,既强调发展学生基础知识、基本技能、基本思想、基本活动经验,也强调发展学生发现和提出问题与分析和解决问题的能力(简称"四基四能")。"四基四能"的发展促进数学素养的形成与发展,课堂教学设计应以发展"四基四能"、数学素养为目标。小专题课的教学应以知识为载体,关注数学思想方法的提炼与培养,把数学能力的提升贯穿于课堂始终,关注学生学习的独立性和创造性,帮助学生自主建构知识体系,发展"四基",提高"四能",提升数学核心素养。比如在"一线两轴"型面积探索时,求直线与坐标轴的交点坐标,应"浸润"方程的思想;在探索"两线一轴"型面积问题时,求两直线的交点坐标时应"浸润"方程组的思想;"三线无轴"型面积转化为"两线一轴"型面积或"一线两轴"型面积时,"浸润"化归的思想方法;在教学中引导学生感悟"确定"的思想,即点(定点、动点)、线(直线、线段)、面(面积)三者之间存在确定与被确定的关系,当某个量确定时,另外一些量也随之确定。笔者认为,小专题课的设计只有遵循"重基础、高立意、重能力"的原则,"四基四能"的发展与数学素养的提升才会水到渠成。

4.5 以信息为手段

教师知道如何将信息技术与教学内容融入课堂,会对学习产生有意义的影响。教学改革与发展的过程是由传统的教学模式向现代教学模式转变的过程,在现代信息技术飞速发展的背景下,把信息技术作为教学的有力工具,有意识地把教学内容与信息技术整合,充分发挥信息技术在文本、图形、动画、视频等信息呈现方面的优势,能帮助学生学会数学地思考、数学地思维。《标准(2011年版)》在教学建议中指出:"积极开发和有效利用各种课程资源,合理地应用现代信息技术,注重信息技术与课程内容的整合,能有效地改变教学方式,提高课堂教学的效益"。信息融合于课堂教学有利于调动学生的手、眼、脑、耳、口等感官,再现数学知识的生成、生长过程,直观形象地揭示数学本质,提高课堂效率,提升学习效果。在本节课教学中,运用几何画板辅助教学,充分发挥几何画板在图形领域的优势,从一条直线着手,借助几何画板,通过添加、平移、旋转等动画演示,辅助学生直观理解图形之间的关系,帮助学生在自主思考、合作探究等活动中发展数学核心素养。